国際日本学とは何か？

What is International Japanese studies?

東アジアの中の日本文化

日中韓文化関係の諸相

法政大学教授
王 敏 編著

三和書籍

表紙写真の石碑について

【禹王の碑】

（表）文命東堤碑：1726 年（享保 11 年）田中丘隅の建立。

所在地：神奈川県南足柄市班目の酒匂川中流域の右岸堤防上。

（裏）文命西堤碑：建立者、建立年は同上。

所在地：神奈川県山北町岸。

写真撮影／提供：大脇良夫（神奈川県開成町）

【禹王】

中国最古の夏王朝初代皇帝。黄河の治水を行った業績から「治水の神」として知られる。禹王に由来する石碑や史跡は、中国のみならず、日本、韓国でも多数発見されている。

目次

序論

第一部　中国における日本研究の現在

第二部 東アジアの中の日本文化
——互いの「参照枠」として——

終論

序論

東アジア、中国における日本研究の現在
――二〇一一年度の研究活動を中心に――

王　敏
（法政大学国際日本学研究所専任所員・教授、
研究アプローチ③「〈日本意識〉の現在―東アジアから」アプローチ・リーダー）

アプローチ③「〈日本意識〉の現在―東アジアから」

本研究は、文部科学省私立大学戦略的研究基盤形成支援事業（平成二二年～平成二六年）「国際日本学の方法に基づく〈日本意識〉の再検討――〈日本意識〉の過去・現在・未来」が採択されたことに伴う者であり、手法や具体的課題を異にする四つのアプローチのうちの一つとして、アプローチ③「〈日本意識〉の現在――東アジアから」として行われるものである。

研究目的

アプローチ③は、時代の変化に応答できる中国、東アジア重視の理念に基づき、これまでの研究姿勢と成果を発揮させていく方向に位置づけられている。異なる文化背景におかれている日本意識の変化への研究を媒介とし、相互の再発見、学習、学術発展を目指している。地域性を反映させるおのおのの研究成果から、建設的

思考を抽出し、東アジアに、そして日中両国にとっても有用な参考事例を提供していきたい。日本という一地域限りの「日本意識」を越えて、少なくとも東アジア地域の発展に貢献できる、自他再認識のための「日本意識」を再検討し、互いに「参照枠」となる啓発型の研究活動を志向するものである。

研究内容【文献研究】

「日本意識」の現在に関する文献研究のテキストとして、二〇一〇年三月から一〇月にかけて中国・世界知識出版社から刊行された『日本現代化歴程研究叢書』(一〇冊)を選定している。

❖──(1)『日本現代化歴程研究叢書』概要

同叢書の企画・編集・執筆を担当したのは南開大学日本研究院前院長で教授(現在、同大歴史学院院長)の楊棟梁氏である。同叢書は、中国教育部が制定した「人文社会科学重点研究基地重要プロジェクト『日本現代化歴程研究』」であり、また同時に、日本の国際交流基金からも研究援助を受けた「日本近現代史研究(二〇〇一―二〇〇五)」の研究成果でもある。日中両国からの支援を受け、毎月一回の研究会を一〇年間継続して開催し、各分野を俯瞰した最新の研究成果として発表された研究論文を、読者の便宜をも考慮して歴史的な変遷を中心に編集している叢書である。刊行にあたっては、南開大学世界近現代化進程研究哲学社会科学創新基地(九八五プロジェクト第二期)による助成を受けている。

叢書の各巻構成は以下のとおりである。

『日本現代化歴程研究叢書』世界知識出版社、二〇一〇年三月～一二月順次刊行、計一〇冊。
『日本近現代経済史』楊棟梁
『日本近現代政治史』王振鎖・徐万勝
『日本近現代外交史』米慶余
『日本近現代社会史』李卓
『日本近現代文化史』趙徳宇など
『日本近現代絵画史』彭修銀
『日本近現代思想史』劉岳兵
『日本近現代教育史』臧佩紅
『日本近現代対華関係史』宋志勇、田慶立
『日本近現代文学史』王健宜・呉艶・劉偉

❖――（2）文献研究のテキストとする理由

・同叢書の発刊は中国国内では広く知られている。中国の専門家によれば同叢書は中国の日本研究界においても他に例を見ないプロジェクトで、中国における日本研究の学術体系を再構築できるものと認識されている。
・叢書の編集責任者でもある楊棟梁教授による「日本モデル」の定義が明確に出されている。特に経済面ではイギリスなど西洋諸国中心の「発展モデル」に比較すれば、日本のような「後発モデル」、インドなどのような「依存モデル」、中国などのような「跳躍モデル」は、いずれも後発型経済をもとにした「超越モデル」とされている。これらのモデルを比較検討する中で、日本はアジアにおいて「近代化」を成し遂げた先行国として、研究の意義が大きいと認識されている。また、日本は後発型発展モデルの典型であると同時に、継続発展の可能性と方向性を示してくれる開拓者でもある。中国はそれらの両方を日本から学ぶことができると指摘している。

・南開大学は日本研究の伝統が長く、その成果が突出している。同叢書は、南開大学日本研究院の全体的結集であり、日本研究のチームモデルといえる。

❖——（3）アプローチ③から見た同叢書刊行及びその成果の意義

①中国における日本認識の再定義を指摘した

中国にとって、日本という隣国の認識は、戦争による「敵対関係」から、国交正常化を経て「日中友好の対象国」へと変遷し、その後は一九八〇年代の改革開放政策の開始と共に、大規模な「経済援助の支援国」としての存在となった。現代中国における日本の位置づけとは、このように両国の歴史関係と発展段階の相違によって、大きく変化してきたのである。

叢書では、このように変化してきた中国における日本の位置づけについて、学ぶべき「近代化のモデル」として明確に再定義したことが大きな特徴である。それは、換言すれば「研究対象国」として再認識したということもできる。隣国であると同時に、もっとも研究すべき国として意識したことが、この叢書の大きな特徴といえる。近隣国として、末永く平和的に付き合っていくためにも、その地域性ないし社会運営メカニズムなど全面的に認識しなければならないという問題意識があるがゆえの刊行である。

研究者などの専門家はいうまでもなく、一般読者をも対象にして、広範囲の読者に受け入れられることを想定した編集には、企画者の明確な思想の一貫性がうかがえる。中国にとって、日本という隣国をどのように定義し、評価するかという問題は、非常に複雑かつ困難な問題であるが、「中国の参照枠」としての一貫性が強調されている。

②「日本研究大国」の進展を示した

中国では、『山海経』や『魏志倭人伝』をはじめ、歴史的にもさかのぼることができるほど日本研究が古くから豊富である。日本研究の書籍は世界でもっとも多く、日本を見つめる熱い視線を感じることができるといえる。

今回の叢書刊行では、その「日本研究大国」としての、さらなる飛躍が明らかになった。特に、叢書の企画、編纂、刊行に至るまでの具体的な準備作業が手際よいものであったことは、関係者から聞き及んでいるところである。さらに、注目したいのは、毎月の研究会開催を一〇年間継続したことで、研究基盤として重要な意味を有していたことである。

同叢書は従来の日本研究の成果を踏まえた上で、さらに多角的な方法論を併用していることである。地域研究の視角から、対象国としての日本を捉え、さらに日中という相互の参照枠に照らし合わせて分析し、なおかつ世界的な基準を意識して検証しようとする研究姿勢は、中国における日本研究が顕著に発展していることを実証するものである。日本と中国の近代化の過程を検証するという、相互に影響しあう研究の取り組みにも、非常に有用な視座だといえる。

③日本研究を継続させている背景がうかがえる

近年、中国の学界において日本研究が飛躍的に充実している背景として、以下の事象を指摘することができる。

・日本語科学生数の急増にともなう日本を知る参考書需要の拡大

国際交流基金の統計によれば、中国における日本語学習者数は世界最多の八六万人である。

・近年の中国における日本翻訳作品の超人気

漫画やアニメなど、若者世代から支持される日本文化を中心に、近年では日本の小説が刊行直後に中国語訳されるなど、文化的なブームとなっている。

・日本学術界との盛んなる交流と日本研究レベルの向上

これまでの学術交流が、分野、規模、人員数など、あらゆる面で充実しつつある。

・中国人の世界に対する関心の高さおよび経済発展を背景として、中国人が世界的な視野を広げ、好奇心旺盛に外国文化を受け入れており、もっとも身近な日本文化に強い関心が集まっている。

・方法としての日本研究

❖――――（４）文献研究を通して得られた収穫

「参照枠」としての日本研究という視座への再認識である。「参照枠」の照射範囲で中国における日本研究を概観すれば、大衆文化的なレベルから学術的な領域まで、各分野において優れた成果を見せていることが明確になる。そこからさらに深めていくことにより、学術交流による相互理解及び相互発展をより加速することの可能性がみえてくる。

表1　法政大学国際日本学研究所 2011 年度東アジア文化研究会・シンポジウム一覧
於：法政大学市ヶ谷キャンパス

日程	報告者（敬称略）／肩書き	テーマ
第1回 二〇一一・四・二七（水）	楊　偉 四川外語学院日本学研究所所長、法政大学国際日本学研究所外国人客員研究員	中国における日本文学史研究の新展開――王健宜氏『日本近現代文学史』をテキストに――
第2回 二〇一一・五・二五（水）	陳　毅立 法政大学国際日本学研究所客員学術研究員	中国における思想史研究の方法論に関する思索――『日本近現代思想史』を媒介に――
第3回 二〇一一・六・二九（水）	王　雪萍 東京大学教養学部講師（専任）、法政大学国際日本学研究所客員学術研究員	中国における近現代日中関係研究の発展と限界――最新日本研究成果『日本近現代対華関係史』を通じて――
第4回 二〇一一・七・二七（水）	馬場　公彦 株式会社岩波書店編集局副部長	対日警戒論の歴史的脈絡をたどる――米慶余『日本近現代外交史』を読む――
第5回 二〇一一・八・三（水）	郭　勇 大連民族学院講師、法政大学国際日本学研究所客員学術研究員	中国研究者から見た日本経済の歩み――楊棟樑著『日本近現代経済史』の査読を通じて――
第6回 二〇一一・九・二八（水）	及川　淳子 法政大学国際日本学研究所客員学術研究員	日本政治研究の視座を考察する――王振鎖・徐万勝『日本近現代政治史』を読む――
●国際シンポジウム 二〇一一・一〇・二一―二五（金―火）	中国・四川外国語学院との共催 日中両国の研究者による報告	地域研究としての日本学――学際的な視点から――
第7回 二〇一一・一〇・二六（水）	李　潤沢 法政大学国際日本学研究所客員学術研究員	国家体制を支える制度としての「家」――『日本近現代社会史』を媒介に――
第8回 二〇一一・一一・三〇（水）	川邉　雄大 二松学舎大学非常勤講師、法政大学沖縄文化研究所国内研究員	日本近代美術史に関する一考察――彭修銀『日本近現代絵画史』を媒介として――
第9回 二〇一一・一二・七（水）	姜　克実 岡山大学大学院社会文化科学研究科教授	中国学界における日本文化論
第10回 二〇一二・一・一一（水）	劉　迪 杏林大学総合政策学部准教授	日本研究の可能性――臧佩紅氏『日本近現代教育史』を媒介に――

●中国人民外交学会・一般財団法人ニッポンドットコム・法政大学国際日本学研究所共催国際シンポジウム 二〇一二・三・一五（木）	小倉和夫（前国際交流基金理事長） 王敏（法政大学国際日本学研究所教授） 宮一穂（ニッポンドットコム副編集長・京都精華大学教授） 原野城治（ニッポンドットコム代表理事） 趙啓正（中国人民政治協商会議外事委員会主任） 黄星原（中国人民外交学会副会長） 周秉徳（周恩来総理の姪・前中国人民政治協商会議委員）	中日公共外交・文化外交の互恵関係深化の総合的討論
●法政大学サステイナビリティ研究教育機構・国際日本学研究所共催国際シンポジウム 二〇一二・三・二〇（火・祝）	熊田泰章（法政大学国際文化学部教授） 大倉季久（桃山学院大学社会学部講師） 吉野馨子（法政大学サステイナビリティ研究教育機構准教授） 関いずみ（東海大学海洋学部准教授） 杉井ギサブロー（映像作家） 張怡香（アメリカ米中連合大学学長、ハワイ大学医学院院長、教授） 雷剛（重慶出版社編集部） 賈蕙萱（北京大学元教授） 金容煥（韓国倫理教育学会会長、忠北大学校教授） 岡村民夫（法政大学国際文化学部教授） 王敏（法政大学国際日本学研究所教授）	震災後のいま問いかける
特別研究会 二〇一二・三・二一（水）	張怡香（アメリカ米中連合大学学長、ハワイ大学医学院院長、教授） 雷剛（重慶出版社編集部） 賈蕙萱（北京大学元教授） 金容煥（韓国倫理教育学会会長、忠北大学教授） 王敏（法政大学国際日本学研究所教授）	変化の中の日本観—東アジア同志の対話—

注①大型国際シンポジウムが国際交流基金の助成を受けて四川外国語学院との共催で中国・重慶にある四川外国語学院にて開催された。

注②国際シンポジウムが日中国交正常化四〇周年を記念し、中国人民外交学会・一般財団法人ニッポンドットコムと共催で北京の中国人民外交学会にて開催された。

注③大型国際シンポジウムが国際交流基金の助成を受けて法政大学サステイナビリティ研究教育機構との共催で法政大学市ヶ谷キャンパスにて開催された。

研究内容【研究会の開催】

課題を実践すべく、二〇一一年度、法政大学国際日本学研究所で開催する東アジア文化研究会では、上述の叢書一〇巻の輪読を中心に議論し、研究報告を行ってきた。中国における日本研究と、日本における中国研究が連動することによって、「参照枠」がさらに発展的に活用されることを期待している。研究会の開催については前ページの一覧を持って紹介する。

❖――(1)「参照枠」としての研究

以上の活動にリンクして中国で開催した〈中国における日本研究の「開拓者」会議〉への招聘参加も記録しておくべき研究活動である。

二〇一一年四月一二日、北京大学において「新中国の日本史研究における基礎時代の開拓者たち――一九五〇年代以来の中国における日本史研究の歩み、成果、経験」と題した学術シンポジウムが開催された。このシンポジウムは、中国日本史学会の協力のもとに、北京大学アジア太平洋研究院、および日本研究センター、南開大学日本研究院と復旦大学日本研究センターが共同で開催したものである。参加者は中国全土から集った三〇余名の〈日本研究の開拓者〉にあたる研究者である。

シンポジウムの主旨は、中国の建国(一九四九年)以来約六〇年に及ぶ歴史の中で、日本研究に貢献した「開拓者」たちによる回顧から、今後の研究の発展を展望するというものであった。招聘を受けた外国からの参加者は本研究所のみであった。

・シンポジウムの報告概要

北京大学李玉教授によるシンポジウムの総括録では、報告と議論について以下のように紹介されている。中国における日本史研究の基礎を築いた人物、周一良、呉廷璆、鄒有恒など「三名の長老」が率いた「開拓者たち」が築いた先駆者としての苦難に満ちた歩みを回顧することにより、新中国成立以後、および改革開放以後の中国における日本史研究において、それぞれの段階での発展過程が存在していたことや、学術思想も変遷したこと、研究の特色や時代を象徴するような研究成果があったこと等を総括することができる。また、それぞれの研究者がどのように日本史研究に従事したかという経験や教学の心得などの経験についてやりとりすることができるとされている。

研究者たちは、今後の日本史研究の方向性、方法、重点的な課題をめぐって、熱心に討論を展開し、数多くの意見が提起された。例えば、中国社会科学院の湯重南研究員、天津社会科学院の王金林研究員、復旦大学教授の趙建民教授らの意見は、次のとおりである。中国の研究者が一三巻にも及ぶ『東アジアの中の日本歴史』研究叢書を日本の六興出版社（一九八八―一九九〇）から刊行したことや、二〇一〇年には一〇巻本の『日本現代化歴程研究』を中国の世界知識出版社から刊行したことからわかるように、中国研究者の日本史研究は、専門的な分野や重要な歴史的課題について、総合的かつ体系的な研究能力を示している。

天津社会科学院の呂万和研究員によれば、中国における日本史研究の発展は、その一歩一歩の歩みが、思想の解放や、枠組みの打破と密接な関係を有しているという。そのため、研究理論を絶えず新しいものへと追求していくことによって、日本史研究は活力を維持することが可能となるという成果を発表した。

北京大学の沈仁安教授によれば、中国は国際的な地位の向上にともない、中国の特色ある日本学研究を体系化していくことが、国際的な日本学研究の領域における中国の発言権を高めていくことと連動しているという。

中国社会科学院の劉天純研究員は、グローバル化時代の日本史研究では、さらに広い視野を開くことによって、新たな研究分野、研究課題を開拓する必要があるという意見を発表した。例えば、時代に即した研究テーマとして、日本の災害史、環境史、国境変遷史、海洋史などの研究課題に取り組むことも可能となるという。

・アプローチ③から見た同会議の意義

日本研究について伝統のある中国では、五〇年代の冷戦と六〇年代の文化大革命で一時衰微したが、一九七二年の日中国交正常化、一九七八年の日中友好条約の締結など国内外の節目を経て、一九七八年以来の改革開放のもとで、日本研究は再スタートし、かつてないほどの活況を呈した。

中でも注目すべきは、新中国が建国して以来約六〇年間、日本研究における「開拓者」としての位置づけである。シンポジウムでは次のように紹介された。日本研究の開拓者たちは、中国の日本史研究において確固たる基礎を固め、今日の中国における日本史研究の生き生きとした繁栄をもたらした。

新たな時代の日本研究という重責を担う現代の研究者にとって、開拓者たちの学術思想、教学の経験、勉学向上の精神で基盤となる研究業績を打ち立てたことは、貴重な精神的財産であり、それらを総括し、継承し、さらに発揚すべきである。新時代の日本史研究に関する開拓者たちの知的蓄積を後学の者が真摯に学ぶことであり、中国における日本史研究の発展と深化を推進することは、この会議の開催目的でもあった。

一九七八年以来、改革開放政策を進める中国では、新語「接軌」（世界のレールに繋ぐという意味）という言葉に象徴されるように、世界基準にあわせていこうという姿勢に変わりつつある。そのような趨勢の中で、日本研究の成果でも、斬新な視点・論点を示唆するものが多かった。このように、中国における日本研究は、さらなる発展に向かって開拓者に牽引されて邁進し、今後も中国の参照枠となる研究成果が期待される。

(2) 二〇一一年度に開催した国際会議

以下二本を特筆しておく。

▽二〇一二・三・一五(木)、北京にある中国人民外交学会・国家行政学院・一般財団法人ニッポンドットコム・法政大学国際日本学研究所共催国際シンポジウム:「中日公共外交・文化外交の互恵関係深化の総合的討論」である。

▽二〇一二・三・二〇(火・祝)、法政大学サステイナビリティ研究教育機構・国際日本学研究所共催国際シンポジウム:「震災後の今に問いかける」である。なお、同会議は国際交流基金の支援を受けて開催した。

▽開催の意義と成果について

「中日公共外交・文化外交の互恵関係深化の総合的討論」

二〇一二年三月一五日、日中国交正常化四〇周年を記念し、北京の中国人民外交学会で、「中日公共外交・文化外交の互恵関係深化の総合的討論」をテーマにした日中間共同のパブリックディプロマシー(中国語で公共外交Ⅴ)に関するワークショップが開催された。

同会議は、法政大学国際日本学研究所アジア・中国研究チーム(アプローチ③)、中国人民外交学会、国家行政学院及び一般財団法人ニッポンドットコムの三者共催に開催した。日本側からは小倉和夫前国際交流基金理事長、王敏法政大学教授、ニッポンドットコムの宮一穂副編集長(京都精華大学教授)、原野城治代表理事らが参加した。中国側からは、中国人民政治協商会議外事委員会主任委員の趙啓正主任、中国人民外交学会の黄星原副会長、周恩来総理の姪で前中国人民政治協商会議委員の周秉徳氏、経済界の重鎮汪海波氏らが出席した。

相互の認識と理解が連動している現在、日中双方ともさらなる理解と互恵関係を深めていく必要があるという大前提のもとで、建設的な提言が行われた。

日本側代表の小倉氏は基調講演で、日本の公共外交、文化外交、国際交流の進展が内外の状況変化に応じて大きく四つのプロセス（一九五〇～六〇年代「平和な日本」、一九七〇年代「経済日本への理解」、一九八〇年代「文化協力」、一九九〇年代以降「共通の価値観」）を経たと指摘した。また、日中相互理解への提言として、今後の日中関係を考えるにあたり、政治面では日中関係を過去から解放するには、中国人の考え方、苦しみ、損失に対して深い理解が必須であることが指摘された。「公共」文化の時代における課題として、今後の課題は文化的な日中共同制作、共同公演、共同研究を進めることの必要性や、日中友好団体が民間外交や文化外交の中で、その役割を再定義すべきことが示された。さらに、周恩来総理がフランスに留学した際に学んだ民族主義、個人主義の国際化、国際主義が示唆しているように、地域の文化を世界に広めることで、その文化は同時に世界の共通の財産にもなっていくはずである。このような認識を踏まえた上での文化交流であり、文化外交でもあるため、この点を間違うと文化政策は根本から誤ってしまうという指摘もあった。

中国側代表の趙主任は、公共外交（パブリックディプロマシー）の定意について米国と中国、日本の間には相違があるとしながらも、「中国国民の国際意識の向上を図らなければならない」として、中日関係の改善のために特に公共外交、民間外交の重要性を強調した。また、「中日政府はいずれも世論の影響を受けやすい」、「中日関係の複雑性は米国の存在によるところが大きい」、「近年の調査によると、中日双方の国民がお互いに相手国に対する好感度が低い」という三つの側面から中日間における公共外交を重視すべき理由を分析した。さらに、福島原発事故の教訓から中日関係の新たな可能性を探る必要性を提起し、災害の教訓を共有して中日の新しい協力体制を構築しなければならないと述べた。

綜合討論では小倉和夫氏と趙啓正氏を中心に日中双方に内在する相互認識の二重性の問題などについて活発な議論が行われた。

小倉氏は中国の「国連安保理常任理事国と開発途上国」という立場の二重性を指摘する一方で、日本は歴史という垂直的な思考が苦手で、「過去を簡単に否定できない」という問題を抱えていると強調した。また、戦後のドイツと日本の過去に対する捉え方についても言及し、曖昧さがどうしても残ることを指摘し、それを含めた相互対話の重要性を唱えた。

趙氏は、経済大国と途上国という二つの側面を持つ中国の立場を認めた上で、「中国国民から政府に対する批判、不満がある」ことも考慮し、中国政府は国際的な要求と世論の動向を踏まえ慎重に対処していると述べた。また、趙氏は中日関係について、「盆栽のようなもので水をかけなくてはだめだが、かけすぎてもだめだ」と述べ、中日双方にまだ十分な相互理解がないがゆえに、ゆっくりと慎重に関係を構築していく必要性を強調した。

今回の開催はこれまでの日中対話の範囲を超えるほど有意義に展開された。中国、東アジア研究チームにとっても数多くの収穫が得られた。その中でも、とりわけ以下の二点が意義深いものであった。

①国家間相互認識の対象が国民多数に設定される場合、基準または認識を共有できる範囲が広いほど望ましい。そのために公共教養、公共意識、公共教育の共有が可能な限り求められている。「共有」を目指して行動する過程において、公共外交の効果がすでに無意識のうちに発揮されていると考えられる。よって、公共外交

の意識と役割について今後一層の自覚と実践が期待されよう。

②文化外交はもはやある地域を中心とする文化の発信と交流を交差させる役割を越え、グローバル的な多国間の相互浸透、相互中心、相互学習、相互発展、相互互恵を目標とする方向へ転換しつつある。

「震災後のいま問いかける」

東日本大震災から一年が経った二〇一二年三月二〇日、法政大学国際日本学研究所と法政大学サステイナビリティ研究教育機構の共催による国際シンポジウム「震災後のいま問いかける」が市ヶ谷キャンパスで開催された。

午前の部では、震災後の日本社会が直面している復興に関する提言を中心に議論が行われ、午後の部は国際交流基金の支援を受けて、震災当時から続く日本国民の〈秩序ある〉対応と復興精神に対する世界からの問いかけを切り口に、「なぜ、『雨ニモマケズ』が読まれるのか」という視点から議論が行われた。いずれの議論も、震災後の復興を支援する試みという点で一貫するものであった。

東日本大震災発後、宮沢賢治の「雨ニモマケズ」が再び注目されている。未曾有の災害を経験し人間の無力さに打ちひしがれながらも、人々は、立ち上がり、前を見つめて歩きだすための力強い「言葉」を求めている。賢治が生きた大正・昭和と現代社会では、生活様式だけでなく人々の感性も大きく異なるが、時代が変わり、自然災害の規模が違っても、人間と自然との関わり方は不変である。大震災の経験から私たちが学ぶべきことは、人間が自然を克服しようとする現代文明のあり方に疑問を投げかけ、復興とは、同時に自然との関わり方を再考する歩みでなければならない。

人間はどのように自然との関わり方を考えてきたかという精神の遍歴を、日本をはじめとする各国の歴史的、文化的な取り組みを通してお互いに学ぶことにより、その体験知を人類共有の智恵へと高めていきたい。そこで、このシンポジウムは、東日本大震災後の社会の動きを継続的に観察する中で、被災者や支援者が宮沢賢治の「雨ニモマケズ」を再評価しているという報道が多いことに注目し、前述の世界からの問いかけへの対応の一つとして、各国の代表者によって人類発展史、文明史に貢献できる「受難の教訓と知恵」を浮かび上がらせることが目指された。

取り上げられている宮沢賢治の作品を媒介に、戦後日本の経済発展の過程における自然と人間の原風景ともいうべき関係性に含まれる変容した、あるいは不変的な要素を考察した。さらに、そこから抽出した教訓を未来の価値基準にも注入できる可能性を検証した。

東日本大震災の体験を賢治が示した原風景への転換として捉えるならば、人間にとっても生き方の転換が求められ、素朴で原初的価値観の蘇生へと繋がっていくだろう。自然との融合という普遍的な価値の可能性については、日本だけでなくアジアに広く共通する「哲学」や「思想」でもある。

被災地東北出身の宮沢賢治の「雨ニモマケズ」に内在する示唆的な生き方を語ることを通じて、震災からの復興における精神力が、地球規模の生態変化の中で、持続可能な発展を試みる社会への応答とも捉えられよう。これは、日本人にとっては新たな自己認識を踏まえた上での復興となるだけでなく、外国にとっても自他再認識の機会であり、日本を生き方転換のテストエリアと意識することになろう。海外から招いた著名なゲストたちと共に新たな文明創出の道筋を探り、その体験と知恵を共有できるシンポジウムの開催ができたと考える。

研究成果

二〇一一年度には、以下の研究成果が刊行されていた。

①日本語

・『辛亥革命与留日学生～記念辛亥革命一〇〇周年学術検討論文集』武漢大学二〇一一年九月
・『第四届「東方外交史」論文集（下）』中国・西南大学二〇一一年一〇月
・『地域研究としての日本学――学際的な視点から』中国・四川外国語学院二〇一一年一〇月
・『中国の公共外交』三和書籍二〇一一年一二月
・『辛亥革命と中国人留学生』法政大学二〇一一年一一月
・国際日本学研究叢書一五『地域研究のための日本研究　中国、東アジアにおける人文交流を中心に』法政大学国際日本学研究所発行二〇一二年三月

②中国語

・『留学と辛亥革命・第二回中国留学文化国際学術研究会論文集』欧米同学会・中国留学聯誼会・澳門基金会二〇一一年八月
・『西南地域における日本学の構築――日本学研究の方法論と実践を中心に』重慶出版社二〇一一年八月
・『辛亥革命と世界・記念辛亥革命百周年国際学術討論会論文集』北京大学二〇一一年一〇月

③英語

・「The East Asian Cultural Research Team of the Research Center for International Japanese Studies at Hosei University（法政大学国际日本学研究所东亚文化研究课题组）」 英文学会誌『Journal of Cultural Interaction in East Asia, Vol.3』（電子化公開：http://www.sciea.org/japan/publishing03.html）

④本研究センター・研究所の発刊による『国際日本学研究叢書一五　地域発展のための日本研究』

目次

今後の研究課題と問題意識

東アジアでは共通の文化素養を持ちながらも、一方それぞれの地域の変遷は、精神遍歴と体験知が異なるため、普遍的と思われている文化面においても発展段階により相違があることに気がつく。これらの相違はたとえ国境を越えた共有の利益に向かう場合でも、しばしば相互認識の弊害と化し、摩擦の要素になってしまう。この課題を乗り越えるため、共通の文化素養と価値基準を再認識させる必要がある一方、異なる部分の輪郭を明瞭に浮かび上がらせることも重要と思われる。特に欧米価値基準の教養体質になれきった戦後日本の「風土」にとって、中国と東アジアの日本意識を知る過程は自己認識と改革の良性循環であり、東アジア諸国との相互理解、相互認識、相互学習、相互発展を求められる入口となるであろう。それにつながると思われる研究活動を通して同研究の目的を検証してきた。そこから時代に求められている東アジア諸国間に、日中間に横たわっている地域ごとに応対するための通路が少しずつ見えてきた。

参考資料

・法政大学国際日本学研究センター・研究所ホームページ：二〇一一年度活動記録
・法政大学国際日本学研究センター・研究所編：『ニューズレター一五号』
『ニューズレター一六号』

資料：東アジア文化研究会及び国際シンポジウム開催一覧

日中相互学習を目指し、学術交流の進化が期待できる活動として、2006 年 7 月から日中文化研究会（2007 年 10 月から東アジア文化研究会に改名）を以下の通り開催してきた。

法政大学国際日本学研究所　2012 年度　東アジア文化研究会一覧

於：法政大学市ヶ谷キャンパス

回数	日時	報告者（敬称略）	肩書	テーマ
第 1 回	2012.4.12（水）	オーレリ ネヴォ	フランス国立科学研究センター研究員 民族学者	”新世界の中心”としての上海－上海万博の中国館＜東方の冠＞を読む－
第 2 回	2012.5.30（水）	陳　東華	長崎中国交流史協会専務理事	長崎唐通事とその子孫
第 3 回	2012.6.2（水）	バイラブル オリヴィエ	北京大学中国語学科博士研究員	韓国語における中国語からの借用語と日本語の語彙の影響
第 4 回	2012.7.11 日（水）	王　暁秋	北京大学歴史学系教授	19 世紀における東アジア諸国の対外意識
第 5 回	2012.8.1（水）	安井　裕司	法政大学国際日本学研究所客員学術研究員 早稲田大学エクステンションセンター講師	格差社会と「下からのナショナリズム」 ～ナショナリズム論からの日中欧の比較考察～
第 6 回	2012.9.26（水）	鈴村　裕輔	法政大学国際日本学研究所客員学術研究員	「日中国交正常化 40 年」を超えて －石橋湛山の対中国交正常化への取り組み
第 7 回	2011.10.31（水）	西園寺　一晃	工学院大学孔子学院院長	日本最大の経済パートナー・中国をどう見る
第 8 回	2012.11.7（水）	内田　慶市	関西大学外国語学部教授	言語抵触と文化交渉学 －中国言語学および翻訳論の立場から
第 9 回	2012.12.5（水）	橋爪　大三郎	東京工業大学大学院社会理工学研究科教授	東アジアの宗教と社会
第 10 回	2013.1.23（水）	石川　好	作家、新日中 21 世紀委員会委員	日本対立の心理
特別研究会	2012.12.26（水）	楊　棟梁	南開大学世界史研究院院長、教授	日本研究を目指す若者へ

参考資料

・法政大学国際日本学研究センター・研究所ホームページ：2006――2012 年度活動記録

・法政大学国際日本学研究センター・研究所編：『ニューズレター 15 号』『ニューズレター 16 号』

法政大学国際日本学研究所　2011 年度　東アジア文化研究会一覧

於：法政大学市ヶ谷キャンパス

回数	日時	報告者（敬称略）	肩書	テーマ
第 1 回	2011.4.27（水）	楊　偉	四川外語学院日本学研究所所長、日本学研究所外国人客員研究員	中国における日本文学史研究の新展開―王健宜氏『日本近現代文学史』をテキストに―
第 2 回	2011.5.25（水）	陳　毅立	法政大学国際日本学研究所客員学術研究員	中国における思想史研究の方法論に関する思索―『日本近現代思想史』を媒介に ―
第 3 回	2011.6.29（水）	王　雪萍	東京大学教養学部講師（専任）、法政大学国際日本学研究所客員学術研究員	中国における近現代日中関係研究の発展と限界―最新日本研究成果『日本近現代対華関係史』を通じて―
第 4 回	2011.7.27（水）	馬場　公彦	株式会社岩波書店	対日警戒論の歴史的脈絡をたどる―米慶余『日本近現代外交史』を読む―
第 5 回	2011.8.3（水）	郭　勇	大連民族学院講師、法政大学国際日本学研究所客員学術研究員	中国研究者から見た日本経済の歩み―楊棟樑著『日本近現代経済史』の査読を通じて―
第 6 回	2011.9.28（水）	及川　淳子	法政大学国際日本学研究所客員学術研究員	日本政治研究の視座を考察する―王振鎖・徐万勝『日本近現代政治史』を読む―
●国際シンポジウム	2011.10.21-25（金 - 火）	日中両国の研究者による報告	中国・四川外国語学院との共催	地域研究としての日本学 ―学際的な視点から―
第 7 回	2011.10.26(水)	李　潤沢	法政大学国際日本学研究所客員学術研究員	国家体制を支える制度としての「家」―『日本近現代社会史』を媒介に―
第 8 回	2011.11.30(水)	川邉　雄大	二松学舎大学非常勤講師、沖縄文化研究所国内研究員	日本近代美術史に関する一考察― 彭修銀『日本近現代絵画史』を媒介として ―

第９回	2011.12.7（水）	姜　克実	岡山大学大学院社会文化科学研究科教授	中国学界における日本文化論
第10回	2012.1.11（水）	劉　迪	杏林大学総合政策学部准教授	日本研究の可能性－臧佩紅氏『日本近現代教育史』を媒介に－
●中国人民外交学会・一般財団法人ニッポンドットコム・法政大学国際日本学研究所アジア中国研究チーム共催国際シンポジウム	2012.3.15（木）	小倉和夫 王敏 宮一穂 原野城治 趙啓正 黄星原 周秉徳	(小倉)前国際交流基金理事長 (王)法政大学教授 (宮)ニッポンドットコム副編集長・京都精華大学教授 (原野)ニッポンドットコム代表理事 (趙)中国人民政治協商会議外事委員会主任 (黄)中国人民外交学会副会長 (周)周恩来総理の姪・前中国人民政治協商会議委員	中日公共外交・文化外交の互恵関係深化の総合的討論
●法政大学サステイナビリティ研究教育機構・国際日本学研究所共催国際シンポジウム	2012.3.20（火・祝）	熊田泰章 大倉季久 吉野馨子 関いずみ 杉井 ギサブロー 張怡香 雷剛 賈蕙萱 金容煥 岡村民夫 王敏	(熊) 法政大学国際文化学部教授 (大) 桃山学院大学社会学部講師 (吉野) 法政大学サステイナビリティ研究教育機構准教授 (関) 東海大学海洋学部准教授 (杉) 映像作家 (張) アメリカ米中連合大学学長、ハワイ大学医学院院長、教授 (雷)重慶出版社編集部 (賈) 北京大学元教授 (金) 韓国倫理教育学会会長、忠北大学教授 (岡) 法政大学国際文化学部教授 (王)法政大学国際学研究所教授	「震災後のいま問いかける」
特別研究会	2012.3.21（水）	張怡香 雷剛 賈蕙萱 金容煥 王敏	(張) アメリカ米中連合大学学長、ハワイ大学医学院院長、教授 (雷)重慶出版社編集部 (賈) 北京大学元教授 (金) 韓国倫理教育学会会長、忠北大学教授 (王)法政大学国際日本学研究所教授	変化の中の日本観－東アジア同志の対話－

注１．大型国際シンポジウムが国際交流基金の助成を受けて四川外国語学院との共催で中国・重慶にある四川外国語学院にて開催された。

注２．国際シンポジウムが日中国交正常化40周年を記念し、中国人民外交学会・一般財団法人ニッポンドットコムと共催で北京の中国人民外交学会にて開催された。

注３．大型国際シンポジウムが国際交流基金の助成を受けて法政大学サステイナビリティ研究教育機構との共催で法政大学市ヶ谷キャンパスにて開催された。

法政大学国際日本学研究所　2010年度　東アジア文化研究会一覧

於：法政大学市ヶ谷キャンパス

回数	日時	報告者（敬称略）	肩書	テーマ
第１回	2010.4.27（火）	菱田　雅晴	法政大学法学部教授	中国：党をアナトミーする
第２回	2010.5.31 日（.）	羽場　久美子	青山学院大学国際政治経済学部教授	日中和解と東アジア共同体 - ヨーロッパ統合に学ぶ
第３回	2010.6.22 日（火）	金　煥基	法政大学国際文化学部客員研究員、韓国・東国大学文科大日語日文学科副教授	原点としての儒教的家父長制、そして狂気と異端－梁石日の「血と骨』を中心に－
第４回	2010.7.27 日（火）	王　秀文ほか８名	大連民族学院と法政大学の研究者による共同発表	国際シンポジウム〈日本研究の最前線－大連における多文化共生・異文化理解の研究と実践〉
第５回	2010.9.21 日（火）	張　季風	中国社会科学院日本研究所経済研究室長、教授	日中経済協力の過去・現在と将来
第６回	2010.10.5 日（火）	平川　祐弘	東京大学名誉教授	「自由」はいかにして東アジアへ伝えられたか - 洋学に転じた中村正直
第７回	2010.10.26 日（火）	徐　興慶	台湾大学日本語文学研究所教授兼所長	東アジアから見た朱舜水－文化発展の役割とそのアイデンティティー
第８回	2010.11.12 日（金）	朴　裕河	韓国・世宗大学人文科学大学教授	日韓歴史和解のためのいくつかの課題
第９回	2010.12.8 日（水）	ブリジ・タンカ	インド・デリー大学教授	忘れられた近代インドと日本の交流
●国際シンポジウム	2010.11・5―7日	中国・四川外国語学院との共催	基調講演・中央大学教授李廷江、日中両国の研究者による報告	日本学研究の方法論とその実践―～日本研究の視点と姿勢を中心に～
第10回	2011.1.13 日（木）	王　維坤	西北大学文化遺産学院教授、西北大学日本文化研究センター主任	和同開珎の「同」と「珎」と「圀」の文字から見た中日の文化交流史

注1．第４回は法政大学国際日本学研究センター・国際日本学研究所の主催で国際シンポジウムとして行われた（後援：人民日報海外版・日中新聞社）。

注2．大型国際シンポジウムが国際交流基金の助成を受けて四川外国語学院との共催で中国・重慶にある四川外国語学院で開催された。

法政大学国際日本学研究所　2009年度　東アジア文化研究会一覧

於：法政大学市ヶ谷キャンパス

回数	日時	報告者（敬称略）	肩書	テーマ
第1回	2009.4.22（水）	岡本　真佐子	桐蔭横浜大学スポーツ健康政策学部教授	国際文化交流の評価研究―異文化理解の手がかりとして―
第2回	2009.5.19（火）	佐藤　保	お茶の水女子大学名誉・学校法人二松学舎顧問	漢文力と日本の近代
第3回	2009.6.12（金）	藤井　省三	東京大学文学部教授	東アジアにおける「阿Q」像の系譜：夏目漱石、魯迅そして村上春樹
第4回	2009.7.7（火）	周　程	早稲田大学孔子学院副院長、留学センター客員准教授	中国は日米を追い越すか？―科学技術力視点から見る中国発展の可能性
第5回	2009.8.4（火）	王　秀文	大連民族学院学術委員会副委員長、国際言語文化研究センター長	文化の特質と異文化コミュニケーションの必要性－共生・共存・共栄の国際社会
第6回	2009.8.20（木）	謝　宗睿	法政大学国際日本学研究外国人客員研究員、中国国務院発展研究センターヨーロッパ・アジア社会発展研究所助理研究員	日中交流の新世代・「80後」～『ほんとうは日本に憧れる中国人』の検証～
第7回	2009.　10.6（火）	陶　徳民	関西大学文化交渉学教育拠点リーダー、同文学部教授	新しいペリー像・松陰像へのアプローチ――米国側の史料から見た下田密航の真相
●国際シンポジウム	10月18-20日	中国・四川外国語学院との共催	基調講演・法政大学国際日本学研究所教授王敏、日中両国の研究者による発表	中国西南地域における日本語教育と日本学研究の可能性
第8回	2009.11.24（火）	海上　雅臣	国際美術評論家 国際美術評論家連盟会員、株式会社ウナックトウキョウ主宰	戦後日本史を美術で考える
第9回	2009.12.8（火）	ロジャー・パルバース	東京工業大学世界文明センター長、作家、劇作家、演出家	宮沢賢治は日本人として生まれて損をしたのか？

注1．大型国際シンポジウムが国際交流基金の助成を受けて四川外国語学院との共催で中国・重慶にある四川外国語学院で開催された。

開催時間　2009年10月18-20日

テーマ　「中国西南地域における日本語教育と日本学研究の可能性」国際シンポジウム

主催　四川外語学院東方語学院、四川外語学院日本学研究所

協力　法政大学国際日本学研究所、在重慶日本国総領事館

法政大学国際日本学研究所　2008年度　東アジア文化研究会一覧

於：法政大学市ヶ谷キャンパス

回数	日時	報告者（敬称略）	肩書	テーマ
第1回	2008.4.28（月）	伊藤　亞人	琉球大学大学院人文社会科学研究科教授	「日本社会・日本文化の周縁性と特異性」
第2回	2008.5.14（水）	赤坂　憲雄	東北芸術工科大・同大学東北文化研究センター所長	「青潮文化論は可能か」
第3回	2008.6.6（金）	小倉　紀蔵	京都大学大学院人間・環境学研究科准教授	「2・1・0－東アジアの文化・文明論的構造」
第4回	2008.7.7（月）	徐　興慶	台湾大学文学院日本語文学系教授	「台湾における日本研究：日本文化史研究から考える」
第5回	2008.8.1（金）	小針　進	静岡県立大学国際関係学部教授	「韓流をどう位置づけるか」
第6回	2008.9.18（木）	劉　建輝	国際日本文化研究センター准教授	「支え合う近代～日中二百年の再検証～」
第7回	2008.10.10（金）	辻本　雅史	京都大学大学院教育学研究科教授	「思想史研究における『知の伝達』とメディア―江戸思想を素材として」
第8回	2008.11.11（火）	西原　春夫	アジア平和貢献センター、早稲田大学名誉教授・元総長	近代日本のアジア侵略　―その歴史背景を大きな近代史の流れの中でとらえなおす―
●国際シンポジウム	10月25-28日	中国・四川外国語学院との共催	基調講演、法政大学国際日本学研究所教授王敏、日中両国の研究者による報告発表	「詩人黄瀛と多文化間アイデンティティー」
第9回	2008.12.3（水）	代田　智明	東京大学大学院総合文化研究科教授	社会主義という資本主義的社会と資本主義という社会主義的社会　中国文化と日本文化―
第10回	2009. 1.16（金）	法政大学国際日本学研究所・東アジア出版人会議	基調講演、市村弘正・法政大学法学部教授 参加者は、報告者を含めて30人余	東アジア読書共同体の構築は可能か？

注1：大型国際シンポジウムには国際交流基金の助成を受けて四川外国語学院との共催で中国・重慶にある四川外国語学院で開催した。
開催時間　2008年10月25-28日
テーマ　「詩人黄瀛と多文化間アイデンティティー」国際シンポジウム
主催　四川外語学院東方語学院、四川外語学院日本学研究所
協力　法政大学国際日本学研究所、在重慶日本国総領事館

注2：第10回のシンポジウムは、サブ・プロジェクトのみならず国際日本学研究所全体のシンポジウムとして、東アジア出版人会議と共催で開催された。

法政大学国際日本学研究所　2007 年度　日中→東アジア文化研究会一覧

於：法政大学市ヶ谷キャンパス

回数	日時	報告者（敬称略）	肩書	テーマ
第 11 回 日中	2007.4.25（水）	曹　大峰	北京日本学研究中心教授	「対訳コーパスと多文化比較研究――言語と翻訳の研究例」
第 12 回 日中	2007.6.20（水）	李　廷江	中央大学法学部教授	「中国における日中研究の展開――日中関係との関連で」
●講演会	2007.7.9（月）	加藤　周一	評論家	「日本文化再訪－多文化主義について」
第 13 回 日中	2007.7.25（水）	千石　保	財団法人 日本青少年研究所所長	「日中高校生の生活意識」
第 14 回 日中	2007.8.8（水）	魏　大海	中国社会科学院外国文学研究所教授	「芥川の『支那遊記』論――章炳麟とのギャップを中心に」
●外国人客員研究員研究会	2007.9.7（金）	楊　偉	法政大学国際日本学研究所外国人客員研究員・四川外語学院日本学研究所教授	「中国における「惜別」の受容から中日文化を見る」
●同上	同上	霍　建崗	法政大学国際日本学研究所外国人客員研究員・中国現代国際研究院日本研究所助理研究員	「共同体の視点から日中の政治を見る」
第 15 回 日中	2007.9.19（水）	光田　明正	桜美林大学孔子学院院長	「漢文明と日本――日中の違い」
第 1 回 東ア	2007.10.26（金）	田中　優子	法政大学社会学部教授および国際日本学インスティテュート教授	「国際江戸学と江戸アジア学
第 2 回 東ア	2007.11.14（水）	曽　士才	法政大学国際文化学部教授	「日本華僑社会における伝統文化の再構築と地元との関係」
第 3 回 東ア	2007.12.12（水）	武井　一	東京都立日比谷高等学校	「高校生が第 2 外国語を学ぶ意味（韓国語を中心として）――高校生の視野の拡大と文化理解」
第 4 回 東ア	2008.1.25（金）	李　文茹	台湾慈済大学	「台湾における日本文学の受容と研究の現状」
注：「日中」＝日中文化交流会、 2007 年から東アジア文化研究会に改名、東ア＝東アジア文化研究会				

法政大学国際日本学研究所　2006 年度　日中文化研究会一覧

於：法政大学市ヶ谷キャンパス

回数	日程	報告者（敬称略）	肩書き	報告テーマ
第 1 回	2006.7.3（月）	李　国棟	広島大学外国語教育研究センター教授	対称性の創造－詩の世界から娑婆の浮世へ
第 2 回	2006.7.22（土）	三潴　正道	麗澤大学教授	典型事例から探る日中異文化コミュニケーション
第 3 回	2006.8.23（水）	西岡康宏	東京国立博物館副館長	中国・日本美術の特質について
第 4 回	2006.9.12（火）	スティーヴン・G・ネルソン	法政大学文学部教授	9 世紀の日本と中国― 藤原貞敏の渡唐に関する記録から読み取れるもの ―
第 5 回	2006.10.11（水）	崔世廣	中国社会科学院日本研究所日本社会文化研究室	日本的社会構造の特徴を探る――中国的視点から見れば
第 6 回	2006.11.1（水）	高橋優子	文化学園専任講師	日本人と中国人のコミュニケーション方略に関する一考察－謝罪という側面から
第 7 回	2006.11.29（水）	楊 暁文	滋賀大学国際センター助教授	豊子愷と厨川白村－『苦悶の象徴』の受容をめぐって－
第 8 回	2006.12.20（水）	谷中　信一	日本女子大学文学部教授	日本人の伝統倫理観と武士道
第 9 回	2007.1.24（水）	玉腰　辰己	早稲田大学大学院アジア太平洋研究科博士候補生	日中映画交流史のなかの日本映画人－川喜多長政と徳間康快の対応－
第 10 回	2007.3.24（土）	植木　雅俊	仏教研究家（東方学院所属）	仏教受容の仕方についての日中の比較

第一部　中国における日本研究の現在

――『日本現代化歴程研究叢書』について
（二〇一〇年、中国・世界知識出版社刊行）――

中国日本史学会の成立と発展

何　山文／翻訳：相澤　瑠璃子
（湯重南・王金林・宋成有の三人で使用するペンネーム）

一九四九年新中国の成立後、中国における日本史教育と研究は新たなる時代へと進んでいった。一九五〇年代より、恩師である呉延璆・周一良・鄒有恒ら諸先生方は厳しい環境の中で中国における日本史学を確立させた。様々な辛苦や紆余曲折を経て、今日の日本史研究の基礎を築いてきた彼らの功績は次の三点である。一点目は日本史教育だけではなく、研究を視野に入れた育成を行ってきたことである。実際に日本史専門の研究生や日本史に関係のある仕事に就いている教え子たちもおり、彼らが一九八〇年以降の中国においての日本史研究の主力であることは疑いようもない事実である。二点目は唯物弁証法を用い、日本歴史の基礎史を整理し、後世に伝えていったことである。周一良は自著『アジア各国の古代史』と『世界通史』の日本において、古代から近現代に至るまでの歴史的事件を詳細にわたって叙述している。これにより一九八〇年代からの中国における日本史学界の再興を助け、それまでの研究レベルの水準を大きく飛躍させた。三点目は鄒は邪馬台国、呉は大化の改新、周は明治維新の学説など、日本史に対して彼ら独自の歴史観を持っていることである。

一九七〇年代初めに日中両国は国交正常化となり、これを契機に中国の日本研究は転換期を迎えた。一九七〇年代末の改革開放後、日本研究は新しい段階に上り、研究成果は次から次へと発表されていった。三十年来にわたり中国人が研究してきた日本史に関する論文や著作は、質・量ともに中国の各歴史の研究を超えている。李玉の統計[1]によると、一九四九年から一九九六年の間に日本史の著作は二〇三種。そのうち一九七九年から一九九六年の一六二種、日本史研究に関する論文は一九五六本だが、一九七九〜一九九六年までには一八四九本となる。またこの間の訳者は一九三種だが、一九七九〜一九九六年の間では、一三二種となるという。比率としては、八〇%、九四・六%、六八・四%となっている。

三十年前に日本史研究を再始動させた当時の中国のレベルは、日本側から「小学生」レベルと揶揄されるほどであり、「文革」の影響から大きな差が生じたことは紛れもない事実でもあった。しかしその後の三〇年は一心不乱に研究を重ね、日本の学者に負けず劣らず邁進してきた。

一九八〇年の日本史学会の設立から現在までの三二年間の日本史研究を振り返ると、一九八〇年から一九九五年を第一段階、一九九六年から二〇一二年までを第二段階と区切ることができる。段階ごとに独自の特色を持ち、それに沿った研究背景や成果を出してきた。段階・研究者・思考・方法に至るまでに実に多様である。本文は主に一九八〇年の中国日本史学会設立及び組織の一連の活動に関して叙述していく。

1　中国日本史学会の設立

中国日本史学会の設立を最も早く提唱したのは、当時の中国社会科学院世界史研究所所長である劉思慕と南開大学の呉延璆であった。彼らの提唱のもとで、一九七九年四月の中国国家世界史研究計画座談会の開催中に呉延璆・万峰・鄒有恒・瀋仁安・王金林らは日本史研究会[2]の設立にあたり協議を重ね、互いに共通認識を得られるまでとなった。そして万峰を中心として、学会規約の草案に着手し始めた。一九七九年七月四日に中国日本史学会の下準備の会議が北京大学歴史学部にて開かれた。中国社会科学院世界史所・天津社会科学院・北京大学・南開大学・遼寧大学・東北師範大学・吉林大学・復旦大学・陝西師範大学の代表者が出席した。この会議の第一の議題は代表者の各大学の基本情報と今後の進展についてである。第二の議題は中国全土に対する日本史学会の必要性と緊急性についての討論である。各代表は満場一致でこの学会の必要性を認め、一日も早い設立を望んだ。最後の議題は学会開催予定地であり、天津が候補に挙がった。結果として当時の状況や条件により[3]、天津社会科学院が場所を提供することとなり、代表の王金林は科学院の上層部に了承を取りつけた後に、学会開催の準備に取り掛かることとなった。

天津社会科学院は学会の期待に応え、一九八〇年七月一〇日から一八日に行われた中国日本史学会の第一回全国日本史シンポジウムを見事に成功させた。中国国内の五四カ所の大学・科学研究機構・新聞・出版社から九〇名強が参加し、大会と中国日本史学会規約により、二三名の理事が選ばれた。理事会にて呉延璆が会長に、鄒有恒・周一良・呉傑・田琛の四名が副会長、万峰が幹事長、王金林と任鴻章の二名を副幹事長とすることが決定した。またこの学会拠点地を天津社会科学院に定め、学会は中国社会科学院世界史研究所に所属し、中国社会科学院が管理することも決まった。大会期間中には理事会も開かれ、次の六つの項目をこの学会の研究重点に置くこととなった。①日本古代史研究②日本近代史研究③日本現代史研究④日本戦後史研究⑤日中関係史研究⑥日本歴史辞典の編集である。

第一回目の討論会では五〇本もの論文が提出された。論文の内容によって大会では古代史・近代史一・近代史二・戦後史の四つのグループに分けて討論を行われた。古代史グループでは邪馬台国の問題と日本の封建社会の期間に関する内容。近代史一グループでは明治維新の性質と期限・西郷隆盛らの人物評価に関する内容。

近代史二グループでは日本の資本主義の蓄積・鎖国政策に関する評価・近代化を実現させるにあたり日本人がもつ活力の作用について・幸徳秋水の評価・田中上奏文の真偽・満州事変の計画者などに関する内容。戦後史グループは戦後の改革原因・過程・内容・評価などに関する内容であった。

主催者と参加者の協力の下で、この学会は大成功を収めた。これ以後、中国日本史学会は中国全土における日本史教育・研究者同士のネットワークや学術交流、民間団体と共同研究を行うなどその地位を確立していった。

2　中国日本史学会成立初期の活動内容

中国日本史学会の設立後、ただちに学術活動や組織展開、日本史資料の蒐集や学術著作の編集・出版など中国国内における日本史研究を推進していった。その活動内容は二段階に分けられる。第一段階の一九八〇―一九九五は学会が最も活力に満ちかつ成果が顕著に表れた時期でもあった。以下は特筆すべきその時期の主な四つの活動である。

❖――――（1）日本史教育そして研究基盤の書籍編纂と出版

八〇年代初期の日本史教育と研究の需要に伴い、学会は分野別の仕事を多数抱えていた。例えば監修した『日本史図書資料索引』は研究者が国内の書籍や資料を十分に活用できるための工具書である。更には日本史教育経験研究会なども立ち上げ、精力的に学会は活動をし始めた。またこれらと同時に学会の中心人物やメンバーたちが基礎的な日本通史や断代史・専門史などを執筆し始め、一九八四年以降に相次いで日本史の書籍が出版された。彼らが著作した書籍は分野・出版年代順に以下のように出版された。
通史類：趙建民・劉予葦編集一九八九『日本通史』、呉延璆主編一九九四『日本史』。
断代史類：万峰一九八一『日本近代史』、王金林一九八四『日本古代史』、呂万和一九八四『日本近代史』。
専門史：汪向栄一九八二『邪馬台国』、劉天純一九八四『日本産業革命史』、万峰一九八四『日本資本主義史研究』、伊文成・王金林一九八四『日本歴史人物伝―古代中世編―』、禹碩基一九八五『大化の改新』、伊文成・馬家駿一九八七『明治維新史』、伊文成・湯重南一九八七『日本歴史人物伝―近現代編―』などが主要書籍として挙げられる。
このうち特に呉延璆主編の『日本史』は、百万字余りの大作である。一九九四年に出版されたが、実は七〇年代初期には既に下書きされており、七〇年代末に初校を終えている。十年以上の修正を得て、九〇年代にやっと出版された。「文革」が終結する以前に、南開大学と遼寧大学の一〇余名の日本史学者たちによって編纂は始められていたが、結局準備を始めてから出版されるまでに二〇年余りの歳月を要した。しかし当時の研究者たちの心血が注がれたこの本は、日中両国の史学界の相対的水準を反映しているともいえる。そしてこの本の出版により中国の日本史研究の方向性が定められ、中国は新しいステージへと駆け上がっていくこととなった。
現在の若き研究者の中では、一世代上の学者たちがこの巨大プロジェクトに奮闘した背景や困難を成し遂げた偉大さを理解できない人もいる。そのような学者は自身の日本通史観は以前の書籍の批判から現在の自身の日本史観を確立したと思いこんでいる。もちろん前世代の書籍は不完全であり検証する価値はまだまだある。学術上で批判や論争を推奨してはいるが、『日本史』を批判することを通じて日本史の「権威」を形作ることは妄想に近い。独自の日本史観の確立は自ら研鑽を積むことによって確立すべきであり、自身に都合のよい主張のみを引用し、浅はかな知識で批判していくことは許されるべきではない。著作した本の問題は挙げれば枚挙にいとまがなく、それは呉延璆も同じことであり、あえて問題にすることではない。

上述した八〇年代九〇年代に出版された通史・断代史・専門史は、当時の中国の日本史教育・研究分野に新しい風を吹き込み、学術的好奇心を湧きあがらせた。

❖――――――（2）編纂出版された中国の学者による『日本史辞典』

『日本史辞典』は、中国日本史学会の第一回理事会で編纂の必要性を認められ、中国の学者たちによって編纂された辞典である。王金林は学会の常務の幹事長や副幹事長として、一九八三年からこの編纂の部門である「日本史辞典部」を創設した。それにともない天津社会科学院日本研究所の張健ら研究員たちに部への協力を頼んだ。まずは辞典に載せる字を選出し、原稿を書く人間を集める。原稿の分配をし、原稿に関する会議や審査など辞書を世に出すには複雑かつ多岐にわたる仕事が山のようにあった。この仕事に携わった研究員は七九名であり、ほとんどが当時の日本史研究において第一線で活躍していた研究者ばかりであった。主編は呉傑副会長、王金林・瀋仁安・呂万和・張玉祥が副編集を担当した一部百万字以上という『日本史辞典』は、一九九二年に復旦大学出版社から出版された。『日本史辞典』は中国のレベルの高い日本史研究によって創られ、四〇年以上の日本史研究成果が内容として詰め込まれている。分野に限らず、日本史教育や研究・社会といった方面からも日本史を理解するのに十分な内容となっている。

この辞典は中国の日本史学界の英知を散りばめた結晶といっても過言ではない。

❖――――――（3）中国の研究者たちによる『東アジアにおいての日本史』（全一三巻）が日本にて出版

『東アジアにおいての日本史』（全一三巻）の日本出版によって、日本の史学研究者や読者は中国の日本史研究の水準が日本と遜色がなくなってきていることを理解した証拠といえる。このシリーズは出版される以前より、日本史学界から注目を浴びていた。

シリーズの出版原因

一九八四年の五・六月に王金林は日本の別府大学の史学科二〇周年記念に招かれ、その際に「邪馬台国の若干の問題に関して」という学術講演を行った。講演内容は九州の北部の邪馬台国と畿内地区の「前大和国」の両存在説を唱えるものであり、メディアと学界からの注目を浴びた。一九八六年初頭には『古代日本は邪馬台国を中心としていた』という著書を出版し、日本学界から高い評価を得た。これをきっかけに、六興出版社は中国人研究者による日本史本シリーズを考え始めた。一九八六年一一月には同出版社の編集部長である福田啓三が天津社会科学院の招待を受け来中した際に次のような協議が行われた。一に天津社会科学院が主体となって、中国人研究者に日本歴史本のシリーズを著作すること。二に具体的な内容は王金林に一任すること。このようにして王金林は天津社会科学院の日本研究所副所長と中国日本史学会幹事長を兼任することになった。一九八〇年代にやっと完成したこのシリーズは、中国人研究者によって日本語で書かれ、日本にて出版された本であった。

このシリーズは全部で一三巻であり、各巻と作者は以下のようになっている。第一巻『倭国と東アジア』瀋仁安著。第二巻『奈良文化と唐文化』王金林著。第三巻『織田豊臣政権と東アジア』張玉祥著。第四巻『近世日本と日中貿易』任鴻章著。第五巻『日中儒学の比較』王家驊著。第六巻『明治維新と中国』呂万和著。第七巻『明治の経済発展と中国』周啓乾著。第八巻『日中近代化の比較』馬家駿・湯重南著。第九巻『孫文の革命運動と日本』俞辛焞著。第一〇巻『日本のファシズムの興亡』万峰著。第一一巻『日本の大陸政策と中国東北部』易显石著。第一二巻『中国人の日本研究史』武安隆・熊達雲著。第一三巻『天皇と中国皇帝』濬才彬著。日本史学界より注目を集めていたことは既に述べているが、特筆すべきは日本史学の大御所である家永三郎・遠山茂樹・門脇禎二・西島定生らが自身の本にてこのシリーズを推薦していた点である。家永は「中国人がどのように日本史を視ているかということを、多くの日本人は知らない。中国の日本史研究者たちが執筆したこのシリーズを通して、中国人の眼に映る日本の歴史像が見えてくるだろう。日本人の視点のみで日本史を見つめてきた我々にとって新たな契機になることは疑いようもない。」と述べている。また遠山も「ここ一〇年において、中国の日本史に関する研究発展は驚くべきものばかりであり、両国の学術交流が活発化した成果でもある。このシリーズの著者や研究者の中に私の友人もいる。彼らの日本研究の成果に対する真摯な態度と歴史の大きな流れに立ち、鋭く率直な批評があることに感嘆の言葉を禁じ得ない。」と記してある。各巻が相次いで出版されるとすぐに、その専門領域の研究者たちによって様々な批評がなされた。またもこれらをまとめた評論本が日本の歴史学会より出版されるまでに至った。王金林の第二巻の『奈良文化と唐文化』を例にとると、この本に対して鈴木靖民・鬼頭清明・西島定生・田村園澄・関和彥らが批評している。一九九〇年に王金林が来日した際には、日本古代史学界は東京・京都の二カ所に分けて『奈良文化と唐文化』の座談会を行い、日本から門脇禎二・山尾幸久・西山良平・鈴木靖民・鬼頭清明・佐藤宗淳・吉村武彦・石上英一・池田温・吉田孝・石井正敏ら合わせて数十名の研究者が参加した。これらの点から、このシリーズが如何に日本に対してセンセーションを起こしたのかがわかる。

六興出版社もまたこのシリーズにより日本出版界の最高栄誉賞を受賞した。発案から出版まで五年の歳月をかけた集大成であった。

❖——（4）「日中大化の改新国際学術シンポジウム」の開催

このシンポジウムは中国日本史学会・北京大学日本研究センター・中国国際文化交流センターが合同で立ち上げた。シンポジウムの準備や前述した日本史本シリーズの進行具合など他の仕事もあり、約二年の歳月が準備にかかった。これは鈴木靖民と王金林の二人が準備の責任者として、大化の改新の論点において日中の研究者同士の対話の基盤をつくる準備に最も早く取りかかり、またそれぞれが自国の研究者たちとの連絡係となった。スポンサーなど経費の問題が解決した後に日中双方がやっと実施段階へとコマを進めることができ、裏方である事務仕事は中国側の北京大学の李玉と王金林が担当してくれ、まさに縁の下の力持ちであった。

日本側の参加者は代表団団長の門脇禎二・副団長の原秀三郎・幹事長の鈴木靖民・団員の佐藤宗淳・鬼頭清明・吉村武彦の七名で構成され、随員として六興出版社の福田啓三が来中した。中国側の参加者は当時の教育・研究現場の第一線で活躍していた三世代にわたる三〇人が参加した。

一九八八年八月二日から四日まで、シンポジウムは北京大学で順調に開催された。開幕式では、中国日本史学会会長である万峰・北京大学日本研究センター主任の王学珍・日本領事館文化参事官の大和滋雄・中国日本史学会名誉会長の周一良・京都府立大学学長の門脇禎二らが祝辞を述べた。

シンポジウムでは八つの大テーマと二五の小テーマを設置した。八つの大テーマの内容は①中国人と日本人の大化の改新の観点、②七世紀前期の日本社会の矛盾、③東アジア世界の情勢と日本、④大化の改新の施策、⑤律令制——班田制を中心に、⑥改新後の日本社会の階級変化、⑦改新後の日本社会の性質、⑧今後の課題となっている。

討論の進め方としては各テーマごとに日中から一名ずつ合計二名の報告者が発表し、報告後はすぐに討論に入った。討論は白熱した。というのも日本側の研究者の多くは大化の改新の否定派が多く、それに比べて中国側の多くは肯定派だったからだ。論争は激しさを増したが、お互いの主張に理解を示した上での激しさであった。特に日本側の注意が向いたのは、中国の研究者たちの史実に基づいた発表が独自の観点から繰り出されていることであった。三日間のシンポジウムを通して、中国の研究者が大化の改新の研究に対して十分な研究が行われていることに、日本側は驚きを隠せなかった。門脇は「中国の代表団の各研究者の報告が非常に有意義であり、その報告は我々の想像範囲を遥かに超えていた。こちらはこちらで中国の階級問題・社会性質・政治史・外交・思想などを理解でき、また別の研究対象の動向や観点をとらえられるようになった。中国史学会の設立の必要性や有益さが身に染みて理解できた三日間であった。」と述べている。シンポジウムではこのようにして日本の研究者が中国の日本史研究に対する観点の意識を変えることとなった。また日本の佐藤もこう述べている。「私はもともと好奇心に駆られてこのシンポジウムに参加した。中国人がなぜ大化の改新について研究しているのか。どのように日本史を研究しているのか。研究報告会としての今回のシンポジウム開催に関しては、さほど興味が湧かなかった。しかしこの三日間を通して、中国人がなぜ大化の改新に対して興味があり、研究レベルの高さをも理解ができた。これは今回のシンポジウムの成功の証であり、知的好奇心を十分に刺激された討論であった。」鬼頭の考えの変化はより典型的である。以下は彼が同じくシンポジウム後に述べた言葉である。

「中国に行く前は、今回のシンポジウムに対して懐疑的であった。日本の研究者からすると、日本史、特に古代史に関しては我々日本人が最も理解していると自負している。外国人である中国の研究者と満足にそして対等に討論ができるであろうか。不安な日々を送る中で、日本側の世話役が私の親しい友人である鈴木であることを知った。彼が携わっている大会ならば問題が起こるはずはないと考え、私は安心して参加することにした。しかしこの三日間を通して、私の懸念は綺麗に消え去った。それどころか日中の研究者たちの報告から啓発されることが多々あった。両国の研究者たちは違った角度から大化の改新の研究を重ね、互いに切磋琢磨していくことであろう。このシンポジウムが若い世代のためにも継続されることを強く願っている。」

鬼頭は帰国後、日本学界に向けてこのシンポジウムの成果を雑誌に掲載した。

シンポジウムの閉幕式にて、日本の代表団団長である門脇と中国日本史学会名誉会長の周一良による閉幕の挨拶があった。門脇は次のように述べた。「今回のシンポジウムで討論した目的やテーマは全て王金林先生と鈴木先生方が尽力してくださったおかげです。」周一良もまた「この三日間のシンポジウムが非常に成功した理由が二つあります。一つめは大会の下準備が十分の整えられていたこと。二つめは日中双方の代表団のメンバー構成です。日本側はまさに古代史学界の重鎮ばかりであります。そして中国側は三世代にわたり、多角的なメンバーで構成されていたことです。この二点が今回の成功要因だと思っております。」とシンポジウム成功の総括を述べていた。

大化の改新のシンポジウムの成功は、中国が日本史学界の一つの綺羅星のような存在だということを国外に示すことができた。これを機に、日中の学者の直接対話のシンポジウムやセミナーがどんどん増えていくようになった。

3　学会年次総会・特定シンポジウム及び論文集の出版

中国日本史学会が成立後の一九八〇―二〇一二年の間に、七度の年次総会シンポジウム・八回の国際セミナー・三〇回余りのテーマ別シンポジウムなど多数が開かれた。その中では「盧溝橋事件五〇周年記念」・「日本人と国際化」・「日中交流史上の友好使者」・「東アジア地域の意識と平和発展」・「戦後日本の五〇年」・「伝統文化と日中経済発展」・「日本と北東アジアの歴史・現状そして未来へ」・「文明の視点から見た日中関係」・「日本とドイツの歴史認識の比較」といった大型国際シンポジウムから、「邪馬台国」・「日本歴史人物評価」・「日本史教育現場交流会」・「日本の封建社会段階」・「日本伝統文化と現代化」・「日中近代化の比較」・「戦後日本と東アジアの経済発展」・「新世紀における日本研究」・「二一世紀の日中問題」・「日中関係と将来性」・「近代日本の内外政策」・「黄遵憲と近代日中文化交流」・「日本の植民地教育」・「日本の右翼教科書問題」・「東アジアの経済の現代化」・「ファシズム戦争の勝利六〇周年記念」など三〇余りのテーマごとのシンポジウムが開催された。そしてシンポジウム後には、学会は二冊の学会名義の日本史論文集を出版し、三冊の学会責任者編集のシンポジウム論文集を出版するなど常に関心が集められていた。

ここまでが一九八〇年代以後の中国日本史学界の学術活動と成果の紹介の一部であり、特に重点を置いたのは八〇年代九〇年代の活動内容である。というのも、その時期に活躍した中国の日本史研究者は、学術面において大変不遇な時代に青春時代を送っていたからである。「文革」の終結後に押さえつけられていた知的好奇心の花が一斉に咲くように、彼らは老いたる身でありながらも精神面そして学術面においては多大な情熱を傾け一心不乱に研究を続けてきた。その努力は日本の史学研究者たちを驚嘆させるまでに成長を遂げた。九〇年代後半になると、積み重ねられていた努力がさらに実を結び、学界自体は空前絶後の盛り上がりを見せた。しかし学会としての組織的活動は相対的に減少していった。原因は第二段階の教育・研究機構は学会の名義組織ではなく、学会のメンバーがそれぞれに研究と活動に打ち込んでいるからである。この部分については別の機会に論じたいと考えている。

4 中国日本史学会の組織と中国大陸の日本研究団体における地位

中国大陸の日本研究組織と団体のタイプは四種類に分かれる。①大学や専門学校が設立した大学院・研究所・研究センター・研究室。②中国社会科学院または地方の社会科学院が設立した研究所及び中心的学会。③中央・地方政府が設立した研究所・研究センター。④専門に捉われない民間学術団体などがある。一九九六年一二月に行われたある程度信頼できる統計では、日本研究組織は九八か所あり、日本研究学会は四三か所であった。両団体に所属している研究者は一万人以上にのぼり、総合的な日本研究色が濃いことがわかる。

これらの組織・団体及び学術活動において、日本史を専門に研究している研究者は実は数としてあまり多くない。実際には中国日本史学会・中国日中関係史学会・中国社会科学院日本歴史と文化研究センター・東北地区の日中関係史研究会・北京市日中文化交流史研究会・蘇州日中関係史学会・日本軍による南京大虐殺史研究会・浙江省日中関係史学会・北京大学歯学部世界史研究室日本史ゼミの一〇余りの組織のみである。

名称に「史」が付いている研究組織や団体の中で、中国全国規模の民間学術団体は中国日本史学会と中国日中関係史学会の二つのみしか国内に存在しない。中国日本史学会の現会員数は三〇〇人余り。学会は日本古代史・近代史・現代史・戦後史・政治と社会・経済と科学技術・対外関係史・思想文化史・青年学者学術交流・海外連絡部及び書籍出版と情報交流部などの九部門の支部に分かれている。学会の二代目会長は万峰であり、副会長は王金林（常務）・任鴻章・汪淼・滻仁安・武安隆・夏応元・湯重南・童雲揚、幹事長は湯重南が兼任した。三代目会長は湯重南であり、副会長は宋成有（常務）・王勇・劉毅・張健・楊棟梁・周頌倫・周維宏、幹事長は張健が兼任した。学会は年次総会や国際シンポジウムなどを主催し、国内外の学術交流活動を広く展開していった。また日本史書籍を出版し、学術面においても活力に満ちている。中国日本史学会は中国国内に留まらず日本に対しても大きな影響力をもっており、そして中華日本学会の各団体の中でも加盟人数が比較的多いこともあって、学界では重要な地位を占めている。

これらの他にも「歴史」の名称がついていないだけで、日本史についての学術研究を行っている機関は多数存在する。例えば、南開大学の日本研究院・北京外国語大学日本学研究センター・中国社会科学院・天津社会科学院及び東北三省の社会科学院の日本研究所・遼寧大学・吉林大学・東北師範大学・復旦大学・河北大学の日本研究所などが例として挙げられる。

現在中国大陸において日本史に関する学術機関誌は多数あるが、ここでは特にその影響力が強い機関誌を創刊年順に紹介していく。河北大学日本研究所『日本問題研究』一九六四年創刊。遼寧大学日本研究所『日本問題』一九七二年創刊、後に『日本研究』と改名。天津社会科学院日本研究所『日本研究論集』一九七二年創刊。東北師範大学研究所『現代日本経済』一九八二年創刊。中国社会科学院日本研究所『日本学刊』一九八五年創刊。北京大学日本研究センター『日本学』一九八九年創刊。杭州工商大学（現浙江大学）日本文化研究所『日中文化論集』・『日中文化交流史研究』・『日本思想文化研究』一九九一年創刊。復旦大学日本研究所『日本研究集』一九九三年創刊。南開大学日本研究院『日本研究論集』一九九六年創刊、後に『南開日本研究』に改名。また中国史学界公認の名門機関誌である中国社会科学院の『歴史研究』・『世界歴史』などには、毎回相当な量の日本史研究論文が掲載されている。

注

[1] 李玉「中国の日本史研究——日本史研究論著数量の統計を中心に」『中国の日本史研究』世界知識出版社二〇〇〇年四二—四三頁

[2] 後に改名し中国日本史学会となる。本論文では学会名の方を表記する。

[3] 初めは南開大学と天津社会科学院の両代表による話し合いが進められたが、南開大学の俞辛焞が難色を示したため、天津科学院が担当することとなった。

近現代日本経済の発展段階的考察
——楊棟梁著『近現代日本経済史』の査読を通じて——

郭　勇
（大連民族学院外国言語文化学講師、法政大学国際日本学研究所客員学術研究員）

日本経済についての研究は隣国の中国にとって極めて重要である。「日本経済の現代化過程が世界に見せたのは後発国としての『追い越せ』経済モデルであり、生産効率化を目標とする技術革新はこのモデルの中核的な存在である。しかし、技術革新などは『官主導』と『組織された市場』のもとで実現したもので、いまでは変わらざるを得ない状況にあって、日本がどのように対応していくのか中国経済には非常に参考になる」、と『日本近現代経済史』の著者楊棟梁氏はこう述べている。

しかし、いまの中国日本研究学界では、現代日本の経済高度成長期ばかりに研究の重点をおきがちで、近世および近代の経済史の研究を見ると、比較的に学者は関心を寄せないのが現実である。「経済史」は「広義の経済学」の一環で、現代の経済に対象を絞る「狭義の経済学」の中にだけ閉じ込められるべきではない」と永原慶二氏が主張するように、経済学研究において、経済史は極めて重要な地位を占めているのである。さまざまな資料を照らし合わせ、本当の事実を追求し、最後にそれを理論化するのが一般的である。

野口悠紀雄氏が提言する「一九四〇年体制」において、「戦時体制は、戦後日本の高度成長の現実に本質的な役割を果たした。さらに七〇年代の石油ショックへの対応も四〇年体制があったからこそ可能になったものだ。また、八〇年代後半のバブルは、この体制の矛盾が噴出したものと捉えることができる」と述べている。ここでは、一九四〇年体制の是非はともかく、日本現代経済を研究する際、戦後に重点を絞るだけでなく、戦時経済、さらに二〇年代までさかのぼる必要性を示唆しているのではないかと思う。

新しい視点や個別研究を取り入れた斬新な著書や論文なども良いが、しかし反面その内容は、個別研究を忠実に取り入れようとするあまり、全体の流れが不鮮明になったり、初心者になじみにくいと思われるものも少なくないように見受けられる。通史についての知識が極めて不十分なまま、いきなり個別問題に取り組もうとする傾向が若手の研究者にあるのではないだろうか。

著者はこのような事情を念頭に、近現代日本経済の流れを要約的に叙述した。叙述に際しては各時代の主な問題を選んで簡潔に説明するとともに、その時代の特徴をなしうる限り明らかにするよう努力した。

また、日本でもはやっていたマルクスの発展段階論から見ると、西洋の学者が考え出した学説がアジアでもっとも早く先進国になった日本の経済史を裏付けられるかどうか、あるいは、日本人学者の間でどのように認識されているのか、日本の隣国である中国の立場に立って研究するのは、非常に面白く、やりがいのあることである。

著者が「一本の幹線、二本の経済発展進路、三度の制度変革、四つの分析角度」ということを意識しながら本書を作成したことがこの本を読んだあと、よくわかった。

一本の幹線

一本の幹線というのは、官主導経済社会システムのことである。各時代において、日本政府がどのように日本社会経済に影響を及ぼしたかを本書の幹線とし、この幹線上で、さまざまな論題を、つまり横道を構造的に結んでいる。たとえば、一九八〇年代まで、多くの研究者、特に外国の研究者によって、日本の官僚制はその経済的成功の重要な要素と考えられてきた。米国カリフォルニア大学のチャーマーズ・ジョンソンの『通産省と日本の奇跡』などが、こうした見方を代表している。これに対して、一九九〇年代以降、官僚制は構造改革を阻害し、日本経済を非効率化にしているという見方が強く主張されるようになった。中国でも、マルクスの「無市場」仮説から、レーニン、毛沢東の「計画経済主導」、そして鄧小平の政府計画と市場経済の「両手の手段論」というふうに政府と市場は、代替的関係から補完的関係へと進化してきたのである。この問題を幹線に経済史を考察、研究するのは非常に面白いことである。

二本の経済発展進路

日本の経済発展進路というのは、一つは明治初期の文明開化に伴い、明治政府が殖産興業、富国強兵、脱亜入欧などの政策を推進し、世界の列強になり、それから戦争の道を選んで最終的に敗戦してしまうという進路と、第二次世界大戦後、日本が平和国家への道を辿り、大きな経済発展を遂げてきたという進路のことであり、この二本の「道」で本書のアウトラインを描いている。

開港が日本の政治史における大事件であったことには、誰しも異論の余地はない。これをめぐってさまざまな派生的事件が起こり、その相互作用の中で、ついに維新という政治変革まで誘発してしまった。開港はまた経済上の事件でもあった。これによって、日本の経済は開放体系へ移行した。本書の第一章では、徳川封建体制および幕末の経済状態や階級状況から論じ、日本の資本主義の成立条件を述べた。第二章と第三章は、明治時代半ばから大正の初めにかけての「産業化の時代」を中心として、経済と社会の発展をさまざまな側面から描写した。開港・維新後の非連続的な変化に偏らず、それ以前に胎動が始まっていた経済発展の諸傾向の継続性をも重視し、明治・大正における財政・金融政策の展開、貿易の発展と都市化の諸側面を論じた。

第一次世界大戦が始まった一九一四年から、日中戦争前夜の一九三七年までの経済を展望することが第四章の主題である。第一次世界大戦終戦から第二次世界大戦までの期間つまり戦間期は、経済的に見れば苦難に満ちていたといえよう。一九二〇年代のデフレ、そして三〇年代初頭の世界恐慌。日本経済はこの中で波瀾を乗り越えながら発展したのであった。

第五、六章は、一九三七年七月の日中戦争勃発に始まり、四一年の太平洋戦争への突入、四五年の敗戦と連合軍の占領の開始、五一年の講和条約締結を経て、五四年不況にいたる激動の時代を対象とする。太平洋戦争の緒戦期の半年ほどを別とすれば、事態は重大化の一途をたどり、一般国民の犠牲において絶望的な努力が続けられた。第五章では、重要な事実を簡潔に述べている。占領期においては、ワシントンにおける戦時中からの対日政策立案にはじまり、占領後の非軍事化政策および「経済民主化」政策の実施の過程が第六章に要約された。第七章は、戦後の経済復興を具体的に検証しようと試みている。軍需を中心とする重工業と、整備縮小の対象とされた軽工業の対比を中心に多様な問題が展開される。たとえば、異常に肥大化した航空機工業と壊滅させられた繊維工業、戦後の傾斜生産政策に伴う産業間の不均衡、企業経営内容の変化、金融業の統合、財閥本社の統制力の弛緩、戦後の企業の競争的体質の強化、重化学工業での中小企業の増加と下請制の展開などである。

戦中・戦後を通じて作られた枠組みを初期条件として高度成長は一九五五年以降本格的に開花し、一九六〇年代に頂点に達する。一九七三年の石油危機を境として成長率は半減するが、それでも欧米諸国に比べれば、日本は高い水準の成長率を維持できた。第八、九章では、この高度成長の開花とその後の成長がもたらした光と影を検証する。

三度の制度変革

三度の制度変革というのは、明治維新を通じて行われた社会変革、戦後型体制の立ち上げにより、ファシズムの終焉を迎える制度変革、そしていまでも行われている「平成改革」のことである。

四つの分析角度

四つの分析角度とは内外の態勢はどうなっているのか、どんな条件で制約されているのかという「条件制約」、社会及び経済制度はどういった変化があったのかという「制度変遷」、「経済進路」はどうなっているのか、そして行政の実績を分析、評価する「実績評析」のことであり、この四つの分析角度から本書を作成したと著者は前書で述べている。さらに、著者は本書の特徴を包括性、系統性、アカデミック性を重視したことにあると述べている。

本書は、第二次世界大戦終戦というところで二つに区切られ、主に日本における資本主義の成立、産業革命、独占資本主義、国家独占資本主義という流れで、日本の近代経済を解説している。大戦後の部分は戦後復興、高度成長、経済大国期、調整改革期の五段階で論じている。現代世界の経済は資本主義経済が主流であるため、この意味では日本資本主義の発展に重点を置いて考察、研究するのは当然であろう。しかし、日本における資本主義の成立期から現代に至るまでの長期にわたる日本経済史をこのような一冊でどの程度まとめられるのかと思われるであろうが、実は、中国における日本経済史研究の現状から見ると、明治時代からの日本経済史の諸段階を均等的に取り扱い、それぞれの段階の経済過程が次の段階あるいはその先の日本経済社会にどのように影響し、またどのように規定したのか、という視点から、本書では歴史的諸段階を設定し、経済社会の構造を大量のデータと史実に基づいて明らかにすること自体はむしろ五二万字にも及ぶ本書の特徴の一つとすべきだと思う。これまで日本で最も有力な発展段階論としての地位を占めてきたのは、マルクスの社会構成体論だった。しかしながら、こうした社会構成対論は、日本の歴史学界においてさまざまな批判を受けたようである。確かに西欧を中心とするマルクス主義理論は日本社会においてそのまま通用しにくい面もあるようであるが、マルクス発展段階論は古代以来の世界史の発展の大筋をつかむうえで最も包括的で、高レベルの理論であることは否定できないであろう。

本書の特徴のもう一つとして、日本経済史の展開を法則性と特殊性を重視し、一貫とした形で把握することにあると思う。たとえば、本書は、可能な限り諸段階の社会的生産の様式を明確にしている。人間の行う個々の生産活動を可能な限りありのままに追及することは本書のような通史では決してできないが、大量の先行研究の成果をふまえて、社会的生産の態様を大筋で捉えることはできていると思う。たとえば、幕末の社会的生産様式について、著者は、「資本主義生産様式はすでに出現しているが、しかしまだ家内手工業から工場制手工業になる過渡的な段階にある」と述べている。さらに、経済史を語るに当たり、単に自然成長的な経済発展の問題として捉えることは全く不可能であり、内外の政治的契機によって、経済のあり方も常に大きく影響を受けていることはいうまでもない。近代なら支配体制、社会的分業、身分編成、階級状況、また現代に入ると政府がとる経済政策、世界的政治態勢などを考慮しなければならない。本書はこうした考えに基づき、日本経済発展における諸問題だけでなく、社会的、政治的な問題にも必要な限り触れている。

しかしもちろん通史を一読するだけでは、歴史のなまなましい事実に触れることはできない。特に個々の問題についての立ち入った理解は困難であり、そのためには個別的な論文や資料に自ら触れなければならない。いうまでもなく経済史学は、歴史事象の発展過程の追跡を通じて、その特徴と全体像を明らかにする学問であり、大変研究労力が必要とするジャンルなのである。しかし、本書は近現代日本経済史に対する全体的認識の一助となり、また個別論文や資料への関心を呼び起こすことができるのではないかと思う。

参考文献

・永原慶二『日本経済史』有斐閣、一九七〇年
・石井寛治『日本経済史』東京大学出版会、一九九四年
・野口悠紀雄『戦後日本経済史』新潮社、二〇一〇年

中国における日本政治研究の視座に関する一考察
――王振鎖・徐万勝『日本近現代政治史』を読む――

及川　淳子
（法政大学国際日本学研究所客員学術研究員）

1　テキストの概要と問題意識

王振鎖・徐万勝『日本近現代政治史』（中国・世界知識出版社、二〇一〇年）は、南開大学日本研究院院長を務める楊棟梁が編集した『日本現代化歴程研究』叢書の一冊である。全一〇冊の叢書は、数年にわたる日本研究の成果を総括したもので、研究プロジェクトは中国政府の「教育部人文社会科学重点研究」の認定と、日本の国際交流基金から研究助成を受けたほか、刊行に際しては南開大学の「世界現代化進程研究哲学社会科学創新基地」の出版助成を受けている。いわば、日中両国の関係部門が支援を行った注目の研究プロジェクトである。

『日本近現代政治史』は、日本研究者の王振鎖と徐万勝による共著だ。著者の王振鎖は一九四一年生。一九六六年に北京大学東語系を卒業し、現在は南開大学日本研究院教授を務め、中国日本史学会常務理事、日本戦後史分会会長を兼任する。専門は戦後日本史と日本政治史である。

徐万勝は一九七一年生。一九九六年に解放軍外国語学院で修士号を取得した後、二〇〇三年に南開大学日本研究院で博士号を取得した。現在は解放軍外国語学院国際関係教研室教授のほか、中国日本史学会常務理事、中華日本学会理事を務めている。専門は日本政治と東アジアの安全保障である。

本書は、彼ら二名の日本研究の専門家が執筆し、幕末から現代に至るまでの日本政治史を俯瞰した研究書である。江戸時代末期の幕藩体制から、日本がどのように政治の近代化を成し遂げて現在に至ったのかという問題に取り組み、政治体制や各時代の内閣についてその変遷を歴史的に分析した通史であり、全一〇章の構成は次のとおりである。

第一章　幕藩体制の解体と幕末政治
第二章　近代中央集権国家への移行
第三章　議会政治の展開と帝国主義の形成
第四章　政党政治の発展と挫折
第五章　ファシズム的な専制政治の興亡
第六章　アメリカの日本占領と戦後の政治改革
第七章　五五年体制の確立と発展
第八章　自民党政権の動揺
第九章　自民党政権の中興と崩壊
第一〇章　連立政権と「ポスト自民党時代」

なお、巻末には以下の資料編がある。

一．内閣一覧（総理大臣の氏名、在任期間、所属政党）
二．内閣総理大臣一覧（氏名、在任期間・日数、就任時年齢、生年月日、出身地）
三．近現代政治史年表（一八五三年ペリー来航から、二〇〇六年九月安部内閣成立まで）

本書が扱った時代、すなわち一八五三年のペリー来航から二〇〇六年の安部内閣成立までの時代を大きく分けると、①明治維新前後、②戦時期前後、③自民党政権時代という三つの時期に概括することができる。章立てを見ると、戦争の時期よりも自民党政権時代に関する記述が圧倒的に多いことが特徴的だ。これは、時代区分に比例した構成というよりは、むしろ著者の専門に深く関わるといえよう。徐万勝の著書には、『日本自民党〝一党優位性〟研究』（天津人民出版社、二〇〇四年）があり、テキストには著者の研究が強く反映されている。

中国政府が認定する公的な研究プロジェクトが日本政治史を扱う際の主要な問題意識として、例えば、一般的に関心が高いと思われる日中戦争に関する問題は依然として主要な研究領域の一つだが、現在は、自民党の長期政権に分析の重点を置く研究プロジェクトも多く、本書はその一例だといえよう。小論が、「中国における日本政治研究の視座に関する一考察」と題した所以は、まさにこの点にある。本書の内容と特色を踏まえた上で、「日本政治研究の視座」をどのように考えるべきか検討したい。

2　近現代日本政治の特色

著者は、近現代日本政治史を「政治の民主化と現代化の歴史」と概括した上で、その特色について（1）近現代日本政治の二面性、（2）日本式の政治の民主化の特徴、という二点を指摘している。ここでは、まず本書の記述を概観しておきたい。

❖――（1）近現代日本政治の二面性

本書は、近現代日本政治の民主化と現代化を高く評価し、自由民権運動、大正デモクラシー、戦後の民主化について詳細に論じている。一方で、日本の「民族主義」、「ファシズム」、「新国家主義」を厳しく批判している。明治維新後の日本が形成した上から下への「官制民族主義」が「天皇制軍国主義」へと発展し、「日本式ファシズム」を確立して戦争へと突入したと結論づけている。日本の敗戦は極端な「国家主義」の完敗であり、戦後、特に冷戦後は「新国家主義」の傾向が顕著で、政治の保守化、脱イデオロギー、無党派層の増大に繋がったと述べている。

日本の読者としてこれらの結論を見ると、「天皇制軍国主義」、「日本式ファシズム」、「新国家主義」という概念を用いた分析には抵抗感を禁じ得ない。概念の定義をはじめ、これらの分析枠組みが中国の日本政治史研究において一般的であるか否かということについても疑問が残る。

❖――（2）日本式の政治の民主化

本書は、近現代日本政治の民主化にとって、①外的要因、②天皇制、③自民党による五五年体制という三つの特徴が重要な要素であったと論じている。

①外的要因

日本の民主化には、外的要因が重要な要素であった。ペリー来航は明治維新へと繋がり、開国以後の社会変化はやがて自由民権運動へと発展した。敗戦後に、アメリカの占領下で民主化が進展したことも、また然りである。一方で、明治維新後に実施された廃藩置県や地税改革などは、資本主義的な経済・社会改革であり、抜本的な民主化には至らなかった。政治の民主化は、戦後にアメリカの占領下でようやく実現可能となった。クーデターや民衆による革命ではなく、外的要因によって民主化を果たした点は、確かに本書が指摘するように「日本式の民主化」といえるだろう。

②天皇制

本書で述べられている天皇制についての概説から、主要な記述と論点を抜き出すと、以下のとおりである。明治維新の後、天皇は「武士や貴族から権力を奪還」した。明治憲法によって近代の天皇制が確立したが、実質的には「封建時代の君主」であった。戦前戦後は、天皇制を維持しながらも「絶対王権」から「象徴天皇」へと重要な変化を遂げたが、現在の天皇制はアメリカ占領期の圧力によって誕生したものであり、「天皇は米軍と日本の保守政党に利用」されてきたと結論づけている。これらの記述のほかに、日本の天皇は、「世界各国が廃止した最後の『皇帝』」という一文も見られる。

ここでは個別の問題に対する検証を行う紙幅はないが、本書の天皇制に関する議論には、検討の余地が多いといわざるを得ない。日本の民主化の過程で天皇制が存続し、重要な意味を有していた点は事実だが、「象徴天皇」の政治性をはじめ、史実に基づく多角的な議論が期待されるところである。

③五五年体制

本書の最大の特徴ともいえる自民党研究について、著者は戦後日本政治の本質は自民党の「一党優位制」であると主張している。具体的には、以下の指摘がある。戦後の日本政治は、基本的に自民党の「一党独大」であり、戦後初期の民主化は保守政権下で実施されてきた。五五年体制の崩壊は「日本社会の多元化と一党支配下における民主の変形」であり、新党の乱立と新進党の解体は、日本政治が志向した「二大政党制の挫折」であった。その後の小泉政権は、「与党自民党の立場を堅固」にした点で重要な役割を担ったと評価している。ここで興味深いのは、小泉政権に対する高い評価である。小泉政権時代は、靖国神社参拝問題などにより、当時「国交正常化以来最悪」と報じられたほど日中関係は緊張していた。中国の日本研究者がその事実を確認しながらも、一方で「与党自民党の立場を堅固」にしたと評価している点は極めて興味深い。

3 中国における日本政治研究の視座

以上、テキストの概要を報告し、ごく簡単なコメントを記した。前述したように、本書で述べられている「近現代日本政治の特色」については、個別の問題に対して批判的に検討すべき課題も多い。しかし、ここではそれらの課題を置いて、「中国における日本政治研究の視座」について若干の考察を進めたい。筆者が提起したいのは、以下の三点である。

第一は、歴史の「連続性」と「非連続性」という問題である。日本の近現代を、明治―大正―昭和―平成という各時代や、戦前―戦後、五五年体制時代―五五年体制崩壊後というように時代を追って区分することは可能だが、歴史の断絶だけでなく「連続性」に注目する視点を同時に持ち合わせる必要があるだろう。歴史の

「連続性」と「非連続性」に着目することによって、日本政治における歴史的かつ文化的な本質性を再検討できるのではないだろうか。

例えば、東日本大震災を経験した日本において、「三・一一」が大きな転換点となったことに異論はないだろう。重大な事件から歴史を区分する手法は、政治研究よりも社会史の領域と見なされるかもしれない。だが視点を変えれば、一九二三年の関東大震災から二〇一一年の東日本大震災までという時代を包括的に思考することも可能だ。年代や年号にとらわれず、自由な発想で日本の近現代史を再構築する視点を期待したい。

第二は、歴史研究のテーマ設定に関する問題である。一般的に、中国で出版されている日本通史の書籍では、近現代史でもっとも重点が置かれるのは明治維新と日中戦争である。しかし、前述したように、本書は五五年体制下の自民党政権に関する記述の割合が圧倒的に多い。本書の構成は、各時代の順序に基づいてはいるが、扱う時代の比重には明らかな差異が見られる。これは、例えていうならば「伸縮する歴史」である。通史を概説する中で、どの時代のいかなる問題に焦点を当てるかによって、書かれた歴史はいかようにも「伸縮する」と考えられる。

筆者が考察するところ、中国人研究者が近現代日本政治を研究する際に、自民党の「一党優位制」に着目する理由として、中国の国内政治との関連性を指摘することができる。自民党の長期政権や党内派閥政治に対する詳細な研究は、中国共産党による長期政権、事実上の一党支配体制という政治空間にある中国人研究者にとって、現実政治に密着した関心の高い研究課題だといえるのではないだろうか。仮にそうであるならば、日本では、民主党による政権交代からその後の自民党による政権奪還という現実政治の混迷に目を奪われがちだが、本書が重視する五五年体制を過去の歴史と見なすだけでは不十分だろう。本書の場合は、中国人研究者という「他者の視点」によって、日本政治を再検討すると同時に、中国人研究者の興味と関心、現実の政治を考察する視点の比較などが明確になれば、日本と中国の相互理解に向けた新たな発見も期待できるのではないだろうか。

第三は、「歴史研究」と「同時代研究」の関連性である。「歴史研究」は過去の歴史に対する研究であると同時に、研究対象を考察する時点における「同時代研究」としての側面を有している。「歴史研究」は分析を行う時代の環境や問題意識に基づく課題設定が可能である。「歴史研究」と「同時代研究」の融合は、研究の視座を再考し、新たな分析枠組みの構築を可能にするのではないかと考える。本書で扱った時代は、二〇〇六年の安倍政権発足までであり、民主党による政権交代や政権交代後の政治の混迷については触れられていない。今後、中国における新たな日本政治研究の動向にも注目していきたい。

以上、小論では『日本近現代政治史』をテキストとして概観した上で、中国における日本政治研究の視座について若干の検討を行った。あらゆる「日本研究」に共通することだが、「他者の視点」を用いた「自己の再認識」には、常に新たな発見がある。同時に、他者の問題意識を共有することによって、相互理解の道を構築することも可能になると考える。日本と中国は政治体制や各種制度が異なり、学術研究と現実政治の距離感も異なるが、それらの相違を認識した上で、学術研究が果たし得る役割を模索していきたい。中国における日本研究を、日本で紹介することの意義は、多角的な視点をもつことの重要性にあるといえよう。

なお、中国における自民党の「一党優位制」と党内派閥政治に関する研究については、今後の課題として稿を改めて検討したい。

対日警戒論の歴史的脈絡をたどる

——米慶余『日本近現代外交史』を読む——

馬場　公彦
（株式会社岩波書店編集局副部長、法政大学国際日本学研究所客員所員）

はじめに——古典的な首脳外交史

一九九〇年の湾岸戦争以後、歴史認識問題への対応や、従軍慰安婦問題をめぐる国民基金の活動に見られるように、日本外交の作法は大きく転回しつつある。まず外交の主体が多元的に広がった。それまでの外交は政府官邸（戦前はこれに軍部が加わるが）や外務官僚（さらに関係省庁の官僚）が外交の主役であったが、最近は国会議員・経済団体・地方自治体・ＮＰＯなど、外交の主体が広がりつつある。次に、外交活動の舞台が広がった。従来の二国間中心の外交から、多国間ひいては地域間外交及び国際機関での外交へと広がると同時に、経済団体や地方自治体などさまざまなレベルで重層的に折り重なりつつ、複雑に展開されていくようになった。

日中関係に限定してみても、国際関係論から見た日中関係は、まさにこのアクターとステージの多元化・重層化の潮流のさなかにある。外交史から見た日中関係もまた、二国間外交から多国間外交へ、首脳間外交から非公式民間外交への流れが強まっている。二〇〇五年の小泉首相靖国神社公式参拝に伴う反日暴動、北京五輪開催年の〇八年のチベット独立運動に伴う長野での聖火リレー騒動、一〇年の尖閣諸島沖での漁船追突事故をきっかけとする領土ナショナリズムの衝突などを想起するまでもなく、いまや日中問題の主役は国民であり、世論や国民感情が両国関係をこじらせている。とはいえ、首脳間外交の役割が減じたとはいいきれない。国民間の対立感情が外交問題化しないよう、両国首脳は健全な両国関係の維持と発展のために、両国の国民感情への影響に細心の注意を払いつつ、外交努力を怠ってはならない。

本書は幕末維新の開国期から現代の小泉政権末期まで、ほぼ一五〇年間の日本の対中外交を扱う。その際、外交のアクターについては、戦前期においては官邸及び外務省に対象を限定し、侵略の諸側面において軍部の動向を追い、戦後期においては専ら政官に検討の範囲を絞っている。例えば、世論・民間メディア・社会運動・知識人の言説といった「国民外交」的なアクターについては、今でこそ外交現場においても、外交史研究においても、その存在と機能を重視する傾向がある。だが、本書ではごくわずかに第六章『第一次世界大戦と日本」において、対中二一カ条要求に際して、内田良平ら黒龍会の中国観について触れられているにとどまり（一八四頁、以下本書の頁数を示す）、ほとんど顧慮されていない。本書は幕末維新から現代の小泉政権期まで、政官軍首脳（「正式接触者」）を対外政策の主要なアクターとして、東アジア（特に中国）に対して展開してきた外交の政策決定過程をたどる。その意味では、オーソドックスかつ古典的な旧外交の立場に立つ外交史である。

1　扱う事象

本書は中国の日本研究者が共同で執筆した分野別日本近現代史である『日本現代化歴程研究叢書』の中の一冊で、同叢書のうち本書の姉妹編ともいうべき巻が、宋志勇・田慶立『日本近現代対華関係史』である。とはいえ、その内実はといえば、両著が扱っている分野・テーマがほぼ重複しているといってよい。というのは、本書は「後記」で断っているように、『外交史』とはいいながら、とりわけ戦前期においては日本にとって重要な外交相手であったヨーロッパや、アフリカ、ラテンアメリカ等は外交の対象として扱われていない（五七一頁）。外交の対象となる地理的範囲はほぼ東アジアであり、それも大半の記述は対中国外交に費されている。その意味では「日中関係史」でもあるのだが、外交相手である中国の動向や中国の外交当局の動向については全くといっていいほど検討されていない。したがって、本書の性格を忠実にいい表すとすれば、『日本近現代対中・対東アジア外交史』ということになる。

いっぽう『対華関係史』はというと、「後記」で断っているように、政治・経済・軍事・文化などの他方面に跨る対外関係のうち、政治（外交）関係にほぼ限定した記述になっている。したがって、双方は姉妹関係というよりはむしろ、双子関係にあるといった方が正確だろう。

著者は近現代日本のいかなる対外的歴史事象を外交通史の素材として採用したのだろうか。本書の章題ごとに、扱われた年代と歴史事象を一覧表にしてみた（別表参照）。全一五章のうち、戦前部分は第一章から第九章まで、戦後部分は第一〇章から第一五章までを配している。戦前部分のキーワードは「覇占」「独覇」である。拡張主義的かつ植民地主義的な、大陸に対する侵略の政策決定過程を通して、「併呑」による大陸の覇権を確立する意図と行動を明らかにしようとする。その際のポイントは、俗説・通説にあるような、軍部の暴走に政官がやむなく追随したのではなく、政官が主導し天皇が認可したものであったということの脈絡を叙述することにある。

これに対し、戦後部分のキーワードは「自主」である。アメリカの超大国化に依拠しつつもアメリカに追随したのではなく、自主外交の空間を拡大し、経済大国・政治大国の地歩を、東アジアの近隣地域と国際舞台で

対中外交姿勢	時代思潮
前近代の対外拡張思想から周辺国への帝国主義的拡張へ/鎖国から開国へ/征韓派と内治派	万国公法体制
日英同盟の模索	西勢東漸
「大陸政策」の形成/主権線と利益線の確保/自由民権論から国権論へ	国際帝国主義/中国瓜分/租界
満洲への野望	ツアー・ロシアの南下/門戸開放
朝鮮半島から「満洲」へ/「満洲」から「満蒙」へ	日英同盟を基軸とした権益の確保
世界大戦を有利に戦う/大陸政策の本格化	世界戦争/中国ナショナリズム/共産主義
満洲・東モンゴルの特殊権益/張作霖に秋波	ワシントン体制/列強との協調外交
平和解決から武力覇占へ/「満蒙」を「支那」本土と分離/親日傀儡政権の樹立	外交・平和的手段に依る帝国主義か，武力による帝国主義か/ワシントン体制の動揺
東亜新秩序/三国同盟/「大日本帝国」の崩壊	民主主義勢力とファシズム勢力
ドイツとの違い/反共的立場に依る経済大国化/西側陣営	「鉄のカーテン」/反共主義/冷戦の本格化
非軍事化に依る経済成長から日米軍事協力へ/55年体制	東西対立と平和共存/日米同盟/経済発展
残された「台湾問題」/覇権条項をめぐり紛糾/歴史教科書問題	日本各界の復交努力
日米軍事協力/自主防衛論/「総合安全保障」戦略と「西側の一員」意識/米軍の保護下の平和から責任分担下の平和へ/「専守防衛」から日米「同盟」へ/「ソ連脅威論」	自主外交/国際国家化/政治大国化
自主外交の展開/東南アジア諸国とのパートナーシップ関係/受動性と脆弱性	東アジア一体化
日米は新時代の特殊な責任を担う国家/国連常任理事国入り/憲法改正の動き/日米安保再定義	ソ連解体/国際政治の多極化/ソフトパワー論/中国脅威論

＊筆者作成

米慶余『日本近現代外交史』章構成

章	章題	年代	扱われる主な歴史事象
1	明治初期の外交	1853-1875	ペリー来航/王政復古/戊辰戦争/岩倉米欧使節団/台湾「征討」/江華島事件/琉球処分/廃藩置県
2	不平等条約の改正	1871-1894	岩倉米欧使節団/大津事件/日英通商航海条約
3	「大陸政策」と「日清戦争」	1877-1895	西南戦争/朝鮮「壬午兵乱」/天津条約/東学農民反乱/日清戦争/下関条約/三国干渉
4	日英同盟と日露戦争	1875-1904	千島樺太交換条約/中露密約/閔妃暗殺/厦門事件/義和団事変/日露「満韓交換」/日英同盟/ポーツマス条約
5	日露戦争後の日本外交	1904-1915	韓国の保護国化/「満洲」委任統治案/満鉄設立/日仏協約/日韓合併/辛亥革命/第1次「満蒙独立運動」/3次の日露協約
6	第1次世界大戦と日本	1914-1918	第一次世界大戦/山東出兵/対中21カ条要求/第2次「満蒙独立運動」/西原借款/石井-ランシング協定/ロシア革命/シベリア出兵
7	相対的安定期の日本外交	1919-1924	ヴェルサイユ講和会議/ワシントン会議/9カ国条約
8	「満洲事変」と華北併呑	1927-1936	東方会議(「田中議定書」)/「満洲」事変/偽「満洲国」/リットン調査団/国際連盟脱退/熱河侵入,塘沽協定/天羽声明/何応欽・梅津協定/奉徳純・土肥原協定/華北分離工作/冀東政務委員会
9	大東亜支配の悪夢と失敗	1936-1945	盧溝橋事件/南京大虐殺/近衛声明/ABCD包囲網/「大東亜共栄圏」構想/対米交渉/真珠湾攻撃/ヤルタ会談・ポツダム宣言/投降文書に署名
10	占領期の日本外交	1945-1952	GHQ/国体護持/憲法制定/片面講和/朝鮮戦争/ダレス特使来日/ワシントン講和会議・日米安保条約/ラスク来日
11	占領終了後の日本外交	1954-1967	スターリン没/日ソ正常化交渉/日ソ共同声明/対東南アジア賠償外交/日韓基本条約交渉/沖縄返還交渉/第3次防衛力整備計画
12	中日復交と「台湾問題」	1971-1986	ニクソン・ショック/台湾断交/田中訪中と日中共同声明/日中平和条約/第1・2次教科書問題
13	「政治大国」の追求	1968-1987	佐藤・ニクソン沖縄返還共同宣言/第4次防衛計画(中曽根防衛庁長官)/石油ショック/環太平洋合同作戦/ソ連のアフガン侵攻/イランで米大使館人質事件/環太平洋連帯構想/総合安全保障戦略/「戦後総決算」「不沈空母」(中曽根)/防衛費のGNP1%突破
14	日本と東南アジア諸国関係	1967-2003	ASEAN成立/田中首相への反日デモ/福田ドクトリン/カンボジア問題で東京会議/ASEAN10/橋本ドクトリン/湾岸戦争での「国際貢献論」/ASEAN10+3
15	世紀交替期の日本外交	1990-2006	宮沢-ブッシュの東京宣言/湾岸戦争/PKO法/日米貿易摩擦/日米安保共同宣言/周辺事態法/テロ特措法/小泉首相の靖国公式参拝

確立しようしたことの脈絡を、政官の動向に狙いを定めて叙述することにある。いい換えれば、対米同盟を基軸としつつ、東アジアに対する善隣友好外交の自主的な政治空間を開拓しようとする過程を明らかにしようとしている。したがって、ここでの「自主外交」というのはネガティブな含意があり、それまでの対外観と国策を改めて選択した「平和憲法」や「日中共同声明の精神」などの国際ルールからの逸脱を意味している。「日米同盟体制」については、その是非をめぐってややアンビバレントな評価に立っている。

2　依拠する史料

このような一貫した視座と通時的叙述を可能にしたのは、依拠する基本史料に負うところが大きい。著者は日本政府（主に外務省）の公式資料に依拠して、客観的に日本の対外政策決定過程を跡づけようとしている。たとえ同時代資料であっても、民間人の手になる著作や史資料はあまり参照していない。

具体的に史料名を挙げると、戦前部分は外務省編纂『日本外交文書（一八六八―一九四五）』、同『日本外交年表竝主要文書（幕末~終戦）』（いずれも原書房刊）を根本史料としている。章ごとに細分化すると、幕末から日清戦争までを描いた第一―三章は『日本近代思想大系一二　対外観』（岩波書店刊）から、軍部が全面に出た「満洲」事変・日中戦争から太平洋戦争にかけての第八・九章は『現代史資料』（みすず書房刊）から、ふんだんに引用している。

いっぽう戦後は占領前後の第一〇章・一一章は鹿島平和研究所編『日本外交主要文書・年表（一九四一―一九六〇）』（原書房刊）を根本史料とし、日中国交正常化を扱う第一二章は田恒主編『戦後中日関係文献集（一九四五―一九七〇）（一九七一――一九九五）』（中国社会科学出版社）に依拠し、それ以後の時代を扱う一三一一五章は外務省『外交青書』に依拠している。さらに全体に渉って、鹿島平和研究所編『日本外交史　全三四巻（幕末〜講和後の外交）』（鹿島研究所出版会刊）を踏まえている。

このように、政官（一部軍）当局が残し、主に外務省が整理・編纂した史料に一貫して依拠し、ふんだんに引用している（地の文と字体を換えている）。そのことで、とりわけ同一史料からの引証が可能であった戦前部分については通史の体裁が整っている。戦後部分については著者以外の寄稿者の共同執筆から成るものであり、やや視点の不統一が見られる。また、最近の事象について公文書の公開・編纂が整っていないため、史料がやや未整理・不統一であることが通史の体裁を難しくしている。そのため、通史というよりは問題史・主題史の体裁となっている。いずれの部分も依拠する文献は公文書を主とし、先行研究書は従である。先行研究書の大半は日本人研究者のものを引いている。

従って本書が提示する史料にも、それによって明らかにされた史実にも、そこに反映された史観も、従来の日本側の研究の一つの流れから大きく逸脱するものではないため、正面から異論を唱えることは難しい。通説と異なる知見を提示するとか、新事実が明らかになるようなことは、ほとんどない。一九二七年の「田中上奏文」の取り扱いなどに疑問が残るくらいである（二三〇―二三一頁）。そこに反映された史観も、従来の日本側の研究の一つの流れから逸脱するものではない。通説と大きく異なる知見が提示されているとか、新事実が明らかになるようなことは、ほとんどないといってよい。

3 日本の大国化願望への警戒

では日本の対外政策を通史的にたどることによって、著者は何を明らかにしようとしたのか。それは著者の「まえがき」冒頭に明快に述べられている。

近代以降の日本外交は概ね二つの段階に分けられる。即ち第二次世界大戦終結までは「大陸政策」の遂行が主で、戦後の日本外交は、日米同盟が核心で、対外政策を貫徹し遂行してきた。戦前の日本の「大陸政策」は「神国」意識に淵源し、「経略宇内」の追求に始まる。戦後の日米同盟は、サンフランシスコ片面講和時期に始まり、今もなお日本の対外政策の「基軸」であり続けている。(七頁)

日本の対外政策は、戦前は大陸拡張による軍事大国として、戦後は日米同盟による政治大国として、常に大国化願望を実現しようとするものであったことを明らかにするのが本書の意図である。即ち、戦前においては、日本帝国主義の時代と見定め、対外戦争のエスカレーションと大陸拡張政策の決定過程に着目し、敗戦によって帝国日本は崩壊したと捉えている。戦後においては、政治大国化をめざし、戦後制定された日本国憲法の精神と乖離しようとする政治傾向があるとする。日米軍事協力は緊密化するいっぽうで、日中共同声明の精神から逸脱しようとする動向への懸念と警戒が表明されている。本書を貫く通史の視座、換言すれば近現代日本の対外観を一言で表せば、日本は一貫して強国化・大国化・地域覇権の願望を実現しようと図り、近隣諸国からの抵抗と反発を招き、その誤った対外政策は挫折を重ねてきた、というものである。

「まえがき」の末尾で、著者は五百旗頭真・神戸大学教授（当時）の新聞記事を引用しつつ、下記のような歴史の教訓を導き出す。

近代日本は「いまだに日本と同様に独立と発展を望む近隣国家の民族主義とのアイデンティティを持ちえない。逆に、日本はこれを日本の正当な既得権益に対する挑戦だとみなしてしまう。日本が戦争の道を歩んだのは、武力を通して周辺国家の愛国心を粉砕した道であった……その結果、恨みは戦後長い間拭い去られることはなかった。」いま、「日本が中国と対抗しようとする傾向は、きわめて大きな誤りだ。……もしアメリカとの同盟に依拠して中国などの国家に粗暴な態度をとるならば、日本はアジア地域の活動に困難をもたらし、すぐさま米中双方から疎遠にされるような事態を招くだろう。」

「善隣」の国家理念と「米中両国との協力」の戦略的目標を確立することは、依然として日本外交の解決すべき第一の課題であることが分かる。（八頁）

おわりに――和解と信頼の外交史のために

今後われわれが新たな日中あるいは東アジアの外交史を叙述するときには、これまでの対立と抗争の歴史から脱却して、和解と信頼のための歴史を目指して、新たな外交史を編み出していかねばならない。その取り組みは始まったばかりで、十分な成果を見るに至ってはいない。その新たな作業のためには、本書を踏まえつつも本書では十分に顧慮されなかった史実や、以下の幾つかの視点を拾い上げていく努力が求められるだろう。

第一に、政府・官僚以外の外交のアクターの存在と機能である。具体的には国民・輿論・公論・社会運動・メディアなどを通した対外的言論活動や運動である。

第二に、二国間にとどまらず、多国間・地域間・国際外交といった多層的・重層的な外交ステージにおける外交活動である。二国間外交の場合でも、それが外交関係史であるためには、一国の対外政策過程だけでなく、同時に相手国の対外政策を調査・分析の対象としていかねばならない。

第三に、国際秩序を形成する世界的な思想潮流である。二国間外交重視の視点からは、本書の「独覇」「自主」のキーワードに体現されているように、どうしても日本の単独行動主義の印象がつよくなる。だが、「近現代史」あるいは「二〇世紀史」という視座を基礎に据えて日本外交史を見たときに、「近代化」あるいは「近代性」というプロセスを強調することで、日本の特殊性・異質性を打破する契機が得られるだろう。例えば、「万国公法」「勢力均衡」「国際協調」「モンロー主義」「国連主義」「民族自決」「平和主義」「地域主義」などは、その時代ごとの国際秩序論の世界潮流であり、日本もその潮流に抗っては国際空間の中で生存することは難しかったし、中国も同様の同時代性の中を生きなければならなかった。一覧表に、評者なりの視点から、各章の時代を特徴づけるいくつかの思想潮流を示唆しておいた。

通史は一貫した視座で歴史を包括的に叙述する方法であり、一国の歩みを単線的に叙述するその一貫性において、本書の動機と結果は相即しているといってよい。次なるわれわれの課題は、時間的な通覧だけでなく、空間的な通覧を可能にする歴史観と史的方法論を見いだしていく努力にあるだろう。こうして自国史の枠組み、あるいは特定国家の国益本位の歴史観は打破されていく。その先に、地域の平和と繁栄をもたらし、和解と協力のための構想の基礎となるような外交通史の可能性が開けていくことだろう。

経済的近代化と社会的近代化の均衡への問いかけ

——李卓『日本近現代社会史』の意義と成果——

李　潤沢
（人民網日本株式会社東京支局記者、法政大学国際日本学研究所客員学術研究員）

はじめに

読者の誤解を恐れずにあえていうなら、社会学という分野の門外漢であり、いまだ勉強の途上にある筆者には、社会史の著作を評論するのは、「重すぎる」作業である。それ故、本論は、『日本近現代社会史』という著作の「評論」ではなく、一人の読者として感想を述べるものである。

まず、『日本現代化歴程研究』叢書に収められた李卓の『日本近現代社会史』（世界知識出版社、二〇一〇年）を紹介しよう。李卓は中国の南開大学日本研究院院長を務めたベテランの日本研究者であり、一九八〇年代から、家庭制度、女性地位をはじめとする日本社会史の諸問題を研究し、多くの著作を出版している。

周知のように、社会史は、歴史学・政治学・経済学の対象となっていない社会構造や人間などの分野に光を当てることを目的とする。本書も「家」という社会の基本的な構成単位から特定の性別・社会集団、さらに、天皇・華族・武士並びに商家、雇用労働者などに焦点に当て、明治維新から「経済大国」になるまでの日本の発展の過程を社会史的な視座から多面的に考察している。こうした社会的構成単位の歴史的変容や近代化との関係性を明らかにすることで、日本社会の構造の全体像や歴史的変遷を解き明かそうとする力作である。さらに、個別の問題を解析する際、著者は積極的に政治学、文化学、時には文学的な手法も駆使するため、社会学の門外漢である筆者でも興味深く読める、社会学の入門書となっている。

幅広い課題を取り扱っているため、本書の学術的な価値は様々な観点から評価することが可能である。筆者は、個人的には日本の「近代化」に関する分析、特に社会的な要素と近代化の関係性を明確にする点は最も注目すべきであると考える。このような視点から、本書の具体的な内容を下記の通りにまとめた。

社会的アプローチという新視座

李卓は、本書の前書きで次のように述べている。すなわち、「本著作の目的は総体的理論ないし体系を提示するところにあらず」、何より「日本研究に新しいアプローチを提示」することにある、というのである。これは、本書の重要な目的といえよう。

日本社会史の分野では、日本の研究者がすでに豊富な学問的成果を蓄積しているため、学術的に新たな貢献を行うことは決して容易ではない。本書でも新史資料の発掘、もしくは独自調査に基づいたデータは提示されていない。しかし、五つの章では家族制度、労働問題、女性地位問題、さらに、現代日本の社会福祉や人口問題までなど、驚くほど幅広いテーマが取り扱われている。テーマの多さゆえに、本書は、これまでの日本国内の先行研究のみならず、日本近現代社会史に関わる諸問題について著者が様々な機会に執筆した論稿も集めたアンソロジーという側面も強い。いうまでもなく、本書は単に既存の研究をまとめただけではなく、日本の近代化を分析するために従来の「経済学的」あるいは「文化的」アプローチの二つに加えて、さらに「社会学的」アプローチも提示しているのである。

例えば、なぜ日本はアジア諸国の中で最初に近代化を進められたか、という問題について、著者は国際政治環境や経済発展段階といった従来の方法や視点とは一線を画し、日本の「民衆」の社会環境に焦点を当てた。具体的には、著者は、「奉公」文化と「家父長制度」を取り上げ、次のように分析した。すなわち、西洋的産業主義が日本に輸入された際、欧米に固有な功利主義的個人主義が切り離され、産業の発展を国家目標として位置づけることで、日本の「奉公」文化と巧みに接合し、その結果、政府主導による「上からの後進国の産業化」がスムーズに展開した。また、封建的「家父長家制度」に関しては、近世以来の日本式経営の特質や農業社会の条件に見合う要素を持っていたため、むしろ結果として産業近代化の促進要因として働きかけた、と指摘した。こうした特有の社会的要素によって、日本は「中国より円滑に近代的資本主義を導入できた」のである。しかし、「家父長制度」が経済を促進する機能を持ったことで、「本来ならば産業化と適合しないはずの『家』が解体せずに温存した」のであり、その結果、社会的近代化はむしろ抑圧されて、上から強引に推し進められた経済領域の近代化による跛行的な近代化が引き起こされた。戦前の日本はこうした問題点を自力で解決出来なかったため、「民主と自由の価値が広がらず、社会的近代化が日本では成功しなかった」のである。また、産業主義の下で、「民衆」は産業化の利益を享受した財閥と極度の貧困に陥った農民の二極に分解し、これが日本を戦争に導く大きな要因となる、という新しい社会的分析を行った。こうした社会史の観点から日本の「近代化」を分析する視座は、後に続く中国の日本社会史研究者に新たな課題を探す視点と素材を提供したといえるだろう。

日本「近代化」の二面性から学ぶ

前述のように、本書には、家族制度・労使紛争・女性地位、または戦前・戦後の日本社会システム等の諸問題を解明する過程において、「近代化」の原点を探求しようとする著者の一貫した姿勢が伺える。それでは、われわれは「近代化」をどう理解すべきであろうか。

この点に関する著者の問題意識の一端は、前書きの次のような文言から窺い知ることができる。

近代化とは、工業化と経済的近代化だけではない。国民が意識、思想及び行動様式において『伝統的人間』から『近代的人間』へ転身し、近代的人格と品質を持つことが出来ないならば、その国も後進国から近代国家へ脱皮することは不可能である

ここでは、著者は「近代化」に対する定義を明確した。つまり、「近代化」を、①工業化、経済的近代化、及び②人間個人の意識の変化、という二点から構成されるものと規定したのである。そして、この定義からは、確かに中核となるものは技術革新に基づいた工業化と経済的近代化の進歩かもしれないが、それは社会組織と人間関係の変化なしには進展できるものではない、という著者の主張が読み取れる。

こうした論点を検証するため、本書では主に明治維新から戦後までの日本の「家制度」の沿革を取り上げ、次のような歴史的な過程を描いた。

明治政府は産業化を強力に推進する際、「家」を社会の「末端管理機関」として機能させることで「個人主

義」を抑制し、「富国強兵」という経済的近代化の目標を国民に自覚的に支持させることに成功した。しかし、封建的「家父長家族制度」が意図的に強化されたため、「家」の秩序は個人の自由と権利を軽視する封建的主従関係から脱却できず、社会の構成員である個人の社会的尊厳、自由意思、権利・義務の行使などを特徴とする社会的近代化が停滞した。このような社会的近代化と経済的近代化の間の著しい不均衡に由来する不安定な社会発展は、日本の近代化にも著しい歪みを与えた。さらに、「家」による国民の自由と権利の制限と天皇権利の絶対化は、「日本を戦争の道へと導いた要因」となり、その最終形は一九三〇年代から一九四五年までのファシズムの日本支配と戦争である。しかし、敗戦によって「家父長制度」を代表とする「家」の伝統的価値と政府の強圧で制度化されてきた「家族国家観」は一気に破壊され、社会的近代化が急速に進んだ。その結果、戦後の日本は「福祉国家」、「平和国家」となり、経済大国となった。

近代化を支えるためには、人間関係すなわち社会組織が整備され、価値観なども社会組織の整備に対応して変化せねばならない。逆に、跛行的な近代化は国を間違った道へ導く可能性がある、と著者は認識している。このような論点は、本書が他の研究対象、例えば女性の地位や労使関係問題に取り組む際にも強調されている。

日本の「近代化」を考察する際、技術・経済の発展という「経験」とその反対にある社会的改革における「教訓」という二項対立の構図で解析する手法は、当然ながら著者が初めて用いているわけではない。中山伊知郎は、『日本の近代化』（講談社、一九六五年）において日本の工業化や経済発展に対して人間の価値観と社会組織が応分に発達してこなかったことを指摘している。また、日本社会史研究者の富永健一は『日本の近代化と社会変動』（一九九〇、講談社）の中で詳細な論考を行っている。すなわち、富永は、近代化には、経済的近代化としての工業化、政治的近代化としての民主化、文化的近代化としての合理主義の伝播、そして、社会的近代化としての自由と平等の実現という四つの領域があるとし、これらの観点に基づいて、日本の近代化を鮮やかに描いている。富永によれば、日本は経済的近代化から始まり、政治的近代化を経て、社会的近代化と文化的近代化が進んだ結果、経済的領域に比べて他の領域での進展が困難であり、「後進国の近代化」の跛行性、また、それにより引き起こされた葛藤が明らかであった。さらに、明治維新とその結果としてもたらされた「上からの産業化」は、政治的・社会的・文化的近代化を抑圧するものであったため、昭和のファシズムにつながったのである。そして戦後はじめて日本の人々は前近代的呪縛から解放されることになった。富永のこうした分析手法を李卓は継承しつつ、富永よりさらに踏み込んだ考察を行っている。戦後日本の近代化も決して自前ではなく、外から持ち込まれたものであり、同じく「上から」育成されたものである、という側面に注目している点などは、代表的な事例といえる。

本書の意義と成果

こうした著者の「近代化」に対する理解は、われわれにどのような現実的な示唆を与えるのだろうか。文中には明言されてなかったものの、「近代化の跛行性」という観点は現代中国の社会発展に対しても有意義な議論であると思われる。なぜなら、中国の「近代化」も日本と同様に経済的近代化から始まり、政治的近代化を経て最後に社会的近代化と文化的近代化へと進展しているためである。いうまでもなく、中国の社会発展プロセスは日本と大きく異なるものの、経済・技術と社会的近代化の発展の不均衡に由来する社会福祉、所得再配分等、かつての日本社会と類似した問題点が徐々に顕在化している。いまこそ、社会発展の歴史をよく理解し、戦前の「近代化」の問題を反面教師としつつ、戦後の「平和、福祉日本」を中核とする社会的改革のよき教師役として、日本を再評価すべきであろう。

最後に、「近代化」について私見を一言述べておくと、筆者は、「近代化」には、それに伴う犠牲が不可避であると考えている。特に戦前の日本と現在の中国で行われたような、上から全体主義的に強行された「後進的近代化」には、必ず矛盾と対立が存在する。しかし、本書で提示された社会的視点で日本の社会史を考察して分かったのは、こうした矛盾・対立は、産業的な近代化を実現するものの政治や社会の近代化には重点を置かない「跛行的近代化」を引き起こしかねない、ということである。そして、その結果は、われわれが想像する以上に恐ろしいものである。一方、「跛行的」状況を解消するために最も有効な手段は、戦後の日本で行われてきた社会的改造である。つまり、個人（国民）を自由的意思と民主的意識を持つ独立した「市民」とすること、また、真の意味で国民が政治、経済の成果にあずかることのできる社会的環境を構築することにある。民生政策や民主主義は本書の考察の対象とはされていないため、李卓はあえて文中で触れてはいなかった。しかし、一読者としての筆者は、本書の「近代化」に関する分析を踏まえ、現在の中国においては、何らかの意味の個人の自由と平等観が引き出されなければ、国民が政治、経済の成果を真に享受することはできない、と思わざるを得ないのである。

おわりに

改革開放から三〇年以上が経過し、中国は常に「効率」を社会正義とし、それを最優先させてきた。学術界も「経済発展」という大きな目標を巡って日本研究を展開し、研究対象は経済政策、技術などの「実用性」がある分野に集中した。社会学的なテーマが扱われたとしても、少子高齢化・社会福祉など、社会問題の答えを求めるものがほとんどである。しかし、現在の中国は、「効率優先」から公平を重視する方向に転換し始めた。

すなわち、国民の積極的な参加によって近代化の均衡を調整する段階に入ったのである。そのため、自由と平等な価値と近代化の関係について、具体的な考察を深めていかねばならないのである。その際、戦後の日本の歩みの中には、今後の中国が経済的近代化と社会的近代化の均衡を図る政策を考案する際の参考になる事項も少なくないだろう。

日本の社会史の全体像をつかむ作業は大変に困難なものである。しかし、この作業を通じて、国家の発展過程の中で現在の中国が直面している社会的問題を認識するための、一つの新しい視座が生まれてくることを期待したい。

隣人の目線で見た『日本近現代文化史』

姜　克實
（岡山大学大学院社会文化科学研究科教授）

1

南開大学日本研究院が出版したシリーズ『日本現代化歴程叢書』（楊棟梁主編、全一〇巻、北京、世界知識出版社、二〇一〇）の中に、『日本近現代文化史』と題した一冊がある。同研究院の趙徳宇教授と若手の大学院生三人によって執筆された、スケールの大きい、日本文化史のスケッチである。江戸時代から現在までの四百年を論の対象にしているスパンの長さだけでなく、「文化」というすそ野の広い分野を覆いつくすべく、内容も教育、思想、文学、芸術、宗教、社会など多岐にわたって展開する。構成のバランスと論理構成、事実関係の問題はさて置き、外国人の筆によって書かれた日本文化史であるがゆえ、ヤマトのしがらみに束縛されない、大胆かつ自由奔放な論評や、新鮮な歴史感覚と異文化の刺激が至るところから感じとられる。

まず叢書全体の特徴に触れておこう。各編にも共通する「総序」の部分において、編集者（楊棟梁執筆）はこれまでよく見られる「近代化」――「資本主義化」中心の研究方向に対し、「現代化」――「我々が生きる同時代」研究の重要性を強調し、ポスト近代化論の新しい研究視野を提起しているところが注目に値する。

戦後日本の近代化研究には、マルクス主義史学の方法による日本近代の否定——軍国主義批判、絶対主義的天皇制批判——の立場と、元アメリカ駐日大使のE・O・ライシャワーが提唱した日本近代肯定論[1]——日本はアジアにおける近代化の成功者である——という二つ立場があるが、ともに明治から敗戦までの日本に的を絞り、政治と経済の両面から近代化の経験、あるいは教訓を中心にした論である。重い負の遺産を背負う時代を対象とするため、政治論偏重の傾向があり、文化論があっても政治論に付随する形として論じられてきた。戦後の中国における日本認識・研究もこの流れの影響を受け、一九七〇年代までは日本の天皇制と軍国主義の批判に力点が置かれ[2]、その後の「改革開放」の需要に応え、次第に明治維新後の、日本近代化の経験摂取に研究の中心がシフトされていった。近代化に対する賛否両論の立場は真っ向から対立するが、どちらも政治中心の展開であり、かつ戦前の日本に重きを置く研究であった。本叢書における「現代化」という問題意識の設定は、従来の近代化研究の枠を突破し、型にはまった「過去」への批判・反省・評価だけにとどまらず、研究の方向を今日の日本が面している新しい問題群——環境問題、福祉、社会保障問題、共生化社会の建設、経済、文化のグローバル化など——の解決にも広げていくのではないかと期待される。

つぎに挙げられる特徴は、日本の近世（江戸時代）と近、現代の関係を、「文化」を媒介に連続的、構造的に捉えている手法である。日本の学界で掟となっている時代の区切りすら突破し、あたかも「明治維新」という時代のゲートが存在しないかのようである。著者の意図は江戸文化の、日本近代に及ぼした影響の強調にあり、江戸時代を「伝統の継承と近代への伝播」の橋渡しの重要な歴史時代ととらえ、また近世の洋学、儒学、国学と大衆文化から、日本近代文化の三つの要素——一．庶民的文化・教養の素地、二．西洋文化をはじめとする多元文化への親和性、三．国学からみる日本文化民族主義の魂——を抉り出している（第一章）。こうした時代を超える文化の連続性という捉え方は、近代化の特殊意義を強調してきたいままでの近代化論にとって、刺激的な問題提起であろう。

第三の特徴は、文化現象をもって歴史の政治過程を解釈しようとする試みである。文明は物質（＝才）で、文化は精神（＝魂）である。「魂」たる文化は先にあり、「材」たる文明は後に現れる、という本書の文化、文明に与えた位置づけ（三頁）から、こうした文化決定論の意欲が感じ取られる。

近代の日本は、アジア侵略の道をたどっていくが、著者はその原因を、文化の諸要素——江戸時代の国学、水戸学、幕末の「王政復古」、近代の天皇制、「国粋主義」の思想・教育——から求めようとしている。著者はとくに明治以降の「国家神道」と「武士道」に焦点をあて、「国家神道と武士道の結託、癒着」が、近代日本の悲劇を生みだした根本的原因と見ている（一一二頁）。このような視点から生まれたのは、本書が繰り返して強調した「文明と文化の悖論（パラドックス）」（一九五頁）、あるいは「跛行の明治文化」説である（一〇九頁以下、参照）。すなわち、近代の日本国家は、近代化、文明化（＝洋才）の道を目指しながら、その魂に据えた文化は、封建的天皇制、国家神道、国粋主義といった内容（＝和魂）である。そのため、近代の文明化は歪められ、極端な民族主義、国家主義の近代、侵略拡張の近代が生み出された、という。

以上に見た、日本文化批判を内容とする文化の連続論と文化決定論の見解は、現在日本国内のさまざまな日本文化観のなか、異色な存在といわなければならない。

2

気になる問題点を二つ挙げよう。まず指摘したいのは、やはり著者の、「文化」と「文明」の位置づけの方法である。文化という「魂」が文明より先に現れるとする著者解釈は、唯心論式の解釈法であり、それに導き出される文化決定論の方法も、新鮮ではあるが、結局時代の変動に揺れ動く政治、経済、国際関係などの下部構造を看過した、本末転倒の歴史解釈に陥るのではないか。

明治維新の発生は、著者のいう、江戸文化の蘊蓄によってもたらされた結果なのか、それとも、内憂外患の客観的な政治情勢に促された歴史の必然的な変革なのか。日本帝国主義の形成と対外侵略・膨張は、天皇制、武士道、国粋主義など内在的文化要素がもたらした結果なのか、それとも、近代の、帝国主義による弱肉強食の侵略拡張という国際情勢、あるいは「領土狭小、資源貧乏、人口過剰」という「持たざる国」の危機意識から生まれた国家の選択なのか、もう一度慎重に考えてみる必要があろう。民族的、文化的要素は歴史発展の上で副次的要素になりうるが、それを根本原因、決定的要素とすれば誤った歴史認識をもたらすだろう。もし、日本近代の誤りを、すべて「天皇制」、「共同体社会」、「神道、武士道」などの伝統、文化的要素に帰してしまえば、結局日本文化の否定だけではなく日本民族の否定論にもつながり、日本文化は侵略文化、日本民族は好戦の民族という皮相、悪意の日本否定論になるのではないだろうか。

第二点は、論の全体が極めて構造的で、理論の展開が明快な反面、歴史の解釈は平板であり、各時代の歴史環境の変化、拮抗する各種勢力の消長など、社会内部の有機的関係やダイナミックに展開する歴史の躍動があまり感じられない。例えば本書は、江戸から明治への日本文化の「連続性」を強調しようとするあまり、佐久間象山、横井小楠の「和魂洋才」論と「明六社」同人の加藤弘之、西周の「文明開化」論を同じ「洋学」として捉え（七二頁）、時代背景の変化と明治維新の影響をおろそかにした点が指摘される。

また、表面の観察にとどまり、歴史転換の契機となる国家内部の諸政治勢力の対抗、思想対立、政策の反復など内部要因を看過し、歴史の段階的、反復的発展の特徴もあまり捉えきれていない。例えば、文化論の流れの中、明治初年の文明開化政策への反動を表す「明治二〇年代」の特徴――全面西洋化から伝統、国粋保存主義への転回――や、戦後、アメリカの占領下から日本民族文化再生の出発点となる「独立」（一九五二年）の意義、あるいは戦後の民化改革と伝統の復活という文化的拮抗も表す「逆コース」の動きなどにほとんど言及せず、あたかも日本の思想、文化の潮流に変わりはなく、江戸から現在まで単調に流れている印象を読者に与える。

そのほか、幕末の「公議政体」論を近代の議会制民主主義の思想と位置づけ、逆に同時期の「王政復古」思想を明治時代の絶対主義天皇制を象徴する「歴史の後退」と否定しさる評価方法（七八―七九頁）や、明治文化の否定と対極的に大正文化を礼賛する（二二五頁）ような、皮相的な評価も見うけられる。

歴史は、国内外の環境、歴史的事件の諸契機の影響を受けて有機的に、段階的に展開するものであり、社会の内部から多様で複雑な諸要素を全面かつ有機的に把握しなければ、歴史像の還元と文化論の展開は難しい。本書の場合、隣人の眼であるがゆえに、外部からの観察にとどまり、文化と並行する政治、経済、国際関係などの諸要素に対する総合的かつ有機的把握が不十分であるように思われる。

多少の問題点があるにせよ、本書は決して国外でよく見られる、安易な、翻訳調の日本文化論の受け売りではなく、若手研究者数人によって膨大な研究文献を調べ、咀嚼したすえの労作であり、外国人研究者による日本文化論へのチャレンジといえる。時代区分を突破した長いスパンの歴史観や、構造的で明快な歴史論が極めて大胆で刺激的であり、また最後に出した、日本文化の総合評価――模倣文化の実用性、伝統文化の安定性、多元文化の共存――も、要領よく日本文化の特徴を捉えていると思う。さらなる研鑽と研究を重ねて、日本国内の学問界に、外からの新風を吹き込む役割を期待してやまない。

3

本書の緒論における著者の「文化」への定義や、時期区分、構成内容配分の難航からも伺えるように、文化論という課題は実に難しい。まずその概念の定義が漠然として、範囲の確定が難しいだけでなく、政治、外交、思想、教育のいずれとも連動し、偏った、文化論中心の一方的歴史解釈はできない。この複雑な「文化」現象を把握するには、管見では、以下のような文化の特徴に注意を払う必要があろう。

①文化は物質文明の精神的部分で、上部構造の位置にあり、本書もいっているように「文明の魂」である。この場合、物質文明の下部構造の存在を無視してはならず、また、下部構造より発展、抽象してきた性質から、文化論先行、あるいは文化論中心の歴史解釈を避けなければならない。

②文化（精神）は生産力（物質）の発展、社会の安定と比例して進歩する。戦乱の少ない社会の安定期において文化は繁栄し、また近世の元禄文化のように、文化の、社会の全体に浸透する「大衆化」の現象もよく見られる。

③文化には民族性、階級性があり、それぞれの民族、社会各階層のステータスを表すだけでなく、政治や支配にも利用されやすい。政変が起こる変動期、革新派の宣伝道具として時代の先駆に走ることがあり、逆に、体制側に利用され、思想統制、民衆動員の思想道具として機能することもよく見られる。また、文化の生命力は、平時より社会変動期に強くなっていく現象も指摘されよう。

以上のように文化の諸特徴を把握して初めて、より説得力のある文化論が導き出されるのではないかと思う。

注

[1] エドウィン・O・ライシャワー『日本近代の新しい見方』講談社現代新書、一九六五年、参照。
[2] 万峰『日本近代史』北京、中国社会科学出版社、一九七八年、参照。

日本近代美術史に関する一考察
――彭修銀『日本近現代絵画史』を媒介として――

川邉　雄大
（法政大学沖縄文化研究所国内研究員、二松学舎大学文学部非常勤講師）

平成二三年（二〇一一）一一月三〇日に行われた第八回東アジア文化研究会において、筆者は以下の二点についで発表した。

先ず、彭修銀『日本近現代絵画史』（楊棟梁主編『日本現代化歴程研究叢書』、世界知識出版社、二〇一〇年三月。以下本書）について、内容紹介および書評を行った。

本書はおよそ三三〇頁、次のような全九章からなっている。

日本近現代絵画史中の諸概念考証
日本近代絵画の曙光―江戸時代
明治初期の絵画
明治美術の三指導者
明治中期の洋画
明治中期の日本画

大正時期の絵画
昭和前期の絵画
戦後の日本絵画
附録　近現代日本絵画史年表
日本近現代主要画家および著作一覧表
主要参考文献
後記

このように、本書は主に幕末期から現代までの日本の絵画史について述べているが、第三章から第六章まで明治期の記述であり、全体頁の三分の二近くを占めている。以下、第一章から第六章までを概観する。

第一章では、明治以降の日本における美術・絵画・日本画・洋画等の概念などについて述べ、続いて第二章では、江戸時代の洋画について蘭学・司馬江漢などを例に述べている。

第三章では、明治初期の洋画の先駆者として川上冬崖・高橋由一を挙げ、当時の洋画塾・工部美術学校・南画の流行などについて述べている。

第四章では、明治美術の指導者として、フェノロサ・岡倉天心・黒田清輝の三人についてそれぞれ言及している。

第五章および六章では明治中期の絵画について、洋画では明治美術会・白馬会・太平洋画会といった組織を中心に述べ、日本画については狩野芳崖・橋本雅邦や、当時から始まった院展・文展などについて述べてる。

このように、全体的には既存の日本美術史の域を出ない感もあるが、明治期に合計五回開催（明治一〇・一四・二三・二八・三六年）された内国勧業博覧会における美術部門の分類の変遷に注目するなど、日本美術の近代化について言及していることが特徴として挙げられる。

次に、明治以降近代美術の範疇に含まれなかった書道について言及した。

明治一五年（一八八二）、洋画家の小山正太郎が「書は美術にあらず」を『東洋学藝雑誌』第八～九号に投稿し、書道を芸術の範疇に入れるべきか否かという議論が発生している。一方、書道界としても書を工芸品などと同列に扱われることをよしとせず、明治二三年（一八九〇）に日下部鳴鶴は帝室技芸院の技芸員へ推薦を受けたが拒絶している。

明治三九年（一九〇六）、中井敬所はこれを受けた。書道界はその後、文展（文部省美術展覧会）加入運動を実施するが拒絶されている。

このように、芸術の範疇に組み込まれることのなかった書道は、師匠が弟子をとり組織するいわゆる家元制度を確立するとともに、書道を学校教育に導入していくこととなる。

その中心的役割を果たしたのが日下部鳴鶴であり、彼は日本書道の近代化として、従来の書風に代わって中国の北派書風を導入したのであった[1]。

以上、明治期に美術と書道は対立を経て、それぞれ別の道を歩み、現在にいたっている。

だが、この書道や南画は、漢詩とあわせて三絶（詩書画）と呼ばれ、明治前期（日清戦争以前）にはむしろ江戸時代よりも盛んであり、維新後は中国から大きな影響があった分野である。

幕末期、すでに上海には高橋由一・安田老山[2]・長井雲坪[3]といった日本人画家が滞在しており、維新後は岡田篁所[4]（医師）・副島種臣（外交官）[5]らが滞在し、現地の文人たちと交流を行っている。

明治九年（一八七六）、東本願寺上海別院が設置され、日本から派遣された布教僧の中にのちに書家となる北方心泉[6]がいた。別院には、圓山大迂[7]（篆刻家）・巨勢小石（南画家）・内海吉堂（同）・諫山麗吉[8]（洋画家）・吉嗣拝山（文人）[9]・鳩居堂安兵衛（筆墨工）・大倉雨村（領事館）[10]・岸田吟香・塩川一堂・長阪雲在らが寓居もしくは出入りしており、主に上海文人（海上派）と交流した。

いわば別院は日中交流の場となっており[11]、このほかにも北條鷗所・村田香谷・長尾無墨[12]なども上海に渡航している。

しかし、吉堂は「私が明治十年に支那へ参りました時分は、まだ日本でなかなか南画が流行つておりましたが、上海へゐつて見ると、画ががらりと変つて大に失望しました。」[13]と述べ、吟香は「頻リニ処々ノ書画文人ヲ尋子候処、随分学者先生モ有之候得共、皆経学者ニテ歴史ヲ能ク読ミタル人ハ稀ナリ。其経学ト申スモ修身上ノ志ヨリ出タルニハ無ク皆出身ノ為メニ致候学問ニテ、八股文ノ種ニ諳誦致居候者多シ。詩ハ可ナリニ出来候者モ有之、書ハ下手多シ画モ亦下手多シ。医者ハ誠ニ無学ニテ殊ニ杜撰ナル者計リナリ。僧侶ハ全ク乞食ノ仲間ニ御座候。更ニ文学ヲ解シ候者無之」[14]と述べているように、海上派の評価は高いものではなかった。

海上派にかわって日本文人たちに影響を与えたのは杭州文人たちであった。内海は「上海は商業上の大市で、俗地でありますから、こゝには売書画家、即ち書画で喰てゆくものが多く集まつて、其画も大抵濃彩の花鳥です。杭州抔では、また学者で、餘事に画を描くといふようなものが多く、随分風致の高尚な山水画も見ることがあります。こゝでは仇英、戴文進などといふ所謂ゑかき家の画は擯斥して、胸中に面白き気象のある唐伯虎、文待詔等などの画を尊びます」[15]と彼らを高く評価している。心泉は杭州において兪樾をはじめとする文人たちと交流し、のちに日本漢詩集・兪樾撰『東瀛詩選』編纂に関与した。

そして心泉と大迂は、当時日本にはほとんどなかった北碑派の書風と鄧完白風の篆刻をそれぞれ日本に持ち帰っている。

このほか、中林梧竹・秋山碧城のように清国に渡航する人物があり、引き続き日本に同書風や篆刻が持ち込まれた。

一方、幕末期の長崎には、徐雨亭、金嘉穂、林雲逵ら中国文人が来日していたが、維新後は東京や京阪に、王治梅・胡鉄梅・衛鋳生・陳味梅ら海上派文人が滞在していたほか、張滋昉・王治本・葉松石らが語学教師をしていた。明治一〇年（一八七七）には清国公使館が設置され、何如璋・黎庶昌・黄遵憲・楊守敬（明治一三年（一八八〇）来日）らが外交官として来日し、日本文人との交流を開始している。

このほか、筆墨商の馮耕三（明治五年（一八七二）来日）は中国式の筆製法を、楊守敬は北碑派の書風をそれぞれ日本にもたらした。

その後、心泉と大迂は第三回内国博覧会（明治二三年（一八九〇））に、それぞれ作品を出品・入賞する。当時の「圓山大迂書翰」（心泉宛、明治二三年八月三一日、金沢・常福寺蔵）には、「近時一六・鳴隺及柯竹等之諸家輩出シ天下之書躰一変、世人刮目始テ六朝之妙所ヲ相覚リ申候。」と述べているように、碑学派が流行している。しかし、第四回（明治二八年（一八九五））・第五回内国博覧会（明治三六年（一九〇三））においては書道の衰頽が目立ち、明治三〇年代になると碑学派が主流を占めるようになる。

その後も、書家では日下部鳴鶴・中村不折・長尾雨山・河井荃廬らも渡清している。なかでも長尾・河井は西泠印社の会員となっており、呉昌碩ら中国文人と交流を深めた。

日清戦争後、心泉も再び渡清しているが、金沢・常福寺に所蔵する日記や筆蹟などを見ても、明治前期と比べて中国文人と交流した形跡は少ない。

このように、日本の近代美術を論ずる場合、当時の書道・南画も視野に入れて論じられるべきであり、この分野は中国からの影響が大きかった点についても留意する必要があることを指摘した。

注

[1] 本節は近藤高史『明治書道夜話』（芸術新聞社、一九九一年）を参照した。

[2] 安田老山（一八三〇〜一八八三）の渡航時期は、『対支回顧録』（対支功労者伝記編纂会編、昭和一一・一九三六年）によると元治元年となっているが、沖田一は『日本と上海』（大陸新報社、昭和一八・一九四三年）の中で、「安田老山書翰」を根拠に慶応三・四年（一八六七・八）としている。また、陳捷氏は『明治前期日中学術交流の研究—清国駐日公使館の訪書活動—』（汲古書院、二〇〇三年）で、老山の名が岸田吟香の『呉淞日記』（慶応三・一八六六年）に登場しないことと、岡田篁所『滬呉日記』（明治二四・一八九一年）の記述をもとに明治元年としている。おそらく改元直前に渡航したものと思われる。

[3] 長井雲坪（一八三三〜一八九九）。名は元治楼、呉江・桂山・瑞岩と号す。長崎で鉄翁に師事し、維新前にフルベッキの助けにより、安田老山等と上海に渡航したとされる。伝記として、高津才次郎『画人雲坪』（大正堂書店、一九三四年）がある。

[4] 岡田篁所は長崎の医師。明治五年（一八七二）に上海に渡航しており、当時の上海滞在記として『滬呉日記』（明治二四・一八九一年刊）がある。

[5] 当時、上海における蒼海と中国文人との交流を記録したものに、『蒼海遺稿』（明治三八年）がある。

[6] 北方心泉は、嘉永元年（一八五〇）四月二八日、加賀・金沢の常福寺に第十二世住職、戮風の三男として生まれた。名は祐必のち蒙（きざし）、心泉・小雨・月荘・文字禅室・聴松閣などと号した。明治一〇年（一八七七）から明治一六年（一八八三）まで清国布教事務掛として上海別院に勤務する。この間、布教活動に従事するかたわら清末文人達と交流を行う中で北派書風に触れた。わが国に北派書風がもたらされたのは、明治一三年（一八八〇）に清国公使館員として来日した楊守敬によってであるが、心泉はそれとは別にわが国に持ち込んだ人物として一般に知られている。また、合計五三七人のべ五三一九首の日本漢詩を収録した、兪樾撰『東瀛詩選』の編纂に際しては、上海で岸田吟香と兪樾の聯絡役をつとめ、自身の漢詩も一一首採録された。帰国後の明治二三年（一八九〇）には第三回内国勧業博覧会に出品・入賞し、以後日下部鳴鶴・巌谷一六・中林梧竹らと交流する。明治三一年（一八九八）に再び渡清し、東本願寺が南京に設立した学校、金陵東文学堂の堂長をつとめる。明治三五年（一九〇二）、本山の内紛のため僧籍を剥奪され（のち恢復）、明治三七年（一九〇四）には病のため左半身不随となったが、左手で書を書き続けた。明治三八年（一九〇五）七月二八日歿、享年五六歳。弟子に桑名鉄城・細野燕台などがいる。

[7] 圓山大迂は、天保九年（一八三八）に名古屋に生まれた。名は真逸、大迂と号し、書斎名は学歩庵、尋常百姓家主人。貫名菘翁に書を学び、一般には篆刻家として知られる。彼は三度に亙って渡清しており、初回は明治一二年（一八九七）に上海へ渡り、徐三庚・楊見山に師事

して篆刻を学び、両刃刀法を日本に伝えたとされる。二度目は明治二五年（一八九二）春から明治二七年（一八九五）頃まで滞在している。三度目は日清戦争後に渡航し、帰国後は京都に居を構えている。大正五年（一九一六）歿。編著に『漢話問答篇』、『篆刻思源』などがある。

[8] 諌山麗吉（一八五一～一九〇六）。号は扇城、豊前中津の人。心泉と同じく真宗僧である平野五岳の肖像を描いているほか、上海では心泉や彼の父母（致風・爾爾）の肖像を描いている。岡鹿門『観光紀游』によると、明治一七年（一八八四）当時は香港に滞在している。

[9] 吉嗣拝山。弘化三年（一八四六）太宰府生、幼名は寛一、通称は達太郎、名を達、字を士辞、拝山と号す。室名は古香書屋。元治元年（一八六四）咸宜園に入門、慶応三年（一八六七）、中西耕石に入門、明治二年（一八六九）大蔵省勤務。明治四年（一八七一）、太政官国史編輯局に勤務していた。同年、災害により右腕を失う。明治一一年（一八七八）二月から六月にかけて清国に滞在しており、『骨筆題詠』には、当時交流した海上派の漢詩文のほか、当時上海別院の輪番であった松本白華の詩や心泉の序文が掲載されている。

[10] 大倉謹吾（一八四五～一八九九）。医師・大倉良菴の子として越後に生まれた。名は行、字は顧言、通称は謹吾、雨村または鉄農半仙と号した。明治五年（一八七二）に上海領事館に赴任し、明治一九年（一八八六）五月に帰国、二三年（一八九〇）に退官した。

[11] 岸田吟香は「岸田翁書簡ノ続」（朝野新聞、明治一三年四月一四日）の中で、「此程、当地本願寺別院ニテ承ハルニ、上海ニテ書画共日本人ヨリ頼ミ候時ハ潤筆ヲ格段ニ高直ニ申ス由。是レハ日本ヨリ帰リ候彼ノ書画先生輩申合セ、我ガ日本ニテ取リタル潤筆ニ照メ旧格ヲ外ヅシ、且ツ他日又日本へ遊歴ノ時ノ地ヲ為ス積リナルベシトノ事ナリ」と述べている。

[12] 彼の上海滞在記として『滬遊雑詩』（木村徳太郎、明治一四年）が、この他に『張子祥胡公寿両先生画譜』（高木和助、同）などがある。

[13] 黒田譲『名家歴訪録上篇』明治三二年。

[14]「岸田吟香翁上海ヨリ甕江先生ニ贈ル書簡ノ抄録」（『朝野新聞』、明治一三年三月九日）。

[15] 黒田譲『名家歴訪録上篇』（注[13]に掲出）。

劉岳兵著『日本近現代思想史』について

陳　毅立
（同済大学外国語学院講師、法政大学国際日本学研究所客員所員）

本書の構成と内容

本書は、中国教育部人文科学重点研究基地重大項目「日本現代化過程研究」及び日本国際交流基金助成項目「日本近現代史研究」の研究成果をまとめたもので、七章五一万字で構成されている。

第一章「日本近代思想の萌芽」では、歴史の連続性という立場から、近代日本の思想的資源を江戸時代の思想から抽出し、社会と関係の深い実学思想、洋学思想、変革思想、国体意識などを取り上げている。そして、そうした角度からして不可欠だと考えられる人物、貝原益軒・荻生徂徠・杉田玄白・横井小楠・佐久間象山・会沢安などの思想を追跡している。

第二章「明治前期の啓蒙思潮」では、明治維新の歴史的意義、明六社及びそのメンバーの思想活動、自由民権運動の意義及び問題点などを論じている。明治前期を支配した思想的モメントの一つは、福澤をはじめとするいわゆる啓蒙思想家であった。福澤らは歴史を文明の進歩という角度から捉え、西洋の文物制度の導入と民心の改造に力を入れて多くの人々に影響を与えた。そうした中で、この時期のいま一つのモメント、即ち自由民権運動が立ち上がってきた。民権運動の代表者として植木枝盛と中江兆民の思想を取り上げている。

第三章「『大日本帝国憲法』の頒布から日露戦争までの思想」では、大日本帝国憲法の精神、教育勅語の内実、日清戦争の歴史的意義などを主要テーマとして論じている。帝国憲法の発布は、天皇を最上位に置く天皇制国家の整備を意味すると同時に、自由民権運動の敗北を象徴していた。また、教育勅語は、儒教の忠義の概念を利用して「尊皇」という臣民意識を培うためであった。そして九年の帝国議会の開設は、強力な大日本帝国の骨格を実質的に作り上げた。その後、日清戦争と日露戦争の勝利を契機に、日本は政略的に「脱亜」の道を歩み、アジアで唯一の帝国主義国家として成長し始めた。

第四章「帝国主義の形成と明治時代の終焉」では、まず日清戦争後の時代思潮としての帝国主義をめぐる論争を検討している。特に徳富蘇峰の「帝国主義の真意」、高山樗牛の「感傷的帝国主義」及び浮田和民の「倫理的帝国主義」について特筆している。蘇峰は帝国主義の信奉者と自認したうえで、帝国主義は侵略主義・排他主義・武断主義・浪費主義ではないことを明言した。「内に立憲、外に帝国主義」という蘇峰の主張は、浮田和民の「倫理的帝国主義」、即ち貿易活動を盛んにし、外国の利益を犠牲にせずに平和的な植民政策の遂行による国益の拡充を実現すること、という枠組みを出なかった。一方、高山樗牛は、帝国主義が「天下の大勢」として風靡していると指摘しながら、「人類歴史の最も惨憺たる駒場はまさにこれよりひらかれんとしつつあるなり」と唱えた。その外に日露戦争以降、幸徳秋水に代表される社会主義思想の内容が検討されている。

第五章「大正時期の思想課題」では、女性解放の思想（フェミニズム）と吉野作造に代表されるデモクラシー思想をテーマとして取り上げている。女性解放の思想においては、「母性保護」をめぐる与謝野晶子と平塚らいてうとの論争に注目している。与謝野は、女性の人格が尊重・保障されるためには男性からの経済的独立が不可欠だと主張し、妊娠・出産の女性に対する保護を要求するよりも女性として職業を持つことが焦眉の急だと認識した。それに対して平塚は、「母性保護」の主張は依頼主義ではないし、経済力がなければ結婚や出産を回避すべきだという与謝野の意見に激しく反駁した。

他方、デモクラシーの論客である吉野作造は、民本主義をdemocracyの訳語として用い、しかも、「国家の主権の活動の基本的の目標は政治上人民に在るべし」として、民本主義は憲法の根本精神であると力説した。また、エピソードとして吉野と当時の国家主義団体の一つである浪人会との演説対決も紹介されている。

第六章「大正時代と昭和前期の思想状況」では、まずデモクラシーからマルクス主義への転換に注目し、デモクラシーの急進化の傾向に同調できなかった山川均やアナキズムの代表者大杉栄などを取り上げている。そしてマルクス主義の影響を強く受けて哲学の分野で活躍した京都学派の代表者西田幾太郎・三木清・戸坂潤の主張を概観している。さらに超国家主義思想及びその主張の担い手（北一輝）について考察している。また超国家主義はどのように見られてきたのか、つまり「超・国家主義」(ultra-nationalism）なのか、それとも「超国家・主義」なのか、を分析している。

第七章「戦後日本思想における幾つかの問題」では、東京裁判、戦争責任問題、象徴天皇問題、国家神道及び靖国神社問題などをめぐって考察している。一九四五年の玉音放送によって日本人は敗戦という事実を受け止めざるを得なかった。そして、明治維新以降、入念に築かれた天皇制国体は存立の危機に晒された。しかし、ＧＨＱは天皇の責任を追求せず、天皇制を継続させ、象徴天皇制を正式に作り上げた。本章では、その前後の経緯及びその背後の原因などをスケッチしている。

本書の特色

本書のどの章にも、著者の研究者としての周到な研究成果が反映されている。また、いわゆる専門家が執筆したものではあるが、どの章も学生や一般の読者に読みやすいものになっている。さらに、一般読者に日本近現代思想史の全貌を手早く把握させるために年表が添付されているだけでなく、日本における日本近現代思想史研究の最新動向を紹介するという意味で、巻末に詳細な参考文献が添付されている。日本思想史の研究に携わるものにとっては、本書の様々な考察と分析は、体系的な日本思想史研究の理論構築に有用な資料と示唆を提供している。

本書の最も注目すべき特色としては、少なくとも二つの意味において、著者が「中国経験」を媒介に日本近現代思想史を把握する方法論を提示したことが挙げられる。

第一に、反省としての「中国経験」。つまり、日本の思想家たちは、中国近現代社会で行われた様々な事例を分析・反省することによって、日本近現代化の道を模索する、ということである。例えば、アヘン戦争は、日本の知識人に大きな思想的衝撃を与えた。密航未遂の罪で投獄された吉田松陰は、魏源の『海国図誌』を読んで大きな刺激を受けた。そこから生みだされた危機感は簡単にいえば、清朝を「前車の覆るは後車の戒め」とするものであった。アヘン戦争という「中国経験」は日本人の中国、西洋、さらに自国認識に大きな転機をもたらしたといえる。

第二に、体験としての「中国経験」。それは、日本の思想家たちが中国現地に足を踏み入れてそこから得た原体験を思想的資源として日本社会で活用するということである。実際、日本近現代思想発展の一翼を担った国家主義者、アジア主義者、民本主義者らにはそれぞれ独自の「中国経験」がある。内田良平、北一輝、井上日召、宮崎滔天、吉野作造はその代表である。その一例として以下のことが挙げられている。辛亥革命が勃発した際に、黒竜会は革命の情勢を視察するために現地に続々とメンバーを派遣した。北一輝はこの時期中国に渡り、中国革命を観察し、帰国後『支那革命外史』を執筆した。『支那革命外史』において、北は中国のすすむべき道を設定したうえで、日本の対外政策も提示した。彼はいう。「支那は先づ存立せんが為に、日本は小日本より大日本に転ぜんが為に、古今両国一致の安危を感ずる斯くの如き者あらんや。是を日本の利益より云へば、支那は膨張的日本の前駆を為す者なり。……斯くの如くにして日支の同盟を云ふべく、両国の親善は将に天人狂舞すべきのみ」(北一輝『支那革命外史』内海文宏堂書店、一九四〇年、三八一頁)。

近代日本思想発展の本質を突き詰めてみれば分かるように、近代日本思想は確かに西洋思想のエッセンスを貪るように吸収してきたが、それと同時に中国思想の影響はしぶとく生き残っていたのではないだろうか。劉岳兵氏の重要視する「中国経験」は、日本近現代思想史の研究に新たな視角を提供し、日本思想史の内容を充実させるだけでなく、中国近現代思想史を検討するにも重要かつ有効なルートとなるであろう。

「中国経験」を重視する視座は、さらに二つの重要な事実を示唆している。

その一つは、西洋的視点という研究方法論のみに基づいて日本の思想史を構築するのは不十分であり、不適切だという事実である。従来中国で行われた日本思想史研究は、往々にして西洋思想と日本思想を比較するところに重点をおいている。例えば、中江兆民の思想とルソーの民権論思想を比較するとか、西田幾太郎の思想とハイデッガーの実存思想を比較するなど、日本の特定の思想と西洋思想の類似した概念を比較・対照させ、論理的な整合性を析出することに力を入れてきた。むろん、近代日本思想史研究においては西洋的視点からのアプローチが不可欠である。明治初期に文明開化政策のもとで、西洋の思想・文化が全面的に日本に流入したことは周知のとおりである。西洋思想を導入する中で、日本の思想家たちが真っ先にぶつかった問題は、いかに西洋思想や文化を理解するかであった。それ故、西洋思想との葛藤を明らかにすることは、近代日本思想の特徴を抽出するために有益な方法である。

しかし、従来等閑視された中国的視点ないしアジア的視点も、日本思想史の研究において見落としてはならない。例えば、日本はなぜ比較的スムーズに近代化を成し遂げられたかという問題を考察する際に、日本を「東アジア」という枠組みの中に位置付ける必要がある。中国と韓国は、日本と同様に「西力東漸」という現実に直面していたにもかかわらず、異なった近代化過程を経てきた。それは何故であろうか。この問題に答えるためには、東アジア三国の歴史的・社会的背景に関する微視的な相互比較と総体的な研究が欠かせない。このような研究視野の拡大を日本の学者たちは、「方法としての中国」、「アジアから考える」、または「他者としての中国と朝鮮」という形で主張している。一方では、日本思想史の研究範囲をアジアまで広げ、他方では、アジアという枠組みのなかで、自らの思想史をほかのアジア諸国と区別し、その独自の主体性を析出するという方向である。

かかる主張の理由は簡単にいえば、西欧中心の研究方法を克服するためである。溝口雄三が指摘したように、「われわれ日本人が、ヨーロッパの中世や古代に関心をもつ場合、その関心の底部には、意識するとしないとにかかわらず、多かれ少なかれその人なりのヨーロッパ近現代像といったものが横にわたっている。裏返して言えば、日本人のヨーロッパ中世や古代に対する関心は、ヨーロッパ近現代像を触媒にし、あるいはそれに触発されている。……これに対して、中国の古典の場合、『史記』にせよ『唐詩』にせよ、それらへの関心は中国の近現代への知識や関心とはむしろ無関係に存在していることのほうが多い。この相違は、ヨーロッパの近現代像が、明治以来、他の世界に時には優越的とさえみなされる文明価値をもつと認められてきたのに対し、中国の近現代が一般に文明価値どころか歴史価値そのものにおいて、ヨーロッパはもとより日本にすら劣っていると通念されてきたことと無縁ではない」（溝口雄三『方法としての中国』東京大学出版会、一九八九年、一三二頁）ということである。

こうした反西欧中心主義の立場は、西欧中心主義の裏返しと思われがちであるが、それは誤解である。「中国的視座」、「アジア的視座」という方法論の重視は、中国中心の価値観や東アジア従属の方法論を主張するのではなく、多文化主義の視点から西洋の価値観と同様に、東アジアの思想・文化においても日本に同等な権利を付与するという、思想史研究の新たなパラダイムを提供するためであった。

また、著者が強調した「中国経験」のもう一つの意味は、中国では、一つのまとまった学術領域としての東アジア思想史研究体制が未だ確立していないという事実を明らかにしたことにある。これまでの中国では、「中国思想史研究」、「日本思想史研究」、「韓国思想史研究」などといった個々の思想史研究は存在していた。また、東アジア三国の中の二国の思想家を分析対象としてその異同を追求する研究もあった。しかし、東アジア三国を一つのまとまりのある「思想世界」（ここでいう「思想世界」とは、一定のまとまりある特性を有していると見なされうる一つの時代・地域に存在する思想の総体である）として捉え、哲学史の束縛から抜け出して、思想に含まれる広範な領域（社会、政治、歴史、経済）を対象として考察する研究は、ほとんど確立されていない。つまり、現在の中国での思想史研究は、丸山真男がかつて批判した「タコツボ型」のままである。このような学問体制を「ササラ型」に変えるためには、横断的学問研究が必要である。

問題は、「思想世界」の構築が如何にして可能かという点である。ここで、近世日中韓三国を例として簡略に説明しよう。

結論を先取りしていえば、近世東アジア三国こそは「思想世界」の構築を論ずるにふさわしい対象である。

なぜなら、文化移動論の観点からみれば、近世の日中韓三国は相互に無縁な存在ではなく、三国の間に、積極的に経済的、政治的、文化的な交流が行われたからである。このような人的・物的な交流を通して、東アジアにおける情報、物産、書物、金銀などの移動のネットワークが形作られていた。特に、書物の流通は、時代を超えて社会を超越する迫力を持っていた。例えば、朝鮮後期の儒学者李星湖（一六八一—一七六三）の父親は、燕京使として清朝を訪問した際、康熙帝から賜った銀で数千巻の漢書を購入した。中国の書籍は、李星湖の学問の構築に積極的な影響を及ぼしたといえよう。また、明末清初の儒者の名と作品が朝鮮の知識人たちによってしばしば言及されたことから考えれば、東アジア地域は知的な文物や知識人たちによって、具体的に繋がる一つのまとまった地域であった。

その外、鎖国によって日本は海外と切り離され、東アジア諸国との文物交流が途絶えたという認識は、きわめて一面的である。近世の日本は完全な閉鎖状態ではなく、外界を異国あるいは異域としつつも、四つの窓口を設けていた。大庭脩の『江戸時代における唐船持渡書の研究』（関西大学東西学術研究所、一九八七年）が示すように、明清の書物が、大量に日本国内に流入した。このように書籍が貿易商品となったのは、恐らく東アジアの独特な現象だといえるであろう。

こうした書物の流通は、近世東アジア三国の「思想主体」に対して、或る種の共通の基盤を提供した。その理由は、次の二点に求めることができる。

第一の理由は、思想内容の類似性である。閉塞する社会状況を打開するために、知識人たちは自らの儒教の理想に注目し、そこから有益な思想を析出しようとする作業を行った。その結果、儒教の中に元来あった「経世済民」の学が再発見されたのである。近世東アジア三国の知識人は、皆同じ儒家経典、即ち『大学』、『論語』、『孟子』、『中庸』の四書と『詩経』、『書経』、『易経』、『礼記』、『春秋』の五経を読み、その註解を補ったり再解釈を行ったりした。もちろん、個々の思想家においては、当時の時勢、状況に応じて、どの経典を重要視するか、またどのように解釈するかについての統一な意見は形成されていなかったが、儒教の経典の範囲および仁、義、礼、智、信など基本的な儒教概念を共有していたことは争えない事実である。要するに東アジアの儒教的知識人たちは、個々の社会と政局の問題に対して意見の食い違いがあったとはいえ、ほぼ共通した儒教経典に基づいて思考したため、当然ながら、思想の内容はある種の類似性を示していたのである。

第二の理由は、学習・実践方法の類似性である。従来、「経世済民」思想には二つの接近法があった。すなわち、個人の道徳的修養を代表する「修己」と、政治的実践を代表する「治人」である。「古の学者は己の為にす、いまの学者は人の為にす」、「子路君子を問う。子曰く、己を修めて以て敬すと。曰く、斯の如きのみかと。曰く、己を修めて以て人を安んずと。曰く、斯の如きのみかと。曰く、己を修めて以て百姓を安んずと、己を修めて以て百姓を安んずるは、尭舜もそれ猶おこれを病めりと」に示されるように、孔子は「修己」と「治人」の重要性を唱導した。

また、宋儒の主張した、格物、致知、誠意、正心、修身、斉家、治国、平天下という「修己治人」の実践法は、近世東アジアの儒家知識人の間で、普遍的に行われていた。もちろん、彼らは、当時の時代、状況の要請に応じて、あるいは「修己」に、あるいは「治人」に力点を置いたが、全体から見れば、「修己治人」という枠から抜け出していなかったといえよう。

このような、一つの「思想世界」を提起したのは、地域・国による思想の相違を過小視しているためではない。例えば、『大学』に対する、中日韓三国の知識人の解釈が様々であったように、儒教は近世東アジア地域で多様なありかたを示している。そうした各地の文化的特殊性を意識しつつ、一つのまとまった「思想世界」の全体像を解明しようと試みる必要性があるのではなかろうか。

それ故、今後、東アジア三国の思想家の思想を論ずるに際し、彼らの主張を個別の社会の中で検討するに止まらず、一つのまとまった東アジア地域の中に位置づけることが可能であり、不可欠なのである。

思想史研究とは

以上述べてきたように、本書は日本思想史研究における注目すべき貢献が盛り込まれているが、「思想史とは何か」という根本的な問いに関する筆者の説明はやや足りないように思われる。この点、序章でもう少し丁寧な解説をしていただけるとよかったのではないだろうか。というのは、日本思想史という分野は、中国の一般の読者にとって、まだ耳慣れない学問領域だからである。中国の研究者たちは「思想」という言葉より「哲学」という用語を愛用してきた。例えば、八〇年代末に出版された有力な通史的思想史研究書『日本哲学史教程』(王守華・卞崇道編著、山東大学出版社、一九八九年)と『日本近代哲学史綱』(金熙徳著、延辺大学出版社、一九八九年)はその典型である。

では、思想史研究と哲学とは一体如何なる関係にあるだろうか。それについて、清水正之は次のように指摘している。

近代日本において西洋哲学・人文学の受容によって成立した「日本思想史研究」というジャンルがある。これらのこころみは、日本の過去の思想を哲学的に彫琢し、哲学的思想史としての形を作ろうとしたものといえる。日本思想史という名称は、それらの幾つかが自ら名乗った歴史的名称であることによる。現在の研究の動向のなかで、日本思想史という領域は、かつてと比べて一定の市民権を得て、萌芽的な生成期の事情とはかなり異なった状況にある。一層の学際的領域となるとともに、全体としては「史」に重点が置かれ、歴史学的領域と自らを規定する傾向がつよくなったことが指摘できる。……生成期においては、明らかに「哲学的」関心と結びついて成立した領域が、いまや哲学領域を離れつつもある。(清水正之「哲学と日本思想史研究」、『日本の哲学』第一一号、昭和堂、二〇一〇年、七六頁)

これを見ると、中国の研究者たちは「哲学」という用語を愛用してきた理由の一つが明らかになる。つまり、日本思想史の研究はそもそも哲学的関心と絡んで誕生した学問だったである。

しかし、思想を「哲学」の副産物とみなすなら間違いである。確かに自由民権運動の中心人物の一人である中江兆民には「我が日本に哲学なし」(中江兆民『一年有半・続一年有半』、岩波書店、一九九五年、三一頁)という名言がある。ここでいう「哲学」がphilosophyという意味での哲学であり、一般的な意味での「思想」ではない。西周によって、philosophyが「哲学」と訳されるまで、日本人は「哲学」の内容はもちろん、「哲学」という学問の存在さえ知らなかった。だからといって、古代から近世にかけて日本人は自らの思想を持たなかったわけではない。特に近世の日本では、ダイナミックな思想は、数多く現れた。ただし、プラトン、アリストテレス、カント、ヘーゲルのような思想家たちがもっぱら「哲学」という学問に集中し、厳密な論理構造と理論体系を有する「哲学」を構築したことに比べれば、前近代の日本には純粋な「哲学」がなかったといえる。換言すれば、思想は「哲学」ほどの論理性・体系性・絶対性・究極性を持たず、社会的・政治的な性格をもつものをいう場合が多い。

では、思想史研究の醍醐味はどこにあるのだろうか。私は、少なくとも次の二点に求められると考える。第一に、「現在の失敗が将来の成功に繋がれば、または自分の失敗は他人の成功に繋がれば、失敗そのものの価値があった」という梁啓超の言葉に示されるように、現実を動かしたかどうかは、当該の思想のもつ社会的な価値を判断する決め手ではない。一時的に挫折した思想が、後になると大きな変革をもたらすことは、思想の歴史において決して珍しくない。例えば、明清交替期に封印された黄宗羲の思想が清末の変法運動者に継承され、明末に禁書とされた『明夷待訪録』の抜粋文数万冊が革命宣伝のパンフレットとして秘密裏に配布された。第二に、鹿野政直の指摘したように、「思想の歴史が、政治や経済の歴史と最も異なる点は、構想力を競い合うという性質を持つ」（鹿野政直『近代日本思想案内』、岩波書店、一九九九年、七頁。）ことである。つまり、政治の場合、制度化・政策化されたかどうかは政治の優劣を判断する基準であるため、政治の歴史はそうした因果関係で拘束されがちである。しかし、政治世界で通用される判断基準は思想の分野に当て嵌められない。思想には、むしろいかに想像力を発揮させたかによって価値が測られる性質がある。この意味で思想は、歴史をＩＦ、つまり可能性の消滅から救い出す力を持っている。

中国における日本思想史研究の時期と類型〜建国後

中国では、日本思想史研究が二〇世紀八〇年代初期から旺盛に展開され、研究者たちの努力によって、現在まで数多くの成果が収められてきた。振り返ってみれば、八〇年代まで、日本思想史研究はもちろん、日本文化を対象とする研究さえほとんど行われていなかったといえる。だからといって、日本思想史研究分野はまったく空白の状態ではない。朱謙之の研究は非常に注目に値する。

朱謙之は五〇年代から六〇年代前半にかけて『日本的朱子学』（一九五〇年）、『日本的古学与陽明学』（一九六二年)、『日本哲学史』(一九六四年)の三部作を公表した。無論朱謙之の三部作に対して「井上哲次郎の影が強すぎる」とか、「中国人の自大意識の反映だ」とか、「マルクス主義・唯物主義に偏りすぎる」という批判の声が高いが、日本研究が非常に困難であった当時に、豊富な資料を引用・整理したうえで、日本思想史の展開の軌跡を実証的に論じた朱謙之の研究は高く評価すべきである。

そのほかに西田幾多郎に関する劉及辰の研究は忘れてはならないものである。一九六三年に上梓された劉及辰の『西田哲学』は、中国初の西田哲学を研究した専門書である。その研究手法は一貫してマルクス主義を堅持しているが、西田哲学の発展過程を前期、中期、後期の三段階に分けて、それぞれの時期から代表的な哲学観(純粋経験、自覚における直観と反省、場所の論理、無の論理、弁証法の世界、絶対矛盾の自己同一)を選んで分析した。これによって、西田哲学の全貌が明らかになった。

その後、日本思想史研究がまだ深まりを見せないうちに、プロ文革がおこって、研究作業が中断された。文革が終わり改革開放の波のなかで、おおよそ一九八二年前後から日本研究の学界では、思想史に光を当てようとする動向が顕著に現れてきた。上に触れた王守華・卞崇道編著の『日本哲学史教程』と金熙徳著の『日本近代哲学史綱』はかかる背景の中で誕生した作品である。特に、『日本哲学史教程』にはそれまでなかったいくつかの特徴が現れている。同書の最も注目すべきところは、日本哲学の融合性を明確に指摘した点である。日本古代から現代までの思想史を振り返ってみれば、日本に流入した外来思想は大まかに四種類がある。すなわち、仏教思想、儒教思想、近代西欧思想、戦後アメリカをはじめとする現代思想である。そして仏教思想と儒教思想を東洋思想の典型と規定すれば、日本思想は東西両思想の中間に位置し、東西両思想の特徴を備えることによって、多元的価値観を築き上げたというのである。

八〇年代初期の中華日本哲学学会の成立は、中国における日本思想史研究を大いに押し進めた。その時から、中国の日本思想史研究が本格的に展開され始め、研究範囲及び研究視野も大幅広がった。

以下、去る五年間、中国における日本思想史研究の幾つかのパターン及びそれぞれのパターンを代表する研究書を挙げてみる。無論、分類はあくまで便宜上であるし、すべての著者の名前を挙げることはできないことをあらかじめお詫びしておく。

❖――A．総合的思想史の研究

徐遠和ら編『東方哲学史』、人民出版社、二〇一〇年。

卞崇道著『融合与共生―東亜視域中的日本哲学』、人民出版社、二〇〇八年。

❖――B．特定のテーマに関する研究

1．江戸思想の研究

王青著『日本近世思想概論』、世界知識出版社、二〇〇六年。

龚颖著『似是而非的日本朱子学』、学苑出版社、二〇〇六年。

2．明治思想の研究

陳秀武著『近代日本国家意識の形成』、商務印書館、二〇〇八年。

王青編『明治哲学与文化』、中国社会科学出版社、二〇〇五年。

劉岳兵著『明治儒学与近代日本』上海古籍出版社、二〇〇五年。

3. 京都学派の研究

韓書堂著『純粋経験：西田幾多郎哲学与文芸美学研究』、斉魯書社、二〇〇九年。

朴金波著『西田「融創」哲学研究』、吉林大学出版社、二〇〇九年。

4. 中日比較思想の研究

黄俊傑著『徳川日本「論語」的研究』、上海古籍出版社、二〇〇八年。

❖——C. 翻訳書

韓立紅ら訳『公共哲学』全十巻、人民出版社、二〇〇九年。

その外、二〇〇五年から二〇一〇年にかけて日本思想史研究の分野で発表された論文は約八〇編にのぼった(中国知網 http://epub.cnki.net/grid2008/index.htm)。

思想史研究における東アジア三国の交流——東亜実学研究会を事例に

ここでいう「実学」とは、経世治用・利用厚生を核心とする儒教的実学である。これまでの日本では、一部の思想史の研究者を除けば、この実学の持つ歴史的意味が殆ど評価されていない。その原因は、日本人の儒教認識と無縁ではない。日本社会に固有のものではなく、中国で生まれた外来者としての儒教によって日本社会を説明することにはたいした意味がない、という考えが儒教的実学が等閑視された原因の一つであろう。しかし、現実はむしろ逆である。儒教は、近代以前の中国と朝鮮において大きな役割を果たしただけでなく、近世の日本でも、思想的営為に従事した人々の多くが儒教に依拠して自己の思索を展開したのである。

近年、源了圓（日本実学研究会初代会長）と小川晴久（日本実学研究会第二代会長）の努力によって、日本における実学の研究は活発化しつつある。特に、実学に実心の語を付し、近代の実学と区別するために「実心実学」という概念を設けようという日本の学界からの提案は、中国と韓国でも支持者をえたようである。とはいえ、中国・韓国の実学研究会の隆盛と活気に比べ、日本の実学研究会は、規模、影響力ともに、比較的小さいといわざるを得ない。

東アジア三国の中で、実学の研究に最も力を入れたのは韓国である。韓国では実学教育の促進事業の一環として、二〇〇九年一〇月二三日に京畿道の南楊州に東アジア初の実学博物館が開館した。実学博物館には、三つの常設展示室と特別の企画展示室などが揃い、代表的な実学の遺物約一八〇点が展示されている。この実学博物館は単なる展示だけではなく、教育と研究の機能も備えている。館長のアン・ビョンジク氏によれば、博物館側が、実学の専門家七人ほどを招いて彼らを通じて小中高校生を対象とした教育プログラムを本格的に実施する予定もあるそうである

韓国での実学研究の隆盛は、中国における実学研究を促進する役割を果たした。実は、一九八七年に中国の学者たちが韓国を訪問した際に、韓国における実学研究の隆盛に大きく刺激され、帰国後、実学研究会の成立をはじめ、中国の実学研究に全力を注ぎはじめた。そして一九九〇年に韓国の成均館大学校において実学をテーマとした国際シンポジウムが初めて開かれた。その成果として、中日韓三国の間に三つの協定が結ばれた。一つ目は、中日韓三国において、それぞれ実学研究会を設立すること。二つ目は、東アジアの実学研究を促進

回数	年代	場所	共通論題
1	1990年	成均館大学（ソウル）	東アジア三国における実学思想の展開
2	1992年	山東大学（山東省）	実学の概念及び範疇についての検討
3	1994年	早稲田大学（東京）	実学の研究及び現代的意義
4	1996年	高麗大学（ソウル）	東アジア実学研究の諸問題及びその展望
5	1998年	開封大学（河南省）	東アジア実学と２１世紀
6	2000年	高崎経済大学（群馬県）	現代文明の危機と東アジアの実心実学
7	2002年	延世大学（ソウル）	東アジア資本主義と実学
8	2004年	湖南大学（湖南省）	実学・湘学と東アジア文明
9	2006年	二松学舎大学（東京都）	実心実学思想と国民文化の形成
10	2009年	実学博物館（南陽州）	東アジア実学、その意味と発展
11	2011年	鄂爾多斯市（内モンゴル）	東アジア新実学の構築

するために、二年に一度、韓国、中国、日本の順番でそれぞれの国で実学に関する国際大会を開くこと。（第一〇回目のシンポジウムは例外である）三つ目は、中日韓三国の実学研究成果を交流するために、実学に関する研究書を共同で編集し出版することである。今日では、中日韓三国の協力によって、三つとも実現した。以下、一九九〇年以来の東アジア実学国際シンポジウムの共通論題をまとめておく。

今後、孤立した研究状況を回避するために、東亜実学研究会のような国を超えた研究ネットワークが必要となるのであろう。

中国における日本思想史研究の展望

これまで中国の日本思想史研究はある程度成果を上げたが、研究水準は依然初歩的段階にとどまっている。また、一般の読者はもちろん、学者の間で、思想史は難しくて取っつきにくいという印象があるため、中国では思想史を専門とする研究者の数がきわめて不足している。今後、中国国内で日本思想史研究領域において突破しなければならないと私が考えるところは、以下の五点である。

①近世・近代の日本思想に集中せず、古代、中世、または現代の思想も積極的に取り扱うべきである。
②日本思想史における道教と仏教の役割に関する研究を深めるべきである。
③専門家を集め、日本思想史に関連する研究叢書を出版し、一般の読者の関心を高めるべきである。
④他国の思想史研究者たちと積極的に連携を取り、思想史研究に関する切磋琢磨の場を設けるべきである。
⑤比較思想史研究の場合、従来の比較思想研究の方法、すなわち、西洋と日本、または中国と日本の思想を比較・対照することだけでなく、韓国の思想も視野に入れ、東アジア比較思想史研究を一つの学問領域として確立させるべきである。

日本研究の可能性
——臧佩紅著『日本近現代教育史』を媒介に——※

劉　迪
（杏林大学准教授）

ここ三〇年来、日中貿易及び人的往来は飛躍的な発展を遂げた。しかしこの間、日中両国の政治外交関係は必ずしも一貫して良好とはいえなかった。このような背景のもとで中国の日本研究がどのような日本認識の枠組を提供できるかが注目されている。上記の期間中、中国中央政府及び地方政府は日本研究の強化に力を注ぎ、日本研究機関、研究者、研究成果等の数は相当な規模に達している[1]。ただし、中国の日本研究が期待された水準に達したとは言えない[2]。

1　中国の日本研究の外部環境

一九九〇年代以来、中国の研究者が自主的に研究できる環境が次第に改善され、以前より自由な発言ができるようになった。ただし残念ながら中国の日本研究者たちはこのような空間を生かしてより自由な研究を行っていないのが現状である。

何が中国の日本研究を束縛してきたのか、外部的な原因を考えればいくつか挙げられる。一つは、中国の日本研究の担い手が政府シンクタンクまたは国立大学を主体とすることである。これらの研究機関に所属する研究者は研究者である前に政府機関の一員である。これらの研究機関で機能しているのは「競争原理」よりむしろ「安全運転」という官僚思考である。従って膨大な数の研究論文があってもハイレベルのものが少なくなるのである。

政府諮問機関として国益に立脚して研究を行うことを否定しているわけではない。問題は「国益」とは何かということである。これについては中国の日本研究者の間でまとまった認識はみられない。どのような姿勢で日本を研究すべきかについて何方の話を引用したい。彼は一九九〇年代に日中関係が急速に悪化したこと、さらに二〇〇〇年代以降日中関係が不安定な状況に陥ったことを指摘したうえで次のように述べた。「われわれは国家の基本戦略から日本と日中関係を研究する必要がある。地理的関係からいえば日本は中国の一衣帯水の隣国である。従ってわれわれは日本に対して善隣友好政策をとらなければならない。鄧小平がかつて日中両国の関係は二一世紀、二二世紀、二三世紀、いつまでも友好でなければならないと述べた。われわれの日本研究はこれを促進する役割を果たすべきである。」[3]

中国の日本研究はナショナリズムの干渉から独立した研究の立場を貫くことが重要である。また政策研究と基盤研究の関係をバランスとりながら行うことも必要である。この二点については何方が若手研究者の注意を喚起している[4]。

上述した研究の外部環境だけでなく、中国の日本研究者自身が研究方法をあらためて考察する必要がある。中国の日本研究は内容の空疎さが指摘されている[5]。これは研究対象に対する観察、思考の不足からきたものである。研究者は一切の先入観を捨て、自分の目で研究対象を見ること、自分の頭で既成概念を再思考することが重要である。

中国の日本研究論文は「大而化之」の傾向がみられる[6]。大きな概念を使用し、史料を羅列するのみで終わるものが多い。複雑な現実社会を研究する際に、その詳細なメカニズムを追及せずただ既成概念をもってきて適当に当てはめていては細部の事実に迫ることができない。「大而化之」の方法を捨て具体的な事実関係の考察を行うべきである。

日本を研究する際に中国の研究者はよく「一分為二」という方法を使う。研究対象を分析するに当たり、「良い部分」と「良くない部分」を単純に二分して断じることは思考を停止させてしまう。「一分為二」という方法では現実社会の内実を見過ごす恐れがある。このような方法から脱却するためには、細部からの考察が重要となる。細部から考察し自分の思考プロセスを読者に訴えることで「一分為二」の思考パターンから脱出できる。

中国の日本研究を発展させるため、中国社会科学院日本研究所元所長駱為龍はまず研究対象の複雑さを認めるべきであると主張している。彼は「日本が非常に複雑な研究対象であり、簡単な様式だけに基づいて研究を行うだけでは、全面的に日本を理解することができない」と指摘している[7]。駱為龍は「〈表面から内部へ、これからあれへ〉と次元を深めた分析と研究を進めて行かなければならない」と中国の日本研究者に促した[8]。

2 日本研究の可能性について

中国の日本研究界には大胆な想像力及び創造力が不足している。この問題を解決するために中国の日本研究に「対話」「比較」「主体性」等の諸方法の導入と強化を提言したい。

①今日の中国の日本研究者は研究対象としての日本と対話する努力が不足している。E・H・カーは「歴史」を「歴史家と事実との間の相互作用の不断の過程であり、現在と過去との間の尽きることを知らぬ対話なのである」[9]として把握している。中国の日本研究は対象としての日本との「対話」が不足している。中国の日本研究者も「対話型」の研究を進める必要がある。常に中国文化・社会に立脚しながら日本文化・社会を観察し、両者の異同を見いだす。この作業を繰り返す過程のなかでこそ彼我に関する認識が高まり、真の日本認識を深めることができる。

②中国の日本研究者にとって「比較」の研究視野が求められている。日本のことはもちろん、世界各地域の事情をもなるべく広く見据えたうえで、比較の視野をもって日本を見ることは、日本研究の質を向上する有効な方法であると考えられる。

③日本研究には「二つの主体性」が必要とされる。一つは研究者の主体性、もう一つは被研究者の主体性である。地域研究を行う場合、政治制度・法律制度からのアプローチだけでなく、人間活動そのものに関する研究が欠かせない。法律・政策の解釈、運用が人間の活動である以上、人間と制度、人間と政策との関係の解明が不可欠なものになる。研究対象としての日本の主体が人間である以上、彼らの思考、生活、行動についての解明は不可欠なものである。更に著者は観察者としてどのような関心をもって研究対象を見ているか、これも明らかにする必要がある。

中国の日本研究の現状を打破するためには、研究者たちがそれぞれ一つまたは複数の領域から日本研究を進めれば、効果的ではないかと思う。

3 展望

二一世紀に入ってから、中国の日本研究界において新しい動向が多くみられる。たとえば非日本研究者から「対日新思惟」が提唱され、中国の日本研究だけでなく日中関係の広汎な社会的論争に一石を投じた[10]。一方体制外からの日本研究にも成果がみられ、人々の日本観に新しい刺激を与えた[11]。この間、メディアにおいても日中関係についての議論が活発になり、メディアが果たす役割はますます重要になってきている[12]。これらの新しいアクターは日中関係に新しい変数をもたらすと同時に政府系日本研究者の存在感を相対的に低下させることになった[13]。

いま「日本研究」は一部の「日本研究者」の専有分野から各研究分野にまで拡散しつつある。多くの異なる専門知識を有するエキスパートが各自固有の研究視野に立脚し日本の一部を切り取って深く分析・考察を行っている。このような流れの中で今後、中国の「日本研究者」がいかに各自の研究領域の再定義をするか、アイデンティティーの再確立を行うかが重大な試練となっていよう。

注

※二〇一二年一月一一日、法政大学国際日本学研究所の主催により、「二〇一一年度第一〇回アジア文化研究会」が開催された。この研究会において筆者が「日本研究の可能性――臧佩紅著『日本近現代教育史』を媒介に」と題して報告を行った。報告は臧著について若干の考察を行ったうえで、中国における日本研究のあり方について提言を行った。この論文は紙幅の関係で臧著についての考察を省略し、報告の後半部分である日本研究のあり方についての考察に加筆し作成したものである。

二〇〇九年の時点で、中国には日本研究機構が一〇〇あり、研究者が一〇四〇名いる。蒋立峰、林昶「中国的日本研究现状与展望」中華日本学会、南開大学日本研究院編纂『中国的日本研究』（日本国際交流基金、二〇一〇年五月）を参照。研究論文については二〇〇九年の一年間で、中国全国人文社会科学雑誌に日本研究論文が二九二七本掲載された。そのうち日本研究主要五誌（『日本学刊』『日本研究』『日本問題研究』『外国問題研究』『現代日本経済』）に三七一本が掲載された。林昶「〝雑誌〟視点：中国日本研究的深化及其與世界的鏈接――学術検討会綜述」（『日本学刊』二〇一一年第二号、一五六頁）を参照。

[1] 二〇〇九年の時点で、中国には日本研究機構が一〇〇あり、研究者が一〇四〇名いる。蒋立峰、林昶「中国的日本研究现状与展望」中華日本学会、南開大学日本研究院編纂『中国的日本研究』（日本国際交流基金、二〇一〇年五月）を参照。研究論文については二〇〇九年の一年間で、中国全国人文社会科学雑誌に日本研究論文が二九二七本掲載された。そのうち日本研究主要五誌（『日本学刊』『日本研究』『日本問題研究』『外国問題研究』『現代日本経済』）に三七一本が掲載された。林昶「〝雑誌〟視点：中国日本研究的深化及其與世界的鏈接――学術検討会綜述」（『日本学刊』二〇一一年第二号、一五六頁）を参照。

[2] 『日本学刊』副編集長を務める林昶は中国の日本研究水準について次のようにコメントしている。「全体的にいえば、目下、中国における日本研究の問題はすこぶる多い。低レベルの研究の重複、同質的な競争、独創的研究・実証的研究の欠如などの問題がみられる。しかも価値のある研究成果が実は多くはない。」林昶前掲記事（『日本学刊』二〇一一年第二号一五五頁）を参照。一方、中国の日本研究の問題について中国社会科学院日本研究所元所長何方は、「年年歳歳同じ低レベルの研究が繰り返されてはいけない。われわれは時とともに進歩し、絶えず革新しなければならない。」と訴えている。何方「在日本研究所建所三〇周年纪念会上的发言」（『日本学刊』二〇一一年第三号一三頁）を参照。

[3] 何方前掲論文一三頁。

[4] 前者について何方は「われわれの日本研究はナショナリズムの影響を避けるべきであると同時に、ナショナリズムに適切に対処することを

めぐって国家に協力すべきである。」と主張している。後者について「研究というものは、対外的には当然国家の政策を守るべきであるが、それ自体は独立した思考及び異なる意見間の論争を唱えていくべきである」前掲何方論文、一二頁。

[5] 呉懐中は中国の日本外交安全問題の研究について「大而全」（大風呂敷的なもの）「氾而空」（概論的で内容が空疎なもの）のものが多数存在しているとし、深みのある分析やオリジナルな理論のあるものは少ない、と指摘している。呉懐中「日本外交安全研究三〇年综述」『日本学刊』二〇一一年第三号三一頁。

[6] 中国日本研究著書のなかで「近代化」「右傾化」「自由化」「法制化」「国策化」「国際化」「信息化（情報化）」などの概念が多用されている。これらの「大而化之」の方法は、研究対象の特質を失わせるだけでなく研究者の主体性も失わせる恐れがある。

[7] 駱為龍、林昶「中国的日本研究現状及问题」中華日本学会・北京日本学研究センター監修『中国における日本研究（一九九九）』世界知識出版社、一九九九年四月。

[8] 同右。

[9] E・H・カー著『歴史とは何か』岩波新書、一九六二年、四〇頁。

[10] たとえば国際政治学者時殷弘、ジャーナリスト馬立誠の「対日新思惟」の政策提言の影響は中国の日本研究界だけでなく中国の一般大衆にも大きな衝撃を与えた。

[11] 作家張承志は『敬重與惜別：致日本』（中国友誼出版公司、二〇〇九）のなかで別の次元から現代日本を描き中国人の日本観に大きな衝撃を与えた。この著書はこれまで刊行された数本の日中関係の論文・ドキュメンタリーから構成されている。

[12] たとえば数年前にＣＣＴＶが大型ドキュメンタリ『岩松看日本』を制作・放送した。この番組は中国人の日本観に大きな影響を与えた。有名司会者白岩松は番組のなかで「日本に対する愛情と憎しみの気持ちは置いておいて、理性と感情の間にバランスを求めなければならない」と唱えている。http://www.sun.tzc.edu.cn/article.asp?id=6182

[13] 中国社会科学院日本研究所元所長蒋立峰、同研究所研究者林昶は、論文のなかで『よそもの』の日本研究への参入や『草の根の日本学』の台頭が、中国の日本研究の専門家独占状況を打破した」と認めた。前掲蒋立峰、林昶論文を参照。

参考文献

・中華日本学会・北京日本学研究センター監修『中国における日本研究（一九九九）』世界知識出版社、一九九九年四月
・日本研究編集委員会監修『中国的日本研究（一九九七—二〇〇九）』中華日本学会・南開大学・国際交流基金刊行、二〇一〇年五月
・王敏「日本研究の改革開放への長い道」王敏編著『〈意〉の文化と〈情〉の文化　中国における日本研究』中公叢書、二〇〇四年
・中国社会科学院日本研究所編『日本学刊』各号。

中国における日本文学史研究の新展開

――王健宜氏『日本近現代文学史』をテキストに――

楊　偉
（四川外語学院日本学研究所）

「日本現代化歴程研究叢書」の一冊として中国で出版された最新版の王健宜氏著『日本近現代文学史』（世界知識出版社、二〇一〇年三月）をテキストに、従来の日本文学史論著と比較しながら、そこに如何なる特色と新しい視点があるかを検証する。さらにこのテキストを切り口に中国における日本文学研究の進展と動きを考察し、文学をめぐる日中間の相互認識に与えられる影響を探るのが本報告の目的である。

二〇一〇年までに中国で出版された日本文学史は三〇余種類あるといわれているが、その中の二〇余種類は二〇〇〇年以降のものであることから、近年、一種の日本文学史研究ブームが起きていると思える。その背景として、まず近年の中国における日本文学翻訳作品の爆発的な人気が挙げられるが、中国における日本文学研究の深化とレベル向上も新しい文学史の出版ブームにつながったと思われる。もう一つの原因は近年の日本語学習者の急増に伴う教科書需要の拡大にある。日本語学科の学生を対象とする教科書的な文学史が近年の日本文学史出版物の半分以上を占めている事実はその証拠であるが、一方、そのような教科書的なもの、あるいは日本で刊行された日本文学史の概説書を翻訳したものを超えた、独創性のある日本文学史を目指す書物も刊行されるようになってきた。近年、日中間の学問的な交流が従来に比べて活発化するに従い、いろいろな視点から日本文学を見直す動きが新しい文学史の編纂と出版につながったともいえる。例えば、世界文学史の一環としての日本文学史というとらえ方と日本研究としての日本文学史というとらえ方があり、「二〇世紀外国国別文学史叢書」の一冊である葉渭渠・唐月梅氏『二〇世紀日本文学史』（青島出版社、一九九八年）が前者の代表であり、「日本現代化歴程研究叢書」の一冊である王健宜・呉艶・劉偉氏『日本近現代文学史』は後者の範疇に入ることになり、ある意味では地域研究の一分野としての日本文学史と位置づけできる。

本書「総序　日本現代化研究の視角と課題」にあるとおり、経済、政治、社会、文化思想、対外関係という五つの分野から日本現代化の実践と特色を明らかにし、個別から全体へと日本現代化の規則と特色を把握するのが「日本現代化歴程研究叢書」の狙いであるという。この叢書の一冊としての『日本近現代文学史』は、日本人の美意識、文学観の変容を反映させる日本文学を通じて、日本現代化の歴程の一側面を浮き彫りにするのがその役割と考えられる。本書は一〇章から構成され、トータルな歴史把握と総合的な観点に詳しい作家論と作品論を加えるという形で明治初期から平成までの日本近・現代文学を考察している。

本書の特色は単なる文学研究の枠を乗り越えて、文学を時代の大きな背景に置いて、史実と結び付けて文学の時代性を強調することにある。そのために各章のはじめに時代の社会状況と社会思潮を詳しく紹介し、その時代と文学の関連性を十分配慮したうえで、各時代の文学の性格をとらえ、文学の発展の流れを描きだすのに力点が置かれている。文学の伝承関係をはっきりさせるべく、明治時代以降の文学の前提として江戸時代の文学を置き、少なからぬ紙面を割くと同時に、これまでの日本文学史ではあまり触れなかった同時代の文学を「平成文学」としてひとつの独立した枠組みの中で捉えようとすることが、本書独自の意欲的な側面といえる。それにより、近現代文学形成の源に遡ると同時に、これからの趨向も展望し、日本近・現代文学の全体図及び時代背景との関係を浮き彫りにし、日本現代化歴程における日本文学の道程を思い描くのが目的であろう。

周知のように、中国では学術研究も政府主導による傾向があり、イデオロギーに影響されやすいところがある。作家の政治的立場、中国に対する態度などが作家を評価する決め手となりかねない時代があった。しかし、従来の文学史と違って、本書の作家論と作品論は政治性、倫理性よりも文学性、学術性を重んじ、客観的になろうとする努力が見られる。たとえば、軍国主義と何らかの関係があると思われて一時中国で作品が出版禁止となった三島由紀夫と政治的原因から中国で不評になっている石原慎太郎への評価を見てみよう。

三島文学の前期創作には二つのテーマが貫かれている。つまり耽美、浪漫主義と古典、ニヒリズム。早期創作における官能主義的な追求と伝統的な美意識は谷崎潤一郎と川端康成を思わせるものがある。これらの作品に繰り返して登場しているセックス、肉体、青春、血、死などは、次第に後期創作における国家主義、民族主義に取って代わられたが、彼のユニークな美的思想が一貫している。（中略）日本が経済の高度成長を遂げて、物質文明が発達し始めた六〇年代、つまり、戦後文化が次第に風化し始めた背景に、三島は社会の潮流に逆らい、社会に反逆し、時代の発展に背を向けた極端な「精神主義者」として、最終的に自殺をもって一生を終えたのも驚くにあたらない。（本書第三〇〇—三〇一頁）

作品（『太陽の季節』を指す——引用者注）は出版されてから、文壇においても、読者の間においても毀誉半々の反応を受けた。賛成派は学生作家としての作者の若さと作品全体に満ちた新鮮感を推している。それに対して、反対派は性と暴力に対するこの作品の大胆な肯定を、わがままで志を持っていない当代青年のためのいいわけと見ている。（中略）この作品は経済高度成長期の青年、時代風潮を追う若者像を生々しく表した。戦後の平和時代に、理想を失った若者は性の本能の自己解放と暴力によって自己表現をしているのである。（中略）『太陽の季節』は「戦後文学」にピリオドを打ち、名実ともに「戦後の文学」となっている。（本書三二一頁）

以上からもわかるように、政治的なイデオロギーによって簡単に結論を下すのではなく、取り巻く社会的、政治的、経済的、文化的な環境を視野に入れて作家や作品を総合的に評価する客観的、学術的な態度がうかがえる。作家の政治的主張、中国との関係よりも作品の文学性、時代との関連性に評価のウエイトを置く傾向があり、比較的ニュートラルな見方が示されている。

本書の最後に並べてある参考文献を見れば分かるが、中国語の参考文献が三冊で、日本語の参考文献が三八冊もある。それらの先行研究を踏まえながらも、ギリギリのところで自分の主体性を守り通した感がある。そのゆえ、従来の日本文学史と比べると、本書には中国人の視点が感じられるところがいくつかある。例えば、戦後、新日本文学会と「近代文学」派による「政治と文学」の論争、『党生活者』をめぐる議論を、紙面を惜しまずに客観的に分析した。

文学が「政治に服従すべきでない」という平野謙の主張であろうと、文学が「自我を尊重すべき」という荒正人の提唱であろうと、両者とも文学の持つべき自立性と自律性を強調し、理想的な文学の地平を求めている。これをきっかけに、近代文学派は「プロレタリア作家の転向問題」「戦争責任の問題」「政治と文学の関係」といった論争を起こした。これらの問題をめぐる議論は戦後の文壇で文学を反省する流れにつながったのである。（本書二六六頁）

このような、政治に対する文学の自律を唱える部分が文化大革命を経験させられ、政治主導からの脱出を図る中国人学者の実感と反省をほのめかしていると見るのは早計であろうか。

夏目漱石、太宰治、三島由紀夫、大江健三郎、川端康成が本書に占める紙面がほかの作家よりずっと多いことが目立っている。いずれも一流の作家として、中国人読者と研究者の関心を集めるのは当たり前のことと思われるが、同じ一流作家の森鷗外などがそうでないことを考えると、そこに中国人の関心度の相違が微妙に示されている。特に、夏目漱石の五頁、太宰治、三島由紀夫、大江健三郎の四頁をはるかに凌いで、川端康成だけが八頁も占めたことは本書構造上のバランスを壊したと思われるほど川端文学への並々ならぬ関心を表している。いままで、川端康成は中国で一番たくさん読まれて、中国作家にも深い影響を及ぼしたことから、翻訳書も研究論文も一番多い日本作家である。本書の紙面は中国における川端文学の出版ブームと研究ブームに関連して考察する必要がある。中国の日本文学史研究者の葉渭渠氏が次のように語っている。

川端文学の道には我々が参考にすべきところが多い。我々は五四運動から八〇年代まで、いや、今現在に至っても、自分の文学の在り方をまだ見つけていない、つまり、古代と現代、中国と外国の関係を正確に据えていない。（葉渭渠「譲学者回帰学者学術回帰学術」二〇〇五年一〇月四日「文彙読書週報」）

つまり、川端文学は西洋文学の手法と日本固有の美意識を完璧に融合させたモデルとして、中国文学にも方法論的な示唆を与えうるものと見做され、脚光を浴びたのである。いい換えれば、川端康成、夏目漱石をはじめとする日本作家は、今の中国が抱えている問題意識に通じる要素があることから中国の研究者に注目されているわけである。本書の作家論も今のこうした動きに合致していると思われる。

そして、本書では、日本で中間小説として純文学と一線を画された山崎豊子、井上靖、水上勉、松本清張などの社会派文学が高く評価されている。これも中国人の視点によるもので、文学の諸概念をめぐる中日間の差異がうかがわれる。それに関連して、上海訳文出版社「日本女性作家都市小説系列」に北川悦吏子の『ロングバケーション』『愛しているといってくれ』、よしもとばななの『アムリタ』、高樹のぶ子の『時を青く染めて』などが一緒に収録してある中国の出版事情、村上春樹の中国訳をめぐる藤井省三氏と林少華氏の議論[1]に見られる翻訳基準の認識相違を考えあわせると、日本において研究者や読者が想定する「日本文学」と中国や諸外国において研究者や読者が思い描く「日本文学」とが非対称的であるという事実に気づくだろうし、純文学と大衆文学の区別はもちろん、「文学」をめぐる諸概念、評価基準などにも微妙な相違があるということがわかる。このような相違に自覚的であることが今後の日本研究には一層強く求められるとともに、日本人と外国人との間の認識の相違が何によってもたらされるのか、そしてそのような相違がどのような生産性をもつのか、という点が、いつも問われなければならない。これらの差異の発見は日中両国の日本文学研究に重大な意味があると思われる。その相違の発見は文学概念の再編を唱える日本学界にとって、西洋だけでなく、中国も参照枠になる可能性を考え直すきっかけになる一方、中国における日本文学翻訳と研究にとっても、中国における文学概念の再考、文学の自律性などの再認識につながることが期待される。さらにいうと、「文学は政治から独立しなければならない」といいながら、かつての「政治的イデオロギー」の代わりに需給関係に基づく「経済的イデオロギー」が強くなった現在の中国社会にあって文学は果たしてどこまで自律的でありうるのかという問題意識を抱える時代になりつつある。

二〇世紀の中国における日本文学史は日本で刊行された日本文学史の概説書を翻訳した、教科書的な内容のものが大半であり、独自の視点や批判的な観点から日本文学史を説く書物はむしろ例外的であったが、今世紀に入ると、二〇〇〇年葉渭渠氏『日本文学史』（経済日報出版社、二〇〇〇年）、李徳純氏『戦後日本文学史論』（訳林出版社、二〇一〇年）、王健宜・呉艶・劉偉氏『日本近現代文学史』などによって代表される新しい日本文学史を見て分かるように、中国における日本文学史研究には次の新しい動きが見られる。①日本人著の日本文学史の翻訳、書き写しから主体性のあるものへ、②日本の先行研究を踏まえつつ、中国視点も忘れぬ日本文学史へ、③巨視的な日本文学史からジャンル別に細分化された日本文学史へ、④教科書的な日本文学史から新しい日本文学史への問題提起を含んだ研究書へと変わりつつある。そこに日本文学研究体制への質疑、中国における研究現状への反省、新しい研究姿勢と方法論への模索がうかがわれる。中国にとって、「日本文学史」は単なる歴史ではなく、日本研究のための方法論、中国文学にも方法論的な意味を持つものとなるべきであると思い、そのような姿勢を持つ斬新な日本文学史の登場を期待せずにはいられない。

注

[1] この議論に関して「日語学習与研究」二〇一〇年一号を参照されたい。本号に藤井省三氏「村上春树的中文翻译——日本文化的输入与中国本土文化的变革」、林少華氏「文体的翻译和翻译的文体」、王成氏「翻译的文体与政治——〝林译〟文体论争之刍议」、林璋氏「文本的翻译与评说——以林少华译『挪威的森林』为例」などの論文が掲載されている。

中国における近現代日中関係研究の発展と限界
——最新日本研究成果『日本近現代対華関係史』を通じて——

王　雪萍
（東京大学教養学部講師、法政大学国際日本学研究所客員研究員）

中国近現代史研究の名門である南開大学の日本研究院が日本の国際交流基金と中国教育部重大課題資金助成の助成金を獲得し、一〇年間の研究プロジェクトを展開した。この研究成果は、外交関連書籍出版で知られる世界知識出版社によって、『日本現代化歴程研究業書』という形で全部一〇巻からなる日本研究シリーズとして、二〇一〇年に出版された。それはまさに中国における日本研究の最前線といえる。また、中国の近代日本政治や国際関係の研究に対し、日清戦争および日中戦争の経験と記憶が大きな影響を与えてきたとされる。そこで、本文は上記業書の一冊、宋志勇・田慶立著『日本近現代対華関係史』の論点や内容の分析を通じて、中国における近現代日中関係研究の様相と動向をまとめて紹介したい。

本書は近現代の日中関係を時系列で詳細に分析した研究成果である。特にこれまでの中国の日中関係史研究とは違い、戦前と戦後の部分を一冊の本にまとめた点が注目できる。最新の研究成果を取り入れながら、対象を一九四五年より前か後かに限定しないことにより、近現代日中関係史の教科書的な役割も果たせる研究書となっている。全八章の内、宋が戦前の部分（第一～四章）を執筆し、田が戦後の部分（第五～八章）を担当している。

前半部分執筆者の宋志勇は南開大学日本研究院の副院長で、日中関係史、日本外交史を長年研究してきた。上記プロジェクトの責任者の一人でもある。本書の近代史部分は、著者の近代日本外交史研究を十分生かしつつ、日本の最新研究成果も意識して書かれた研究成果といえる。外務省編集の『大日本外交文書』、『外務省百年』、『日本外交年表並主要文書』、『日本外交文書』、参謀本部編集の『昭和三年支那事変出兵史』、『満州事変作戦経過概要』などの日本側の一次史料を利用して、日本の対中国、対アジア侵略の政策が明治維新以降少しずつ作られてきた政策であることを鮮やかに立証した。

前近代期における日本の華夷秩序からの離脱、アヘン戦争の教訓、明治維新後の岩倉使節団によるヨーロッパ訪問に対する分析を通じて、日本の世界認識とアジア認識に変化が生じ、軍事力拡大の方向に発展したと主張した。さらに参謀本部管西局局長の小川又次の『征討清国策（案）』や山県有朋の『外交正論略』、『軍事意見書』を引用しながら、日本の大陸政策の形成過程を分析し、政策の結果として、日清戦争、日露戦争、満州事変、さらに日中戦争へとつながったと論じている。日中戦争中の戦況拡大の原因として、日本政府や軍部内の意見の不一致、政府と軍部の意見の相違について指摘しつつも、外交文書を利用したうえで、外務省は最終的に日本軍の侵略を後押ししたと分析した。著者は日本の研究成果を利用し、一部の史料の信憑性を含めて史料批判を行いながら、日本側の史料に基づき、一部の現地軍の暴発的な行動による戦況の拡大はあったものの、日本政府もその状況を追認しており、日本の対中国侵略は計画されたものであったと説明した。この主張は、中国政府および研究者が主張してきた論理展開と一致している。

中国の研究者は日本の侵略を長期的スパンで分析し、その計画性を指摘する傾向が強いのに対して、日本の研究者は各事件に対する詳細な実証研究が多く、計画性はみられないとの結論、あるいは論じないのが主流となっている。つまり、戦争の計画性をめぐる日中両国の研究者の認識の相違は、過去の戦争による負の遺産と位置づけられる両国国民の戦争認識の違いともつながる重要な論点といえる。実は、二〇〇六年から二〇〇九年まで行われた日中両国政府間の歴史共同研究の議論や報告書においても同様の問題に直面した。ここで筆者が注目したいのは、両国の研究者が使用した史料がほとんど同じであった点である。戦争の計画性を分析するために用いられる資料は、ほとんど日本に所蔵されている。そのため、中国の多くの日本研究の研究機関は研究の推進に際して、研究者を日本に派遣し、研究資料を収集させようとする。研究者個人が来日した際に史料を集めて、持ち帰るケースも多々見られる。このような形で集められた史料の多くは、日本の外務省や防衛省などの機関によって保管・公開された史料、関連機関の史料を整理したうえで公刊された史料集などである。それらの史料を中国の研究機関の図書館などに保管し、研究者が共同利用するケースも多い。今回の南開大学の研究プロジェクトの場合でも、『日本近現代対華関係史』の宋志勇が執筆した前半部分の史料は、米慶余編著の『日本近現代外交史』の戦前部分と基本的に同じであり、日中戦争開始前後についての観点も類似している。

中国側の学者も、日本側の学者も、基本的に同一の資料に依拠し、同じような論点を示しているにもかかわらず、分析結果が全くといっていいほど異なる背景には何があるのか。史料の記載内容に対する分析手法の違いなのか、あるいは使用する史料の範囲に違いがあることによるものなのか。日中間の歴史認識問題が高まっている今日こそ、両国の研究者は一堂に会し、時間をかけて、戦争に関する研究史料を共有するとともに、また史料に対する読み方の議論を行うべきであろう。史料の読み方や研究資料の分析方法に関する若手研究者への継承も不可欠と考えられる。さらに、政府間の共同研究だけではなく、純粋の学術研究として、日中戦争の歴史的解明に向けて取り組むことも必要と思われる。学術交流の研究成果を両国の若手研究者を含む、両国の国民が幅広く共有することによって、日中両国間の歴史認識問題の本質的な緩和が期待される。本書の前半部分は、そうした可能性を示唆する意味でも有意義と評価できよう。

本書の後半部分は、冷戦期から二一世紀初頭までの日中関係について、主に中国の対日民間外交の側面から分析した研究成果である。民間交流、貿易交流、文化交流、日本の対中ODAなどについて、中国側の視点で戦後日中関係を包括的に記述しようとする姿勢は評価できる。半面、本の題名（「日本近現代対華関係史」）との整合性に加え、近現代日本の対中政策、とりわけ外交政策と中国の対日民間外交の関連性をもうすこし分析を深める必要があるかと思われる。

また、後半部分については、日本の資料、とりわけ一次史料があまり使われておらず、基本的に中国の研究書あるいは中国語に翻訳された日本の研究書に基づいて執筆されている。中国側の視点で見た戦後日中関係史の時系列分析という性格上、やむを得ない面もあるにせよ、日本側の資料、一次史料を多用すれば、主張の説得力はさらに高まったはずであると思うと、残念でならない。

本書は中国側の近現代日中関係史に関する最新研究成果をまとめたものであり、特に前半部分では、日本の最新研究成果を意識している反論が数多く見られるなど、研究書としても、大学や大学院で日中関係を専門とする学生の教科書としても利用できる貴重な書籍である。ただし、一部の論点において使用した史料を注などで明記しておらず、本全体の信憑性を大きく損ねかねない。近現代の日中関係史が日中両国における敏感な話題であるからこそ、論じる際に、史料の引用方法などを国際基準に合わせて執筆方法に一層留意することが求められよう。有益な研究成果であるだけに、惜しまれる。

本書のいま一つの問題点は、先行研究に対する分析が少ないことである。確かに、近代から現代までの日中関係史を総合的に論じた研究成果は、これまで少なかった。しかし、近年、日本国内では戦争史研究、外交史研究が数多く発表され、公刊されるようになっている。こうした研究が中国の研究者に十分読まれていないことが、背景にあると考えられる。とりわけ、戦後日本の対中外交部分に関して、日本の最新研究成果をあまり活用できていないように思われる。しかし、その原因を著者のみに求めるのは酷であろう。筆者としては、研究水準向上の観点から、日本側の研究成果の対外公開システムに関する2つの問題点を指摘したい。

❖――(1) 日本の研究論文ネット公開システムの問題点

インターネットの普及により、ネット検索システムを通じて、世界各地の研究成果の大部分が入手可能な時代になった。理科系の多くの分野では、最新の研究成果を紙媒体の研究ジャーナルよりも、迅速に公開可能な電子ジャーナルに掲載する動きが強まっている。文科系においても、欧米諸国をはじめ、世界各国の研究雑誌の研究論文はタイトルだけではなく、多くの研究論文の本文をもネット上の検索システムを通じて、読めるようになった。人文社会科学分野に限った場合、Academic Search Eliteなどのネットサービスを通じて、世界中の英文研究成果を検索し、全文を読むことが可能である。中国の研究論文に関しては、近年雑誌論文検索システムの構築に莫大な予算を投入され、CNKIなどの検索システムを通じて、中国で出版された雑誌論文の大部分を検索でき、全文も読めるようになっている。

こうした世界の研究雑誌論文ネット公開システムの進展に比べ、日本の研究成果公開のスピードと規模がかなり遅れているといわざるを得ない。歴史分野においては、アジア歴史資料センターをはじめ、日本国内の政府文書のデジタル化と無料公開に力を入れ、世界の日本研究者に、日本の研究資料公開のレベルは高く評価されている半面、雑誌論文データベースを通じた研究論文の公開は遅れている。

MAGAZINEPLUSなどの検索システムを通じて、社会科学分野の日本国内の雑誌のタイトルを検索できるようになった。また、国立情報学研究所で、CiNii Articlesシステムが開発され、日本で公刊された研究論文のタイトルだけではなく、一部の論文は全文も読めるようになった。とはいえ、知識財産権の問題もあり、社会科学分野で全文が公開されている論文は、論文全体の一〜二割程度にとどまっている。しかも、そのほとんどは最新のものではなく、何年も前の研究論文である。ネット検索で入手した資料のみを使って、研究論文を執筆することは、研究者にとって最善の手法ではない。しかし、ネット検索で世界中の先行研究や研究資料の入手が簡単になった今日、日本の研究成果を世界に普及させるためにも、ネット上での公開に一層注力せざるを得ないであろう。現状では、日本の研究成果が世界の研究者に引用される比率は低く、世界の大学ランキングの順番にも影響を与えている。

中国のCNKIなどの雑誌論文検索システムの発展によって、多くの若手研究者はそれらのシステムを通じて、自宅あるいは大学の研究室にいながら、最新研究の研究論文を入手できるようになったからこそ、中国の日本研究者は、中国国内あるいは一部欧米諸国の研究論文の引用が常態化している。この現象は、中国だけではなく、アメリカを含め、世界中で発生している。残念ながら、世界の日本研究が日本国内の最新研究成果を十分確認することなく、蓄積されていく傾向も徐々に強まっている。それは、世界の日本認識と日本の自己認識との間のギャップをさらに拡大させる原因にもなっている。日本の研究雑誌に掲載された研究論文の全文をより早くネットで公開できるシステムの構築は、日本の研究成果が世界の研究者に幅広く利用され、中国を含む、世界の日本研究を発展させるための重要な方法であろう。

❖――――――（2）外国語による研究成果公刊の必要性

雑誌記事検索システムの発達により、世界中の論文を読めるようになったからこそ、研究者は以前より多忙な生活を送るようになった。より多くの最新研究成果を読まなければ、自分の研究のオリジナリティーを疑われる状況になっている。特に、中国の場合、若手研究者に限らず、研究者に対する評価は分野を問わず、研究業績の数と掲載雑誌のレベルによって決まる制度が確立している。その制度下で、短期間で数多くの研究業績を出せない限り、自身の研究評価の低下にとどまらず、研究活動を行うためのポストも失いかねない。結果、ネットなどで手っ取り早く入手できる資料、自分が読解できる言語の先行研究に依拠して、研究論文を執筆し、雑誌に投稿する研究者が急増している。その過程では、日本の研究成果を利用する際のもう一つの壁、言語の問題に直面してしまう。

中国の日本研究者の多くは、歴史学、政治学、あるいは日本語専攻出身の大学院生である。そのほとんどが日本への短期留学経験はあるものの、日本で専門知識の研鑽を深め、学位（博士）取得まで至った人は依然少ない。そのため、日本語で書かれた専門書、研究論文を十分に読み解く日本語力を持ち合わせている人は限られる。そうした状況下では当然ながら、日本語の文献よりも、すでに公刊された中国語や英語の論文、研究書を多用し、研究論文を量産していくことになる。また、一九九〇年代まで欧米のアジア研究を行う大学院では、日本語を必修科目として設定している大学が多数を占めたが、現在その多くは中国語へ変更されている。確かに、世界における日本語教育のレベル向上は必要であろうが、並行して、日本の最新研究成果を英語、あるいは中国語に翻訳して、公刊させる取り組みも不可欠と考えられる。外国語による研究成果の公刊化は、日本の最新研究成果を世界各国の研究者と共有し、世界の日本認識を深めるための重要な手段であるとともに、日中間に横たわる歴史認識問題解決への一助ともなるであろう。

第二部　東アジアの中の日本文化

――互いの「参照枠」として――

アニメーション映画「グスコーブドリの伝記」を制作して

杉井　ギサブロー
（京都精華大学教授・アニメーション映画監督）

国際シンポジウム「震災後のいま問いかける」での講演

〔映像〕

どうもありがとうございました。いま、制作しているアニメーション映画、宮沢賢治原作「グスコーブドリの伝記」の雰囲気を伝えるためにつくったフィルムを見ていただきました。アニメーション映画監督の杉井です。よろしくお願いします。〔拍手〕

バックに流れている曲「生まれ来る子供たちのために」は、小田和正さんがずいぶん前に作られた曲ですが、この映画をつくるときにぜひ小田さんのこの曲を使わせていただきたいとお願いしました。映画の中ではこの曲が最後に流れます。小田さんの詞には、われわれがこれから生まれてくる子どもたちのために何をしたらよいのか、いったい何ができるのかということが歌われており、宮沢賢治の「グスコーブドリの伝記」という作品がまさにそういうものをテーマにしているということで使わせていただくことになりました。

申し訳ないのですが、実はまだこの曲をこの映画の主題歌として使うことを公開していませんので、外へ漏れないようにお願いいたします。すでに許可は取って映画で使われているので問題はないのですが、しばらくすると発表になりますので、まだここだけの話ということでよろしくお願いいたします。

きょうこのシンポジウムでぜひ何か賢治についての話をということで呼ばれて来ましたが、僕自身、こんな華やかなところから話をすることに慣れていません。諸先生方のようにうまくまとめて時間内に話ができるかどうか、ちょっと自信がありませんが、よろしくおつき合いください。

僕はアニメーション映画の監督として、宮沢賢治さんの作品を二本、映像化しました。その一本目は二〇数年前になりますが、賢治の代表作の童話である「銀河鉄道の夜」をアニメ作品化させていただきました。そのときに、いまはもう亡くなられましたが、宮沢賢治の弟さんの清六さんにずいぶんお世話になりました。現在、賢治童話のアニメ化、二作目となる、「グスコーブドリの伝記」も完成に向かっているところです。今日、会場に賢治のご親族の方がお見えになっていらっしゃるということですので、後で、ご挨拶をしたいと思っています。

僕自身、賢治研究家という立場で宮沢賢治と接してきたわけではなく、アニメーション映画化するということで、賢治の童話をどう読んだらいいかということを考えながら、賢治の童話と接してきました。

宮沢賢治は非常に特異な作家です。王先生からご紹介がありましたように、賢治は、明治に生まれて昭和初期まで創作を続けていますが、明治・大正というのは多くの文学者を輩出した時代でもあります。そのなかで宮沢賢治という作家は、まるで社会現象のように賢治像が語られ、社会的に話題になり、測ったように一〇年周期で賢治の名前と作品が浮かび上がる。また静かにおさまっても、一〇年たつと再び浮かび上がってくるという不思議な文学の特色を持っている作家です。もちろん、夏目漱石や芥川龍之介などの作家と文学もありますが、賢治文学は、文学者が自分の文学活動として作品をつくったということを少し超えた、不思議な力を持っているのではないかという気がします。それはいったいどこにあるのだろうかと感じながら、僕なりに見えてきた賢治作品の特色をいくつか紹介させていただこうと思います。

そのひとつは、なぜ一〇年ごとに賢治の名前と作品が浮上するのかということです。浮上したときには必ずその時代にシンクロした、ある種の示唆的な内容を、その時代の人が賢治の作品から読み取っているというようなことが起こっている。宮沢賢治という人は、自分の文学の基盤になる仏教の教理・そういうものを中心とした哲学的な思考を自分のなかで高めながら、一方では農学・地学をかなり高度なレベルで勉強されて、客観的、知性的な観察、そういうものを含めて科学者としての目線もしっかり持っていた。しかも、詩人という非常に感度の高い感性。そういう三つの資質を持った作家です。

その資質が、賢治自身の創作活動の基盤・エネルギーになっている。賢治の童話や詩などを読みながら賢治世界に近づいていったときに、彼の文学、とくに童話を通して、自然のなかで生きる人間という存在、その人間がつくり出した科学、そういったものの関係性について示唆的なことを伝えようとしているということが見えてきます。

もちろん、そのように読めるというだけでは何の話にもならないので、賢治童話に触れたときの体験をお話ししながら、僕が感じた賢治作品の創作特色、その辺のお話ができればと思います。

僕がはじめてアニメ映画化した「銀河鉄道の夜」という作品は、宮沢賢治を代表する童話ですが、賢治の表現、言葉が、ともすると読む子どもたちにとっては難解であると思われているようです。そういうこともあって、僕は映画をつくるに当たって賢治の研究家でもある詩人の天沢退二郎さんに、「銀河鉄道の夜」という作品についてのレクチャーを受けに行きました。

天沢退二郎さんは入沢康夫さんとともにお二人が中心になって、賢治の原稿のインクの種類を科学的に分析し、推敲の過程を研究しておられます。これは有名な話ですが、宮沢賢治という作家は一つの童話を書き上げて、それをある年数をかけてどんどん推敲していった。作家にとって推敲するのは当たり前のことですが、「銀河鉄道の夜」は現在の形になるまでほぼ一〇年近く推敲されていったのではないかといわれています。その推敲の跡をインクの種類によって、第一次稿から四次稿まで分類されたという、たいへん意義のある研究をされた天沢さんに、たまたま一次稿から四次稿への変移というレクチャーを受けたのです。

そのレクチャーを受けながら僕が気になったのは、賢治がどういうふうに童話を推敲していったのかという研究の内容ではなくて、お話をずっと聞いているうちに賢治の推敲にちょっと不思議な方向性を感じたのです。それは「銀河鉄道の夜」の場合、第一次稿ではかなり具象的な表現があったりして読みやすい。それが二次稿、三次稿、四次稿と推敲していく過程で、独自の象徴化というのか、ある意味で抽象化していく。その過程がすごく気になりました。

賢治は最初に読みやすい形態をとっているんだけれども、なぜ少しずつ抽象化へ向かって推敲していったのか。これは推測で、何ともいえないのですが、抽象化することに、ある方向性があって推敲しているのではないかと思えたのです。僕が映画化するに当たっては、天沢退二郎さんたちがまとめた四次稿をもとに映画をつくらせていただいたのですが、賢治が一〇年近くかけて推敲した童話の創作目的が僕の中でつかめないと、映画の方向性、意味づけが見えてこない。ということで僕なりにいろいろな研究書を読んだりしたのですが、なかなかそういうことについて書かれたものがなくて、僕なりに一つの結論をつけました。

一次稿、二次稿では、ジョバンニ少年とカムパネルラとの関係やさまざまなことを具象的に書いていたものを、だんだん具象性を削っていって抽象的な表現にしていっている。象徴的というほうが近いでしょうか、そちらへ向かって推敲している。ジョバンニという少年を具象的に書けば書くほど読者にはどんな少年であるかという少年像が伝わるはずですが、しかし、賢治が二次稿、三次稿、四次稿と推敲してゆく過程で、ジョバンニという少年の具体的な姿であるとかそういうものもどんどん抽象化されていっているのです。

抽象的な表現では具体性は伝わりにくいといえば伝わりにくいのですが、逆に具象化とはどういうことかと考えてみると、ものを表現するときの具象化は、できるだけものごとを伝わりやすく表現することだと思います。分かりやすく表現するということは、伝えにくい要素を捨象するということです。つまり、「これは聞いても分からない、書いても分からない」というものを捨てて具象的に書けば書くほど、言葉にしろ表現にしろ、一般的には分かりやすいということになります。

どう説明していいか分からないというふうなことは捨象していく。そのような要素を落とせば落とすほど伝わりやすくなるというのが、普通の伝達方法だと思いますが、逆に抽象化することによって、解釈に幅を持たせる。広い普遍性を持たせるという伝え方もあると思うのです。宮沢賢治は、「銀河鉄道の夜」という作品のなかで、ジョバンニという少年が体験した出来事を、読んだ人に自分の頭の中でジョバンニ像をつくり上げてもらおうとしたのではないか。これは童話の世界に同化させるということですけれども、賢治は、抽象化することによって、書かれた童話の意味であるとか内容であるとかを年齢や国籍も超えたできるだけ広い範囲の人たちが、自分の問題として感じ取れるようにしたいということを目的として推敲していったのではないかと思えたのです。

人間は、分かるという能力のほかにも、感じ取るということを能力として持っています。感じ取るという能力は、七歳ぐらいの子どもと成長したわれわれと大差があるとは思えません。人間は七歳ぐらいの年齢に達すると、大人が日常の中から感じ取る領域と同じように多くのものを感じ取っている。僕は子どもを中心とした作品をつくりながら、常にそういう思いで子どもと作品に接してきました。もし、宮沢賢治という作家が多くの読者に分かるということより感じ取ってほしいという領域で文学活動をしていたと仮定すれば、賢治童話の物語の解説ではなくて、観客である人たちの感じ取るという領域に発信できる映画ができないかというのが、僕がアニメーション映画「銀河鉄道の夜」をつくったときの演出意図でした。

また、映画「銀河鉄道の夜」や「グスコーブドリの伝記」はアニメーションだから猫の絵にしたんだよね、とよくいわれるのですが、そうではありません。それも賢治童話の特色と関わりがあるのです。映像で見ていただいたあの猫ちゃんが人間の少年だと、どんなにデフォルメというかシンボリックに描いたところで、ひとりの特定の少年の物語になってしまう。でも、この猫はますむらひろしさんという漫画家の方のキャラクターが原案ですが、猫にすることによって賢治の推敲の方向性である象徴としてのジョバンニやブドリとして伝えられるのではないかというのが、映画のキャラクターを猫にした理由です。

「銀河鉄道の夜」を映画化するにあたり、宮沢清六さんのお宅に伺ったときの話を、冗談半分で猫騒動といっているのですが、猫でやりたいと提案したところ、「猫ではなく、なんとか人間に変えられないか」と。アニメーション映画だから猫にしたい気持ちは分かるけれども、賢治が人間の少年で描いたものを猫でやるのだけはなんとか変えられないかといわれ、七回ぐらい花巻のお宅に伺って猫でゆるしてもらえるように交渉しました。ただ、映画の意図は出来上がってみないと、なかなか分かってもらえない。とくにアニメーションですから、清六さんの年齢ではジョバンニを戯画化するのだろうと思われたのかもしれません。猫にするという意図が分かっていただきにくくて説明は難しかったのですが、作品が出来上がったあと清六さんにもたいへん喜んでいただいたという話を聞いています。良かったなと思っています。

もう一つ、こういう読み方ができるから賢治の作品が各時代に甦るのではないかと思う話をさせていただきます。賢治の童話にはジョバンニ、カムパネルラ、ブドリ、ネリといった片仮名の名前が登場する作品と、「風の又三郎」であるとか、土着的な日本の子どもの名前がついている童話と二種類の作品があります。

片仮名の名前の童話というのは、賢治自身がおしゃれであったこともあるでしょうが、もっと強い意図として、民族や宗教、国境、そういうものを超えた、もっと大きい人類としての存在に向けてのメッセージ。人類として自然のなかでどう生きるべきか。大事なことは、人間同士がどういう関係をもって生きていったらいいのか。「ほんとうの幸」という言葉を使っていますが、それをできるだけ広いテーマで書くときに片仮名を使って無国籍童話を書いているのではないかと、僕は思うんです。今回、「グスコーブドリの伝記」という作品を取り上げたのもそういう映画として作りたかったからです。

「銀河鉄道の夜」は、生きるとはどういうことかをテーマに映画化させていただきました。「グスコーブドリの伝記」という作品も「銀河鉄道の夜」と同じように登場人物は片仮名の名前です。寒冷化という自然の現象により起こった飢饉という自然災害を書いた童話です。

五年前にこの作品を映画化しようと企画にあげたのは、賢治童話の中で自然災害と人間との関わりを題材にした作品であるということがあったからです。寒気がある地方を異常な長期間覆う。これは気候変動によって起こる現象で、人間にとっては災害に発展したりするものですが、考え方を変えれば、地球の活動・運動の一環として何かの都合で寒気が異常に長い期間、ある地帯を覆ってしまう。人間の側から考えれば、それがたまたま飢饉を引き起こし、大変な災害になっていくのですが、そういうものをベースにしながら、この童話の中で賢治はいったい何を伝えたかったのかを僕なりに読み取りたくて映画化の準備を始めました。映画製作の最中、全くの偶然なのですが、東北に大きい震災が起きて、映画の内容と似たような自然災害が起こってしまいましたが、企画の時には、賢治の童話をベースにしながら人間と自然と科学というもののドラマを映画化したいというのが動機だったわけです。

賢治の童話にはいろいろな研究家の方からいろいろな批判的なことをいわれることもあります。たとえば「よだかの星」という作品の中で、よだかがなぜ醜いといっていじめられるのか。最後によだかが突然上空に向かって飛んでいき、輝く星になるという作品だけれども、なぜよだかは自分の体が崩壊してしまうような飛び方でいきなり一直線に上空に向かったのか。そして、最後に輝く星になったのか。賢治はそういうことに関するなぜかという説明をいっさい書いていない。だから、雰囲気としては何か伝わってくるのですが、大事なことを書いていないというふうなことをいわれることがあります。しかし僕は、それこそが賢治の意図だと思っています。

賢治は決して、こういうふうに生きるべきだとか、こういうときにはこうすべきだとか、押しつけがましいメッセージを書く作家ではありません。そうではなくて、読み手に解釈を委ねるという書き方をしているのだと思います。賢治の童話をよく読んでいただくとわかるように、心の中でこう思った、こうするべきだ、というふうなことは書いてありません。本当に素直にそこで起きた現象を書いていく。ドラマチックに展開はしていくのだけれども、いちばん大事なところは書かない。あえて書かないのだと僕は受け取っています。

どういうことかというと、「それはあなたが考えてください」というように読み手に解釈を委ねる目的で、賢治は童話を書いているように僕には思えます。ですから、「グスコーブドリの伝記」という作品も、自分が体験した飢饉の悲劇からみんなを救うために、ブドリが自分の体を犠牲にして多くの人を救うという物語を自己犠牲を主題として書いているように読まれているのですが、そうなのでしょうか？

この童話の最後は、ブドリがひとりで島に残り、火山に何らかの仕掛けをして火山を噴火させ、みんなを救ったというふうに読めるのですが、賢治は科学者ですから、火山活動が巨大な自然エネルギーの活動であって、ダイナマイトとか何らかの仕掛けで火山噴火を誘発できるはずがないことは分かっていたと思います。賢治はこの童話をブドリが自己を犠牲にして人工的に火山を噴火させてみんなを救ったというふうな英雄譚として書いているとは、僕には読めません。

「たった一人、ブドリが島に残った」、それで行を改め「青い空が赤くなった」と書いているのです。その年、本当なら飢饉で亡くなったブドリのお父さんやお母さん、ネリのようになるはずであったみんなに、寒さが去って例年と変わらない暖かく楽しい暮らしが戻ってきた、というように終わっています。ブドリが火山を噴火させるくだりは書いてないのです。ここで映画ではどのように描いたかという解説をするわけにいかないのですが、この童話も読み手に解釈を委ねるという賢治作品の特色として書かれていると思うのです。

委ねるとはどういうことかというと、行を一行空けているその隙間を、「あなたはどのように解釈しますか?」つまり、この物語を読んだあなたが考え、意味をつけてください、というふうな書き方を賢治はしていると思うんです。そのような文体だからこそ、各時代によって、賢治童話はいろいろに読まれてきたのだと思うのです。

賢治は主題を解釈するのはあなたですよといっているのです。つまり、読み手の価値観、いまの時代でいったい何がわれわれにとって大事なのか、各時代によって問題は違うのですが、いま、われわれは東北の大震災をきっかけにもう一度、自然と人間との共生ということを再考しなければいけない時代に来ている。そのときに、「グスコーブドリの伝記」をいまの時代の物語として、あなたが解釈してくださいというメッセージを賢治が発しているのだろうと僕には読めます。そんなテーマで映画をつくらせてもらいました。

僕自身の個人的な時代の考え方をちょっと述べさせてもらいますと、二〇世紀のなかごろから人類は自分たちの文明をコントロールする時代に入ったと思います。どういうことかというと、人間という生物は科学という大きな力を持ったと思うのですが、その持った自分たちの力をどうコントロールするのかという時代に突入したのではないかと思っています。もう科学の力で自然を制禦しようとする時代は終わりを迎えたのではないでしょうか。そんな時代を迎えているからこそ、賢治の示唆に富んだメッセージをわれわれがどう読み取っていくか。そこが大事な賢治文学との接し方なのだろうと思っています。

話が長くなってしまいましたが、いま、映画「グスコーブドリの伝記」をつくっている最中で、最後に一五秒ほどの短い映像を見ていただきたいと思います。公開は七月になります。ぜひ映画をみてほしいという宣伝ということだけでなく、いまの時代、宮沢賢治の言葉からわれわれ読む側が何を受け取るかが、賢治の喜んでくれる読み方であり、賢治の創作目的の一つであろうと解釈しているからです。

こんな紹介で、うまく伝わったかどうか分かりませんが、ご清聴、ありがとうございました。〔拍手〕

なぜ、『雨ニモマケズ』が読まれているのか

――再生への日本文化の循環力――

王　敏
（法政大学国際日本学研究所専任所員・教授、
研究アプローチ③「〈日本意識〉の現在―東アジアから」アプローチ・リーダー）

東日本大震災発生した一ヵ月後、ネット上では宮沢賢治の「雨ニモマケズ」が四万一〇〇〇件以上読まれていることが、青空文庫の主催による記録でわかった。宮沢賢治が再び注目され、「雨ニモマケズ」が再び読まれている！　アメリカ、香港、世界各国で行われた日本支援活動の中で「雨ニモマケズ」が読まれたり、歌われたり、合言葉のように響き合っている。

これに合わせて、三・一一の未曾有の東日本大震災（二〇一一年）以来、日本人の秩序だって助け合う姿が世界に配信され続けている。災害避難中に略奪が多発する国々が多い中で日本人の「絆（きずな）文化」（「助け合い精神」）の成熟は驚きに値する。途上国を含め各国から復興への支援の手が差し伸べられた。そうした行為に対して、きっちりお礼をし続けているのもその一例であろう。米ハリウッド映画にも出演して国際的に知られた俳優・渡辺謙さんは二〇一二年一月、世界の政治・経済のリーダーが集まる「ダボス会議」に多忙な身にもかかわらず出席し、英語で大震災後の支援に対して感謝を表明した。こうした行いは日本認識の新たなきっかけとなった。その理由を私流に解釈したく小文を書いてみた。

未曾有の災害を経験し人間の無力さに打ちひしがれながらも、人々は、立ち上がり、前を見つめて歩きだす

ための力強い「言葉」を求めているのだ。「雨ニモマケズ」の「言葉」には避けることができない自然へのあきらめを冷静に認めながらも、できうる限り懸命に力を尽くそうとする姿勢を教えてくれている。諦観とも思われる自己完成を、「イツモシズカニワラッテヰル」と表現している。

賢治が生きた大正・昭和と現代社会では、生活様式だけでなく人々の感性も大きく異なるが、時代が変わり、自然災害の規模が違っても、人間と自然との関わり方は賢治作品に示された通り不変である。大震災の経験から賢治に学ぶべきことは、人間が自然を制御しようとする現代文明のあり方に疑問を投げかけ、自然と人間の本来の姿を再考する姿勢にある。復興とは、同時に自然との関わり方を再考する歩みでなければならない。

国際シンポジウム「震災後のいま問いかける」で講演する筆者。

その過程は東北地方や日本だけの経験にとどまらず、広く人類に共有されることが望ましい。人間はどのように自然との関わり方をしてきたかという精神と体験の遍歴を、日本をはじめとする各国の歴史的、文化的な取り組みを通してお互いに学ぶことにより、人類発展史、文明史に貢献できる「受難の教訓と知恵」という体験知を浮かび上がらせていくものと考えられるからである。

宮沢賢治の作品は、一般的には日本文学とされることが多い。しかし、今回の震災でその多角的価値がさらに解明、検証されたといえる。固有の作品論または文献解釈の観点にとどまらない。特に賢治が提示した生命観、価値観を、文化人類学、社会文化学、言語社

中国の大学受験雑誌『作文素材』に教材として取り上げられた「雨ニモマケズ」翻訳：王敏。

会学、東アジア学、国際日本学などより広い分野から、総合的に検討していくことができるはずだ。

具体的に宮沢賢治の作品を媒介に、人間本来の原風景に近い生活観、世界観、人生観、幸福観を再検討することによって、近現代日本の経済発展の過程における自然と人間の原風景ともいうべき関係性に含まれる変容した、あるいは不変な要素を考察することが必要だろう。さらに、そこから抽出した教訓と知恵を未来への価値基準に注入できる可能性を分析、推察していく作業も必要だ。

東日本大震災の体験を賢治が示した原風景への転換として捉えるならば、人間にとっても生き方の転換が求められ、素朴で原初的価値観の蘇生へとつながっていくだろう。自然との融合という普遍的な生き方については、日本だけでなくアジアに広く共通する仏教、道教、儒教に通じる「哲学」や「思想」でもある。被災地東北出身の宮沢賢治の「雨ニモマケズ」に内在する示唆的な価値観を再考することを通じて、震災からの復興における精神力が、地球規模の生態変化の中で、持続可能な発展を試みる社会的原動力の一部としても捉えることができるだろう。

宮沢賢治を媒介に、震災前後の社会問題を考えることは、日本人にとっては新たな自己認識を踏まえた上での復興となるだけでなく、

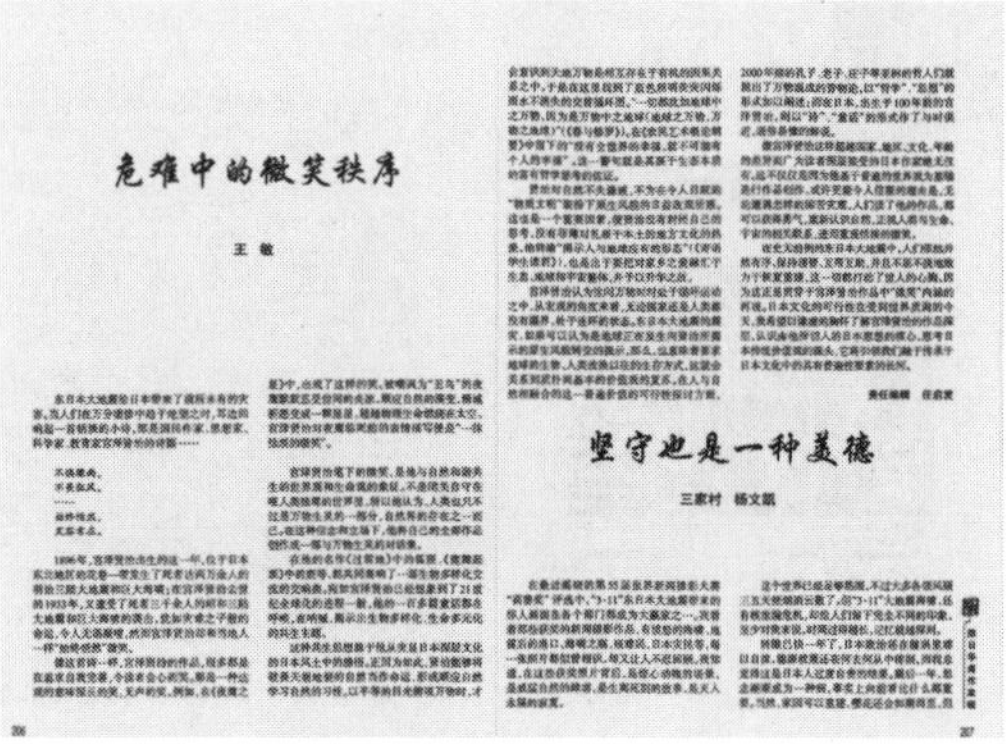

危难中的微笑秩序

王敏

坚守也是一种美德

三家村　杨文凯

『中国作家』に掲載された東日本大震災をめぐる筆者の宮沢賢治論。

外国にとっても日本と世界の再認識、地域発展の可能性を再認識する機会となろう。

文明を循環させる再生の産声が聞こえてくる。日本が生き方を転換するテストエリアになっている気がする。日本が再び世界の注目を集めている。それは政治力と軍事力と経済力による制覇ではなく、元始から育み、温めてきた文化力と生命力なのだ。それを再自覚、再認識、再実験する時期が訪れている。

宮沢賢治における生命倫理

金　容煥／翻訳：金　英美
（忠北大学校倫理教育科教授）

はじめに

宮沢賢治の生命倫理について調べるために、我々は彼の作品に現れた理性と感性、そして霊性の問題を中心に実心実学の方法を利用して考察してみることにする。宮沢賢治と同じ脈絡でアンドレアス・ウェバーも生命の価値を浮き彫りにし、自然の生命価値を生かすために多様な風刺的作品を著した[1]。宮沢賢治は、生命の価値を浮き彫りにし、自然の生命価値を童話によって語った。宮沢賢治は、短期的な利益追求に没頭する「経済人」と、物質的な経済成長を信奉する「成長中毒症」を風刺する。利己的で冷酷な市場経済に没頭する経済成長の論理では、人間と自然の調和のとれた生命倫理価値を形成することはむずかしいと判断する。この点から、「感性的エコロジー」と「冷酷な市場主義」を超えようとする宮沢賢治の生命倫理の観点を重点的に見ていくことにする。

宮沢賢治は、農村の経済的価値を創出する「自然資本」を考え、「自然資本」を正しく利用するための適切な経済的価値観とそれに基づく公共の幸せ（公共幸福）を重視している。ここで宮沢賢治は、現代社会が成し遂げた「物質文明の進化」が決して「正しい進歩」ではなく、「GDPの増加」が「幸せの増大」をもたらすものではないという点を浮き彫りにしたといえるだろう。

何よりも彼は、自然を尊重しつつ、幸せを増大させる生命倫理を提示している。彼の生命倫理は、公的領域（公共領域）で行われる福徳を大衆に伝達する倫理である。そして、このような福徳は、社会一般に関するものと、教育・夢想に関するものを公共のものとして含んでいる。こうした福徳は、個人の次元の美徳と社会全体の公徳を公共の次元に移植して、ともに分かち合うものであるから、公共倫理の美徳として定着させることができる。

一つ一つの生命が生きていく中で、他者によりかかったり、また自分の側から自発的に他者を志向したりする徳性があるのと同様に、公共の時空において求められる徳性を、公共の領域に伝達してともに分かち合うという発想が重要である。宮沢賢治は、公観併受（公平無私の目で見て他の思想の長所を受け入れる）の方法によって新しい生き方を構想し、「市場の政治」から「生命の政治」へと切り替えることを求める。これとともに私たちは、宮沢賢治のコミュニケーションの生命倫理、感性相通の生命倫理、霊性会通の生命倫理を通して、公共に向かう美徳としての生命倫理の公共性を考察していきたい。

1　コミュニケーションの生命倫理

コミュニケーションの生命倫理は、自他間のコミュニケーションにおいて生命の価値を優位に置き、道徳的動機を生かしていくことを意味する。宮沢賢治は、資本主義社会の弊害として、生命の価値を無視して、利子の形で資本を増やしていく経済の方法に問題があると考えた。資本主義のアルゴリズムは自然を破壊し、不平等を強化し、生命を不幸にする方向へ向かうがゆえに、彼はこれを批判するのである。

❖——（1）注文過剰のコミュニケーションの限界

宮沢賢治の『注文の多い料理店』は、風刺性の強い作品である。注文による自己形成の限界について述べるために、利己的で殺生を犯す英国軍人の姿を描いている。自他の間に理性が通じず、自分だけの主観的意識に埋没して、自己本位に物事を解釈する愚かさに陥る。客に注文をつける店と決まっている「注文の多い料理店」であるとは知らずに、「たくさん注文が出せるところ」と解釈する。しかし実は「たくさん注文されるところ」なので、店と客の動きにズレが生じる。

注文というものは客が店に対してつけるものだが、賢治は注文をつけられる客を設定して、風刺的状況を演出する。自分の欲のために実情をまともに把握できない愚かさを批判する。このようにして宮沢賢治は、『注文の多い料理店』で、鋭く社会を風刺する。そして、狩りをする過程で死んだと思っていた二匹の犬が、逆にハンターを救いに来る。この童話の結末で宮沢賢治は、声をあげて資本主義社会を批判することなく、社会批判に関する判断を読者の分け前として残している。宮沢賢治の穏やかな風刺性が感じられる箇所である。

市場経済では、「成長が進歩」と考えられがちで、資本の形成に向けた目的志向の考え方が展開される。宮沢賢治は、市場経済に対する風刺的批判として、目的指向のコミュニケーションの限界を鋭く皮肉っている。市場経済における合理的なコミュニケーションのための言説に対しては補完すべき点を数多く示しており、「感性的目的主義」からの脱皮への道を指し示している。生命倫理は、欲望過剰な目的論的合理主義を戒める。宮沢賢治は、「冷酷な市場主義」と「感性的な生命主義」を脱して、これを公共的なものを媒介として生かす中で二つの極端な立場から脱却する希望を、童話を通じて描いている。コミュニケーションの限界を批判する中で、注文の多い欲望過剰の生活は、実際には破滅に通じるという皮肉として扱っている。

生命の「自我」は生命倫理において、生命の個体としての〈私〉を生かし、生活世界の〈公〉への道を開くという方法を取る。経済的〈私〉を生態的〈公〉とのコミュニケーションによって結びつける。「自我」は、いくつかの具体的な感情に分かれる以前の経験素である。生命は生きている「自我」として、何かが急にパッと迫ってくる純粋な感情を現す。生命の自我は、生命の海へと進むための手がかりである。最初は無知な状態から、コミュニケーションを学ぶために学校という共同体に向かう。

❖——（2）学校共同体を通したコミュニケーション

野原に火山弾の標本を探しに行った農林学校の教師、主人公である〈私〉は、キツネの生徒たちが仕掛けておいた草の罠にひっかかって転ぶ。これを見たキツネ先生は生徒たちを叱り、〈私〉にキツネ小学校の参観を勧める。〈私〉は、イバラの垣根を越えてバラウミ小学校、つまりキツネの世界に到達する。キツネの世界は人間世界とは逆さまであった。キツネの世界のことだから当然に人間中心ではなく、キツネを中心として動く。さらに理想的な要素まで備えていることが分かる。校長室の地球儀や、様々な標本や模型など、授業の教材として実物を使用するという理想的な授業形態をとっている。また卒業後の進路も、宮沢賢治の理想といえる農業に従事する場合がほとんどである。農家の副業として当局から奨励されている養鶏に関する授業によって、コミュニケーションを学ぶ。このような理想的な姿には、近代的なものと伝統的なものが共存している。キツネの世界を登場させる理由を考えながら、キツネの世界であるバラウミ小学校の複数の空間において、近代的なものと伝統的なものとの意思伝達が試みられる。

主人公は、人間の世界からキツネの世界に、つまり現実とは異なる異質な世界へと移動する。異質な世界に移動するとき、主人公は幻聴のような鐘の音を聞く。子供たちの声が聞こえてくる。コミュニケーションは声を聞くところから始まる。主人公は声が好きなので、コミュニケーションをとるために声がする場所へ走って行く。人間界の野原にはイバラがある。それが、次第に穂を出す草でいっぱいの野原に変わる。他の世界に入ったのである。しかし、その世界への移動は容易ではない。障害物ともいえる草の罠に引っかかって何度もつまずく。この通過儀礼をパスすると、いよいよキツネの世界の姿が目に入る。そこで子狐に出会い、自分が望むバラウミ・キツネ小学校に来たことに気づく。キツネ小学校は、人間世界ではイバラの茂みであるバラで作られている。

バラウミ小学校は三つの学級から構成されており、学校は校長と、各学級担任の教員、そして生徒たちによって構成されている。そして校長室、一年生の教室、二年生の教室、三年生の教室という四つの空間を介してコミュニケーションが行われる。学校の全体的な姿がコミュニケーションを実現するためのコミュニティ・スペースといえるし、この四つの空間を行き来することでコミュニケーションが進行する。すべてのスペースには近代的なものと伝統的なものが共存している。このため、コミュニケーションを上手に行おうとすれば、それらの違いを知らなければならない。すべての空間には現代的なものと伝統的なものが共存するのでこれらの間の差異が当然存在する。

当時はミルクが入った紅茶が関心の的であった。紅茶は、日本では明治時代以前にはほとんど飲まれることがなかった。一九〇六年にイギリスから輸入された紅茶は、英国風のハイカラな感じを醸し出していた。日本産の紅茶が初めて本格的に製造されたのは一九二四年である。日本産の紅茶が販売されたとはいえ、高級品のイメージが強かったために庶民層にまでは普及しなかった。その紅茶がキツネ世界の小学校の校長室にあるので、主人公はびっくりするしかない。これほど近代的な姿とは対照的に、キツネ学校では未だ太陰暦を使用している。

そして、グレゴリオ暦を使用している人間界では日曜日が休日だが、キツネの世界では太陰暦を使用して月曜日を休日としており、日曜日にも授業をしている。太陰暦は明治以前に使用されていた暦で、日本では一八七二年（明治五年）一一月九日に旧暦を廃止し、一二月三日を一八七三年（明治六年）一月一日と定めた。人間界でもハイカラな感じを与える、ミルクを入れた紅茶まで飲みながら、明治以前に使用されていた太陰暦を使用している。最後に、生徒の卒業後の進路も対照的な姿を見せる。卒業してから、大部分の卒業生は故郷に帰って働き、ただ一人だけが大学に進学する。このような学校を代表するといえる校長室は伝統的なものと近代的なものとが共存する空間として描かれている。キツネ小学校のコミュニケーションは、従来の方式と近代の方式の公共の性格をもつものとして理解する必要がある。

この学校の一年生担任の教員は、非常に洗練された格好をしている。明治中期から流行したドイツ風のヘアスタイルに、モーニングコートを着ているのである。モーニングコートは、一八七〇年頃に礼服として登場したフロックコートの代用品であった。フロックコートは、一九二〇年代にモーニングコートにその地位を明け渡した。教員は洗練された格好にふさわしく、英語の格言を使って授業を進める。「最高の嘘は正直である」という伝統的な言葉から、「正直は最善の方便である」（Honesty is the best policy）という、英語で表現された格言を引用している。教員は、嘘が嘘に見えないように工夫してみれば、結局は本来の事実にいきつくという。つまり、嘘をつくより真実を語ること、つまり正直が最高の方便になるというコミュニケーションの方法である。教員はこの格言を応用して、一年生の科目である修身と護身についてのコミュニケーションの講義を続ける。

「正直は最良の方便」という格言は、ただ私たちがうそをつかないのがいいというだけではなく、又丁度反対の応用もあるのです。それは人間が私たちに偽をつかないのも又最良の方便です。その一例を挙げますとわなです。わなにはいろいろありますけれども、一番こわいのは、いかにもわなのような形をしたわなです。それもごく仕掛（しか）けの下手なわなです。これを人間の方から云いますと、わなにもいろいろあるけれども、一番狐のよく捕（と）れるわなは、昔（むかし）からの狐わなだ、いかにも狐を捕るのだぞというような格好をした、昔からの狐わなだと、斯（こ）う云うわけです。正直は最良の方便、全くこの通りです[2]。

キツネの教員は、生徒の修身や護身のために、いかにもキツネ罠らしい昔ながらのキツネ罠に注意しなさいと教えている。そしてこの時、授業に必要な実物を使って授業を続ける。教員が例として挙げるのは、ニッケルでメッキされた米国製の狐を捕まえるための罠だが、その効果についてははなから嘲笑している。注意すべきものはこんな米国製ではなく、伝統的な日本のキツネ罠であると強調する。宮沢賢治は、人間界においてはキツネを捕るのに効果があるという評判の米国製の罠が、実際にその罠にかかるキツネの世界では評判が逆であることを強調している。ここで教員は、近代的なスタイルで英語の格言を用いるのとは対照的に、伝統的なものに価値を置くというコミュニケーションに重きを置いていることがわかる。伝統的な方法は、コミュニケーションにおいて外来文化に優先する価値を表している。

反面、この学校の二年生の食品化学の授業では、担当の教員はフロックコートを着ている。フロックコートは、近代の産物ではあるが、モーニングコートの登場とともに流行遅れになった服である。教員もまた、流行遅れの食物と現在流行の食品の例を挙げて授業を進める。教員は「昔は供給が十分だったが、いまはそうではない」油揚げの成分を分析しながら、いまはすたれた食物だと説明する。最近流行しているのはトウモロコシだが消化によくないといい、流行り物に対して否定的な見方をする。油揚げは食物の王と呼ばれる鶏肉などと成分面で大差がないにもかかわらず、トウモロコシに追いやられたのである。フロックコートがモーニングコートに追いやられたように、油揚げはトウモロコシに追いやられ、かつては伝統的であったものが近代的なものに追いやられたことをコミュニケーションの方法として重視している。二年生の授業では伝統的なものと近代的なものの共存は目につかないが、そうできないことに対する無念さが示されているとみることができる。

生命倫理において、個体の自我が有機体として自己生産することを「自己生成」という。一つの有機体の能動性は、より多くの物質や構成要素を生産するために、それに必要な物質や構成要素を作る。そのために参加者に最大限の自律が許される。ここで我々が必要とするのは、小規模地域や学校共同体においても、最善の意思決定が行えるように自由を保障することである。それゆえ生命倫理においては、小さな単位の自律と、生命系の安全かつ持続的な生存に必要な循環との間に起こる相互作用が、コミュニケーションを通して連帯意識へと導く。

連帯意識は、自然が調節する循環システムによって最小限の干渉を受ける。個体の自我は、明確な限界が設定される際にその効力を発揮する。生命系の決定は、コミュニケーションの基本的な意味を付与する[3]。個体の私的自由の可能性は、組織全体が享受する公的自由の可能性を拡張させる。二つの可能性のあるコミュニケーションの出会いがバランスを生み出す。これは、可能性を必然性とリンクさせる。したがってオープンシステムが必要になる。オープンシステムにおける多様性は、持続的な点検と矯正を通して生命を支援する。これがすべての生命を息づかせ、地球を青く美しい星として輝かせるのである[4]。これが自然の調節する循環システムによる最小の干渉の原理に相当する。宮沢賢治は創造的自発によるコミュニケーションを重視するうえから、童話を通して虚偽と罠への警戒を強調する。一つの有機体の能動性は、意思伝達を拡大させ、より多くの物質と物質の構成要素を作り出す。自我の生成は公共財産を形成する土台になる。

公共財産は、財団と信託管理によって運営される。生命系の食物連鎖は、少数の生命体が多数の植物の集めたエネルギーを蓄積するように作られたものではなく、エネルギーが可能な限り多くの生命段階に配分されるように作られている。寄生生物を餌とする寄生生物は、他の寄生生物の餌となる。このような排泄物に暮らす菌類は、新たな栄養となって他の生命を生かす。このため、生命の間には感性相通が要請される。

2 感性相通の生命倫理

生命倫理において、道徳的感受性を高めるために、感性相通が重視される。宮沢賢治はこの問題を人間と動物に共通する問題として扱い、生命の間に行われる感性相通を重視する。生命としての〈私〉の存在・価値・尊厳を、消滅させたり、抑制したり、犠牲としたり、あるいは否定することなく、感性相通を通して生かし、尊重し、発展させる。結局、公の国家・政府・体制をして国民・市民・生活と互いに相通じるようにすることにより、応答・責任・配慮の倫理が実践される。感性相通の方法によって他の生命体と人間との間で、双方を共に媒介し、配慮する公共作用によって道徳的な感受性を高める。集団生活の公的次元と個人生活の私的次元の間で、双方のバランスのために生命を納得させる方向で対話を持続させ、共同して新しい次元を開いて行くために、自他間の感性相通が要請される[5]。

❖——（1）人間と動物の間の感性相通

宮沢賢治の『セロ弾きのゴーシュ』は、セロ奏者、ゴーシュの物語である。小さなオーケストラの団員であるゴーシュは、村の音楽会で演奏する予定の第六交響曲をメンバー全員とともに練習している。その際、彼は続けざまに間違えて叱りつけられる。怒った指揮者はゴーシュを次のように叱責する。

だめだ。まるでなっていない。このへんは曲の心臓なんだ。……おいゴーシュ君。君には困るんだがなあ。表情ということがまるでできてない。怒るも喜ぶも感情というものがさっぱり出ないんだ。それにどうしてもぴたっと外の楽器と合わないもなあ。いつでもきみだけとけた靴のひもを引きずってみんなのあとをついてあるくようなんだ、困るよ、しっかりしてくれないとねえ[6]。

ゴーシュは自分の感情をチェロ演奏の中にそのまま正しく表現できない演奏者なのである。ゴーシュの家は、町から離れた郊外の水車小屋である。ゴーシュがその小屋で夜遅くチェロを練習していると、毎晩のように三毛猫をはじめ、カッコウや狸の子や野ネズミの親子が次々と訪ねて来る。最初の客として訪れた三毛猫は自分が聴きたい曲を注文するのだが、ゴーシュが聴かせる狂気に満ちた演奏に苦しがり、風車のようにゴーシュの周囲をぐるぐると回る。翌日、ゴーシュの小屋に音楽を学びたいといってカッコウが訪ねてくる。技術的に楽器を弾くことはできるが、その中で自分の微妙な感情を乗せることができずに悩んでいるゴーシュにカッコウは力説する。「ちがいます、ちがいます。そんなんでないんです」という。カッコウに手厳しく指摘されたゴーシュは、忍耐はするものの、相手がカッコウなのでいたくプライドを傷つけられる[7]。

このようなゴーシュとは異なり、動物たちはゴーシュの演奏を全身で感知し、猫は「くるしがってはねあがってまわったり壁にからだをくっつけたり」して、カッコウは、疲れて演奏の練習をやめるゴーシュに対して、「ぼくらならどんな意気地ないやつでものどから血が出るまでは叫ぶんですよ」と音楽への情熱を吐露する。ゴーシュとは異なり、動物たちには、このように自分たちの微妙な感情を感知し、表現する感覚が生きている。ことにカッコウは、技術的な面が不足している自分の音楽性を把握しており、外国に行く前に「ドレミファを正確に」学びたいと、ゴーシュに音楽のレッスンを要求するまでに至る。ゴーシュは、はじめは腹を立てるが、チェロを弾き続けている間に何だかこれは鳥の方がほんとうのドレミファにはまっているかなと考えるようになる[8]。何よりも重要なことは、正確な音程に基づいた感性相通の問題である。

ゴーシュは、しぶしぶカッコウとの二重奏を始めることになるのだが、はじめ嘲笑半分で始めた演奏を粘り強いカッコウの再三の要請に応えて練習する。それはゴーシュに徐々に感性の変化をもたらす。

ゴーシュはにが笑いしながら弾きはじめました。するとかっこうはまたまるで本気になって「かっこうかっこうかっこう」とからだをまげてじつに一生けん命叫びました。ゴーシュははじめはむしゃくしゃしていましたがいつまでもつづけて弾いているうちにふっと何だかこれは鳥の方がほんとうのドレミファにはまっているかなという気がしてきました。どうも弾けば弾くほどかっこうの方がいいような気がするのでした。「えいこんなばかなことしていたらおれは鳥になってしまうんじゃないか。」とゴーシュはいきなりぴたりとセロをやめました。つかまえてドアから飛ばしてやろうとゴーシュが手を出しましたらいきなりかっこうは眼をひらいて飛びのきました[9]。

動物は感性相通を通して、バランスのとれたやりとりを続けながら、協調と競争の間で、ダイナミックな緊張感を維持する。動物の感性相通を人間がまねようとすれば、人間同士の小競り合いを終息させなければならない。人間は感性相通を通じて能動的にバランスを取り、調整する術を知っている。感性相通を通じて歪みのない感覚を正しく目覚めさせるのである。個体の自由は感性相通が拡張される時にのみ確保される。

生命倫理においては、生命に危害を加えるすべての行為に対して、感性によって制限を加える。また感性による節制が人間を生物圏の一部にする。節制の中で人間は、自己自身の道徳的敏感さを確認する。自然はバランスの取れたやりとりにより、協力と競争の間のダイナミックな緊張感を維持する。感性相通を通して成功裡に文化が定着する。人間が自然の持続性と豊かさに見習おうとするならば、絶え間なく続く小競り合いを感性相通によって許さないようにしなければならない。私たちは感性相通を土台にすえて、はるかに積極的にバランスをとり、調整する術を知らなければならない。これは、感性相通の生命自律としての生命の自由を確保することを意味する。人間と動物の交流を通して、宮沢賢治の『セロ弾きのゴーシュ』のなかで、ゴーシュは感情の成熟した表現を行う感性相通の法を最終的に体得することになる。

❖――――（2）自我と大我の間の感性相通

宮沢賢治が引用するタゴールの自我は、西欧の近代的自我とは異なっている。タゴールは自我を知ることが一生において重要な霊的目標であると力説し、自我を知らない無知から解放されることを求めた。灯明は自我の表象であって、光明すなわち光の世界であり、自我と善の相通のために油を注ぐことをあきらめる。その意味は、自我の灯明を放棄することである。このようにタゴールは、自我放棄の当為性について、自己利益を超越して大我と親和性を持つことが目的であるという。

人間の究極の指標として、「ハン（ハナ：一つ）」である魂を認識することは、ウパニシャッドによって提起された。「一つ」の魂が「全体」との親和性を持つためには、利己心と狭い自我から脱することが求められる。そしてインドの伝統的な思想において人間の救いは、無知から解放されることである。それゆえ、自我が真実であり、自我がそれ自体で一つの完全性を持っていると考えるのは、無知のなせるわざである。なぜならば自我にとっては生命を調整する方法が存在しないからである。宇宙の意識、神の意識に到達するためには、自我の統制が要請される。このときタゴールのいう自我は、西欧の近代自我とは明らかに性格を異にしており、それが指向する目標は認識論的な範疇に属する。しかし、「生の実現」において、自我の否定、または放棄についての部分において重要な点は、「目的のない放棄は、より一層暗い窮乏を招く」ので、どこまでも自我の放棄は「愛の拡大」という感性相通の方式によらなければならないということを提起していることに注目する必要がある。これは、ブッダが強調した涅槃と同じで、愛の極致を意味するといえる。

挽歌の詩編「永訣の朝」における宮沢賢治は、とし子への執着から脱しようとするが、この執着は自我みずからに対する批判になっている。つまりとし子一人のみに囚われている自分を否定しなければならないということである。宮沢賢治は、個人と全体はタゴールが力説した「ひとつ」である魂と「全体」との相通が人間の究極の目標だという。個人と全体が二つでありながら一つであるという関係を意味するものであり、どちらか一方に偏るのではなく、個人を含む公共の幸福であることを強調している。詩集『春と修羅』の序文における「すべてが私の中のすべてであるかのように、皆がそれぞれ、各自の中のすべてであるからだ」という彼の主張は、「一念三千観」と脈を同じくする。

天台教学の「一念三千観」は観想を中心にして、詩集『春と修羅』の二つのトピックのうちの一つのテーマである宇宙（世界、全体性）と私（個人）の本源的一致（一体性）を証明するための思想の基盤として、「感性相通の心象概念」の形成に寄与している。「真の幸福」を求める求道のプロセスが、自身の平安と解脱を優先する小乗の感性相通の方式から脱し、共に涅槃に至る大乗の精神に具体化されている。大乗の精神は差別を越えた世界の実現であり、生命「すべて」が真の公共の幸福に至る生命倫理の道である。宮沢賢治が「真の幸福」について語るとき、それは近代産業主義の物質的豊かさを意味するものではない。

宮沢賢治は、物質的な豊かさとともに、人間の価値を転落させ、疎外するものを否定する。彼は存在が存在らしく、主体が主体としての役割を果たすことができる時代が新しい時代だと考えていた。彼の生命倫理思想は、一面で仏教社会主義の性格を帯びている。そのために賢治の詩や童話は、大乗仏教の真理の解明の手段としての価値をもっている。宮沢賢治は、法華経の生命、修羅、菩薩の思想からも多くの影響を受けた。彼の生命倫理の精神は仏教の大乗の精神に基づいており、その目的は衆生の救済といえる。すべての生物の真の幸福を求める道は、菩薩思想とも密接な関連があることを意味する。

すべての生物の「真の幸福」を救う道は宇宙の意志であり、この宇宙の意志に到達するものは、「個人」の殻を破って「全体」を志向する新たな主体の意志でもある。このような宇宙の意志は、「天や人やりんごや風などすべての勢力の楽しみの根源」、「万象同帰」として表現される。そして、宇宙の意志は仏教でいうところの、すべての生物に存在する仏性と解釈することができる。このように、仏性を持つ万象は同等である。仏教では、このような世界を物心一如、梵我一如の世界と呼ぶ。これは差別をなくした平等の世界である。宮沢賢治の「すべての生物の真の幸福」の追求という命題は、差別性が克服された平等の世界を志向している。『春と修羅』の序文では、「すべてがわたくしの中のみんなであるように みんなのおのおののなかのすべてですから」と、「私」という個人と「みんな」の関係が分離を克服し、統合された全体として表現されている。したがって、すべての生物の真の幸福の追求は、真理の追求を意味するといえるだろう。

生命倫理から見ると、生物の根本的な活動は感性であり、どのような生き物も、周辺の環境との連動によって把握し、感性相通するプロセスである。実際、生命は技術よりもむしろ芸術を介してよく理解される。古来、礼楽は渾然一体となって合い通じる公共感性を重視した。知的設計は対話を基礎とする。生命を活かすこと＝暮らすことの話は自分の「内」でもなく自分の「外」でもない、自己と他者の「間」の感性相通である。メロディーと感情は、同じ次元における内面性の象徴であり、有機体の相通に関する言語である。

このように、生命倫理を通じて感性相通のシステムを維持することによって愛を受け、都市に移住した人々は再び田園に戻ってくる。宮沢賢治は、生命体が太陽エネルギーを吸収し、連携することを動物相通と表現している。実際、生命系の食物連鎖は、少数の生物体が多数の植物の生産したエネルギーを蓄財するように作られているのではなく、エネルギーを可能な限り多くの生命段階へ配分するようにできている[10]。加えて、『セロ弾きのゴーシュ』のなかでゴーシュは、本来の根源的な感覚を回復し、動物たちが生活に対する希望と自立の意志を持つようになるのは、人間と動物との感性相通からみても可能であると述べている。このように、動物たちの生き生きとした生活と、彼らと相通じる人間との関係が描かれた宮沢賢治の童話は、動物と人間の感性相通が切断されていく現代人に対して、私たちの感性の深いところに眠っている根源的な感覚を刺激し、悟らせるものだといえよう。

3　霊性会通の生命倫理

宮沢賢治が臨終まで枕元に置いていた『銀河鉄道の夜』は未完の作品であり、一次から四次に及ぶ改稿が行われた。『銀河鉄道の夜』は、四次元の銀河の世界を背景にした夢の形式をとる。作品のところどころに彼の霊性会通の生命倫理観が集約されている。これは、宮沢賢治の文学の最高峰として評価されている。とりわけ夢という空間の特殊性に着目し、ダンテの『神曲』やジョン・バニヤンの『天路歴程』、『新約聖書』のヨハネ黙示録の観点からの比較研究が行われている。

生命倫理においては、「公共性」は道徳的アイデンティティーと相関連動している。これは、「公開性」、「共通性」、「公式性」や、「公正性」、「公平性」という理念・規範に基づいて理解され、霊性会通による魂の治癒力を示す。生命倫理において公共性とは、生命と対話し、共に魂を治癒する公共作用をいう。このような作用は、道徳的アイデンティティーとして現れ、相違と関係を重視する。それは相違性・変化・多元性を前提として、生命による・生命のための・生命と共にする公共の世界の共同構築を目指している。生命がともに・たがいに・偏りなく幸せになる公共の世界を作る。宮沢賢治は、公共の世界構築の霊性会通による魂の癒しを、公共の生命の価値として強調する。これは、霊性会通の新たな提案である。生命の魂には、公共性の価値があるので、これを共に生かして、生命の美しさを求める中で霊性会通の治療方法を模索することになる。魂の和解と相通はまた違う生命の作用の意味である。

❖――――(1) 天の川(銀河水)の霊性価値

現実の世界にいるジョヴァンニが心の中の父のもとを訪ねて行くためには、互いに多魂次元の世界を通過しなければならない。宮沢賢治は、次元を移動できる装置を用意するために天気輪の柱を活用する。ケンタウル祭りを楽しみに行く友人たちにからかわれて、逃げるように街を抜け出したジョヴァンニは、訪ねて行く天気輪の柱の下の冷たい草原で宇宙の生命である曼荼羅と会通する。ジョヴァンニが天気輪の下に横たわった時、一人の個人が宇宙というマクロコスモスに接するようになり、具体的表現としてジョヴァンニはどこにでも行ける切符を入手する。天気輪は別の世界との通信を可能にする通信塔に相当する。

天気輪の柱は現実世界から夢の世界に入っていく入り口に相当する。これは、世界が断絶された無関係の世界ではなく、霊性会通が可能な世界であることを表現している。天気輪の柱の下に横たわることで、自分の願いがかなうように祈るのである。霊魂不滅の観点から人間は神と結合する。「生命の魂」の、すべての生命が共に感じる霊性の価値は、銀河に存在する。したがって、「生命の魂」は、「同じ」ではなく「差異」を認めた上で、「共に」が成立する条件として、「調和」の対象である。

そして調和は、「互いに調和すること」（相和）であり、「共に和合すること」（共和）と動詞的に把握される。生命の霊性会通においては、他者は排除されるべき存在ではなく、何かを共にするためになくてはならない存在である。つまり、生命倫理の公共性は「差異」から、「共に」と「調和」と「生命」の地平を開くための「知徳行」の連動作用によって表示される。宮沢賢治の生命倫理の公共性は、「多様」の生命倫理、「差異」の相違倫理である。

また、生命の霊性会通の価値は、「多様」と「差異」を前提としており、「調和」と「共に」と「超越」の価値を模索する。このように多様性と差異は調和の共同体を形成する根幹となっている。生命倫理は、「同じ」と「差異」の分裂と対立、または「一」と「多」の矛盾と葛藤を、その間に立脚した新たな次元の開拓によって脱出・突破・改新を図ろうとする対話の倫理である。そして、そのために「和」を脱出・突破・旅程の作用で把握するのである。

銀河の旅の旅程は、北十字星の白鳥座から南十字星に至るまで、すなわち星座としての白鳥座―サギ座―盾座―サソリ座―射手座―祭壇座―ケンタウルス―南十字星から成っている。実際の星座に彼が想像したシーンを挿入するのである。ジョヴァンニが気づいたときに発見したカムパネルラは、水に濡れたような真っ黒な上着を着て、顔色が青白くなっており、どこか悲痛な表情を表すものとして描写される。これによって、溺死したカムパネルラが間接的に描かれるのである。銀河鉄道は死んだ人たちが乗る列車であり、旅する場所も死者が行くところである。空間が軸をなす三次元の現実世界とは異なり、時間の軸によって構成された四次元の銀河は、時間を超えて旅することが可能である。カムパネルラとジョヴァンニはまさに時間の壁を越えて、死んだ人が乗る銀河列車に乗ったのである。

しかし、現実に生きているジョヴァンニがなぜ銀河列車に乗ることになったのかという疑問が残る。夢での銀河旅行は現実世界の孤独なジョヴァンニの必然的な選択に対応する。その日の夜、母が牛乳を切望したように、父の不在によって生じる生活苦と心理的な孤立感を味わったジョヴァンニの心には父親の存在が不可欠のものとして意識される。したがって、母がその晩にミルクを求めたように、ジョヴァンニは父を見つける必要があった。友人たちが天の銀河を楽しんでいるときに、ジョヴァンニは、父を探すために死んだ人たちが乗る銀河列車に乗り込む。彼には乗車券があるので、この旅行が可能であり、心理的に父を訪ねて行く旅であったことを示唆している。

❖ ――――（2）霊性会通の銀河旅行

生命倫理は生命の次元だけではなく、魂の次元の課題として、霊性治療として現れる。生命の健康とは、霊性会通なのである。会通の美しさは健康な生活の回復である。生命系が本来の姿を保っていればいるほど、生命系の網目が多様で幅広く広がっていればいるほど、生命系は、美しさに対する我々の感覚を呼び覚ます。霊性治療は、制限を守った約束の実践から湧き出てくる。美しさの霊性治療は、永遠の生命力にある。

この童話は、父親との葛藤に苦しんだ作家個人の問題が下敷きとされている。彼は、父親を理解していないだけに心理的に父親をずっと敬遠していた。しかし、『銀河鉄道の夜』の鳥を獲る男の、彼が幸せになれるならば何でも与えたいという気持に同情と共感を覚えながら、自分の父、宮沢政次郎への同情を感じている。病の床にあった宮沢賢治と最後を共にした『銀河鉄道の夜』の原稿は、ずっと対立してきた宮沢家の父子の和解を描いた作品である。彼が継承する家業は賢治にとって軽蔑の対象であり、逃避したいと思うものであった。彼は貧しい農民を搾取する家業とそれを軽蔑している。初めて鳥を獲る男に出会った際に、彼が鳥を獲り、食べ物として売る仕事をする男だという話を聞いて、彼を退屈な人物扱いし、軽蔑する。

しかし、賢治の信仰心と想定されるジョヴァンニの切符の一件の後、鳥を獲る男が哀れに見えるようになり、何でもしてやろうという思いやりの対象に変わる。これは、賢治が父親に対して持っていた軽蔑と心理的な抵抗の壁が崩れ、そのような父を人間として同情し、愛するように転換したことによる。これは生命の霊性会通による霊性治療にあたる。

そして、対話から疎外されたジョヴァンニは、さびしくて落ち込んでいただけに、その時に「サソリの火」のエピソードを聞いて、これまで縛られていた心が解けた。貧しいジョヴァンニは、カムパネルラを見ながら、羨ましさを感じると同時に自分の境遇を悲観した。しかし、イタチのために、どうして自分を犠牲にしなかったのかと後悔したサソリが、最終的に、真っ赤な火となって暗い夜を照らしたというエピソードを聞いて、ジョヴァンニの心の中にあった父への恨みと、貧しい生活のせいで感じてきた敗北感は取り払われる。このシーンはジョヴァンニ自身が心のなかから追い出してはいたが、実際には切実に望んでいた父を取り戻す霊性会通を期待したものであった。

銀河祭りの日に銀河旅行をするように設定されているところに、父の姿をモチーフにした作家の意図が垣間見える。童話の外部構造においては、ミルクを求めに出たジョヴァンニが牛の祖先であるボスに会うエピソードは、牛乳を生産する牛との出会いを意味しており、彼は結局牛乳を見つけることができた。このミルクを父と同一視した場合、この事件は、父に会う糸口となる。

また、鳥を獲る男に対して感じる思いやりと彼の容貌を通じて父を思い出すジョヴァンニにとって、それ以降はミルクを求める旅行は父を訪ねて行く旅に変わる。しかし、難破船にのっていた家庭教師と姉弟に会った後、自分と家族を貧困と寂しさのなかに残した父への恨みがまだ残っていたためか、荒れる海で働く父親に対しては消極的な同情を見せるに過ぎないのだが、「サソリの火」のエピソードを聞いたのち、彼は父を許し、肯定し、彼の幸福のために自分が犠牲になっても良いと考えるほど積極的に共鳴するようになる。したがって銀河の旅の旅程は、星座による銀河の旅であると同時に、それぞれのエピソードによって、父の魂との霊性のコミュニケーションの過程として構成されていることを察知できる。霊性のコミュニケーションのカギは天気輪の柱の下で眠っているジョヴァンニが夢のなかで銀河列車に乗ることを可能にした切符である。ジョヴァンニに向かって手を差し出す車掌の前に立ったジョヴァンニは慌てるしかなかった。

ところが、ジョヴァンニの胸の中には奇妙な十字柄がたくさん描かれた乗車券が入っていた。さらにその乗車券は、他の乗客たちのものとは異なり、どこでも思いのままに行くことができる特別な切符であった。ジョヴァンニが持っている、どこでも行くことができる切符という想定から宮沢賢治の信仰が読み取れる。「黒い唐草柄の中に変な十字架の形」の印刷された切符を見ていると、その中に吸い込まれそうな気がすると記されている。ジョヴァンニの乗車券には十字架が変形したような曼荼羅が描かれている。曼荼羅がたくさん描かれた乗車券は、結果的に賢治の厚い信仰を表象している。宮沢賢治は、真言密教において中核である曼荼羅を楽しんだ。彼が常に抱いていた曼荼羅は、「黒い唐草模様の中に変な十字架の形」であった。

彼が一九一八年に盛岡高等農林学校を卒業する頃、進路をめぐる問題と徴兵の問題で父親との葛藤があり、それは深刻であった。彼は一九二〇年に家出して東京で国柱会に加入して以来、父との和解を試みた。その当時、宮沢賢治が心酔した国柱会の活動や信仰生活がその後の父への態度を変えた。童話『銀河鉄道の夜』には、父との関係を克服する媒介として「信仰の乗車券」が暗示されている。どこへでも自由に行くことができるジョヴァンニの能力は、切符を手にするようになって可能となった。これは彼が日蓮宗の信仰を固めた後に、心から父親を受け入れるようになる過程が霊性会通に劇化されたといえるだろう。

授業時間にジョヴァンニとカムパネルラの思い出やジョヴァンニの銀河の旅などが強調される理由は、銀河が父を表象するからである。事件の時間的背景となっている日は銀河の祭りの日であり、授業で扱われる銀河が質問の対象となることを前もって知りながらも答えることができなかった理由は、ジョヴァンニにとって父の不在が負担になっていたからであった。また、カンパネルラが自宅で銀河の写真を見ていたとする思い出の中には、彼らの親子関係が親しいものであったことをよく知っているという背景を持っており、その時に見ていた銀河の写真は、自分の父の影を連想させるものであった。ジョヴァンニが夢の中で銀河の旅に旅立つことができたのは、どこにでも行くことができる乗車券、すなわち霊性疎通の可能な信仰があったからである。したがって銀河鉄道の旅の目的は、父との霊性疎通にあったということができるだろう。

童話の外部プロットで牛乳を持ち帰ることができたということはジョヴァンニが父親を見つけたことを意味する。その決定的瞬間は、まさにカムパネルラの父から父親の帰還を聞かされた瞬間であった。それは、ジョヴァンニとカムパネルラの父の関係の回復でありながら、ジョヴァンニと彼の父の霊性会通をも意味する。童話のプロットでは、銀河の旅をしながら父を回収するように、配達されなかった牛乳を受け取って帰ってくる。しかし、夢から覚めてのち、友達であるカムパネルラを失ったという事実を知った時でも、その悲しみ以上に、ながらく北方の監獄に囚われていた父の帰還を喜ぶ姿が描かれており、この童話の核心となる内容はカムパネルラとの旅行ではなく、ジョヴァンニの父の帰還にあることが明らかになる。牛乳を受け取ったのも、父を見つけたジョヴァンニの霊性会通の心象を反映したものである。したがって、銀河の旅に出た息子ジョヴァンニの旅行は父を探しに出る旅であり、霊性会通にカギがあるといえるだろう。

生命の霊性会通の価値は多様性と差異を前提にした、調和と公共と超越の価値を模索することにある。これはすなわち、生命の多様性を認めながら調和を共にすること、そして個体の自由を喪失しないことにある。生命倫理は同一と差異の分裂と対立、また一と多の矛盾と葛藤を、その間に立脚した新たな次元の開拓により、脱出・突破・改新に向けた対話の倫理を通じて生命の尊厳を維持し、生かすことによって、その生命力が発見されるといえるのである。そして、調和のために、和解のために生命の相互間の霊性会通が重視されるともいえるだろう[11]。

おわりに

宮沢賢治は、黄色の中で温かく柔らかなもののうち、土よりも貴重なものは存在しないというように、生命共同体の生命倫理を重視する。これは洪大容（ホン・デヨン）の実心実学の精神と共鳴している[12]。生命維持の鎖に共に参加している生命の価値は非常に古くから偽りなく貴重なものであった。宮沢賢治は、農村の価値を高く評価する。彼は、「効用」と「利用」に重点を置いてきたこれまでの経済とは異なり、生命の公共の価値を着実に模索しながら、風刺的に描写している。

まず、宮沢賢治は『注文の多い料理店』を通じて利己的で、殺生を犯す英国軍人の姿を描いている。自他の意思疎通が行われず、自分だけの主観的意識に埋没して、自分本位に物事を解釈する愚かさを告発する。客が注文を受ける店として定められた「注文の多い料理店」であることを知らずに、「多くの注文ができるところ」と誤解していることを批判する。

また彼は『セロ弾きのゴーシュ』で、動物は感性相通しながら、バランスの取れたやりとりを続けることで協調と競争の間にも躍動的な緊張関係を維持するといっている。人間も感性相通を用いて能動的に均衡を生み出し、調整する必要がある。感性相通を介して歪みのない感覚を悟る時、生命危機の公共の価値は、将来の世代の役割と責任を決定する要因になる[13]。

そして生物圏の多様性には、美しさがあり、美しさは公共善になる。『銀河鉄道の夜』は宮沢家の父子の間の和解を描いた作品であり、賢治が父親に対して持っていた軽蔑と心理的な抵抗の壁を崩し、父を愛するように心を転換させるものとなる。これは、生命の霊性会通による霊性治療である。そして、対話から外されたジョヴァンニは寂しく憂鬱になるが、「サソリの火」のエピソードを通してもう一度心を和らげる。貧しいジョヴァンニは、カムパネルラを見て、うらやましさを感じると同時に自分の境遇を悲観していた。イタチのために、どうして自分を犠牲にしなかったのかというサソリの後悔の念を感じながら、ジョヴァンニの心の中からも父親に対する恨みが払拭される。このシーンは心のうちから追い出していた父親を取り戻す中で霊性会通を可能にする。

このように、宮沢賢治の生命倫理思想には、公共的に持続する生命の価値を優位に置きながら、道徳的な動機をつくるコミュニケーション（意思疏通）、社会的な規準と生命原理を相通じるようにする感性相通、道徳的な行動によって表出するために一貫したアイデンティティーと品性を維持する霊性会通の相関的な連動関係があり、これらが風刺として描写されている。このように、これらは各々道徳的な動機化、道徳的な感度（敏感性）、道徳的なアイデンティティーに影響を与える中で、生命価値の公共の作用が生命倫理の次元から風刺的に描写されているのである。

注

[1] 金容煥「アンドレアス・ウェバーの公共の生態倫理」、『倫理教育研究』二六、韓国倫理教育学会、二〇一一年、二四二頁
[2]『校本宮沢賢治全集』第九巻『童話Ⅱ』、筑摩書房、一九九五年、一四五頁
[3] シン・ウィスン『韓国の環境政策と持続可能な発展』、ソウル、延世大出版部、二〇〇五年、三三五―六頁
[4] 鄭光浩『香りと光、冥想がある絵の喫茶店』、ソウル、ロデ、二〇一一年、一五四頁
[5] 金泰昌編著『共生と和解の公共哲学』、ソウル、東方の光、二〇一〇年、四三八頁参照
[6] 宮沢賢治、池明観訳『日本の近代童話集』、ソウル、図書出版ソファ、二〇〇四年、一二五頁
[7] 同右、一三二頁
[8] 同右、一三五頁
[9] 同右、一三五―一三六頁
[10] 洪大容、金テジュン・金ヒョミン訳『医山問答』、ソウル、知識を作る知識、二〇〇九年、一〇七頁、「そもそも霊妙な感覚が火の精気であり、雷は、天地の純粋な火として強くて勢いよく荒々しいもので、生命を好み、悪を嫌っている」。
[11] 金容煥『道徳的想像力と公共幸福』、ソウル、もてなす人達、二〇一二年、三一〇頁
[12] 同右、一三五頁
[13] ク・スンヒ『生態哲学環境倫理』、ソウル、東国大出版部、二〇〇一年、二一六―二一七頁

参考文献

・『校本宮沢賢治』全一五巻、筑摩書房、一九九五年
・『新校本宮沢賢治全集』第一六巻（下）、筑摩書房、二〇〇一年
・池明観訳『日本の近代童話集』「宮沢賢治」、ソウル、図書出版ソファ、二〇〇四年
・金容煥『世界の倫理教育』、清州、忠北大出版部、二〇〇九年
・金容煥「アンドレアス・ウェバーの公共の生態倫理」、『倫理教育研究』二六、韓国倫理教育学会、二〇一一年、二四二頁
・金容煥『道徳的想像力と公共幸福』、ソウル、もてなしする人達、二〇一二年、三一〇頁
・金泰昌編著『相生と和解の公共哲学』、ソウル、東方の光、二〇一〇年
・シン・ウィスン『韓国の環境政策と持続可能な発展』、ソウル、延世大出版部、二〇〇五年
・鄭光浩『香りと光、冥想のある絵の喫茶店』、ソウル、ロデ、二〇一一年
・洪大容、金テジュン・金ヒョミン訳『医山問答』、ソウル、知識を作る知識、二〇〇九年
・洪大容、金アリ訳『宇宙の目で世の中を見る』、ソウル、石枕、二〇〇六年
・Freud. Sigmund. *The Interpretation of dreams.*（Trans. Dr. A. A. Brill）. New York, The Modern Library, 1950.
・Richards.I. A., *Metaphor. The Philosophy of Rhetoric.* New York, Oxford Univ. Press, 1950.
・Wheelwright. Philip. *Metaphor and Reality.* Bloomington, Indiana Univ. Press, 1962.

中国においての宮沢賢治の翻訳と普及

雷　剛／翻訳：相澤　瑠璃子
（重慶出版社編集部）

要旨

中国大陸において宮沢賢治が知られるようになったのはつい最近と言える。中国の政治・経済、社会情勢、更に文化大革命によって一度は全てが白紙に戻った。しかし一九八〇年代に、不死鳥のごとく蘇ったのは、中国大陸において王敏、周異夫、周龍梅、彭懿、皱菊雲、崔莉たちが中心となり翻訳してきたからである。彼らは有名文学機関紙を軸として、日本語文学の研究を深めてきた。特に中国における宮沢賢治の研究は彼ら失くして成り立たなかったといえる。また台湾においては輔仁大学の横路明夫を中心として、研究をすすめられてきた。二一世紀に入り人類は様々な文明の衝突、戦争、自然災害、テロリズムなどといったかつてないほど大きな問題と直面している。宮沢賢治は生前、すでにこれらの問題への解決策を見いだし、文学作品に留まらず大乗仏教と農業を通してその方法を実践してきた。賢治研究は今後とも有意義な発展を遂げていくことになるであろうと確信している。

1　概要

岩手県出身の作家宮沢賢治（一八九六―一九三三）の作品は日本文学において経典と見なされている。日本人へ与える影響は早期より文学の範囲を越えており、若い世代の間に宮沢賢治現象を引き起こし、また指針となっている。二〇世紀に起きた日中間の不幸な出来事から、人々は文学交流の中にこそ法則を見いだした。ミューズ[1]に愛された才能を持つ賢治に対して、人々はいまでも強い関心を寄せている。

草野心平ら日本人詩人と同等の感受性を持っていた銭稲孫[2]は、宮沢賢治の『雨ニモマケズ』、『風の又三郎』を中国に紹介した。それ以降、約一世紀近くの年月をかけて賢治文学を普及してきた。今日宮沢賢治が中国では既に認知度が高く、インターネットを例にとると、二〇一二年一月三〇日までに世界最大の中国語検索ネット――百度においての「宮泽贤治」に関する中国語のページは二五万六千もあり、「宮沢賢治」では七万二千五百ものページがある。多くの中国人は賢治の文学的洗礼を受け、その魅力に惹かれ、自身の考えや視野を広げている。宮沢賢治は日本人だけの偉大な作家ではなく、賢治の中国に関する作品は中国人によっても受け入れられ、理解されている。賢治の東アジアへの視点、そして我々日中が互いを映し出す鏡であることを再認識させた。

宮沢賢治作品が中国において広まった段階を追うことは必要不可欠なことである。作品が中国において翻訳、紹介、普及の段階を大きく分けると四つの時期に分けられる。それは発生期（一九三〇年代―四〇年代）・沈黙期（一九五〇年代―七〇年代）・復活期（一九八〇年代―九〇年代）・最盛期（二〇〇〇年から現在）である。賢治作品の中国での翻訳、紹介、普及の「歴史」は二重の意味がとれる、それは己の存在の歴史と書籍の中の歴史である。前者は客観的に存在する自己であり、後者は主観的に書かれている歴史である。本文の書き方は後者に属しており、限られた視点からの内容になってしまう。しかしまぎれも無く事実に基いて書こうとしているのは確かである。本文はこれらに一連の考察を寄せ、普及した過程を明らかにすると同時にその中にある意義を見いだすことを目的としている。

2 宮沢賢治の翻訳と普及の過程をたどる（中国大陸において）

❖――（1）発生期（一九三〇―四〇年代）

宮沢賢治は生前中国と繋がりを持っていた。詩人草野心平は中国の広州にある嶺南大に進学し、帰国後に創刊した同人詩歌雑誌『銅鑼』を通じて賢治を同人に誘い、詩人黄瀛[3]とも交流をはぐくんだ。黄瀛の回想と大塚常樹、栗原敦夫、岡村民夫らの研究によると、賢治は『銅鑼』において「心象スケッチ　負景二篇（命令・未来圏からの影）」（一九二五年四月号）、「心象スケッチ　農事二篇（休息・丘陵地）」（一九二五年一〇月号）、「心象スケッチ（昇冪銀盤・秋と負債）」（一九二六年一月号）、「心象スケッチ二篇（風と反感・『ジャズ』夏の日の話です）」（一九二六年一〇月号）、「ワルツ第CZ号列車」（一九二六年一二月号）、「永訣の朝」（一九二七年二月号）、「冬と銀河ステーション」（一九二七年九月号）、「イーハトーブの氷霧」（一九二八年二月号）、「氷質のジョウ談」（一九二八年三月号）合計一三篇を載せた。その後草野心平、黄瀛ら詩人たちによって宮沢賢治は世に知られていく。草野心平と宮沢賢治の実弟である宮沢清六は賢治の遺作を整理し、出版していった。紆余曲折の人生を歩んできた黄瀛は当時四川外国語学院に教師として在籍しており、日本人教師石川一成[4]と共に学生であった王敏を指導し宮沢賢治の研究を展開していた。王敏が後に宮沢賢治の研究家として名を挙げたのはこのような経緯があったからだといえる。

黄瀛はかつて作家の魯迅と幾度か会っており、その際に宮沢賢治の童話を魯迅に紹介したことがあった。このような縁があったからかどうかわからないが、一九三〇年代に魯迅の友人である銭稲孫は中国人に向けて賢治の『雨ニモマケズ』、『風の又三郎』を紹介した。一九四二年、季春明は『風の又三郎』を翻訳し、長春の文芸書房から出版した。

❖――（2）沈黙期（一九五〇年代―七〇年代）

中国の特殊な社会政治体制が依然としてあったため、童話創作や童話理論研究は長期にわたり政治からの干渉をうけた。一九三〇年四〇年代に政治童話と抗戦童話が登場し、童話は階級批判・民族闘争の道具となった。一九四二年毛沢東の「延安の文芸座談会においての講演」は新中国の作家と翻訳家たちの言動の原則的な規範となった。外国文学の翻訳分類には児童文学と童話も組み込まれ、ソ連の文学が主流となっていた。一九六〇年に児童文学の領域は更に「密接論」「趣味論」「童心論」といった批判を受け、この時期の日本文学といえば左翼文学のみという輸入制限があった。新中国を成立後の七〇年代は、一九五七年に洪忻意[5]が『セロ弾きのゴーシュ』を『小木偶拉大提琴』と翻訳し、中国少年児童出版社から出版した以外、宮沢賢治の翻訳本や知名度は一定の空白期間を強いられた。このような状況下にて翻訳され出版された事実は称賛すべきことである。

❖――（3）復活期（一九八〇年代―一九九九年）

宮沢賢治作品の復活と中国社会文化の復活は同じ歩みであった。この章では王敏による賢治の研究と普及を先に紹介する。なぜなら彼女は疑いようもなく賢治研究においての第一人者であるからだ。

次世代の人材育成のために、一九七九年四川外国語学院日本語学科に文化大革命以後、中国全土で初の大学院のクラスが設立された。一〇名の学生が各地より招集され、その内の一人が王敏であった。日中交流のために在籍していた日本人教師石川一成は一九八〇年のある日、宮沢賢治の『雨ニモマケズ』を研究生たちに紹介した。また本校の教師であった黄瀛も宮沢賢治とは深い縁で結ばれており、早くから関係のあった岩手県花巻市や賢治について学生に話していた。当時大学院生であった王敏は『雨ニモマケズ』の詩を心に深く刻み、この時に賢治に関する研究をしていくことに決めた。黄瀛はかつてこう語った。「賢治の童話に関して、私が指導した院生の王敏は私よりもはるかに深く研究をしていた。賢治の童話に対して学術研究を行う際には、宮沢賢治に対して内面まで深く立ち入り、全面を見ていかねばならないと考えている。総合的に、彼女は中国にて誰よりも早く宮沢賢治を自分の研究対象とした。その点は注目すべきである。」人文学科において研究するということは、研究者は常に研究対象者から影響を受けると同時に、研究者自身が対象に近づいていくことである。王敏と宮沢賢治もそのような関係を築いていった。一九八〇年、王敏は賢治の『注文の多い料理店』の翻訳発表をした。同年、石川一成と黄瀛が指導教員として担当した論文「宮沢賢治の童話―『猫鼠篇』について」という修士論文を完成させた。これが中国では初となる宮沢賢治についての学位論文であり、中国人が賢治を研究していく上での後世の指針となった。

王敏の賢治の翻訳と研究は、互いに切磋琢磨していった。一九八六年、『日本文学』第2期にて「宮沢賢治の特集」を組み、王敏・于長敏[6]・邓雲凌[7]らは『よだかの星』『雨ニモマケズ』等の翻訳と論文を載せる。これが中国国内の名門機関誌が初めて賢治文学に対して特集を組んだものとなる。一九八八年、王敏は「外国文学が宮沢賢治に与えた影響」を発表した。それは『猫鼠』を中心とした内容で、中国古典文化と文学から見て賢治の童話に出てくる代表的な動物を分析し比較させた上で日本についての研究を紹介した。これにより中国国内の読者は賢治の「文学特色」を理解でき、また王敏が同世代の研究者たちよりも知識や研究面で優れた研究者であることも知ることとなった。

一九九六年、王敏の監修した『宮沢賢治作品集』が瀋陽にて出版された。一九九八年、宮沢賢治誕生一〇〇周年記念の際に、「私と宮沢賢治」を発表し、自分が研究を始めたきっかけや現状を本の中に記した。この本は王敏の宮沢賢治研究を理解するのに重要な文献であり、後世の研究促進というメッセージも込められている。読者は、王敏がより多角的な視野から賢治の思想・実践・執筆の三位一体を自分の人生の目標にしていることがわかる。この点からも王敏は他の研究者たちと一線をかくす。王敏の研究は日本の学界から賛同を受け、それと共に研究成果も上がり、同時に他分野にも目を向けるようになった。また彼女は日本社会に溶け込み、在日中国人の劉暁峰[8]らと繋がりを作った。劉暁峰は日本留学中に『雨ニモマケズ』の影響を受けていた。

二〇〇七年は王敏が中国にて宮沢賢治を紹介するのに非常に重要な一年であった。日本の国際言語文化振興財団の梶原光政と王敏は尽力し、王敏監修の『宮沢賢治傑作集』および、崔世広[9]と孫宝印ら監修の『宮沢賢治童話集』を中国社会出版社から同時に出版できた。(これが中国初の賢治を紹介する絵本となった)。二〇〇八年一月、『対外伝播』[10]誌が「王敏のコラム」の欄を作り、そのコラムにおいて王敏は余すところなく自身の研究の心得について語っている。またその行間からは賢治への想いがにじみ出ていた。更に雑誌の読者はコラムから他の情報までをも知りえた。例えば中国湖南局が制作したアニメ映画『銀河鉄道の夜』が中国で初めて放映されたなどという情報である。二〇〇九年六月七日、「宮沢賢治の透明軌道」という論文がインターネット上で発表された。この年は、二〇〇八年一〇月二五日から二六日まで四川外国語学院日本学研究所と法政大学国際日本学研究所が「詩人黄瀛と多文化間アイデンティティー」を開き、国際シンポジウムの成果として——『詩人黄瀛』を重慶出版社から出版した。この本には宮沢賢治に関する重要な論文が収録されている。二〇〇九年、『生活の中の日本——日中の文化相違を解読』という本の中で、王敏は天皇陛下ご夫妻と謁見し、宮沢賢治文学作品の形について述べたと書いてあり、中国の学者として大変名誉なことがあった。二〇一〇年、王敏は博士論文の『宮沢賢治と中国』中国語（簡体字）版を重慶出版から出した。これは中国の賢治研究の成果を広める重要なものであり、その重要性を早くに認識した内容である。拙文「在日中国人学者王敏は賢治の『中国心象』の原型をつかむ」を中新ネット[11]に載せたところ、早くも様々な分野から反応があった。二〇一一年三月一一日、日本は東日本大震災に見舞われた。震災後、日本人俳優である渡辺謙はブログを開設し、そこで宮沢賢治の『雨ニモマケズ』を朗読したビデオをアップロードした。大勢の震災者たちの間で『雨ニモマケズ』は囁かれ、彼らの力となっていった。彼らの原動力となったことから、王敏はインターネット上にて「賢治の静謐な笑い—日本人の精神構造の一考察—」という一文を発表し、重ねて宮沢賢治の討論会の招集と計画を呼び掛けた。二〇一一年一〇月二三日に四川外国語学院で行われた「地域研究としての日本学」という国際シンポジウムにて、拙文「宮沢賢治の中国心象と王敏の日本心象——エッセイ『宮沢賢治と中国』の方法と一般論」を口頭発表し、その後改訂をして「宮沢賢治と中国間の互いの知恵の構築——エッセイ『宮沢賢治と中国』の方法論」を投稿した。

一九八七年、中国社会科学院文献情報研究センターは名門機関誌『外国文学研究』にて日本文学の研究状態、特に宮沢賢治に関する報告を載せた。同年、安芸敬は中国地震学誌——『国際地震進退』では、宮沢賢治の『グスコーブドリの伝記』を引用して、「地球物理学は役立つものか。」と題した地球物理学の未来について論じた。作者は文学的真実と現実に起こる真実との境界線を曖昧にはしたものの、問題である論点は地球物理学の有効性の論証であった。分析を通じて、賢治が『グスコーブドリの伝記』の中の科学的幻想は科学に基づいて執筆されているという専門家の解答を得たのであった。日本は火山・地震大国である故に、災害による失命は賢治の人生に常につきまとった。賢治は土壌学・地質学などを文学表現の中に取り入れることに成功し、それらは賢治文学独自のものとなっていった。この点についてはまた後に論じることにする。

一九九四年、児童文学者の朱自強[12]は自著の中で「宮沢賢治，孤高の求道者」を発表し、内容は宮沢賢治が位置する大正時代の児童文学作家たちの作家論と作品論である。これは二〇〇七年の改定版「日本児童文学各観」――『日本児童文学論』の中に収録されており、またインターネット上でも発表された。

朱自強は二〇〇九年の『外国問題研究』にて宮沢賢治に関する論文を発表している。一九九四年、遅牢は「日本語学習とその研究」の中で日本の名詩一〇首の鑑賞について発表し、「人生篇」では宮沢賢治の『雨ニモマケズ』も収録され、訳されている。「分析」中に、遅牢は賢治の『法華経』信仰から雷峰[13]のマルクス主義信仰を関連付けた。これはかつての王敏の対比と図らずも一致することとなった。同じ理想主義社会の構築イメージを持つとして、この二人の比較は一つの研究すべき題目となる。一九九四年もまた賢治文学の翻訳として比較的収穫があった一年となった。この時期は、中国社会が理想主義を掲げた激しい時代から徐々に冷却していった時期となった。理由として政治・経済・文化などに対して鄧小平の「南巡講和」（一九九二年）が影響を与えたとして挙げられる。

訳林出版は周龍梅[14]訳『宮沢賢治童話』、西北大学出版社は胡美華・伝克昌訳『銀河鉄道の夜』、光明日報出版社は騰瑞訳『宮沢賢治童話集』をそれぞれ出版した。一九九四年の翻訳された三冊の本は日本の反応を意識した。一九九六年、日本の「賢治熱」は情勢に敏感な中国学者にも感じられた。

翻訳方面で影響力を持つ『訳林』誌はこの年第一巻となる『『宮沢賢治全集』日本においての出版』雑誌をつくり、四巻にて、葉宗敏[15]が翻訳した賢治の四首の詩――『雨ニモマケズ』『烏』『眼にて云ふ』『雲の信号』を載せた。

吉林大学の于長敏は二篇の論文――「宮沢賢治熱でわきあがる日本」・「死後に称賛を浴びた――宮沢賢治誕生百周年記念について」を発表した。一篇目は日本の一九八八年から一九九五年までの『国文学・解釈と鑑賞』の宮沢賢治研究論文から「幅広い知識、深い内容そして質の高さ」という評価を寄せられた。論文の内容は、賢治の故郷にある記念館の紹介、賢治文学の二点の魅力について――人と自然共存、科学と宗教の統一、さらに時代の流れまでも文章の中から読み取れる。于長敏は「いまは異常な現代化を迎えている。生態系は破壊され、資源はますます乏しくなり、人間関係はより希薄となった。またこれを象徴するような事件が起きている。例を挙げるとオウム真理教である。彼らは宗教と科学技術を悪用して殺人を犯した。この一連の事件を目の当たりにした現代の人々は一人の仏教徒であり、また作家でもあり、農業研究に身を捧げた宮沢賢治の存在を求めている。」と指摘している。この文章は人々の思いを代弁し、賢治をまた新たに研究する必要性を語っている。二篇目は王新新と合同執筆したものである。生誕百周年を記念する中で、冷静且つ客観的に日本の「賢治熱」の原因を分析している。宗教・農業・文学の三者が賢治の意志をどのように反映させていたかに注意し、そして現代よりはるか前に生きていた賢治がいまの日本人に一つの精神的故郷を与えていることを発見した。本文中では、中国唐時代の詩人方干と宮沢賢治を比較しており、賢治文学の価値が認められていく社会的要因を分析している。

前述したとおり、于長敏は一九八六年から宮沢賢治の作品を翻訳し紹介してきた。吉林大学の于長敏・周異夫・王新新・閆姍姍らは成功した研究グループとして有名である。しかも周異夫は吉林大学人文社会科学研究項目の「宮沢賢治文学と意識のある中華の熱情」という報告で成功を収めた。中国の科学研究の中で、科学研究の成功報告は学術研究の発展において必要不可欠な要素となる。この題目は王敏教授の「宮沢賢治と中国」との類似性を見いだせる。

周異夫[16]の宮沢賢治研究は一九九七年くらいから始まり、この年に「『法華経』と科学者である——宮沢賢治の試行」という論文を発表した。二〇一〇年までに中国大陸において宮沢賢治研究論文合わせて一三篇を発表しており、これは研究者の中で最も多い論文数となる。発表方法は主に出版物によるもので、一三篇中九編は出版物である。残りの四篇の内、一篇は博士論文、二篇は『日本語学習と研究』から発表し、残り一篇は『東疆学刊』からである。周異夫の賢治研究は奥深く、研究特色としては賢治文学の宗教性に特に注目することである。周異夫は宮沢賢治の文学と宗教文学・伝教文学を区別し、多くの研究者と目の付けどころが違う。一般的な研究者は賢治文学と宗教文学・伝教文学とを関連付けて考えない、まして「『法華経』文学」は分析もされずに受け入れられてきた。その実、この『法華経』と賢治の文学的関係は複雑な関係がある。仏教は文学の力を知っており、日本の宗教家庭野日敬は、『法華経』は仏典の中で最も文学的色彩が強い経典であり、特に「常不軽菩薩」であるといっている。仏教普及や当時の民衆教育のために、仏教典は比喩表現を使って信徒や民衆を引きつけてきた。特に隠喩表現は重要な文学的手法であった。庭野日敬はまたこうもいっていた。「説法方法は演説に限ったことではないが、もし文章を書く才能があるのなら、新聞や雑誌において説法するのもよいだろう。」更に「文の才能がある人は、文章にて仏法を伝えていくのも手である。」と。これらは人々が皆それぞれ違う人間なので個人に合った「方便法門」の一つであり、方法の一種である。人の「煩悩五欲」により、文学もまた人の心身を乱すことがある。これにより仏教の文学は文学としての制限を受けざるを得ず、文学色は取り除かれた仏教伝道のみとなる。賢治の文学作品を考察すると、『法華経』に心酔しており、そのことを頭に入れて考えなければ賢治文学の奥深さを知ることはできない。『法華経』に一歩踏み込むと、賢治の後期の作品はすべて『法華経』信仰の思考世界に影響を受けていることがわかる——『春と修羅』という詩集は『法華経』の広い宇宙観からきている。賢治と父親との衝突とそのきっかけとなったのは、『妙法蓮華経妙庄厳王本事品第二十七』の「浄蔵、浄眼の二王子が父親を導く」部分からである。また、『銀河鉄道の夜』の中の「さそりの火」のイメージは『薬王菩薩本事第二十三』の薬王菩薩が自分の腕を燃やして、身体供養を持って信仰を示した部分である。「世間を離れると、世間は清浄な生活を続ける。人間を浄化し、美しい社会になることが『法華経』の理想的な目標である」とある。賢治は「羅須地人協会」を創設し、独居生活を始め、自炊をしながら『法華経』の教えを受けた。『二十六夜』の中で賢治は一羽のふくろうに姿を変え、経典の叙事『南無疾翔大力菩薩』の経文を物語に巧みに織り込んだ。『ひかりの素足』においても菩薩が現れ、身内から離れる描写もまた『法華経』伝来であるなど、『法華経』関連は多く作品に表現されている。

さて周異夫の機関紙に発表した三篇の論文を分析していく。「『法華経』文学と人の天国——宮沢賢治の理想とした道」では『銀河鉄道の夜』のジョバンニの「天上へなんか行かなくたっていいじゃないか。ぼくたちここで天上よりももっといいとこをこさえなけぁいけないって僕の先生が云ったよ。」という言葉を指摘している。「宮沢賢治によるこの決心は『法華経如来寿量品第十六』の中にある極楽浄土について感動したからである。賢治は地上の極楽浄土の構想を練ったが、それは単純な理論的空想である突発的なものではなく、個人個人の宿命や苦しみ、人生の本質的な孤独の経験からくるものであった。」周異夫は賢治が『法華経』文学創作にいそしみ、「国柱会」の高知尾智耀講師から執筆を奨励されたことまでも論文に述べている。周異夫は賢治の文学と「芸術的伝道」と「国柱会的な文芸」の本質的違いを正確に指摘している。「『帝釈天の輪』の大陸的内容及びその影響要素論」の論文では河口慧海・Sven Anders Hedin・Marc Aurel Stein ら二〇世紀初期の西域公庫活動が賢治の創作に影響を与えたことを述べ、証明材料は非常に納得がいくものであった。「『帝釈天の輪』の主題論」では「帝釈天の輪」が如何に賢治の持つ世界観に自然と現れるかというのを細かく分析しており、そこから伝道文学ではないということを明らかにした。

一九九七年顧璉は『日本語知識』第三期と第四期において「漫画翻訳『雨にもマケズ』を例に」を発表し、『雨ニモマケズ』の翻訳者である二名——騰瑞と米麗玲——の翻訳に対して討論形式で評価を付けた。『雨ニモマケズ』は宮沢賢治の詩作品の中で読者の心に最も響く一首であり、翻訳されている版本も非常に多い。プロの訳者として顧璉・騰瑞・米麗玲・鄧雲凌、王敏・遅牢・葉宗敏らがおり、インターネット上ではさらに多くの素人翻訳がある。翻訳本それぞれに長所があり、この詩は読者たちの間で人気が高い。研究者の例をとると、前述した王敏だけではなく、後述する高韞もその一人である。彼の学位論文の後書きに王敏の影響を受けて研究を始めたと記してある。『雨ニモマケズ』はインターネットや個人ページにおいても多くの人から注目を浴びている。二〇一一年俳優の渡辺謙が朗読ビデオのアップロード後に、香港の芸能人が「三・一一」東日本大震災のために開いたチャリティーコンサート後にも、日に日にその注目度を増していった。

『雨ニモマケズ』の詩は中国のように詩を愛する国で広く知れ渡るのは当然のことであった。二つの面から見ると、一つは詩自体が素朴で真摯さがある。そしてリズムが快活であり、内面に人道主義と宗教の献身精神がみえる。もう一つは中国文化そのものに「一つ一つの熟語に味わい深い意味がある」という一面があり、一級品の芸術は「自然美」「趣がある」「質素」という美の基準がある。「詩をもって志をいう」「文を以て道を載す」といった一種の根本をなす伝統がある。この伝統の下で、「大いに天下の寒士を庇いて倶に歓ばしき顔せん」と杜甫の詩にある。「一箪の食、一瓢の飲、陋巷に在り。人はその憂いに堪えず、回はその楽しみを改めず」と『論語・雍也』にある。現代にいたるまでもいまもって伝統は衰えず、詩人海子の「面朝大海，春暖花開」では『雨ニモマケズ』と似た雰囲気を味わえる。一九九八年『出版参考』は安華作の——「東京本市吹起懐旧風」を掲載し、宮沢賢治の日本での出版状況を紹介した。近年発表されたのは王敏の「私と宮沢賢治」であるのは先に述べた。一九九九年を通すと、周異夫の「『苦』と『解脱』——宮沢賢治の人生観」という一篇の論文のみある。

❖———（4）四最盛期（二〇〇〇年からいま現在）

宮沢賢治の翻訳と普及は、六〇年余りの歳月を重ね、その発展は衰えを知らない。その流れで学者、出版関係者、評論家や読者の数が目に見えて増えてきている。宮沢賢治文学が中国大陸では溢れ、出版業界に新たな構図を形成している。新しい論文や宣伝紹介、書籍出版は時間差がなく発表されている。

二一世紀が始まり、まず周姚萍の翻訳本が出版された。長春の北方婦人児童出版社は『銀河鉄道の夜　世界少年文学選集』を出版した。二〇〇一年周異夫は論文を一篇発表した。二〇〇二年、大戒の翻訳『耕耘部の時計』を四期の『日本語知識』の雑誌に連載した。王洁・肖逸は同年に『青春年代系列，銀河鉄道の夜』を出版し、楊茜もこの一年に「宮沢賢治作品の『自己犠牲』の精神論」の論文を発表した。

二〇〇三年も収穫の多き年だといえる。周龍梅が翻訳した『風の又三郎　宮沢賢治童話文集一』、『水仙月の四日　宮沢賢治童話文集二』、『銀河鉄道の夜　宮沢賢治童話文集三』を同時に出版した。陸梅は『文学報』にて紹介を続けている。彭懿[17]は『中国新聞出版報』と『中国図書商報』にて賢治文学紹介を行っている。二〇〇三年四月二八日『新聞周刊』にて『水仙花の四日』が紹介された。他の翻訳家の発表も続き、河童は『銀河鉄道の夜』や劉青梅も『どんぐりと山猫』を発表している。湘潭大学の鄒菊雲監督による湖南省教育庁社科項目（〇三C四七〇）は認可された。周異夫は『日本語学習と研究』にて論文を一篇発表した。

二〇〇三年王冠華は「宮沢賢治童話における擬声語擬態語について」を発表した。これより以後、宮沢賢治作品の言語についての発表が続く。小笠原智子は二〇〇四年に「宮沢賢治童話における音象徴語の研究」、崔莉は二〇〇七年の修士論文で「宮沢賢治童話における力学研究——言語からの『植民』と『反植民』の角度」

また二〇一〇年には「宮沢賢治の『注文の多い料理店』における言葉遊びについて」と『言語分野からみる『どんぐりと山猫』の権力関係」が発表されている。刑運芳は二〇〇八年修士論文に「日本語の擬声語擬態語の音韻と形体の特徴について――宮沢賢治の童話を中心に」を発表する。言語学の分析は昔から作品内容を分析するのに重要とされており、言語の特徴は作家自身の作風の一部だけではなく、背後にある深層心理を反映させている。例えば崔莉は言語学と植民地抵抗の角度から様々な分析を行った。言語学は宮沢賢治研究関して前にもまして重要視されることとなった。

二〇〇三年、中国の青年SF作家たちは宮沢賢治に関心を持ち始めた。中国社会科学院文学研究所の楊鵬は題目も内容も宮沢賢治の影響を受けている自身の短篇童話『銀河鉄道の夜』を発表した。これは二〇一〇年にも同じものが発表された。旬の青年作家であり文学博士でもある彭懿は二〇〇三年に宮沢賢治の研究成果を発表し、『宮沢賢治童話論』を出版した。これは中国国内においての宮沢賢治童話を専門的に論じた初の書籍であり（注：学位論文で最も早いのは王敏である）、これにより「日本宮沢賢治海外研究推進会」の援助を得た。この本の構造は四章に分かれており、作家論・賢治の童話・作品論・附録と構成されている。また宮沢賢治の童話作品紹介もされている。彭懿自身が児童文学作家でありながらも他分野の知識（生物学学士・教育学修士・文学博士）を持っている。彼は宮沢賢治の研究に必要な深い考察には欠けてはいるが、童話の中の動物や人とのやりとりまた動植物関係の知識や文学的想像力を広げた功績は称賛に値する。また作家であり、編集者でもあった彭懿の言語表現の美しさや挿絵デザインは読者を圧倒させた。二〇〇五年、彼は青少年向け機関『文学少年（中学）』・『小星星（高学年版）』、二〇〇八年の『小学生導刊（高学年版）』にて読者年齢に合わせた賢治の童話を紹介した。二〇〇六年、彼は出版業界専門雑誌の一つである『編集学刊』に「生前一冊の本も出版しなかった作家――宮沢賢治とその童話」の原稿を載せた。

二〇〇八年彭懿と佐賀大学の周龍梅は合同翻訳し、童話集『風の又三郎』・『雪渡り』を出版した。この二冊は当年の「氷心書籍賞」[18]を受賞した。これまでに周龍梅が翻訳出版した賢治作品の書籍は一九冊くらい出版された。彼女は翻訳において出版業界に精通しており、そして日本児童文学に詳しい彭懿と翻訳することにしたのだ。上記の二名のように研究パートナーを組むことは賢治研究において珍しくない。二〇一一年彭懿は『中国出版』にて「大人のための宮沢賢治の童話——宮沢賢治の『銀河鉄道の夜』『注文の多い料理店』『ざしき童子のはなし』の評論」というのを発表した。

収穫が多い年が続いた翌年はかえって閑散とした年となった。二〇〇四年は小笠原智子の「音象徴語」の論文のほかには、翻訳本として『どんぐりと山猫』、陳言が受賞した詩の『草木が黄葉して落つる一面——日本の詩の「冬の静寂」』の中で賢治の詩『永訣の朝』を言及しているのみであった。一つあげるとすれば、賢治の創作過程は人々が作品に対して研究課題と為すきっかけとなる。第一一回国際出版学研シンポジウムにおいて、明星聖子は「『本文』とは何か。——『宮沢賢治全集』を例に」という長文を発表した。版本学に関しては、北京大学の朱環新の修士論文を参照していただきたい。

二〇〇五年はあらたまって収穫の多い年であった。天津大学出版社が上下冊の『宮沢賢治童話選集　日本語で読む名篇』を出版した。翻訳者は楊凤蓮・李紅旗・胡毅美らであり、これには童話が二五篇収録されている。翻訳家李紅旗は二〇一一年に「宮沢賢治の内なる世界」も発表している。周龍梅だけでも上海の少年児童出版と上海翻訳出版社から六冊だしている。希望出版社は李英茂翻訳の『風の又三郎——絵本で見る外国児童文学名著』、天津教育出版社は李毓昭訳の『銀河鉄道の夜』を出版した。陳剣もまた論文を一篇発表している。鄒菊雲・肖凤超・周翠平らもまた賢治文学研究グループの一つである。鄒菊雲と周翠平は二〇〇五年に、鄒菊雲は二〇〇七年頃に個人的に『よだかの星』に関しての論文を発表しており、賢治の創作心理と宗教思想の両面から『よだかの星』の意義を解析した。鄒菊雲と肖凤超は二〇一一年に『注文の多い料理店』に関する論文を発表している。肖凤超は二〇一一年「宮沢賢治の童話から見る文明批評——童話集『注文の多い料理店』を中心に」を以って、学位を取得した。この論文は賢治の童話が現代の「文明社会」の疲弊を述べており、近代社会の発展しすぎた側面を批判している。

二〇〇六年は比較的に平淡な年であった。伊藤眞一郎は「宮沢賢治文学作品の『他人本位』の精神論」を『日本研究』[19]に発表した。周龍梅の翻訳作品は青島出版社から出版された。上海人民美術出版社から出版された『白の日本童話（冬の童話）』の中に賢治の作品が収録されている。劉紫訳の『雀の童子』が発表された。赫苡は「小雪花」の中で『セロ弾きのゴーシュ』と『雨ニモマケズ』を紹介している。

二〇〇七年より宮沢賢治研究と普及が全面的な成長期に入り、これまで以上の発展を見せた。二〇〇七年は日中の出版が合同し、王敏を中心として、中国社会出版社が六冊の賢治作品選集を出版した。朱自強・周異夫・崔莉・鄒菊雲ら主な研究者たちは皆論文を発表した。周沙莎は『小学生導刊』にて宮沢賢治を紹介した。『日本語知識』では張蕾により——「純粋で・美しく・繊細な——童話詩人宮沢賢治」と紹介された。各作家たちは十分に賢治を理解し普及活動に励んでいる。李長音[20]は散文集の中で宮沢賢治について述べている。

二〇〇八年、四川外国語学院にて国際シンポジウム——「詩人黄瀛と多文化間アイデンティティー」が開催され、参加者たちは黄瀛・宮沢賢治・草野心平らの詩歌同人の創作と文化活動について熱く議論をかわした。同年二〇〇八年、王敏は『対外伝播』の自身のコラムにて宮沢賢治を語った。周異夫は賢治の論文を以て東北師範大学博士学位を取得し、宮沢賢治に関する重要な論文を三篇発表した。周龍梅・彭懿は合同で賢治童話を貴州人民出版社から翻訳出版し、出版賞を受賞した。江蘇少年児童出版社は周龍梅訳の『銀河鉄道の夜—必読文庫（少年版）』を出版した。周龍梅は『少年文芸（閲読前線）』にて翻訳『水仙月の四日』を発表し、戴晓颖は論文「宮沢賢治の童話作品に見る星」を以て華中師範大学の修士学位を取得した。同年、黄小敏は「宮沢賢治と風」を、波末は『課堂内外（高校生版）』にて『銀河鉄道の夜』を発表した。二〇〇八年、李楊は「宮沢賢治の宗教観から見る童話創作」を発表し、戴暁穎の指導教員である李俄憲が担当した王玲という学生は二〇一一年修士論文にて「宮沢賢治童話における死生観——微笑んで死を迎える主人公を中心に」を書き卒業した。短い期間に、華中師範大学外国語学院ではこの二篇の宮沢賢治研究論文によって中国の賢治研究の中で、一段と名を挙げた。

二〇〇九年もまた大きな盛り上がりを迎えた。湖南少年児童出版社はこの年も周龍梅の『水仙月の四日』を出版した。周龍梅訳の『水仙月の四日』は『小渓流（故事作文）』二〇〇九年第八期にて発表され、『文苑（経典美文）』の第二期は訳者不明の『水仙月の四日』を掲載した。また訳者不明の『セロ弾きのゴーシュ』は『少年文芸（閲読前線）』に掲載された。この年の大きな収穫は唐権華と王静の翻訳作品である。前者は『宮沢賢治童話』を翻訳し二十一世紀出版社から出版し、後者が訳した『農民芸術概論綱要』は非常に重要な賢治文学である。これは河南省社会学界連合会の成果であり、中国大陸における賢治研究の発展する鍵となった。ただ多くの人々の関心を集めることはなかった。というのも題目の中に「宮沢賢治」という名が含まれていないために検索しても探し出せない可能性が高いからである。また作品そのものが人々の興味を引かないのであろう。どちらにしろ、賢治文学研究に必要不可欠な作品である。『詩人黄瀛』はこの年の六月に出版され、宮沢賢治と中国の更なる関係が書かれてある。朱自強もまた賢治に関連する論文一篇を発表した。

二〇〇九年賢治研究は比較的収穫が多いといえるのは、修士論文が三篇あることだ。範嘯は「宮沢賢治童話作品の作用——『銀河鉄道の夜』と『注文の多い料理店』を中心として」を以って国際関係学部の修士学位を取得、徐仙梅は「宮沢賢治童話の『星』の意義——『よだかの星』と『銀河鉄道の夜』を中心に」を以って広東外語外貿大学の修士学位を取得，閆姍は「『なめとこ山の熊』から見た宮沢賢治の生命思想」を以って吉林大学の修士学位を取得した。この一年という期間で、中国大陸の南北三か所もの大学院から同時に宮沢賢治を論題として論文が書かれ、発表が行われた。このことは賢治研究が中国の日本文学研究において成熟してきていることがわかる。この他にも、山里藤己（Yamazato）の「宮沢賢治とGary Snyder人類と惑星との未来への構想」の論文翻訳が発表された。山里論文では日本の学者は欧米作家の作品が次世代にどのような影響を与えているかを重視していること述べている。Gary Snyderと宮沢賢治との関係は中央民族大学の洪娜の博士論文を参照していただきたい。周菲菲は『山東文学』二〇〇九年第六期に賢治文学と関係性のある論文を発表し、王信峰は「宮沢賢治作品中の人と自然の共存の簡単な考察――『狼森と笊森、盗森』を中心として」を発表した。これは人と自然の間の共存関係を述べており、賢治の自然との共生観に賛同し、賢治の文学的生態特性を肯定している。二〇〇九年、馬麗麗は二篇の論文「平和主義者――宮沢賢治」と「宮沢賢治と魯迅の対比研究」を発表した。

二〇一〇年に最も重要なのは王敏教授の博士論文「宮沢賢治と中国」の簡体字版が中国大陸で出版されたことである。この他に周異夫が論文を一篇発表し、崔莉も二篇発表したことである。周龍梅は「中国においての日本三大童話作家の作品の翻訳と普及」という論文を発表した。彼女の二〇〇八年に出版された翻訳本は改訂してこの年に新たに出版された。同年、周龍梅の論文「『水仙月の四日』の雪婆んごのイメージについて」では雪婆んごのイメージは中国の伝統文化「西王母伝説」と関連させて発表した。また、高韞奇は「『銀河鉄道の夜』の四度に及ぶ原稿の変遷――不変の部分を中心にした版本学研究」の論文にて東北師範大学修士学位を取得した。明星聖子が注目したこの論文では形成過程の文献学と版本学との研究の相違、『銀河鉄道の夜』における不変的な個所の意義を述べている。より重要視しているのは変化後の結果であり、その個所を残したこと、また残した文学的意義とは何かということである。王静は二〇一〇年に「宮沢賢治が描いた『馬鹿』な虔十」を発表した。この論文は賢治の『虔十公園林』の分析に対してある程度の正確さが読み取れ、かつ文学的細部にわたって解釈している。例えば虔十はなぜ杉苗を植えたがったのか、なぜそれが七百本であるのかということを納得がいく説明をしている。甘涛・李静は『銀河鉄道の夜』について、周異夫の観点を引用した論文を発表した。この一年に発表された論文は他にも多数ある。劉恋の「宮沢賢治童話における思想意識及びその教育意義について」、倪筠の「宮沢賢治——童話の魅力」、韓麗萍の「宮沢賢治の『なめとこ山の熊』の解読」である。韓麗萍は翌年に前年度発表した同じ機関誌に「猛吹雪の中の大きな愛——宮沢賢治の『水仙月の四日』の解析」を発表する。翻訳の方面では、以下のような成果があった。徐超訳の「水仙月の四日」、『少年文芸（中旬版）』一期に訳者不明の『どんぐりと山猫』、曹雅洁と方玮編集の『夢を追い求めた童話作家　宮沢賢治』が出版され、この本は日中の文章が照らし合わすことができる方法を採用した。日本の漢字の上にふり仮名をふり、MP3のディスクも本に付いている。このような方法で多くの日本語学習者や文学愛好者が内容をより理解しやすくなった。『彩虹湖　新童話大王』という本は文字を覚える子供のための本であるが、その本にも宮沢賢治の『よだかの星』が載っている。訳文の上にすべて中国語のピンインがふってあり、子供が漢字を覚えると同時に賢治文学を読めるようになっている。これは曹雅洁・方玮の編集形式とは対照的ではあるが、中国の読者が宮沢賢治作品を読む要求の細分化を示している。

二〇一一年の賢治作品は中国大陸において以前よりもはるかに巨大な柱となった。まず、喜ばしいことは二〇一〇年に中国大陸の華中・華東・華北を合わせて五カ所の大学にて、各大学それぞれ一人の学生が宮沢賢治に関する研究をして修士学位を取っていることである。これは二〇〇九年度に比べると二倍の結果である。湘潭大学の肖凤超は「宮沢賢治童話から見る文明批評——童話集『注文の多い料理店』を中心にして」という論文を、華中師範大学の王玲は「宮沢賢治童話における死生観――微笑んで死を迎える主人公を中心に」という論文を完成させた。河北大学の靳婧は「ファンタジー構想の独自性――宮沢賢治『銀河鉄道の夜』をめぐって」という論文を完成させた（彼女はまた「宮沢賢治の宗教観論――『よだかの星』を中心として」という論文も発表している）。華東師範大学の劉瑞は「『なめとこ山の熊』について」という論文を、中国海洋大学の丁文霞は「宮沢賢治文学とキリスト教」という論文を完成させた。

次に、書籍出版において宣伝効果を高めるのを兼ねて、装丁がとても豪華になったことである。本のサイズやボール紙での包装、装丁は書名のイメージに合わせてデザインされるなど趣向が凝らされている。周龍梅は四冊の翻訳本を出版し、その内の一冊は少年児童出版社、他の三冊は江西南昌百花州出版社から社をあげて出版された。彭懿は『中国出版』においてこれらの本を推薦した。上海文芸出版社『猫の事務所　宮沢賢治童話選集』は『本城』の第七期において宣伝され、天津の新蕾出版社もまた卜偉欣編集訳『よだかの星　宮沢賢治童話集（挿絵入り蔵書）』を出版した。

またこの二〇一一年という年は宮沢賢治を格段に広めることとなった事情があった。「三・一一」東日本大震災である。東北の岩手県・宮城県などが主に被災地であり、被災者たちは目の前で起こった災害から、自身を慰め、明日への活力を養うために、『雨ニモマケズ』を口にしていた。前述した通り、香港の俳優はチャリティーコンサートでこの詩を歌い、中国人に宮沢賢治と日本の精神が理解できるようにかけ橋をつなげた。王敏は日本での長きにわたる生活から日本人の精神への答えを見いだした。香港の詩人廖偉棠は『明日風尚』において「『春と修羅』――地震後の日本漫遊記」を発表した。最後に宮沢賢治から影響を受けた日本文学作品を述べる。二〇一一年、人民文学出版社から出版された野村美月の『文学少女と慟哭の巡礼者』は賢治作品に影響を受けた中の本の一冊といえる。宮沢賢治の言葉と文学影響により自己の叙述を構成し、宮沢賢治に対する知識と敬意を表している。例えばこの本の中で独自に『銀河鉄道の夜』の人物を分析し、カムパネルラだけではなくジョバンニにも焦点を当てている。我々はしっかりとした文学的視点を以て『銀河鉄道の夜』と新たな気持ちで向き合い、より理解を深めていくべきである。

二〇一一年、肖凤超・李赤旗・韓麗萍に関しては既に前文で述べた通りである。尚易訳『やまなし』は『少年文芸』五期中旬版にて発表された。邱栄菊は『長城』にて発表し、巴娜の「宮沢賢治童話芸術探索」は『理論界』二〇一一年第九期に発表された。

二〇一二年三月、曾暁慧は『作文素材（高考版）』第三期に「太陽の光のように温かく、風のように孤独である――『三・一一』大地震特別記念　宮沢賢治作品の素材運用」を発表した。これは宮沢賢治の代表作品を正確に分析した内容である。

3　これまでの宮沢賢治の翻訳と普及活動の歩んできた道程（中国・台湾・香港にて）

台湾の賢治文学の翻訳と普及は盛り上がりをみせている。翻訳と書籍出版の方面では、杜億凡訳『銀河鉄道の夜』（星光出版社一九八六年出版）、騰若榕訳『風の又三郎』『銀河鉄道の夜』（麦田出版一九九八年出版）、周姚萍訳『銀河鉄道の夜』（台湾東方出版一九九八年出版）、騰若榕訳『伝説の広場――ポラーノ』（麦田出版一九九八年出版）・『猫の事務所』（麦田出版一九九八年出版）、郭美恵訳『双子の星』（麦田出版一九九九年出版）、騰若榕と郭美恵の共同訳『銀河鉄道の夜』（遊目族文化二〇〇二年出版）・『銀河鉄道の夜』（国際少年村

表１　輔仁大學日本語文学科 2006 年──「宮沢賢治児童文学」シンポジウム

タイトル	発表者
童話試論一宮沢賢治の場合	顧　錦芬
賢治童話を読む──講義ノートから──	横路　明夫
『なめとこ山の熊』小論	沈　啓鴻
『土神と狐』──変異と同質性──	朱　珍儀
『どんぐりと山猫』試論	潘　承瑤
『オツベルと象』における個体と団体との関係	劉　宗德
宮沢賢治の童話における〈他力救済〉 ──『猫の事務所』『セロ弾きのゴーシュ』を中心に──	呂　仙儀
『セロ弾きのゴーシュ』試論──自閉からの脱出──	林　瑞珍
『なめとこ山の熊』試論	楊　家昌
『注文の多い料理店』試論	丁　瓔琳
自然界の両面性──なめとこ山の熊と雪童子──	呉　絵利

表２　台湾において宮沢賢治研究をした院生の学位論文の状況

論文題目	作者	指導教授	所在大学	学年
宮澤賢治作品『注文の多い料理店』の諸相	羅　沛昀	横路明夫	輔仁大学	91 学年
宮澤賢治童話研究－動物の擬人化を中心に	簡　佩珊	横路　明夫	輔仁大学	97 学年
賢治童話における批判意識	丁　瓔琳	横路　明夫	輔仁大学	98 学年
宮沢賢治の童話研究	厳　淑齡	翁　蘇倩卿	東呉大学	79 学年

二〇〇二年出版）、徐華訳『風の又三郎』（小知堂二〇〇二年出版）、欧千華訳『銀河鉄道の夜』（小知堂二〇〇二年出版）等がある。出版社は麦田出版が突出して最も出版物が多く、翻訳家としては騰若榕が代表格である。雷光涵は宮沢賢治の『雨ニモマケズ』を翻訳している。

宮沢賢治に関する会議論文は少なくはないが、ここでは集めることのできた論文だけを紹介する。一九八八年一二月台湾大学法学部にて「近代日本と台湾の討論会」が行われ、宮沢賢治研究者の板谷栄城は「王白淵の研究について」の中で小説『南部紫』を挙げて、台湾人の王淵と岩手文化・宮沢賢治との関係性について述べた。一九九八年一〇月三〇日に国立政治学大学修養研究所主催の「日台学術研究会　東アジアの生死学」において、東京大学教育学研究科の金森修は「宮沢賢治と病理の世界」を発表した。二〇〇八年一二月二〇日淡江大学「日本語文学国際学術研究会」にて、淡江大学講師の顧錦芬は「童話エッセイ——宮沢賢治童話」を発表した。二〇〇九年一二月一八日「呉鳳呉技術学院應用日本語科　二〇〇九年應用日本語教学国際学術研究会」にて南台科技大学応用日本語学科副教授の邓美華は「日中色彩語の対象研究—宮沢賢治『銀河鉄道の夜』の中国語翻訳本を中心に—」を発表した。二〇〇六年輔仁大学も宮沢賢治の専門学術研究会を主催し、押野武志教授特別講演を開催した。（表1）

学会の熟成度は総じて変わらず、学位論文分野で台湾は成果を伸ばしている。輔仁大学の横路明夫・東呉大学の翁蘇倩卿は宮沢賢治研究に携わる多くの研究生を指導している。（表2）

本文を執筆する際に香港出版の宮沢賢治書籍に関して情報を集めてはいないが、学問としてではなく趣味や知識として宮沢賢治作品を読んでいる人々は大勢いる。香港詩人廖偉棠は「『春と修羅』——地震後の日本漫遊記」にて詩人宮沢賢治の細部まで把握し、理解したことを記している。また宮沢賢治の普及に関して、多少なりとも影響を与えたのは香港の芸能協会である。芸能人たちが歌った「不要輸給心痛」(痛みに負けないで)の歌詞は宮沢賢治の『雨ニモマケズ』の詩をアレンジした歌詞であった。これにより宮沢賢治への敬意と被災者たちへの深い憐憫の情が海を越えてつながった。現代の芸能人たちとメディアの影響力はいまや無視することができない大きな存在である。

4 宮沢賢治の翻訳と知名度が広がっていった過程の分析

❖——(1) 中国においての翻訳出版業界の突出

一人の作家とその作品に対して人気が出ないこともあれば人気が出ることもある。これは偶然か必然かの違いである。もし草野心平と宮沢清六のたゆまぬ努力がなければ、賢治の遺作は世に知られることもなく、もしくはこんなにも早く広まることもなかったであろう。他国の作品が外国で出版されるということは、外国人読者の理解や興味を引くこと、更には多くの条件を備えていなければならない。例えば翻訳者の数や質、社会発展状態に適した文学内容・民衆の知識レベルや宗教習慣・対象地域の出版の利便性などの地域文化を背景に受け入れられるかどうかの要因があると考えられるからである。

日本の宮沢賢治研究はいまや巨大であることは周知の事実である。各研究論文は多数あり、先行研究の成果が若い研究者たちの前に立ちはだかっている。では、現在の賢治研究はこの程度で打ち止めであるといえるのだろうか。それは到底いえることではない。実証材料の発掘・整理・分別・消化・討論などの作業は終わることはなく、新しい知識の結合と知識の領域は研究者の人格をも新しく形成し続けるのであろう。人々の視点が変わりゆくにつれて、研究競争の内容も変わるが、止まることはない。中国という悠久かつ絢爛な文学歴史を持った文明社会の国に対して、「賢治現象」の海を越えたこの盛況ぶりは他者が容易に真似ることはできない。

この理解を前提にして、再認識すべきことは日本文学を輸入した数と欧米文学の数が同じくらい多いということだ。「同文同種」の誤解は近代歴史の複雑な国際問題が起こったことからもわかるように、日中二国間は他の国よりも理解しやすく、また誤解も生まれやすい環境に置かれている。文学の輸出輸入と交流過程においても同様のことがいえるのではないだろうか。宮沢賢治も例外ではない。本文を執筆中も一つのエピソードがあった。ある一人の中国人は微力ながらも中国国内向けに賢治文学を紹介し、広めてきた。ある高校の国語教師の友人たちに頼まれその人は学生たちに宮沢賢治の『雨ニモマケズ』を知ってもらうためにと詩を紹介したところ、学生たちは詩の内容を理解できずにいた。彼らは、唐詩や宋詞の文学世界では詩や詞は韻が踏まれ、言葉の美しさや詩の強烈なメッセージ等があったが、賢治のこの詩は韻も踏まれず、内容も淡々として詩としては中国の古典詩歌には到底及ばないという感想であった。ここで二点の無視できない点がある。一点は翻訳によって言葉の本来の味が失われていることである。特に詩歌では言葉は命そのものである。もう一点は中国の文芸論には「自然美」「趣がある」といった一面があり、伝統的に「詩を以て志をいう」を大事にする。だが同じような文化心理のもとで、『雨ニモマケズ』という日本の詩は簡潔明朗でありつつ、また内容の深さを失わないことである。このエピソードに話を戻すと、友人は『雨ニモマケズ』に関しての背景や知識を教えたところ、学生たちは考えを改め、この詩と向き合ったという。こういった側面から今日の宮沢賢治文学の研究の成果を見て取ることができる。

宮沢賢治の中国での翻訳・出版・閲読・紹介や受け入れ状況の全容から、今後とも更なる発展が期待できる。

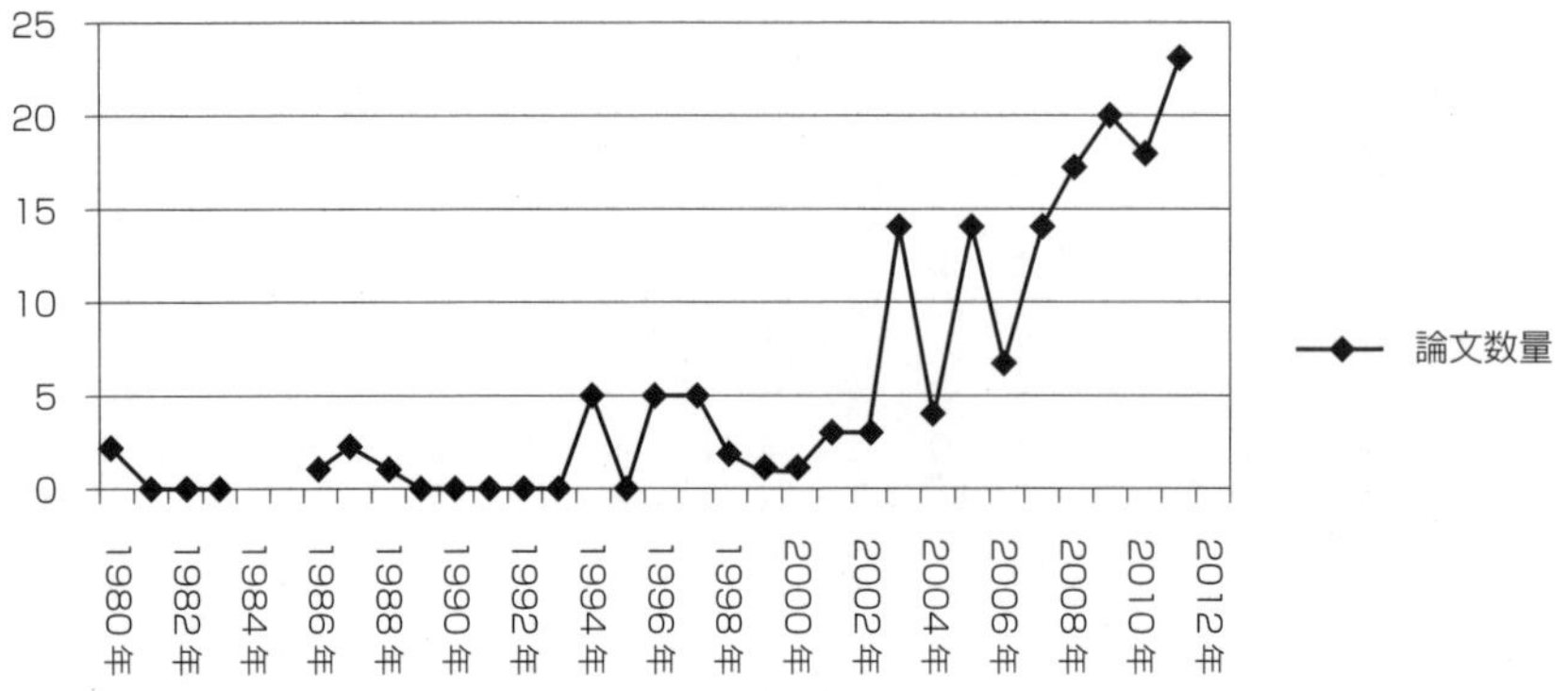

（表１）　文革以後の各年代の論文集

①年代から見る数の変化

インターネットを除き、全ての本（論文であれ書籍であれ）が一つの伝達単位とすれば、論文の数量は時には少なくなったが、相対的に見ると増えていっている。各年代の発表論文の政策を折れ線グラフで表した。横線は年代であり、縦線は数量を表している。（表1）

②書籍出版の地域から空間分布

賢治作品書籍を出版した省別に統計をとった。（表2）

出版数は合計で六〇冊にのぼり、一五の省に分布した。その内、四大直轄市と一〇省の省都・一重点都市に分かれた。上海が最も多く一五冊。次点は北京の一三冊。長春は八冊。天津・南京・南昌は各四冊。重慶・長沙は各二冊。済南・青島・瀋陽・西安・鄭州・太原各一冊。これは中国各地域の出版社の実力とほぼ一致している。直轄市の状況は前文に述べたが、その中でも突出しているのは上海・北京である。特に上海は上海児童出版社・上海翻訳出版社など中国国内でも非常に実力のある出版社が目立っている。北京では中国社会出版社が主力である。また地域別にすると、華

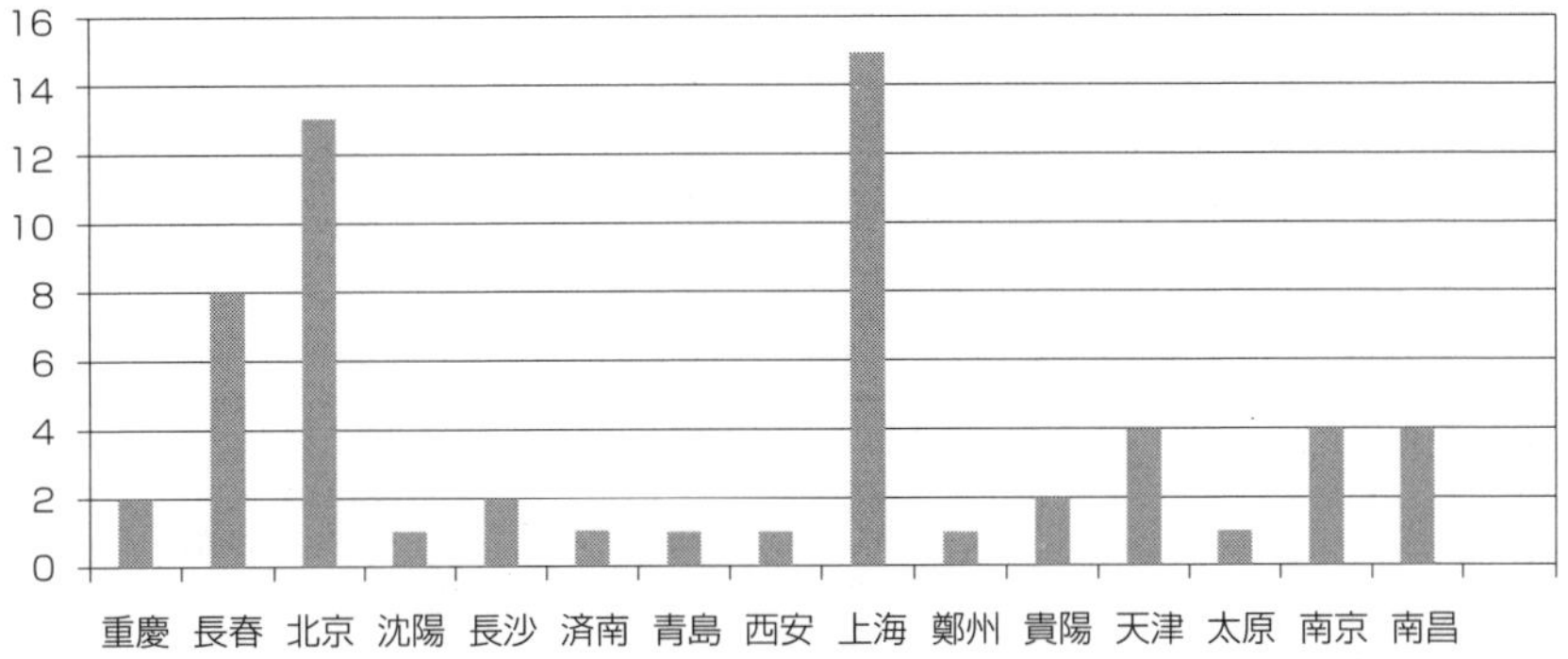

表2　各省市における宮沢賢治に関する書籍数

北は三〇冊・華東は一九冊・華中は六冊・西南は四冊・西北は一冊となっている。

③機関紙の発表状況

宮沢賢治に関連する論文と文章の発表雑誌は中国各地に散布している。その中でも『日本語学習』・『日本語研究と学習』は最も人気がある。『日本語学習』は一九九六年より七年間の間に一二篇もの賢治の翻訳小説を掲載した。『日本語学習と研究』は一九九四年より、五年間の間に五篇の質の高い論文を掲載した。その他にも『日本文学』『日本研究』『日本語学習』『外国文学研究』『外国語教育』『外国語の国語』『外国問題研究』『訳林』『名作鑑賞』および青少年用の雑誌もあり、また高校新聞や大衆向け出版物にも広がっている。研究者の圧倒的多数は外国語学部出身であり、特に日本語学科の出身者が多い。彼らが賢治の研究を発展させた要因として、言語学・文献学・日本学・文学・宗教学・芸術心理学・地質科学・道徳論理学・美学・生物学・環境保護科学など日本語学科の研究の多元化を反映させるかのように多数の分野を学んだからであり、原本に限りなく近い翻訳に努めている。

④学位論文の状況

宮沢賢治に関する論代の学位論文をまとめた一覧は（表3）を参照。一九八〇年に王敏が最も早く研究を始め、修士論文で学位を取得した。二〇〇七年修士論文は一篇、修士論文は一三篇ある。二〇〇八年博士論文は一篇と修士論文は二篇。二〇〇九年は三篇、二〇一〇年は一篇、二〇一一年は五篇の修士論文である。その内、広東外国語外貿易大学は二篇、華中師範大学は二篇である。論文の半分近くは師範大学の外国語学部から発表されている。それらの大学は重点大学または重点外国語学校に属しており、北に六か所・中部に四か所・南に二か所・東西部に一か所である。

博士論文を出版するにおよび、周異夫の論文は未だ公に出版されず、王敏の博士論文は日本で完成したため、現状は研究者の学歴の層は高くなっている。博士学位を取得した人数は多く、また修士学位取得者も次々と現れ、研究発展の原動力となっている。高学歴者の参加は関連ある科学研究の成立や助成金、また周異夫・鄒菊雲・王静・彭懿などの学術活動を推し進めている。

❖――――（2）普及手段と多元化する媒体

パソコンとインターネットは一九九〇年代の中期から中国大陸で広く普及し、文学を広める媒体としても活躍してきた。加賀谷稔らにより、『銀河鉄道の夜』のCGアニメ作品が制作され、他にも日本の漫画や絵本により、中国大陸における宮沢賢治を普及する手段が格段に増えた。インターネットの活躍は文学書籍の普及に二重の効果を与えた。一つは知の民主化により媒体として書籍を利用する頻度が減った。インターネットは日々増え続ける研究成果を即時発表でき、時と場所を選ばず他者と討論できるようになった。賢治作品の普及にはインターネットを通じた活動が多くみられる。読者は賢治の作品についての感想をブログやBBSなどに書き込み、その中には感想文だけもあるが、時に深く鋭い理論も存在する。具体的には参考文献を参照してい

表３　年代から見る作家宮沢賢治に関する博士修士論文の統計表

作者姓名	卒業大学	論文表題	論文の口頭試問の年	学位別
王敏	四川外国語学院	『宮沢賢治の童話――「猫鼠篇」について』	1980	修士
周異夫	東北師範大学	宮沢賢治の仏教性世界観と生命感――『法華経』信仰と童話創作を中心に	2008	博士
崔莉	広東外国語外貿易大学	宮沢賢治童話における力学研究――言語からの「植民」と「反植民」の角度	2007	修士
邢運芳	湖南師範大学	日本語の擬声語擬態語の音韻と形体の特徴について――宮沢賢治の童話を中心に	2008	修士
戴暁穎	華中師範大学	宮沢賢治の童話作品に見る星	2008	修士
範嘯	国際関係学院	宮沢賢治童話作品の作用――『銀河鉄道の夜』と『注文の多い料理店』を中心として	2009	修士
閆姍姍	吉林大学	『なめとこ山の熊』から見た宮沢賢治の生命思想	2009	修士
徐仙梅	広東外国語外貿易大学	宮沢賢治童話の『星』の意義――『よだかの星』と『銀河鉄道の夜』を中心として	2009	修士
高韞奇	東北師範大学	『銀河鉄道の夜』の四度に及ぶ原稿の変遷――不変の部分を中心にした版本学研究	2010	修士
靳婧	河北大学	ファンタジー構想の独自性 ――宮沢賢治『銀河鉄道の夜』をめぐって	2011	修士
劉瑞	華東師範大学	『なめとこ山の熊』について	2011	修士
肖凤超	湘潭大学	宮沢賢治童話から見る文明批評――童話集『注文の多い料理店』を中心に	2011	修士
王玲	華中師範大学	宮沢賢治童話における死生観――微笑んで死を迎える主人公を中心に	2011	修士
丁文霞	中国海洋大学	宮沢賢治文学とキリスト教	2011	修士

ただきたい。だがもう一つには、広がっていく手軽さが質を犠牲にしていることがある。科学技術の発展により、研究者の多くは自分が苦労して導き出した成果が「安易に」インターネット上に載せられていることに不満を抱いている。これによりインターネットを通しての普及は一定の制約が必要であることがわかる。

宮沢賢治の中国での普及は文字・音声・絵画・ビデオ・アニメ・映画・テレビなどの多くの媒体を通して広がっていった。日本が制作したビデオ・テレビなどはすでに中国語の字幕や解説などが付けられ、それにともない日本語を勉強する中国人も増えてきた。語学の壁はあっという間に乗り越えられていくようになった。印刷業や出版業も目に見えて発達し、視覚的にも人々を引き付けられるようになってきた。例えば賢治の訳本の挿絵が増え始め、装丁のデザインも目を見張るようなものばかりである。

インターネットに、中国語の「宮沢賢治バー」というのがあり、また「豆瓣ネット」には「宮沢賢治ファン」といったのが存在する。インターネット上に散らばっている書き込みやそれに対する返信などの掲示板やチャット機能を使って宮沢賢治について討論する人々が増え続けている。

❖――（３）活動の成果と不足点についての考察

以上の分析から賢治の翻訳と普及の全景が大まかには見えてきた。それに基づいてここから更なる多くの研究と問題点を集結させる。賢治の生前については比較的多く紹介されてはいるが、作品に関して深く研究されている発表はそれに比べると少なく、感性によって認められる発表は理論的に説明できる発表であることが多い。創造意識の強くないものは、主体性がないことを露呈している発表となっている。これは研究者自身の基本理念がないことに原因があり、さらにいうと科学技術研究や発表などのストレスからくるものでもある。賢治研究者の中でも少数ながら論文中において三つの弊害を犯す研究者がいる。最も問題であることは盗作である。二つ目の弊害は規範に背く論文であり、三つ目は作品について他者と同じような論文を書くことである。ここで典型的な例を挙げて分析していく。論文「宮沢賢治の宗教観から見た童話活動」の題名と周異夫が以前に発表した文章が「一致」し、参考文献でさえも「一致」していた。二つ目の弊害がある論文は、すべて自分で書いてはいるがまとまりがない文章であり、さらに題目のみが立派であることが多い。

例えば「平和主義――宮沢賢治」の題目に対して論文内容が不十分なのである。第二節の中で「大乗仏教とは三世十方諸仏の思想を唱え、更にいえばすべてが仏という神になり、仏の力と救いの手について強調している宗教である」と述べた。では、一体だれが大乗仏教を解釈したのか。我々は『法華経』において修養と供養により、一連の執着心を取り除き救いを実践していく。『法華経』では外界の強い救いを承諾せず、自分自身は何もせず観音菩薩の救いを求めるだけというのはいけないと説かれている。『よだかの星』を自分自身で分析しなければいけないのに、鄒菊雲の「宮沢賢治の宗教性と思想意義――『よだかの星』を中心に」を読むことで分析とすることではないだろうか。「宮沢賢治と魯迅の比較研究」には更に驚かされた。まず、宮沢賢治と魯迅の間には共に「国民作家」という称号があり、文学作家の中でも群を抜いてその地位は高い。彼らは比較しようとして比較できる人物ではない。このような関連性のない比較文学分析は全くもって意味をなさない。もし比較性があるとしたら、この論文は博士論文の題目としてもおかしくはない。だがこの作者が紙一枚のみで論述した内容は、明らかに不十分である。また「要旨」にて「宮沢賢治と魯迅文学に対して微力ながら貢献できることを願う」とある。その後太平洋戦争の敗因と賢治の住んでいた村の関連性について論述し、これにより時間軸と事実に注意を向けていないことがわかる。後半部分においては『春と修羅』の「羅」が「催」となっている。「修催」とは一体どんなものであろうか。また韓麗萍の文は宮沢賢治の作品をただ真似しただけであり、見かけは綺麗だが、中身は全くないものである。

宮沢賢治の翻訳・研究と普及の面では多くの課題が残っている。例えば作品と宗教の関係、童話の系統の解読、賢治と中国との関係の更なる研究などまだまだ多くの作品が紹介も翻訳もされていない。広大な国である中国において、宮沢賢治文学の普及はいまだ微々たる成果である。幸いなことに、前述した弊害のある論文などはごく一部であり、多くは素晴らしい論文である。振り返ると、王敏や周異夫らのような研究者や研究成果無くしてここまでは来ることはできなかった。しかしながら、日本の研究者たちの真摯で詳細にわたる賢治文学のまだ見えぬ部分を研究する心意気や実績に中国は残念ながら距離を未だ縮めることができていない。

5　宮沢賢治の絆：新世紀の蘇生

日本の漢字能力検定協会が二〇一一年度の今年の漢字は「絆」の字を選んだ。日本語の「絆」は「束縛」「網羅」「関係」という意味がある。これは「三・一一」の東日本大震災の日本人の共通認識であり、二〇〇八年に起こった「五・一二」の汶川地震後の中国人の認識と共通している。自然災害の前で人の社会の発展などは簡単に奪い去られる。科学技術を用いてまた元の文明世界を築いていく際に、震災者は他の社会との断絶や災害へのショック、身内の死や一家離散、無一文といったことが身に降りかかっている。同じように賢治自身の人生の中でも痛みや困難があった。当時既に文明が発達しており、飛行機・船・電灯・電話などがあった。しかし文明がどんなに発展しても心の貧しさは存在している。貧困・病気・民衆分裂や闘争心が人々の間にしこりとして残っていた。困難と向き合った時に賢治は皆の幸せが自分の幸せであるとの考えを持ち始めた。「羅須地人協会」と地元農民との間には「絆」があり、賢治の詩は敏子や加奈や大勢の詩の仲間たちとの「絆」によって創作された。晴れた日は田畑を耕し、雨の日は家で勉強するといった生活の中で雲や風の力を学び、永遠に人々の心に感動を残した作品は宇宙万物との「絆」である。また賢治は前人未到の事業をなそうとした。それは人類すべての人々と未来との「絆」を結ぼうとしようとしたのであった。

「絆」とは相手を思いやり、どこにいても心がつながっているということだ。賢治の信仰した『法華経』も「絆」や「縁」を説いていた。庭野日敬師は『法華経の新しい解釈・諸行無常』の中で「人は互いに心の中で感謝をすべきであり、愛し、また協力し、中睦まじく共に共存していくべきである~人と人との関係は目には見えぬような深いところで存在し、網目状に広がっていく~万物や人は一つの生命を貫いており、それは眼鏡をかけても細すぎて見えない糸でお互いにつながっている。私たちはこの事実を常に心に置き、互いに小さな「私」を捨てることができるなら、もっと繋がりが深くなれる。また互いに共存する関係が自身の心をより成長させることができる。自分と他人との間に自然発生的な調和である。」

技術生産力で比べると、我々現代は賢治の時代よりもはるかに勝っている。しかし、邪教・テロリズム・生態系の破壊・核弾頭の脅威・貧富の対立・腐敗および予測できない天変地異が存在し、愚かしさや恨みなどが未だ我々の心を巣くっている。賢治は二一世紀以前の人であるが、仏教用語でいうところの「末法の時代」である現代を当時すでに予測した上で、自身の作品を創作した。賢治の作品が読み継がれているのは賢治のメッセージが今日までも色あせずに我々の心に届いているからである。

6 結論

本文は宮沢賢治について中国大陸においての翻訳・紹介と普及に関して分析した内容である。そこから見えてきた結論は、中国の賢治作品の普及は日本より遅れ、また政治や文化の歴史の変化の下で全てが白紙の状態に戻ったこともあった。八〇年代の復活期の後は少数精鋭の中国の研究者は日本の研究者と遜色がなかったが、全体的には研究も実力も大きく引き離されていた。翻訳と研究は王敏・周異夫・周龍梅・彭懿・鄒菊雲・王静・横路明夫らの貢献によるものが大きい。政府・大学・民間・海外募金・同人の間でも繋がりが強くなり、発展の特徴として参加人数の多さ・普及範囲の広がり・研究してきた年月の積み重ね・学力の向上・伝達媒体の多元化などがある。賢治の作品の翻訳が増えていくにつれて、研究材料も絶え間なく増えていく。国際学会の交流も急速に進み、様々な国や地域で宮沢賢治に関する研究が増えた。中国の研究については次のような特徴がみられる。高学歴の研究者がより多くなった、宮沢賢治に関する題目の博士論文が更に増えた、科学研究項目からみると将来的に新しい研究成果が出る。翻訳の方面からは、童話だけではなく同じ作品が違う出版社から出版され続ける。また学術的な面から見ると、今後の発展によっては中国大陸において賢治文学専門の学会を開くことができるかもしれない。普及に関しては、効率的で性能の良いインターネットを主に使っていくことになるだろう。国境を超え、国際的な賢治研究を行っていく中で、中国という名をもっと耳にすることができると願っている。

あとがき

拙稿は法政大学の王敏教授の協力のもとで完成した。深く御礼を申し上げる。また浙江師範大学の彭懿博士の著書『宮沢賢治童話論』が無ければ本稿は世に出なかった。送っていただいたことに感謝申し上げる。最後に、論文の初稿を四川外国語学科の楊偉教授によって御多忙の中、修正していただいたことに厚く御礼申し上げる。

注

[1] ギリシア神話における文芸の女神。
[2] 銭稲孫
[3] 黄瀛（一九〇六―二〇〇五）中国の詩人。四川省重慶出身。中国人の父親と日本人の母親の間に生まれる。井伏鱒二や高村光太郎らと交友関係があった。四川外国語学院日本語学科にて教鞭を振るった。
[4] 石川一成（一九二九―一九九一）日本の詩人・教員。日本政府より四川外語学院に派遣され、約二年間日本語教師として学生指導にあたった。日本では神奈川県立国語教育センター主任、また湘南高校や厚木高校に教員として在籍していた。
[5] 洪忻意
[6] 于長敏（一九五一―）吉林大学日本語学科教授、専門は日本文学である。一九七五年吉林大学外国語学部卒業。一九八四年筑波大学修士課

程を修了。帰国後は吉林大学外国語学部主任・学部長を歴任し、中国文学比較学会理事長・大学外国語教育委員会の委員も兼任している。

[7] 邓雲凌（一九六〇―）北京語言大学中国語学科副教授、専門は日本文学および中国現代文学である。

[8] 劉暁峰（一九六二―）清華大学歴史学科副教授、専門は日本史と日中比較文化交流史である。一九八三年に東北師範大学中国語学科卒業。一九九一年に来日し、京都大学文学博士号取得。

[9] 崔世広（一九五六―）中国社会科学院日本研究所の研究員・社会文化科の副主任、専門は日本思想史・日本文化論・日中比較文化論である。一九八八年南開大学博士号取得。同年中国社会科学院日本研究所に入る。以前は松下政経塾の特別研究員でもあり、東京大学・慶応大学・皇学館大学・上智大学では客員所員でもあった。現在では中国の日本史学会の常務理事・日本哲学学会の常務理事・法政大学日本学研究センターの客員所員と中国外交学院で兼任教授をしている。また二〇〇九年四月より一年間教授として独協大学に在籍していた。

[10] 元は『対外大伝播』という名の月刊雑誌である。中国国務院新聞部が指導にあたり、外国語局対外伝播研究所センターが出版元である。世界においての伝達方法や理論などを載せた雑誌であり、関連研究者の論文も紹介している。毎月一日発売。

[11] 中国新聞社インターネット版を指す。中国新聞社は新華社通信に並ぶ中国国家通信機関である。

[12] 朱自強（一九五七―）中国海洋大学教授、専門は児童文学である。一九九九年東北師範大学にて博士号を取得。東京学芸大・大阪教育大学・大阪国際児童文学館・台湾の台東大学・香港教育学院などに客員として在籍した。現在も中国海洋大学以外にも中台の大学にて要職を歴任している。

[13] 雷峰（一九四〇―一九六二）湖南省出身の中国人民解放軍兵士。その人柄によっていまも中国人の模範的人物としてスローガンに挙げられている。幼い時に両親を亡くし、辛酸を舐めて育った。一九六〇年一月に人民解放軍に入隊。表彰を幾度となく受け、「毛沢東の名誉ある兵士」と賞賛された。同年一一月に共産党に入党。一九六二年八月一五日に殉職。人民のために様々な奉仕をし、また職場でも苦労を厭う事もなく仕事を全うしてきた。生前よりその善行は人々の間で知られており、講演会もあったようだ。殉職後はその死を人々は悼み、中国国内では軍内軍外を問わず「宣伝活動」が大きく広がり、ついには三月二日『中国青年』では、史上初となる、毛沢東による題辞「雷峰同志に学べ」が発表された。三日後の三月五日、『人民日報』、『解放軍報』などがトップで毛沢東の筆跡を掲載した。現在ではこの三月五日が雷峰に学べ記念日となっている。

[14] 周龍梅　中国黒竜江省出身、一九八二年ハルビン師範大学外国語学部日本語科卒業。その後、広州暨南大学外国部日本語教師をつとめ、八七年日本留学。一九九二年東京立正大学大学院国文学修士課程終了後、福岡に移住。一九九二年より佐賀大学中国語講師として在籍している。また宮沢賢治や新見南吉、他の日本人作家などの作品を中国語翻訳出版している。

[15] 葉宗敏　翻訳家。近世・現代など時代を問わず、また文学のみならず俳句関連の本などの日本人作家作品の中国語翻訳を手掛けている。

[16] 周異夫　吉林大学教授、専門は日本文学である。一九九四年吉林大学外国語学部修士学位取得。横浜市立大学に客員教授として在籍、吉林

省の日本語翻訳・文学の重鎮でもある。

[17] 彭懿（一九五八―）児童文学作家・編集者である。一九八二年復旦大学生物学部卒業、一九九四年東京学芸大学教育修士学位取得。彼の童話作品は多くの子供たちに愛されている。

[18] 一九九〇年に設立した女流作家氷心（一九〇〇―一九九九）の五部門の名門総合賞。中国において唯一の国際華人の童話賞である。歴代の受賞者は中国本土・香港・マカオ・台湾に限らず、米国やシンガポール国籍の華人もいる。

[19] 遼寧大学日本研究が出版元で、一九七一年創刊の季刊誌である。前身は『日本問題』。一九八五年に公開出版が出来るようになった際に、雑誌名をいまの『日本研究』に変えた。多分野に渡り日本の研究がされており、また著名な研究者たちによる文章が載っている。創刊されてからいまに至るまで、多くの人々に読まれている雑誌である。

[20] 李長音

参考文献

・王敏（一九八八）「外国文学が宮沢賢治に与えた影響」『四川外国語学院学報』（三）、八二頁。
・王敏（一九九八）「私と宮沢賢治」『当代文壇』（一）、五八頁。
・大塚常樹（二〇〇九）「以『銅鑼』黄瀛と宮沢賢治を中心として」、王敏・楊偉著『詩人黄瀛』、二九九頁、重慶出版社。
・岡村民夫（二〇〇九）「黄瀛の光栄――書簡性と多言語性」、王敏・楊偉著『詩人黄瀛』、二七八頁、重慶出版社。
・栗原敦（二〇〇九）「宮沢賢治と黄瀛」、王敏・楊偉著『詩人黄瀛』、三一八頁、重慶出版社。
・黄瀛（二〇〇九）「宮沢賢治随想」、王敏・楊偉著『詩人黄瀛』、二三〇頁、重慶出版社。
・洪娜（二〇一一）「文化を超えた相対主義――ゲーリー・スナイダーの文化思想研究」中央民族大学。
・呉佳佳（二〇〇八）「映画視野の緑色のふりむき：好莱塢映画生態主題研究」西南大学。

・朱環新（二〇〇七）「一九四九—二〇〇六年中国大陸特集版少児童文学類図書出版研究」北京大学。
・J. L. マクレイン（二〇〇九）『日本史』王翔・朱慧颖訳、海南出版社。
・丁浩・鄭敏（二〇一〇）「日本CG芸術巨匠——加賀谷稔の作品分析」『映画批評』(8)。
・方衛平（二〇〇七）『中国児童文学理論発展史』少年児童出版社。
・宮沢賢治（一九三〇代）『雨ニモマケズ、風の又三郎』銭韬孫訳、出版社不明。
——（一九四二）『風の又三郎』季春明訳、芸文書房。
——（一九五七）『人形がセロを弾く』洪忻意訳、中国少年児童出版社。
——（一九八〇）『注文の多い料理店』王敏訳、四川少児童社増刊。
・庭野日敬（二〇一一）『法華経の新しい解釈』釈真定訳上海古籍出版社。
・葉渭渠・唐月梅（二〇〇二）「第二章 自然美の相位」、『物哀と幽玄——日本人の美意識』、二五—四六頁、広西師範大学出版社。
・劉暁峰（二〇〇七）「草刈りの縁」、『日本の顔』、中央編訳出版社。

「雨ニモマケズ」
——中日文化の相互補完関係について——

賈 蕙萱／翻訳：朱 江
（元北京大学教授）

はじめに

このたび、法政大学の国際シンポジウム「震災後のいま問いかける—なぜ、『雨ニモマケズ』が読まれているのか」に出席させていただき、心より感謝しています。東日本大震災の一年後に開かれた当シンポジウムのおかげで、あらためて宮沢賢治の作品を読み直す機会に恵まれました。宮沢の詩と童話はいつになっても時代遅れになりません。人間は天災人禍の前でなすすべがない時、宮沢の「雨ニモマケズ」精神を持って立ち向かうしかありません。宮沢の作品はなぜ被災者や読者に知恵と勇気を与えたかというと、彼自身がさまざまな自然災害を経

宮沢賢治の肖像

王安石

験していた「災害の申し子」であったからです。

また、宮沢の作品を読んだ時、中国の唐宋八大家の一人である王安石（一〇二一―一〇八六）を思い出しました。彼は北宋の優れた思想家、文学者、改革者で、「天変畏《おそ》るるに足らず、祖宗法《のっと》るに足らず、人言恤《うれ》うに足らず」という信念を持って改革を推進しました。その改革の目的は農民の利益を守るためです。

その「天変畏るるに足らず」は宮沢の「「雨ニモマケズ、風ニモマケズ」」と同じ発想を持っています。宮沢賢治と王安石との比較は、とても有意義なことで、このたび宮沢の作品をもう一度読み直した成果の一つとなりました。

中日両国は長い友好交流の歴史を持っていますが、近代に入ると、戦争によって相互不信の状態に陥っています。中国人は戦争時代の日本をよく知っていますが、戦後の日本についてあまり分かりません。逆に日本人はよく古代中国を知っていますが、新しい中国がよく分かりません。また、日本人は中国人がすでに五千年の文明を捨てたと考えているのに対して、中国人は日本文化はせいぜい中国文化の亜流で、あまり価値がないと考えています。今年は国交正常化四〇周年を迎えましたが、さまざまな誤解によって外交関係は決して正常とはいえません。一言でいえば、中日両国は一衣帯水の隣国でありながら、近いようで遠い存在になってしまいます。

私は五〇年以上日本関係の仕事に携わってきました。いままでの経験からいえば、国同士にせよ、人間同士にせよ、相手の長所をよく見つけ、習ってこそ、初めて信頼関係を築くことができます。そのため、私はずっと中日関係を改善させる糸口を探してきました。文化はその国のソフトパワーで、大きな影響力を持っています。したがって、私は中日文化の比較を通じ、その相違を考察し、補完関係を見つけ出し、両国民の相互理解を深めたいと考えています。次は私の浅見ですが、有識者の皆様と意見交換できれば何よりも良いと考えております。

1　災害文化の違いと相互補完関係

災害文化とは防災、災害との戦い、救援活動の中でできた知識、考え方と習慣を指します。宮沢自身やその作品には多彩な災害文化が反映されています。

宮沢が生まれた一八九六年、東北地方は三陸沖大地震に襲われ、二万人以上が亡くなりました。彼が亡くなった一九三三年にも巨大な地震と津波が発生しました。また、彼のことをよく理解し、一番仲が良かった妹の登志も若くて亡くなりました。宮沢自身も病弱で、若くて肺病で亡くなっています。自然災害も含めていえば「災難の申し子」とも表現できましょう。存在が意識を規定するというように、災害の中で育ち、暮らした彼は自然に作品の中で災難を描くのです。しかし、度重なる災難に対して、優れた創造力と才能を持つ宮沢はいつも「静かな笑顔」で向き合っています。彼は詩と童話で人々を励まし、代表作の中でこう力強く書いています。「雨ニモマケズ、風ニモマケズ、雪ニモ夏ノ暑サニモマケヌ、ヒドリノトキハナミダヲナガシ……」。

宮沢の不朽の名作といわれた『銀河鉄道の夜』の主人公ジョバンニは、家が貧しく、父親が長く家に帰っておらず、母親が病気で寝込んでいるため、アルバイトして家計を支えています。しかし、体が弱くシャイな彼

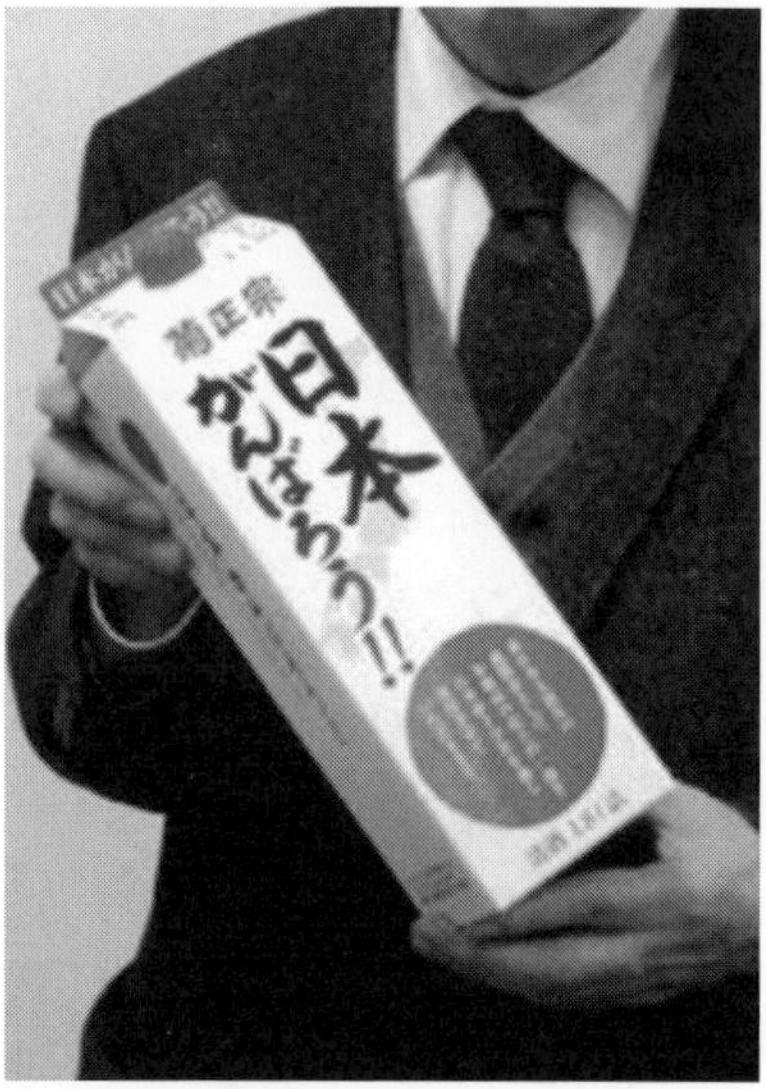

酒の菊正宗も被災者を応援しています

はいつも友達にからかわれます。このような不幸に満ちたジョバンニに対して、作者は強い同情心を持って生き生きと描きました。

また、童話『グスコーブドリ』の若い主人公のブドリは、人々を冷害から救い出すために、自分を犠牲にする道を選びました。最後の一人として残り、火山を爆発させ、冷害を食い止めたのです。

宮沢の名作は人々に愛読され、教科書にも収録されているので、当然日本人の潜在意識に大きな影響を与えています。東日本大震災が発生した直後、人々は一斉に「日本頑張れ！」というメッセージを打ち出しました。このような国民性の発露は、一種の災害文化だと思います。もちろん、これは一朝一夕でできたものではなく、宮沢による影響も大きいと考えられます。震災の直後、彼の作品は再度読まれ、映画『グスコーブドリの伝記』も再び上映されました。その作品は被災者に勇気を与えたと同時に、日本人はいかに災害文化を重視しているかがうかがえます。

日本は地震、津波、台風等の自然災害が多く、資源が少ないのが特徴です。このような環境の中で日本人の危機意識が芽生え、災害と戦う中で災害文化が生まれたのです。例えば、一九二三年の関東大震災を忘れないように、一九八二年五月に毎年の九月一日を「防災の日」、八月三〇日から九月五日の間を「防災週間」に決め、さまざま防災活動が行われます。

それに対して、中国では二〇〇九年になって初めて毎年の五月一二日を全国「防災減災日」、その前後を

「防災減災日宣伝週間」に定めたものの、防災意識の育成に関しては日本より二〇年以上遅れています。

日本の子どもは小学校に入ると、避難マップや災害対応マニュアル等が支給され、自ら防災頭巾を用意し、いつも椅子の後ろに掛けているそうです。学校では一、二か月置きに防災訓練が行われ、生徒たちは防災頭巾をかぶって机の下に潜ります。

東日本大震災後（黄雅年撮影　検索サイト百度より）

日本全国に数多くの地震博物館と地震知識の学習館が設けられ、無料で市民に開放されています。そこで市民は震度六以上の「地震」や煙が立ちこもる火災現場が経験できます。防災意識の向上は徹底されています。

日本と比べて中国の防災意識の育成はまだまだです。二〇〇九年の一月、学者の王暁葵は四川省の汶川大震災の状況を調べるため、ある小学生に地震発生時の反応を聞いたら、「学校のグランドで遊んでいた時、突然地震が来ました。教室に逃げ込もうとしたところ、先生に止められた」と答えました。

地震の時、学生は安全な場所にいながら、危険なところへ避難しようとしました。彼はなぜ自殺ともいえるような行動を取ろうとしたかというと、親や先生は地震発生時の適切な対処法を指導していなかったから

四川省の汶川大震災の惨状。

汶川地方政府の臨時対策本部

です。この典型的な事例から、中国はいかに地震に関する教育が不十分かが分かります。

中国は国土が広く、自然災害への対応能力が強いため、国民は楽観的に物事を考える傾向があります。楽観的な考え方を持っていれば、人が明るく、積極的に問題に取り組むというメリットがある一方、災害文化の視点から見れば、油断しやすいというデメリットもあります。

しかし、中国にも強みがあります。巨大な自然災害に見舞われた時、大量の人と物が政府の命令一つで、すぐ被災地に送り込まれます。これに対して日本政府は野党からの批判等に配慮し、なかなか迅速に対応できません。

汶川地震の直後、ドイツの週刊誌『TIMES』は「中国政府は全世界の人々にその高効率の動員能力を示した。中国ほど短い期間にこれほど大量の人と物を動員して辺境の山奥に送り込める国は、世界中どこにもない」と賞賛し、その他の多くの海外メディアも似た内容の報道をしました。

孔子は「人遠き慮り無ければ、必ず近き憂ひ有り」といい、孟子は「憂患に生きて、安楽に死する」といいますが、日本人は中国人より遥かに強く危機意識を持っています。しかし、中国人の楽観的な考え方もメリットがあります。楽観は人に困難と闘う勇気を与えるので、成功に結びつきやすいのです。また、中国は日本より災害がずっと少ないことも、楽天的になる要因の一つでもあります。

このように中日両国の災害に関する考え方と対応に相互補完関係があります。

中国：常に楽観的に物事を考える

日本：備えあれば憂いなし

日本人の災害に対する備えや危機意識は我々中国人が学ぶべき一方、中国人の迅速な対応と楽観的な考え方は日本人が学ぶべきです。お互いに学び合うことによって補完関係が築かれます。

2 思考様式の違いと相互補完関係

人の考え方はその生活環境と密接な関係を持っています。中国は広大な領土を有し、長い歴史と文化伝統を持っているので、国民はマクロ的思考が得意で、細かいところをあまり気にしない代わりに、より遠く、大きなところに着目し物事を考えます。例えば写真Ⓐのような中国の家庭用救急箱は、設計がとても簡単で粗雑で

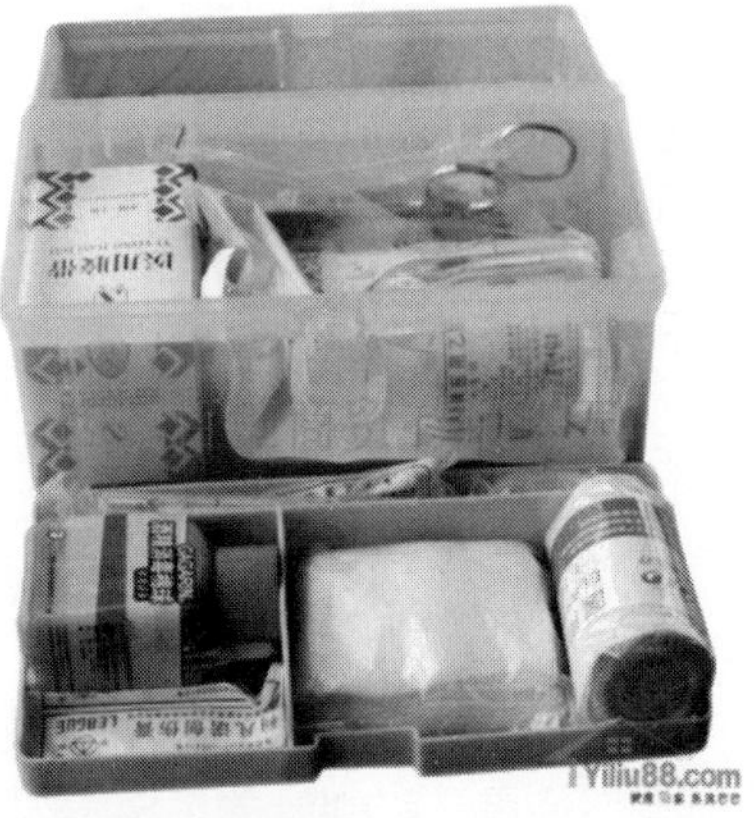

Ⓐ中国の家庭用救急箱

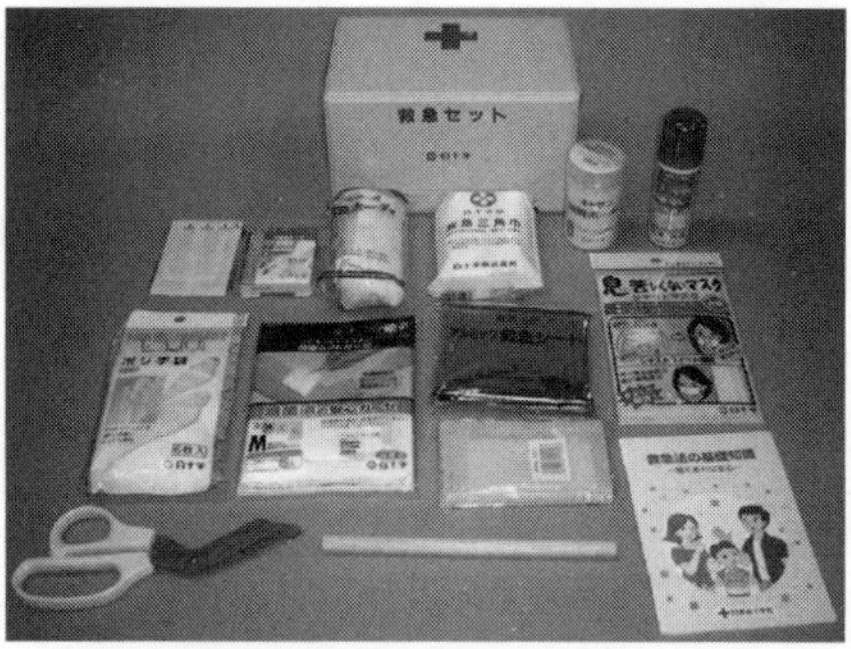

Ⓑ日本人家庭用救急箱

す。しかし、中国人は大きな決断を下す場合、よく大局観を持って戦略的に考えます。

日本は大陸から遠く離れた細長くて狭い日本列島にあります。緑豊かな自然と穏やかな海洋性気候に恵まれていますが、資源が乏しく、自然災害が頻発します。そのため、日本人は危機意識が高く、物事と対処する場合、よく目の前のことに着目し、ミクロ的な思考が得意です。具体的にいえば、実務的でコンパクトなものが好きです。写真Ⓑは日本の家庭用救急箱で、設計が精巧で必要なものが全部揃っています。日本人が強調しているのは、「小さいものを通して大きな世界を見せる」、「まず目の前のことから取り組む」というようなことで、だから「成功は細部に宿る」という言葉が生まれました。

このように中日両国民の思考様式の違いは一目瞭然ですが、相互補完関係を持っています。

中国：マクロ的思考
日本：ミクロ的思考

中日両国民の思考様式は一長一短があります。もし中国人は自分のマクロ的思考様式を日本人のミクロ的思考様式と融合して事業を推進すれば、きっと成功に収めるのでしょう。この二つの思考様式はウィン―ウィンの補完関係を持っています。

3 行動様式の違いと相互補完関係

行動様式はその国の歴史と政治体制と深く関わっています。長い中国歴史の中で、王朝の更迭を頻繁に行い、そのたび法律も変ります。このような複雑な政治環境を生き抜くために、人間関係を重んじ、融通が利き、長い目で戦略的に物事を考えるという特徴が生まれました。友人のためなら八方手を尽くして融通します。しかし、このような柔軟で融通の利くやり方は法律の遵守に向かないのです。例えば、中国人は日本人ほど交通ルールを守っていません。現在、信号無視の現象はだいぶ改善されましたが、勝手に道を横断する人はまだいます。

日本は戦乱が少なく、王朝の交代がほとんどありません。現代に入っても、首相と内閣のメンバーはめまぐるしく入れ替わりますが、行政面において決定的な役割を果たす官僚体制が安定しているため、法律と制度

赤信号を無視して横断する中国人

ルールを守る日本人は信号を待っている

が完備されてほとんど変りません。また、一五〇年前の明治維新によって、法制国家の道を歩んできた日本は、法律とモラルに関する教育が非常に重視され、法令遵守の意識は国民の間に完全に定着しています。

法律をきちんと守っている一方、日本人は人並みから外れることが嫌いで、他人からどう見られているかを強く意識し、人に迷惑を掛けたくないのです。これは日本人の「恥の文化」に由来するものですが、人の前で醜態を晒したり、仲間外れにされたりしないように、自分を抑えます。日本人は命より名誉を重んじるため、名誉を傷つけられると、自殺する場合さえあります。

中国人の柔軟性と比べて、日本人はルールをきちんと守り、時には硬直といわれるほど柔軟性に欠けます。例えば東日本大震災の直後、日本は海外からの救助隊を受け入れる時、細かい規定に縛られ、ことがなかなか決まりませんでした。海外の救助犬が空港に到着した時、検疫等の手続きによって一番活躍できる期間を失ってしまいました。

このように、中日両国民の行動様式は違いますが、相互補完関係を持っています。

中国：柔軟で融通が利く
日本：きちんとルールを守る

いうまでもなく、融通が利く中国人とルールをきちんと守る日本人が、もし互に学び合い、相手の長所を持って自分の短所を補えば、双方はさらに強くなるでしょう。

4 法律制定における違いと相互補完関係

法律や規定は人間の行動を規制する準則です。現在、中国では法律の整備が進められていますが、完備とはいえず、社会主義中国の『六法全書』はまだできていません。社会主義は真新しい制度で、参考にできる前例がなく、模索しながらやってみるしかありません。つまり、行動を起こしてからルールを作るのです。

弓のように細長い日本列島は、環太平洋地震帯に位置しています。防波堤の役割をする高い山がないため、自然災害が頻繁に発生します。よって有感地震が一日に四回ほど発生しています。また「火山の国」といわれ、全国に約二七〇の火山が聳え、全世界の火山の十分の一を占めています。それに木造家屋が多く、火災が起こりやすいです。そのため、日本人はいつも強い危機意識を持ち、「転ばぬ先の杖」という習慣が身についています。

このように災害を未然に防ぐため、日本では先に法律を作るのが一般的です。例えば、日本の新幹線は運転開始以来四七年

中国の国民党時代の六法全書
（倣日本版）

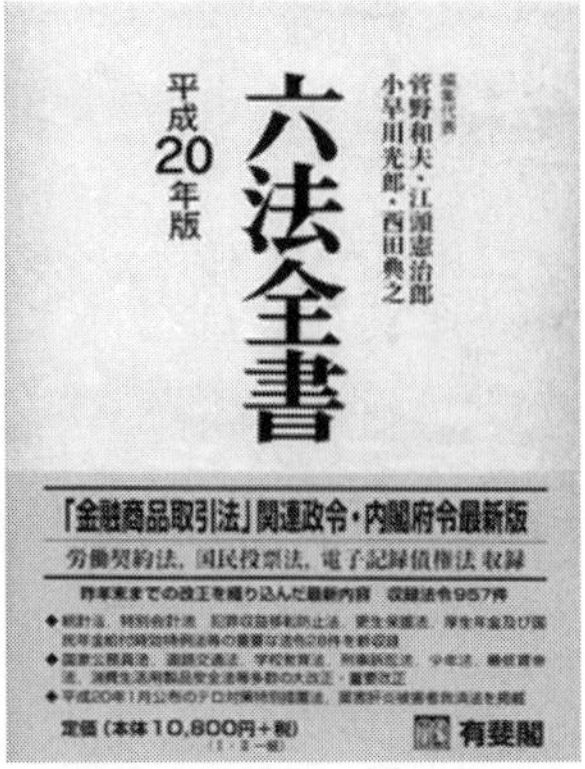

2008 年有斐閣版の六法全書
（日本）

間、人身事故がゼロで、安全と定刻運転を実現しました。これは間違いなく事前に作られた精密で完全なルールの賜物です。

中日両国は法律の制定において違いがありますが、相互補完関係も存在します。

中国：行動を起こしてから法律を作る
日本：法律を作ってから行動を起こす

中日両国の法律の制定に関して、それぞれ一長一短があります。中国式のやりながらの作り方は、できた法律は目的にぴったり合うし、絶えず法律を改善し、発展させることができます。しかし、法律がまだできていない段階ではその隙につけ込まれる恐れがあります。日本式のやり方は、未然に防げますが、作成の段階で経験と教訓をまだ積んでいなかったため、なかなか適切で、完璧な法律が作れません。もし中日両国は交流と理解を深め、相手の長所を取り、短所を捨てれば、より完璧な法律が作れるでしょう。

5 中日両国の言動様式の違いと相互補完関係

「長く相知らば、相疑わず」というように、国際交流にしても、ビジネス交渉にしても、互いに深く理解すればするほど、猜疑心が薄れます。言葉の使い方、立ち振る舞い、性格は人によって違います。仕事を成功させるには、相手を理解し、その性格まで理解することがとても大切です。

中国では、士、農、工、商は職業の優劣の順位だけでなく、身分の貴賤をはかる基準でもあり、「学びて優なれば則ち仕う」という考え方が反映されています。この考え方が最初に現れたのは中国の春秋戦国時代の書物である『管子』で、「士農工商の四民は国の石民なり」とあり、長く人々に影響し、人々の頭の中にしっかり定着しています。学歴を持つ人は役人になり、いったん役人になると、権勢、利益、名声等は自然についてくるので、役人はみんなが憧れる職業になっています。

中国は独裁君主による支配の歴史が非常に長かったため、さまざまな負の遺産が残っています。その代表の

漢の武帝

遠くから見た北京故宮博物院の太和殿

一つが人治主義です。従うべき法律がなく、皇帝や長官がいっていることがすべてで、逆らうことができません。このような数千年にわたる官僚制度の下で、中国人の役人気質が生まれました。

役人気質が生まれたところは衙門といい、古代中国の行政と司法を司る行政機関です。北京の故宮はその最高レベルの衙門で、各地方にも各レベルの衙門が存在していました。例えば、河北省の保定市にある直隷総督府（省レベルの衙門）は、とても壮観で立派な建物で、その堂々とした威容を見ると、役人になりたいという

近くから見た北京故宮博物院の太和殿

省レベルの衙門：保定の直隷総督府

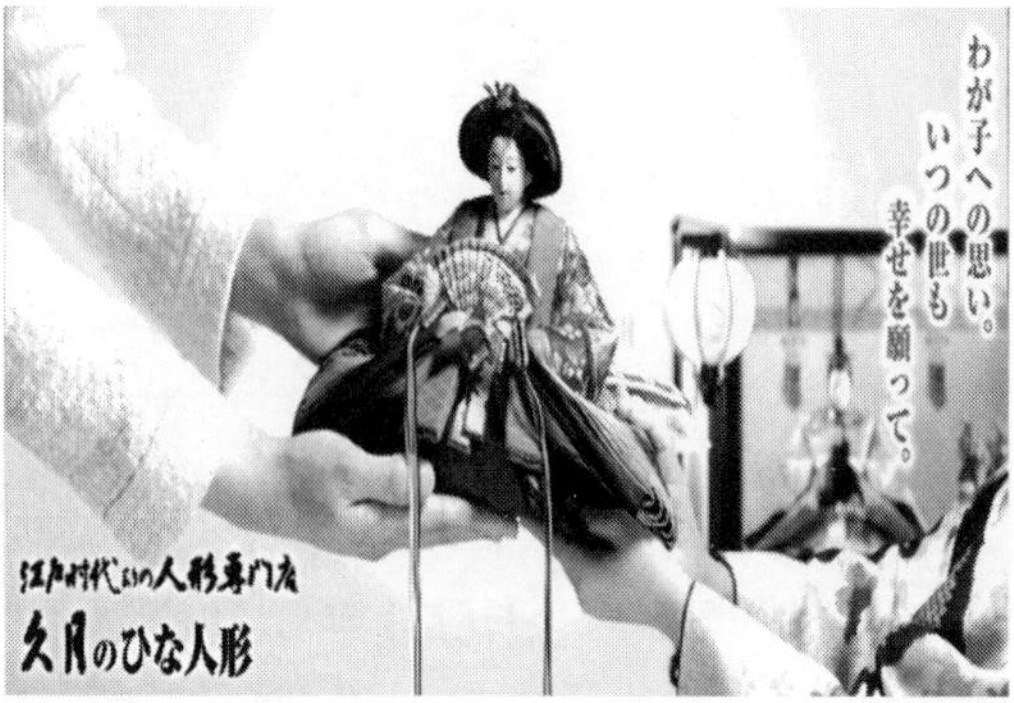

手作りの雛祭り人形

欲望が自然に湧いてくるでしょう。

新しい中国が誕生してから、政治運動が多く、人々は政治動向に関心を持つ習慣が身につきました。政治闘争の中で誤りを犯さないように、人々の日常会話は政府がいっていることとさほど変りません。この中で人々の役人気質が生まれました。例えばタクシーのドライバーは、お客さんの前でよく役人の口調で政治の話題を話し、自分の愛国ぶりを見せます。

日本人は資源が乏しく、大陸から遠く離れた列島で暮らし、行動の範囲は限られています。なお、単一の民族国家のため、日本人は民族間の文化の衝突と融合をあまり経験したことがないので、発想と行動の範囲が狭いです。したがって、限られた空間の中で智恵をめぐらし、工夫を重ねるしかなく、次第に日本人の職人気質ができました。

教育も日本人の職人気質の形成に大きく影響しています。日本の教育は大きな志を持つようなことを教えず、身の回りの小さいことをきちんとするようにと生徒たちに教えています。また、日本人は危機意識が非常に強いので、一日一日をいかに大切に生きるかが強調されます。それに特質として日本人はとても几帳面なところもあるので、日々地道にコツコツと仕事と向き合うという職人気質が自然に生まれました。

中日両国民の言動様式の違いと相互補完関係‥

中国：役人気質
日本：職人気質

中国人の役人気質は利より弊のほうが多く、実践を嫌がり浮つきがちです。しかし、役人は面子を重んじ、太っ腹で、日本人に資するところもあります。逆に日本人の職人気質は中国人には欠けている資質です。その真剣さ、真面目さ、コツコツと地道に仕事に取り組むというやり方を学べば、中国人の欠点を補完できます。

6 情感文化の違いと相互補完関係

よく吉祥を願い、縁起を稼ぐことは中国人の特徴の一つです。三千年前の周の時代の書物である『易・系辞下』にすでに「吉事有祥」と書かれています。吉祥は和やかな気持ちをもたらし、和やかな気持ちは富をもたらし、そして幸せになります。このような文化に影響された中国人は、一般的にどんなことがあっても良い方向に考え、明るく前向きに生きるのです。

中国の小説、映画、物語等は悲劇もありますが、日本と比べて、喜劇の方が多いです。例えば『西廂記』、『牡丹亭』等の古典喜劇は、ストーリの中に悲しい場面もありますが、観客に喜んでもらうために、ハッピーエンドになることがほとんどです。

『西廂記』の脚本

『源氏物語』

また、民間に伝わっている説話も、どんなに悲しく、波乱に満ちたストーリでも、人々の幸せになりたいという心理に叶うように、最後はほとんどハッピーエンドで終わるのです。例えば『梁山伯と祝英台』という悲恋物語の終わりに、男女主人公は死んだ後二匹の蝶に化したのです。

なお、中国の冠婚葬祭の中に喜喪という風習があります。これは高齢で自然に亡くなった人の葬式を指します。この場合、遺族は悲痛の表情をせず、喜んで納棺します。葬式の調度品もほとんどお祝いを表す赤い色を使います。

このような中国の歓喜文化に対して、日本はもののあわれ文化です。日本の文学作品の多くは悲劇の形で終結します。名著の『源氏物語』の中にもののあわれを描く場面は一〇五七か所以上あります。

日本の新聞雑誌の中で「悲願」という言葉がよく使われています。中国語の「宿願」、「期待」に当たりますが、中国人が一見すれば、不吉の言葉として受け取ります。

また、中日両国の離宮を比較すると、歓喜文化とものあわれ文化の違いはさらに浮き彫りになります。

皆さんご存じのように、中国清代の皇室の離宮である頤和園は豪華絢爛な装飾で有名です。建物の天井、長い廊下の至る所が色鮮やかで、構図の異なった絵で埋め尽くされています。

しかし、京都にある桂離宮は頤和園と全く違います。一九八〇年代に筆者は案内役として中国の有名な作家とアーティストと共に桂離宮を訪れました。見学する前、国の重要文化財と紹介されましたが、入ってみると規模は小さいのみならず、木造の建物には絵は一つもなく、東屋のような建築でした。頤和園の壮大豪華と比べ、桂離宮は人に寂しさを感じさせます。

実は、日本人が好んでいるのはまさにこの寂しさです。つまり簡素で幽玄の美が尊ばれています。歓喜文化に慣れ親しんでいる中国人は、ちょっと日本に来ただけでは、なかなかもののあわれ文化が理解できません。歓喜文化とものあわれ文化の間にも相互補完関係があります。

中国：歓喜文化
日本：もののあわれ文化

歓喜文化の中で人は明るいですが、危機意識が欠けがちです。もののあわれ文化によって、人の気持ちは暗く、落ち込みやすいですが、いつも危機意識を持っています。このように歓喜文化とものあわれ文化の間にも補完関係があり、両者をうまく融合すれば、人は穏やかになり、感情の表現ももっと自然になるでしょう。

7 食文化の違いと相互補完関係

中日両国の食生活をよく観察すると、中国は炒め料理が多いという大陸的な特徴を持ち、日本は生で調理するという海洋的な特徴を持っています。

中国は人口約一四億、陸地面積は約九六〇万平方キロで、海岸線の総延長は一八〇〇〇キロです。島国の日

中国の有名料理——揚げ魚の甘酢餡かけ

日本料理の刺身

日本料理の刺身

本は人口約一億二千万、陸地面積は三八万平方キロ弱ですが、海岸線の総延長は三三八九九キロに達しています。

食材の視点から見ると、中国料理に使われる食材は主に陸地で取れたもので、日本料理の多くは海から取ったものです。中国の内陸部の人も水産物が食べられますが、その多くは乾物か冷凍食品です。例えば、北京市民にとって新鮮な海魚はなかなか手に入りません。日本人は毎日刺身や寿司類の食材が買えます。海鮮が好きな中国人にとってまるで夢のようなことです。

中日両国のお客さんを招待する時に使われた言葉からも、それぞれの料理の特徴が伺えます。例えば中国人はよく「熱いうちに召し上がってください」といいます。これは中華料理の多くは油を使った炒めもの料理で、冷えたら味が落ちるし、消化しにくくなるからです。日本料理はそれと違って、生の海鮮を食べるので、お客さんに薦める時は「新鮮なうちに召し上がってください」といいます。

また、中国人は漢方の影響を受けて、暖かい食べ物を好みます。漢方の考え方からすると、暖かい食べ物を食べると、胃腸の毛細血管が拡張し、栄養が吸収しやすくなります。逆に冷たいものを食べると、胃腸の毛細血管が収縮し、消化に良くないです。もちろん、生活習慣も無視できません。中国人は小さい頃から暖かいものを食べるので、いきなり冷たいものを食べると、体が受けつけません。日本人は冷たいものに慣れているので、油っこいものを三、五日食べ続けると、お腹が緩くなります。中日両国ではそれぞれ性格の異なった大陸系食文化と海洋系食文化が生まれました。

このように、中日両国の食文化には違いがありますが、相互補完関係もあります。

中国：大陸性
日本：海洋性

中国料理は油っこいため、味が美味しく、栄養価が高いのですが、食べ過ぎると糖尿病、高血圧等の生活習慣病になりやすいです。日本料理は新鮮でヘルシーですが、冷え性の人にはあまり向きません。しかし、もし両国の料理を適切に組み合わせれば、もっと健康的な食生活がおくれるようになるでしょう。

おわりに

このように中日文化の違いとその相互補完関係を見てみると、互いに学びあうべきところが沢山あります。しかしながら、皆さんがご存じのような原因で、相互理解がまだ足りず、協力してウィン—ウィン関係を築こうという呼びかけはあまり聞こえていません。そのため、筆者は、両国民はまず文化交流を通じて信頼関係を築いてほしいと切望しています。王安石と宮沢賢治の農民への貢献とその詩作を比べてみることで、いろいろなヒントが得られました。文化を媒介に相手を理解し、その長所を取り入れ、自分の短所を捨てることで、相乗効果をもたらすことができるのです。これはとても素晴らしいことだと思います。

第三部　日中韓における「共通性」への探求

――「公共」という「公用語」に開かれた通路――

『朝鮮王朝実録』に見える「公共」の用例の検討

片岡　龍
（東北大学大学院文学研究科准教授）

1　本稿の企図

本国際学術大会の主題は「東西洋の公共幸福と倫理教育」である。本稿は、その中でも「東洋の公共幸福」について考察するための準備として、『朝鮮王朝実録』に見える「公共」の用例の検討を中心課題とする。なお、『朝鮮王朝実録』には「公共幸福」という熟語の用例は、一件もない。「幸福」の用例自体が、高宗三二（一八九五）年を初出とし、「高宗実録」に四件、「純宗実録」に八件、「純宗実録附録」に一件と、全部で一三件しかない。ただし、「純宗実録附録」〈三年（一九一〇／明治四三）八月二九日①〉に、「公共의 安寧를 維持하야、民衆의 福利를 増進함」という表現が見られる。『朝鮮王朝実録』中で、「公共」と「幸福」（ここでは「安寧」「福利」）が接近して用いられた例として目につく表現である。

いうまでもなく、一九一〇年の八月二九日は、大日本帝国が大韓帝国を併合する条約を公布した日である。上の表現は、それを宣言した明治天皇の詔書中に見える。その論理は、「朕의 政府」は「東洋의 平和를 永遠히 維持」する必要上、「禍乱의 淵源」となる韓国を「帝国의 保護之下에 置」いて「施政의 改善을 努」めて

きたが、「韓国의 現制는 尚未治完의 保持를 完게함에 足」らないため、「疑懼의 念이 毎時 国内에 充溢」して「民이 其堵에 安」んじられない。したがって「公共의 安寧를 維持하야、民衆의 福利를 増進」するには、「現制을 革新함을 避」けられず、「茲에 永久히 韓国을 帝国에 併合」することとする、というものである[1]。

ここで注意しなければならないのは、「公共의 安寧」や「民衆의 福利」を実現する主体が、天皇を頂点とする「施政」者であり、また「国内에 充溢」する「疑懼의念」を押さえ、「民」を「其堵에 安」んじられるよう「現制을 革新」することで、それが達成されるとされている点である。すなわち「公共」の「幸福」は、上から制度によって下にもたらされるという考え方が、ここには見られる。これは、現在の日本においても、なお一般的な、「公共」「幸福」の捉え方であろう。

「純宗実録」「純宗実録附録」は、「高宗実録」とともに、日本が設けた李王職の主管下に編集された。体例も「哲宗実録」に従うといわれながら、実際は大きく異なっている[2]。したがって、これら三実録を、「太祖実録」から「哲宗実録」に至る二五実録と切り離して考えるのも、意味のあることである。

しかし、本稿では、それら三実録をも含めた『朝鮮王朝実録』に見える「公共」の用例を検討したい。そこでは、上の表現に見られるのとはまったく異なる「公共」の捉え方が主流となるが、また「哲宗実録」以前にも、上とやや近いような流れも見られるからである。それらを確認・検討し、韓日における「公共」の捉え方の異なりと重なりの把握に資することが、本稿の企図するところである。

ただし、実際にはその導入に相当する程度にしかならないであろう。また、中国の用例と比較することに、やや紙数を費やすことになると思う。あらかじめご寛恕をお願いしたい。

上記以外に『朝鮮王朝実録』を取り上げる理由は、「公共」の用例数の多さである。

総字数五四〇〇万字の『朝鮮王朝実録』において、「公共」という熟語の用例は六二三件[3]に及ぶ。これを、総字数三九九〇万字の中国の「二十五史」(『清史稿』含む)において、同例が一四件しか見られないのと比べてみれば、『朝鮮王朝実録』がいかに特別の地位を占めているかが確認できよう。

また『資治通鑑』(約三〇〇万字)にも、「公共」という熟語は六件(『続通鑑』を併せても一八件)しか見られない。『明実録』(一六〇〇万字)に一〇件、『清実録』(三一〇〇万字)に三四件と、ほぼ朝鮮王朝の期間と重なる明・清代の実録を併せて、わずかに五〇件にも及ばない。少なくとも史書に見る限り、中国において「公共」という語は、明確な輪郭をもった語として、ほとんど意識されてこなかったといってよかろう。

しかし、東洋における「公共」のおそらく最古の用例である『史記』の例を見ておくことは、この後の論述にとっても、けっして無意味ではない。それは次のようなものである。

2 『史記』

> 法とは、天子でさえも天下(万民)とともに公共するところに成り立つものです。
> 法者天子所与天下公共也。〈巻一百二 張釈之・馮唐列伝第四十二〉

これが、どのような場面で、張釈之が文帝(前二〇七—前一五七)に対していった語であるか、そして、ここでの「公共」が名詞(理念)ではなく動詞(行動)であること、またそのような動態的な現場で「法」が捉えられていることなどについては、すでに金泰昌博士による明快な指摘があるので、詳細はそれにゆずる[4]。ただし、ここでは、李陵を弁護して武帝（紀元前一五六―紀元前八七）の怒りに触れ、宮刑の恥辱を受けた司馬遷（紀元前一四五？―紀元前八六？）としては、過失によって天子の身を危うくした者に重い罰を与えようとする文帝を諫めた司法長官の張釈之と、司馬遷の李陵弁護は上を誣告するものと武帝に上申した法吏たちとの行動の違いを、比べられないではすまなかっただろうことに留意しておきたい。

「太史公自序」では、張釈之は「守法不失大理」（法をきびしく守りながらも、大いなる道理をそこなうことはなかった）と述べられている。また「張釈之列伝」では、張釈之が文帝に初めて謁見した際、秦がなぜ滅び、漢がなぜ興ったかを長時間にわたって述べ、文帝がそれをすぐれた意見と認めたことが記されている[5]。さらに張釈之の次のような語も記録されている。

> 秦は、文書や法律をつかさどる官吏にすべてを任せたため、官吏は迅速さと苛察さを尊んで競い合いました。その結果、法律だけが形式的に備わっているという弊害に陥り、人々を憐れむ実情がなくなりました。そのために、天子の耳に逆らうような忠言がなくなり、秦はしだいに衰えて、二世皇帝の世に至って、天下は土が崩れるように粉々になったのです。
>
> 秦以任刀筆之吏、吏争以亟疾苛察相高。然其敝徒文具耳、無惻隠之実。以故不聞其過、陵遅而至於二世、天下土崩。

以上からは、司馬遷の「法」に対する基本的な考え方がうかがわれる。それは、「法」は人々を憐れむ実情（「惻隠之実」）を備えていなければならない、そして、その実情による形式化への抵抗（権力へのチェック）

がなければ、人々のつながりから成り立っているこの世界は、たちまち崩壊してしまうというものである。大いなる道理（「大理」）とは、このことを指すだろう。

したがって、「天子でさえも天下（万民）とともに公共する」という場合の「公共する」主体の比重は、天子よりもむしろ万民のほうにある[6]。こうした考え方は、『朝鮮王朝実録』にほぼそのまま受け継がれている。

3 『資治通鑑』

しかし、「公共」の用例の少なさから見ても、中国ではこうした見方は、司馬遷一個の情熱にとどまり、その後、ほとんど一般化しなかったようである。

たとえば、『資治通鑑』（一〇八四完成、司馬光）では、張釈之の語は、「法者天下公共也」といい換えられている（漢紀第一四巻）。大意において異なるわけではないが、ここでの「天下公共」は、むしろ先の張釈之の語に続いて出てくる「天下之平」（天下の標準）という表現に近づいているように見える[7]。

実際、『資治通鑑』には「法者天下之平、与公共之」という用例もある（唐紀第一九八巻）。「与公共之」という部分は訓みづらいが、このもとになる『新唐書』（一〇五九完成、欧陽脩ら）が「法者天下平、与公共為之」（巻九十四 列伝第十九 張亮）となっているのを見ると、その「与公共為之」を「公と共に之を為す」とでも訓んで、『通鑑』では「公と之を共にす」と書き換えたのではないかとも推測される。

その場合、『通鑑』は、「法とは天下の標準であり、公正さにのっとってそれに処す」といった意味になるが、『新唐書』のほうは、やはり「法は天下の平、公共とともに之を為す」」、すなわち「法とは天下の標準であり、公共の衆人とともにそれを行うものである」といった内容ではないだろうか。前者では標準が固定化していて、その法に機械のごとく公正に処する主体は、発言者である皇帝となるのに対して、後者では標準が現場の中で形成されるというニュアンスが強く、その法形成の主体として、公共の衆人の比重が重くなることに注意したい。

こうした差が、欧陽脩（一〇〇七―七二）と司馬光（一〇一九―八六）との思想的な違いから生じるものか否かといった問題は軽々に論じられないが、少なくとも「治に資する通鑑」という題名からは、司馬光の書が〈君主の統治に有益な鑑としての通史〉として編纂されたことは間違いない。そうした彼の姿勢が、おのずと「公共」を「公（正）」に近づけたとも見られよう。

もちろん、『資治通鑑』にも「公共」を動詞として捉えている例がないわけではない。周紀第二、三巻の二ヶ所に見える「江、共也。小水流入其中、所公共也」（江は、共にするという意味である。小さな川が、その中に流れ込んで、公共する場所である）というのが、それである。「公共」のイメージとして、衆流が集まって大きな江を形成するというのは有益だが、この用例はどちらも注中のものであり、かつ『釈名』（後漢、劉熙）からの引用である。

しかし、次の用例は、「公共」を動詞として用いているように見える[8]。

爵位は必ず朝廷で与え、刑罰は必ず市場で行う。それはひとえに衆人が環視できず、事情が顕現しないことを恐れるからである。君主がそれを行って恥じる心がなく、万民がそれを聞いて疑うことがなく、賞を受ければそれに安んじて決まり悪い顔色がなく、刑に当てられてもそれを受け入れ怨み言がない。これが聖王が法律制度を宣明して、天下と公共する理由である。

爵人必於朝、刑人必於市。惟恐衆之不覩、事之不彰。君上行之無愧心、兆庶聴之無疑議、受賞安之無

作色、当刑居之無怨言。此聖王所以宣明典章、与天下公共者也。〈『資治通鑑』唐紀 第二三四巻〉

これは広く諫言の道を開いて皇帝を補佐したといわれる陸贄（七四五—八〇五）の奏議中の言であるが[9]、『新唐書』では、ここに「公共」という語は用いられていない[10]。この言、とりわけ「これが聖王が法律制度を宣明して、天下と公共する理由である」という部分は、司馬光の意にかなうものとして、特に採用されたと見てもよいのではなかろうか。

ただし、ここでも法形成主体としての天下（万民）よりも、統治主体としての「聖王」に重点が置かれている点は、注意しなければならない。したがって、「天下と公共する」といっても、その実質は法律制度を宣明することに尽きており、すなわちここでの「公共」は、むしろ公開性に近い意味内容となっている。

このように『資治通鑑』では、「公共」の意味合いが『史記』から変質してきているのだが、しかし中国の他の史書に比べると、「公共」の用例の割合は比較的多い。そこには、王朝の興亡は、君主の諫言の納否に係っているとする、諫官司馬光の思いがこもっているだろう。ただし、司馬光の重点は、諫言を受け入れる君主の側にある。それが〈君主の統治に有益な鑑としての通史〉である『資治通鑑』執筆の本意であろう[11]。これは『朝鮮王朝実録』における「公共」の用例の主流とは、微妙に異なるものである。後者の場合は、やはり『史記』に近い。

4 「公共の憤」

ここで韓半島に目を移すと、『高麗史』には二件の用例しかない。やはり、「公共」の用例の検討に際して

『朝鮮王朝実録』の占める地位の高さを確認できよう。なお、『備辺司謄録』(一六一七〜一八九二年)には一八件、『承政院日記』(一六二三〜一八九四年)には一〇四八件、『日省録』(一七六〇〜一九一〇年)には二三四件の用例がある。

『承政院日記』の場合、二七二年の期間に一〇〇〇件を越える用例が見られるということは、その約二倍の期間で六二三件(光海君日記・宣祖実録・景宗実録の重複を除くと約五〇〇件)の用例の『朝鮮王朝実録』を大きく上回ることになる。ただし文字数でいえば、前者が約二億四〇〇〇万字、後者は五四〇〇万字だから、比率はやはり『朝鮮王朝実録』がはるかに高い(『承政院日記』と同じ文字数なら、『朝鮮王朝実録』では二八一〇件ということになる)。『日省録』の場合も、一五一年間という期間でいえば、『朝鮮王朝実録』を上回るが、文字数で計算すればどうだろうか(『日省録』の文字数を現在確認できていない)。

ただし、そうはいっても、「公共」の用例の検討に際しては、『承政院日記』と『日省録』も併せて考える必要がある。とくに正祖(一七五二—八〇)の時代に始まった『日省録』は、以下に述べるように、この頃から「公共」の用例の意味合いに変化が見られること、そして『朝鮮王朝実録』の場合と異なり、王みずから加筆削正したとされる点からも、詳細に検討される必要がある。今後の課題としたい。

さて、話は『高麗史』に戻るが、その二件の用例は、ともに高麗最後の王、恭譲王(一三四五—九四、在位一三八九—九二)の時代である。ここでは、そのうちの重要な一件を挙げる。

臺諫がふたたび上疏していった。「法とは、天下(万民)また古今がともに公共するところのものです。一人(王を指す)の勝手にできるものではありません。したがって治を願う君は、罪ある者は、至って親しくても必ず罰し、功ある者は、あだ怨みがあっても必ず賞するのです。

臺諫復䟽曰、**法者、天下古今所公共、非一人所得而私也**。是故、願理之君、有罪者、雖至親必罰、有功者、雖仇怨必賞。〈『高麗史』巻一〇六、列伝巻第二九、諸臣、李琳〉

これが『史記』の表現を受けるものであることは見やすいだろう。そして、これがそのまま朝鮮王朝に受け継がれていくことは、以下の「世宗(一三九八—一四五〇)実録」の引用から明らかである(太字部)。

法とは、天下(万民)また古今がともに公共するところのものです。殿下の勝手にできるものではありません。さらに罪があるのに罰しなければ、たんに賞罰の基準が明らかでないだけでなく、倫理を破る不敬な者が、必ず憚るところがなくなります。

法者、天下古今之所公共、非殿下所得而私也。且有罪而不罰、則非徒賞罰不明、狂悖不敬者、必無忌憚矣。〈世宗六(一四二四)年、七月二八日②〉

ただし、先に見たように、『史記』の場合は、「法」は人々を憐れむ実情(「惻隠之実」)を備えていなければならないとされていた。『高麗史』の場合は、賞罰に際しての公平さが求められている点で、あるいは『資治通鑑』に近いといえるかもしれない。

「世宗実録」になると、罰の重要性だけが説かれており、実はこれが『朝鮮王朝実録』の「公共」にもとづく諫言の主流である。すなわち、王が私恩などの理由によって、できるだけ処罰を軽くしようとするのに対し、その不可を説くケースがきわめて多い(上の『高麗史』のケースも、実は同じ)。

これは一見、「惻隠之実」に欠けるように見えるが、これをかんたんに感情より形式を重視しているなどとはいえない。むしろ「公共之憤」「公共之冤憤」といった表現が随所に出てくるのであり、その憤怒の感情は、倫理に悖ると見られる行為に対し、諫官のみならず万民から（少なくとも表現の上では）発されるのである。そのことは、たとえば以下の引用から明らかであろう。

（弘文館が上疏していうには、）「…司憲府の言官が『殺すべきだ』といい、大臣・両班・国民がみな『殺すべきだ』といっているのに、ただ大臣だからという理由で、あえて公議にそむいて（罰を軽くするのは間違っています…）」。王が答えるには、「余はもちろん諸君らの上疏文が公共の論であることを知っているが…」。

…臺官曰可殺、卿・大夫・国人皆曰可殺、而徒以大臣之故、強拂公議…。答曰、予豈不知卿等之箚是公共之論…。〈粛宗一五（一六八九）年閏三月二二日①〉

上は諸候・大臣・両班から、下はもろもろの奴婢たちにいたるまで、憤り口惜しがって、「殺すべきだ」といっている。ここから見ると、これが国を挙げての公共の論であることがわかる。

上自公・卿・大夫、下至輿儓・僕隷、莫不憤惋曰可殺。由此観之、可知挙国公共之論。〈純祖七（一八〇七）年八月二二日②〉

『史記』の場合は、実情による形式化への抵抗（権力へのチェック）は、人々のつながりから成り立っているこの世界を崩壊にいたらせないためのものであった。『朝鮮王朝実録』の場合は、「公共之冤憤」は、やはり人々のつながりから成るこの倫理世界を守るためのものである。ただ、実情の内容が異なっているのである

（惻隠と憤怒。あるいは仁と義といってもよいかもしれない）。

ただ、いずれにしても、『高麗史』の二件の用例は、朝鮮王朝成立直前のものであり、韓半島では一四世紀末頃から、「公共」という語が明確な輪郭をもち始めたと見てよい。

5 三つのピーク

とはいっても、『朝鮮王朝実録』において「公共」の用例が初出するのは、第三代の「太宗（一三六七―一四二二）実録」である。そこで、まず王代別の用例数から見てみよう。

次ページの表を見ればわかるように、太宗の時代に六件の用例を見たあと、しばらく間があいて、成宗代から少しずつ見えるようになる。これが突然、一一五件に増加するのが宣祖の時代である。しかし、これは「宣祖実録」の巻数の多さに比例しただけであって、一巻の割合でいえば、実は次の光海君の時代と変わらない。

そこで、目を一巻の割合に転じると、明らかに第一一代中宗と第一二代仁宗の間で大きな増加傾向が見られる。さらに第一六代仁祖から第一九代粛宗ころにさらに大きく盛り上がり、次第にまた減少して、第二一代英祖のときには第一一代中宗以前と同じ割合にまで落ちる。つづく第二二代正祖からふたたび急に大きく増加するが、それもまた次第に減少していく。

すなわち、「公共」の用例は、一六世紀の中頃から一七世紀の初めまで（宣祖・光海君）が最初のピーク。一七世紀の初めから一八世紀の初めまで（仁祖・孝宗・顕宗・粛宗）が二つめのピークで、最も大きい。一八世紀の終わりから一九世紀の初めころ（正祖・純祖）が最後のピークである。これを『承政院日記』の場合と比べてみても、若干の違いはあるものの、ほぼ同様の傾向が認められる[12]。

編集	実録名	巻数	「公共」件数	1巻割合	在位	年数	1年割合
1413	太祖実録	15	0	0.00	1392～1398	7	0.00
1426	定宗実録	6	0	0.00	1398～1400	2	0.00
1431	太宗実録	36	6	0.17	1400～1418	18	0.33
1454	世宗実録	163	1	0.01	1418～1450	32	0.03
1455	文宗実録	12	0	0.00	1450～1452	2	0.00
1469	端宗実録	15	0	0.00	1452～1455	3	0.00
1471	世祖実録	49	0	0.00	1455～1468	13	0.00
1472	睿宗実録	8	0	0.00	1468～1469	1	0.00
1499	成宗実録	297	7	0.02	1469～1494	25	0.28
1509	燕山君日記	63	6	0.10	1494～1506	12	0.50
1550	中宗実録	105	17	0.16	1506～1544	39	0.44
1550	仁宗実録	2	1	**0.50**	1544～1545	1	**1.00**
1571	明宗実録	34	9	**0.26**	1545～1567	22	0.40
1616 (1657)	宣祖実録 (修正)	221 (42)	115 (4)	**0.52** 0.10	1567～1608	41	**2.80** 0.10
1633	光海君日記	187	中97 定93	**0.52** **0.50**	1608～1623	15	**6.47** **6.20**
1653	仁祖実録	50	49	**0.98**	1623～1649	27	**1.81**
1661	孝宗実録	21	19	**0.91**	1649～1659	10	**1.90**
1677 (1683)	顕宗実録 (改修)	22 (28)	17 (26)	**0.77** **0.93**	1659～1674	15	**1.13** **1.73**
1728	粛宗実録 (補欠正誤)	65	45 (+2)	**0.72**	1674～1720	46	**1.02**
1732 (1781)	景宗実録 (修正)	15 (5)	4 (2)	0.27 **0.40**	1720～1724	4	**1.00** 0.50
1781	英祖実録	127	19	0.15	1724～1776	52	0.37
1805	正祖実録	54	33	**0.61**	1776～1800	24	**1.38**
1838	純祖実録	34	27	**0.79**	1800～1834	34	0.79
1851	憲宗実録	16	2	0.13	1834～1849	15	0.13
1865	哲宗実録	15	0	0.00	1849～1863	14	0.00
1935	高宗実録	48	17	**0.35**	1863～1907	44	0.39
1935	純宗実録 (附録)	4 (17)	3 (+2)	0.24	1907～1910 (1910～1926)	4 (+16)	0.25
	合計 / 平均	1963	623 (502)	**0.26**		519	**0.97**

※太字は、平均以上を示す。平均は、光海君日記定草本・宣祖修正実録・景宗改修実録を引いた件数で計算。

では、なぜこのような傾向が生じたのか、それを考察するには、たんに「公共」の用例自体を見るだけでなく、その前後をふくむ具体的な歴史的文脈を検討しなければならないのだが、これは現在の稿者の力量を越える。

ただ現時点での推測を記すと、最初のピークは、士林派による政権の掌握（一五六五年）と、それと深く結びついた東西分党（一五七五年）と関連しているように思われる。最後のピークの終わりは純祖代だが、それはちょうど勢道政治の始まりと重なっている。ここから「公共」の用例数の変化は、士林派の言論活動の盛衰と結びついていることが予測されるが、その検討には、さらに「公論」や「公議」、また「公道」などの用例とも併せた分析が必要になってくる[13]。

また、二番目の最大のピークの始まりは仁祖代であり、ちょうど『承政院日記』の記録が始まったときであり、三番目のピークの始まりは正祖代、すなわち『日省録』の開始時期である。それぞれ豊富な「公共」の用例をもつ両書を併せて検討する必要がある。それらはすべて今後の課題にゆだねざるを得ない。

ただし、一六世紀中頃から一七世紀初めの最初のピークに関しては、『承政院日記』も『日省録』もカバーしていないので、『朝鮮王朝実録』によって「公共」の用例を検討する最大の意義は、この点にあるといえよう。この点のみ確認して、以下、実際の事例の検討に移りたいと思う。

6　性理学との関係

ただ、その前に、韓半島における「公共」の使用が、性理学と関係があるかどうかという問題について、一言しておかねばならない。たしかに、この語が使用され始めた時期は、性理学が導入された時期と重なっている。また、その使用が最初のピークに達するのは、李退渓（一五〇一―七〇）や李栗谷（一五三六―八四）らが活躍した時期でもあった。

結論から述べれば、基本的には、性理学の導入とは別文脈であるというのが、稿者の考えである。「基本的には」というのは、正祖代に始まる最後のピークには、その影響（再解釈）が見られるからである。それ以前は、性理学における用例とは、量的にも質的にもかなり隔たりがある。また、そもそも退渓や栗谷は、「公共」という語をほとんど用いていない[14]。

そこで、まず『朱子語類』における用例を、かんたんに見ておこう。『朱子語類』には、全部で三五件の「公共」の用例があるが、「道理」という語と結びついて使われている例が大半である[15]。たとえば次のような例である。

道は一つの公共の道理である。

道是箇公共底道理。〈巻第三十一　論語十三／雍也篇二／賢哉回也章〉

この道理というものは天下の公共するものである。

此箇道理天下所公共。〈巻第二十　論語二／学而篇上／学而時習之章〉

『朝鮮王朝実録』の場合は、実はこのような用例は皆無に近く[16]、わずかに正祖代になって以下のような例が見られるくらいである。

この義理は、すなわち天下万世が公共する大義理である。

此義理、即天下万世公共之大義理。〈正祖一六（一七九二）年五月二二日①〉

もちろん、『朝鮮王朝実録』は、そもそも性理学の議論を闘わせる場でないからといえばそれまでだが、少なくとも同書における「公共」の豊富な用例は、性理学とは別の文脈から用いられていることは確かである。その理由を推論するに当たって、『朱子語類』の次の語が参考になる。

もしも本来の道理を理解すれば、それを人と公共するとか、公共しないとかいうのを待たない。本来の道理はただ自分一個の身上にあることが理解されるのである。

若見得本来道理、亦不待説与人公共、不公共。見得本来道理只自家身己上。〈巻第四十四　論語二十六／憲問篇／克伐怨欲不行章〉

すなわち、「道理」というものが、本来一つのものであることが強調されるために、他者との関係性が捨象され、自分の心の中の「道理」を追究しさえすればよいことになってしまう。たとえば、天子が「道理」を完璧に体現すれば、それだけで平天下は達成されることとなる。

しかし、先の「法者、天下古今之所公共、非殿下所得而私也」（世宗実録）といういい方を思い出してもわかるように、『朝鮮王朝実録』では、本来一つのものである道理から外れた存在（「私」）を前提とした上で、それに対して、「天下古今」という他者と「公共する」ことを要求する用例が主流なのである。

もちろん、朱熹も「理一分殊」の「分殊」の大事さをいわないわけではない。次のようないい方が、それを示そう。

宰我はただ一つの公共の道理があることを知るだけで、かえって義があることを知らない。
宰我只知有箇公共底道理、却不知有義。〈巻第三十三 論語十五／雍也篇四／井有仁焉章〉

したがって、「公共」が「義」（「義理」「道義」）という語と結びつく場合には、

「性」とは自分が天に得た道であり、「義」とは衆人が公共するものである。
性是自家所以得於天底道、義是衆人公共底。〈巻第七十四 易十／上繫上／第七章〉

というように、「衆人公共」といったいい方になることが多い。

しかし、下の例を見れば、朱熹が「衆人公共」よりも、「一箇公共底道理」になりきった存在を上に見ていたことは否定できない。これは『論語』中の、孔子が子路と顔淵にそれぞれ志をいわせたところ、子路は「車馬や衣服を朋友と共有したい」と答え、顔淵は「善を誇ることなく、労を人に施したくない」と答えたのに対し、孔子は自分の志は「老いた人は安心させ、朋友には信じられ、若者にはなつかれることだ」と述べた記事に対してである。

子路も顔淵も孔子もみな一己の私ではない。ただ大小の差があるだけだ。子路は車馬や衣服のレベルで、志すところがすでに狭い。顔子は善を衆人と公共したのだから、誇るはずはない。また自分が願

わないことは人に施さなかったのだから、労を施すはずもない。かえって、その心はたいへん広いともいえる。しかし、聖人（孔子）が天地のすぐれた働きの姿そのものであるのには及ばない。

子路顔淵夫子都是不私己。但有小大之異耳。子路只車馬衣裘之間、所志已狭。顔子将善与衆人公共、何伐之有。施諸己而不願、亦勿施於人、何施労之有。却已是煞展拓。然不若聖人分明是天地気象。

〈巻第二十九　論語十一／公冶長下／顔淵季路侍章〉

顔淵の「衆人公共」は、孔子の道理と一体化した「天地の気象」に及ばないといわれているのである。そもそも『朝鮮王朝実録』には、宋明理学で愛用される「天地の気象」や「聖人の気象」といった表現は、一か所も出てこないのである[17]。

7　「公共」という語を誰が用いるのか？

以下、『朝鮮王朝実録』に見える「公共」の用例を、便宜上、大きく次の四つの時期に分けて検討したい。

（一）第一代太祖～第一一代中宗（一三九二～一五四四）　約一五〇年間
（二）第一二代仁宗～第一五代光海君（一五四四～一六二三）　約八〇年間
（三）第一六代仁祖～第二〇代景宗（一六二三～一七二四）　約一〇〇年間
（四）第二一代英祖～第二七代純宗（一七二四～一九二六）　約二〇〇年間

先に見たように、（一）が第一のピークであり、（二）が第二のピークで最大の盛り上がり、（四）に第三のピーク（第二二代正祖・第二三代純祖）が含まれている。なお、『承政院日記』が始まるのは（三）から、『日省録』が始まるのは（四）からである。

まず、「公共」という語の発される場所に注目してみたい。

〈第一代太祖〜第一一代中宗（一三九二〜一五四四）約一五〇年間〉

（一）の時期に「公共」という語を発したのは、司憲府一〇件、司諫院九件、司憲府・司諫院合同三件、「臺諫（合司）」八件、弘文館三件、「敦寧府以上及議政府」一件、「賜暇読書（舍人・正郎・佐郎）」一件、不明二件である。「臺諫」とは、司憲府と司諫院の官員の総称であるから、全三七件中、司憲府・司諫院だけで三〇件を占めることになる。

周知のように、士林派の政界進出を可能にしたのは、「三司」と呼ばれる司憲府・司諫院・弘文館の設置であった。このうち前二者（総称は臺閣）の官員は「臺諫」（言官）とも呼ばれ、王への諫言を任務とした。「臺啓」（臺論、臺弾）とは有罪の認定・酌量に関する彼らの上奏文である。実は「公共」の用例のほとんどが、この「臺啓」なのである。

司憲府は太祖元（一三九二）年、司諫院は太祖二（一三九三）年に創設された。しかし、その人事権が王と宰相にあったために、当初は「臺諫」としての役割を十分には果たせなかった。これが変化するのは、弘文館をも併せた三司体制が確立してからである。弘文館はもともと経籍の管理と王の諮問に答えることを任務として世祖九（一四六三）年に創設されたが、成宗九（一四七八）年に独自の言官としての機能をもつようになり、さらに人事面での独立性を認められた。これが司憲府・司諫院の言官活動をも支援・強化することになる[18]。

（一）の時期の「公共」の用例は全体的に少ないが、それが次第に増加しはじめ、（二）の時期の最初のピークを準備し始めるのが、ほぼこの頃からである。弘文館からの「公共」の用例の初出は中宗二四（一五二九）年であり、（一）の時期の用例の約半分が中宗代である。

〈第一二代仁宗～第一五代光海君（一五四四～一六二三）約八〇年間〉

次に、（二）の時期に「公共」の語の発された場所は、司諫院と司憲府で全体の約半分、これに弘文館を加えると七割に近づく。しかし、この時期の特色は残りの三割にある。

その中でまとまったものとしては、承政院一二件、議政府一〇件、「史臣」八件だが、それ以外に「功臣都監」（都監は臨時に設置された機構）、「委官」（派遣官）、「全羅道観察使」、「進士」、「成均館生員」、「館学儒生」など、「公共」の発言者の裾野が広がりはじめていることが注目される。

また多人数で上疏することで、その意見が「公共」のものであることをアピールするような傾向が目立ちはじめる。礼曹や戸曹や吏曹などの単独のケースもあるが、「六承旨」[19]が、王の前に並び進んで上啓したという例もある。「三司」が合啓するようになるのも、この時期からである。さらに「生員及び幼学二十四人」とか「大臣、百官を率いて」という例もある。

光海九（一六一七）年の記事は圧巻で、これは光海君の義母である仁穆王后を廃母するか否かをめぐる議論になかなか決着がつかないため、ついに公開討論という形で可否を問うことになり、そのために九三〇余名の文・武の官と宗室らが動員された際のものである。その一々の発言が記録されているのだが、議論は可否のどちらが「公共」であるかをめぐって、延々と続いている〈光海君九（一六一七）年一一月二五日⑩〉。

なおこの時期には、「宗室」（王の宗親）、「敦寧府」（王の親戚・外戚の府）、「府院君」（王妃の父、または正一品の功臣)、「二品以上」など、王の身近な高位者も、さかんに「公共」の語を用いるようになる。本来は臺諫が王を諫めるため、すなわち下から上に押しつけるための語を、比較的高位の者が用いてもおかしくない状況が生じていたと考えられる。

これは東西分党によって、自党の正当性を保障するものとして、この語が用いられるようになったことを予測させる。しかし、注意しなければならないのは、この時期までは王自身が「公共」の語を用いたケースは、一例もないという点である。

〈第一六代仁祖～第二〇代景宗(一六二三～一七二四)約一〇〇年間〉

初めて王がこの語を用いるのは、孝宗である〈孝宗即位(一六四九)年一一月一〇日①〉。(三)の時期の「公共」の発言者は、(三)の時期と大きな違いはないので、いちいち確認することはしないが、この時期にはもう一件、粛宗が「公共」という語を用いている。ここから王が「公共」の語を用いるようになったのが、この時期の特色といえばいえるのかもしれないが、しかしそれは全体一六四件のうちの二件でしかないことに、注意しておかなければならない。

粛宗の例は、先にも引いた

(弘文館が上疏していうには)「司憲府の臺官が『殺すべきだ』といい、大臣・両班・国民がみな『殺すべきだ』といっているのに、ただ大臣だからという理由で、あえて公議にそむいて(罰を軽くするのは間違っています)」。王が答えるには、「余はもちろん諸君らの上疏文が公共の論であることを知っているが・・・」。

というものであり、粛宗が弘文館の意見が公共の論であることを、しぶしぶ認めるという文脈である（しかし、結局はその意見に従っていない）。

孝宗の例はこれとは異なるが、自分が一度容認したことを翻しにくいと内心後悔していたところに、ちょうど自分の意にかなう議政府からの上箚があったので、それを「公共の言」と認めたという例であって、やはり基本的には議政府の意見が「公共」なのである。

それよりも、この時期には、

公論が沸騰してくると、一人の臺諫がとどめられるものではありません。
公論方張、非一臺諫所可沮遏。〈仁祖二（一六二四）年一二月三日①〉

といったいい方が見られるようになる点が興味深い。

「公論」や「公共之論」が「方《まさ》に張る」といういい方が『朝鮮王朝実録』全体を通じてしばしば見られるが、時間の経過とともに膨張、沸騰するといったニュアンスをもつ、「方張」という、この表現は、「公論」が「公正な論」という固定的な意味ではなく、衆人が口々に公共する議論の働きを意味することをよく示している。

それと同時に、この引用からは、この時期には「公共」が臺諫の専有物ではなくなったことがわかる。それが後に、王が主体的に「公共」という語を用いる伏線となっていくのだが、この点については、ここではこのくらいにしよう。

8 「公共」の変化

〈第二一代英祖〜第二七代純宗（一七二四〜一九二六）約二〇〇年間〉

（四）の時期になると王が「公共」を多用するようになる。正祖七件、純祖二件、憲宗（「大王大妃」含む）二件、高宗三件、純宗（王妃）一件で、計一五件である。それは、たとえば先に見た「此義理、即天下万世公共之大義理」〈正祖一六（一七九二）年五月二二日①〉のような例である。それ以外にも、次のような例が目につく。

たいてい義理というものは、天下の公共の物事である。いまの時代、また後の時代に、発言力をもち眼識を備えた者が、一つの異論も抱くことなく、意見がバラバラになることがないようであって、はじめて公共ということができる。……（余の）処分の本意が、公共にあることを知らねばならない。

大抵義理也者、天下之公共物事。今時之有口者、後世之具眼者、無一携貳之論・參差之見、然後方可謂公共。……須知処分之本意、在於公共。〈正祖一四（一七九〇）年七月一一日④〉

これが先に見た朱熹の「公共」の用例と非常に似ていることは、改めて指摘するまでもなかろう。

しかし、朱熹の場合は、「義理」と「公共」が結びついた場合には、比較的「衆人公共」の要素が強かったのだが、ここでは正祖の「本意」の中に、異論や不一致を許す余地のない一つの「公共」があるように見える。そして、王自身が主体的にみずからの処分の正当性の根拠を、それに求めているのである。なお、この記事は

『明義録』の編纂とも関わっているようであり、この点については今後の検討を俟ちたい。

正祖については、『朝鮮王朝実録』の用例だけでなく、彼の学問全体、また『日省録』の用例も併せて検討する必要があるのだが、この時期には王だけでなく臣下たちも似たようないい方をするようになる。

次は英祖代の例である。英祖に『心経』を講じた臣下の語である。

父子のあいだの「仁」、君臣のあいだの「義」は、天から受けた公共の物事であって、他人と自分の区別はありません。そこから性命の正しさがわかります。そして、これが「道心」なのです。

如父子之仁、君臣之義、是自天受来公共之物事、無人我之間。可見其為性命之正。而此是道心也。〈英祖一九(一七四三)年三月二七日②〉

もちろん『心経』の講義なのだから、こうした語があるのも不思議はないともいえるが、ただ、これ以前にはこのような例は皆無なのである。英祖はこの語を聞き、「今始暁然矣」(いま初めてはっきりとわかった)といい、過剰なほどの喜びを示しているが、いったい彼はなにに気がついたのだろうか。

次は、純祖代の臣下の例である。

そもそも公議というのは、国民の大同の論です。人主の威厳をもってしても、それに背馳してみずから勝つことはできません。みずから勝とうとすれば、国民の言葉はますます激しくなり、ますます止まらなくなります。聖人が世を御する道は、大公の心でひたすら衆論に耳を傾けるだけです。…思いますに国を挙げての公共によって定まった論は、雷や泰山のような威厳をもってしてもそれを挫くことはできません。一世の言ですら威服させ得ないのですから、まして後世の公議をどうして押さえつけられましょうか。

夫公議云者、国人大同之論也。雖以人主之威、不能違拂而自勝。欲其自勝、則其言愈激而愈不止。聖人御世之道、以大公之心、一聴於衆論而已。……蓋挙国公共之定論、雖以雷霆泰山之威、摧折他不得。一世之言、尚不可以威服、況後世之公議乎。〈純祖一八(一八一八)年七月五日①〉

これは、正祖の場合と異なり、王に公共に従うよう説くものであり、『朝鮮王朝実録』の主流となる「公共」の性格がどのようなものであるかをよく伝えてくれる史料だが、一方、「大同の論」「大公の心」という表現は、異論を許さない一つの固定的原理を予想させるいい方で、正祖の例とつながるところがある。

ここから推測されるのは、(三)の時期までは、王に下から押しつけることが主であった「公共」が、一つの道理として心に存する物へと変化することによって、「公共」の主体となる通路が王にも通じたということである。それに気づいた者たちは、いずれそれを独占するようになるだろう。

一八九九年、高宗によって「大韓国国制」が頒布されたが、それに先立ち法規校正所の総裁が次のように奏上した。

立国の始めには、必ずまずこの国の政治体制がどのようなものであるのか、君権がどのようであるかについて、一定の国制があることを著し、天下に明らかに示します。そうして後に臣民に間違いのないよう従いのっとらせることができるのです。むかしわが太祖大王は、天命を受けて創業し統治を垂れましたが、なおこれらの定制の頒布がなかったのは、おそらくその余裕がなかったためでしょう。

わが陛下は素晴らしい聖人の資質で、中興の業を建てられ、即位された後、ついでさらに国号を改定され、あたかも「周は旧邦だが、その命は新たである」というごとく、永久に窮まることのない幸いが、実にここに基盤しています。そうであれば、先の王朝に余裕のなかったすべてのことは、すべてまさに今日に待つところがあります。これが法規校正所の設けられた理由です。しかるにいま、伏して詔勅を奉り、法規校正所で商量して建てた国制をお目にかけ、仰せを賜らんとするのは、恐れ多いことですが、衆議にひろいとり、公法を参照して国制一編を擬定することで、わが国の政治はどのような政治であるか、君権はどのような君権であるのかを、明らかにしようとしてです。これは誠に法規の大頭脳・大関鍵であります。

邦国之始立也、必先将政治之如何、君権之如何、著一定之制、昭示天下。然後可使臣民式遵無違矣。昔我太祖大王誕膺天命、創業垂統、而尚無此等定制頒示者、蓋有所未遑也。我陛下以上聖之姿、建中興之業、既已陞進宝位、継又改定国号、周雖旧邦、其命維新、万億年無疆之休、実基於焉。則凡先王朝未遑之事、倶将有待於今日。此、法規校正所之所以設也。而今伏奉詔勅、自臣所商立国制、登聞取旨者、乃敢摭取衆議、援照公法、擬定国制一編、以明本国政治之為何様政治、君権之為何等君権。此誠法規之大頭脳・大関鍵也。〈高宗三六（一八九九）年八月一七日②〉

高宗はこの国制案を一覧し、「衆議はみな同じだろうが、外国人の意見はどうなのだ」と尋ねた。総裁は「衆議はみな同じです。また外国人の議論も同じです」と答えた。上の引用の「衆議にひろいとり、公法を参照し」たというのも、これと関係しよう。

ここから見ると、「衆議」は国内の意見だろうが、朝廷の範囲内に限られているようにも思える。また「公法」は明らかに国際法の意であって、相談役の外国人でもいたのだろうか。それはともかく、これらの語が『朝鮮王朝実録』で長い間用いられてきた意味合いと異なってきていることがわかるであろう。少なくともこれまでは、「衆議」と「公法」が分かれるようなことはなかったのである。

以上の過程を経て、「大韓国国制」は裁可され頒布された。この第六条に「公共」という語が出てくる。それは「万国의 公共한 法律」という表現であり、まさに上の「公法」と同じ内容になっている。「公共」の意が、ついにここまで変質したのである。

しかし、もっと大事なのは、その第二条「大韓帝国의 政治는 由前 則 五百年 伝来하시고 由後 則 亙万世不変하오실 専制政治이니라」、第三条「大韓国大皇帝게옵서는 無限하온 君権을 享有하옵시나니 公法에 謂한바 自立政体이니라」であって、上の奏上で大頭脳・大関鍵といわれていた政体と君権が、このように規定されているのである。これは果たして『朝鮮王朝実録』の少なくとも第三期までの「公共」の用例に添ったものだろうか。

さらに第四条では「大韓国民이 大皇帝의 享有하옵신 君権을 侵損할 行為가 有하면 其已行・未行을 勿論하고 臣民의 道理를 失한 者로 認지니라」と、大皇帝は臣民の「道理」を奪うことができるといわれている。もしも、これが大皇帝が「道理」を判定する基準を独占するという考えによるのであるなら、ここには第四期に現れる「公共」の変化との関係を考えてみてもよいだろう。

そして、それがまた初めに見た明治天皇の詔書の「公共」とのつながりの可否を検討する手がかりとなるだろう。先の法規校正所の上奏でも、「万億年無疆之休」(永久に窮まることのない幸い)が、「大韓国国制」という上からの制度によって基盤するとされているのである。

9 ふたたび「公共の憤」

しかし、これ以上の考察は、ここまでのような概観的、表面的な検討では不十分である。今後は、『朝鮮王朝実録』の個々の記事に、より深く立ち入って、「公共」の意味の把握と、その変化に対する考察を深めねばならない。それはすべて今後の課題とせざるを得ないが、ここでは最後に、（四）の時期にも、上に挙げたような例ばかりではないことをいい添えておこう。

同じ高宗の六年後の用例である。韓日併合の五年前に当たる。日露戦争に勝利した日本は大韓帝国政府に強要し、一九〇五年一一月一七日に、第二次日韓協約（乙巳保護条約）を締結する。この条約によって韓国は、「大韓国国制」第一条に「大韓国은 世界万国에 公認외온바 自主独立하온 帝国이니라」と規定されていたにも関わらず、日本の「保護国」とされ、国際社会における独立国としての地位を失った。

その条約の無効を唱え、それを結んだ者たちを処罰するよう訴える上疏がなされた。その最後の部分だけ引用しておく。

会議（伊藤博文が韓国政府の大臣たち一人ひとりに条約に賛成か反対か審問した会議）の諸賊については、朝廷中の者がみな「殺すべきだ」といい、国民すべてが「殺すべき」だといっているのに、陛下はなにを遠慮して、それを肯わずぐずぐずされているのですか。伏して皇帝陛下に願いますに、すみやかに処分を降し、いわゆる会議の諸賊に対して、ただちに該当する法律を施してください。

至若会議諸賊、挙朝皆曰可殺、国人皆曰可殺。陛下何憚而靳待乎。伏願皇上、亟降処分、所謂会議諸

賊、施以当律。〈高宗四二（一九〇五）年一一月二八日⑦〉

それに対して、高宗は次のように答えたという。

公共の憂憤の言が、わたしの胸に響かないはずがないじゃないか（しかし・・・）。

公共憂憤言、豈不諒哉。

このやりとりの場面には、どこかに朝鮮王朝初期からずっと鳴り響いている声が聞こえていないだろうか？繰り返せば、「公共之憤」は、倫理に悖ると見られる行為に対し、諫官のみならず万民から発されるものであった。そして、本稿では論じられなかったが、その声は、人々のつながりから成るこの世界を守るために、実は万民だけでなく、過去や将来からも、「神人之憤」として聞こえてくるのである。韓半島の王たちは、人間に倫理を要求するこの声に耳を傾けていたのである。

次の課題は、『朝鮮王朝実録』に四〇〇件を超える用例のある「神人之憤」と、「公共」との関係を考えるところから始めてみたい。そうしてはじめて、やっと『朝鮮王朝実録』をもとに「公共幸福」の問題を考察できるような気がする。

注

＊本稿は二〇一二年一一月、韓国清州市にある国立忠北大学で開催された韓国倫理教育学会国際学術大会「東西洋の公共幸福と倫理教育」での発表原稿に加筆・修正したものである。

[1] 八月二二日に調印された「韓国併合ニ関スル条約」（前文）自体では、「日本国皇帝陛下　及韓国皇帝陛下는 両国間의 特殊히 親密한 関係를 顧하야 互相幸福을 増進하며 東洋平和를 永久히 確保하기 為하야 此目的을 達코자하면 韓国을 日本国에 併合함에 不如할 者로 確信하야 玆에 両国間에 併合条約을 締結함으로 決定」したとある（『純宗実録』三年（一九一〇／隆熙四）八月二二日③）。

[2] 末松保和「李朝実録考略」一九五八（『青丘史草第二』一九六六所収）。

[3] 本稿で『朝鮮王朝実録』の「件」数をいう場合は、便宜上、記事数を指している。一つの記事に複数の「公共」の用例が含まれている場合があるので、実際の件数はもっと多い。

[4] 金泰昌『公共哲学を語りあう　中国との対話・共働・開新』五六—五七頁、東京大学出版会、二〇一〇。同『ともに公共哲学する　日本での対話・共働・開新』七五—七六頁、東京大学出版会、二〇一〇。

[5] ただし、暴秦論は文帝時代の新進官僚・思想家の共通の政治論になっていたが、司馬遷の父である司馬談にはそれを相対化しようとする姿勢があり、司馬遷もそれを受け継いでいるとの推測もある（稲葉一郎『中国史学史の研究』一一九頁、京都大学学術出版会、二〇〇六）。かりにそうだとしても、次に見るような張釈之の語には、賈誼「過秦論」などに見られる守成への切り替えの必要性や、たんなる諫言の重要性とはまた異なる、張釈之なりの考えが認められ、司馬遷もそれに好意的であったとみてもよいのではなかろうか。

[6] 張釈之は「法」とはなにかについて述べた後、「廷尉、天下之平也。一傾而天下用法皆為軽重、民安所措其手足」（司法長官は、天下の標準です。その標準がいったん傾けば、天下の法の適用はすべてバランスを失い、万民は手足をのびのびとさせることができなくなります）と付け加えているが、この場合の「天下之平」とは、上述のような天下万民が主体となった「法」形成が適切に行われているかを判断する基準が「廷尉」である、という意味であろう。

[7] ただし、前注に見たように、「廷尉」を天下の標準とするのと、「法」を天下の標準とするのとでは、法形成に関わる万民の主体性の点で、意味内容が大きく異なってくる。もちろん『資治通鑑』にも「廷尉、天下之平」という語自体は出てくる。

[8] ただし「与天下公共」の部分は、「天下公共とともにする」とも読める。

[9] 『陸宣公奏議』巻七「謝密旨因論所宣事状」。

[10] なお『旧唐書』（後晋、劉昫）には、該当記事がない。

[11] 「神宗が『卿の進読はつねに幾諫にあるようだ』というと、司馬光は『あえてそうしているのではありません。ただ『通鑑』著述の本意のあるところを述べんとしているだけなのです』と答えた」（「上曰、卿進読毎存幾諫。光対曰、非敢然也。欲陳著述之本意耳」）〈『三朝名臣言行録』巻七所引、司馬光「日記」〉。

[12] 王代ごとの「公共」の用例数は、仁祖一六一件（一〇五冊、**一・五三**）、孝宗六四件（五一冊、**一・二五**）、顕宗、粛宗三一四件（二八二冊、**一・一一**）、景宗三九件（四九冊、**〇・八〇**）、英祖一九七件（八〇五冊、〇・二四）、正祖一三一件（四四五冊、〇・二九）、純祖一一九件（四八五冊、〇・二五）、憲宗六件（五九冊、〇・一〇）、哲宗、高宗一七件（一六七冊、〇・一〇）となる。（　）内は各代の総冊数と一冊の割合。ゴシック太字は平均以上。なお、顕宗と哲宗はまだ用例数の確認ができていない。

[13] それぞれの『朝鮮王朝実録』における用例数は、「公論」四七六八件、「公議」四七四八件、「公道」二〇七九件。「公共」がセットになった用例は、「公論」一二八件、「公議」一一五件、「公道」一二件であって、少なくとも「公共」は「公論」「公議」とは密接な関連にあることがわかる。

[14] 『退渓集』二件（うち一件は朱子の語）、『栗谷全書』二件（うち一件は陸贄の語）。

[15] 「道理」一〇件、「理」五件、「道義」二件、「道」二件、「義理」一件、「義」一件。その他に、まとまった例としては「仁（惻隠）」三件、「鬼神（気）」三件で、このうちとくに前者はほぼ「道理」と同義。なお、『宋元学案』には「公共」の用例は八件、『明儒学案』には一四件であるが、これと同じ傾向である。

[16] 「義理」五件（正祖三件、高宗二件）、「道理」一件（仁祖）。

[17] ただし『承政院日記』には「天地気象」二件、「聖人気象」一四件の用例がある。

[18] 岸本美緒・宮嶋博史『世界の歴史一二　明清と李朝の時代』一〇八〜一〇九頁、中央公論社、一九九八。

[19] ここでは六曹の承旨の意に取ったが、あるいは承政院の都承旨以下を指すかもしれない。いずれにせよ、わざわざ数を挙げて記録している点が注目される。

儒学の民衆化と公共幸福

―「士」、知識人、青年と民間社会の関係―

呉　端
（京都フォーラム研究員）

概要

中国社会では、いわゆる制度社会と民間社会という二重の世界の中で、公共幸福を追求する社会的正義思想の土壌が育まれてきた。宋明時代以降、強まった儒学の民衆化によって、古代の知識人としての「士」から、近代の知識人および近現代の「青年」という概念の形成が加速し、またそれは中国史において、人の発達における三つの重要な歴史的段階、および人の社会的正義と公共幸福という考え方に対する自覚の高まりと飛躍とを示すものでもあった。古代と中世の「士」から近代青年の出現に至るまでの人間発達、社会発達の歴史は、歴史の中で継続と伝承を経ながら、社会の公共性の多元的な時間の中で拡大し、進展してきたのである。伝統文化の研究に対しては、批判と脱構築だけでなく、一種の解釈と再構築が必要であり、それには、時代と伝統を超越した対話と革新が必要である。ここでは、公共幸福という概念を通して、歴史的意味の中から我々の今日的存在意義を全面的に深く探求することで、伝統的な資源を現在に十分に体現させることを試みる。

まえがき――すべての真の歴史は現代史である

歴史研究とは、多元的時間における精神活動であって、それは思想文化史の中で、永遠に現在進行形であり、しかも未来に向かっている。ベネデット・クローチェ（一八六六―一九五二）は著書『歴史叙述の理論と歴史』にて「すべての真の歴史は現代史である」として、「生活の発展が次第に必要とする時、死んだ歴史は復活し、過去の歴史は現代のものになる。墓穴の中に横たわっていたローマ人とギリシア人は、ルネッサンスによりヨーロッパ精神が再び熟した時に至って、呼び覚まされたのだ」と述べている。クローチェは歴史とは思想の産物であり、歴史的現象として考えられたものだけが生命を有すると考えた。もしこれが研究の前提であるとすれば、我々の思想は現在のものだけなのではなく、歴史もまた我々の現在に存在し、現在、生命がなければ過去においても歴史とはいえないということに気づかされる。

たとえば「青年」とは近代以来の概念であるが、その「青年」という概念と古代や近世の知識人である「士」の意識形態を、民衆発展史という観点から考察することで、両者を結び付けることができる。将来に対して進行形である「青年」の時制の研究を重視するのは、近現代の青年現象の歴史的過程が、現代人の社会的意義と人生の価値につながっており、さらに将来の幸福をいかに認識し勝ち取っていくかに影響するからである。

公共幸福という概念はポストモダンに出現した理論ではあるが、この概念から歴史を振り返ってみれば、それ以前の儒学の歴史において実は、公共幸福についての理解と実践がつねに貫かれてきていたことが見えてくる。

一九世紀の社会活動家は、理想的な社会とは「純粋な人類の道徳的生活関係を基礎とした新世界を創り出す社会」だと考え、また阿部謹也氏は公共性を持たない歴史はない[1]と指摘している。中国史上の儒学の民衆化はある程度、これらの特徴を反映している。即ち人は自覚し反省する主体として自己の運命を掌握するべきであるとし、さらに、儒学の民衆化を通して、民衆は、歴史と思想的活動と自身を同じとみなし、生活世界と心の世界とを連関させ、社会の公共的領域と人生の幸福理念とを重ね合わせていったといえる。このような政治思想における民衆化の過程は、二一世紀に入ってからは、制度社会においては、政党が社会の公共機能の役割を担うようになり、民間社会においては、知識人の集団から青年共同体が社会の公共性の役割を担うように急速に転換していった。そして、中国の近現代史上、社会の公共性と青年との関係はさらに際立っていった。一九一九年の「五・四運動」から一九三五年の「一二・九運動」までのたった一六年の歳月の間に、青年現象は政治的舞台に出現し、政治的理想を有する青年共同体を形成するまでになり、国際的影響力を有する政治運動を展開して、次第に民間社会の社会的正義と公共性の代表的階層になっていったのである。

1 社会的正義と公共幸福

西洋社会の「自由」価値への崇拝に比べて、歴史上、中国の社会はいわば、公共幸福の普遍的な価値を崇拝してきたといえよう。

宗教や哲学は、根本的にすべて「此岸（訳注：この世）」と「彼岸（訳注：あの世）」という二重の世界の問題を解決しようとするものである。分疏から具体までには、理性と神秘、凡俗と神聖、超越と内在等の概念があるが、こうした物事の二重性に対する認識が、哲学と宗教の始まりであり、「公共」という概念も現実の政治、経済、文化的社会に存在する「公」と「私」といった二重性の問題意識に対して出されたものである。いわゆる「公共幸福」の概念も、このような二重性を内に含んでいなければならなかった。一三世紀に編纂された『朱子語類・巻第五二』では、早くも「公共」に対して「道は則ち物我公共自然の理なり」と非常に明確な定義を行っている。公共幸福とは自己と他者との共通の幸福であり、しかもこのような幸福は将来世代にまで通じるものである。阿部謹也氏は「公共性の問題とは、私たちが他の人々とどのようにしてつき合うのかという問題の周辺に生ずるものである。わたしたちの声に周囲の人々が答えてくれるかの問題なのである。そのような問いかけは古来から現在まで無数にあったに違いない」[2]と人々の応答によって公共性は行われ、地域の神も代表的具現として、そこに公共性が生きており、崇拝、礼拝はまさに身振りによる公共性の表現であると考えた。

「公共」とは容易には把握しにくい概念であるが、「幸福」の概念もまた同じである。司馬遷の『史記・巻第一〇二』には「法は天子の、天下とともに公共にする所なり」との記述があるが、これは、法律は朝廷にも民間にも平等であり、法律の運用は天下あまねく同等に軽重であり、差別があってはならないということである。これは非常に重要な文献である[3]。なぜなら二〇〇〇年も前にすでに「天下」、「公共」、「天子」、「人民」、「法」などの概念に言及し、「法」は天下公共のものであると指摘しているからである。ここでの天下とは「天子」、つまり制度社会と「民」つまり民間社会をも含んでおり、そして「法」は公平に「天子」と「平民」に対してすべて必ず同じでなければならないのである。「公共」とは指向性を有する社会的正義として制度社会と民間社会の上にある超越した存在であり、それぞれの社会的階級や階層、および多元的社会に対してバランスをとっているのである。よって公共幸福とは、自己と他者、それぞれに異なる階層の人々、それぞれの国の人々にとっての幸福を意味するものであらねばならない。当然、幸福とは、特権階級のみが享受するものであってはならない。なぜなら幸福は法律と同じく「天下公共」の性質を有しており、指向性を有する社会的正義と公共性とを有しているからである。

社会的正義がなければ公共幸福もない。中国古代の文献はすべて「福」を天とし、それは鬼神が授けるものとしていた。たとえば『周易』では「受福」、「受其福」とし、『詩経』では「降福」、「降福無疆」という言葉が多用され、また『国語』には「民和而后神降之福」「神仏福也」（魯語上）とある。さらに『荘子』には「厳乎国之有君、其無私徳、繇繇乎若祭之有社、其無私福。」（秋波第一七）とあり、「幸福」は初めから「公共」の性質を有し、いわゆる「私福」の存在を否定し、「平為福」（盗跖第二九）を主張している。社会的な公平をそなえてこそ社会全体の幸福を招くことができるというのである。

孟子（紀元前三七二―紀元前二八九）は、『詩経』の一節「永く言に命に配し、自ら多福を求む」を好んだことから、『孟子』の中にもこの一節に言及したものが多く見られる。この詩句の意味は、幸福は天命や運命と共につながったものであるから、「福」は「命」と同様に祈求し、期待し、待つことができるのである。しかし作為ではない。これに対し、もし天命を顧みず、人為的に「福」を作れば、結果は必ずや「作威作福」「作福作災」（商書・盤庚）になる。したがって古人はずっと「惟辟作福」（周書・洪範）を主張し、「承天之慶、受福無疆」（儀礼・士冠礼第一）を提唱し、幸福と天命との関係を強調した。なぜならこの普遍的で公平な道理からの幸福とは社会性を備えたものであり、ただ公共的性質をもつことのみ有り得るからである。

墨子（紀元前四七〇―紀元前三九〇）は「愛人利人者、天必福之」と考えた。「昔之聖王禹、湯、文、武兼愛天下百姓、率以尊天事鬼、其利人多、故天福之、使立為天子、天下諸侯皆賓事之。」「愛人利人以得福者」（親士第一）では、非常に明確に、幸福と他者とを関連させており、「愛人利人」が幸福を獲得する前提条件としている。自己の幸福は「愛人利人」の前提の下で作り上げられる。これは、仏経では「布施」とも呼ばれるもので「福徳」を獲得する前提である（金剛経第八）。

マルクス（一八一八―一八八三）は「人の自身に対するいかなる関係も、人と人との関係を通して初めてその実現とその表出が得られる」（一八四四年経済学哲学手稿）という。一元化した世界、つまり単一に制度化された社会や、他者の存在が欠如した世界では、「公共」の存在の必要がないのであって、多元化世界こそが、幸福の条件の一つでもある。多元化世界であってこそ、多様な選択が出現し、選択の多様化は、人の自由意志の発生の前提なのである。儒家の民衆化の趨勢は、まさにこのような社会の多元的性質に対する認識の結果であり、一元化した制度社会から、多重的社会構造と多元的価値観の社会変化に適応し始めたことを意味するものである。

宋代以降の儒家は、張載（一〇二〇―一〇七七）が「天地の為に心を立て、生民の為に命を立つ」「民は吾が同胞、物は与なり」（西銘）と提唱したように、「王道」を「君道」から「民道」に転じた。政治運営の重点を民間に結実させ、下部の宗法社会と礼制の再建を重視したのである。地方では「経界を正し、宅里を分け、斂法を立て、儲蓄を広げ、学校を興し、礼俗を成し、災を救い患を恤し、孰ぞ本抑え来るや」（張載）とし、地方の宗族社会と経済社会の秩序確立に力を注いだ。朱熹（一一三〇―一二〇〇）著の『家礼』『祭礼』『礼書』や王陽明（一四七二―一五二八）の『南贛郷約』、湛若水（一四六八―一五六〇）の『沙堤郷約』などは社会で広範に伝わり、また実施された。

こうした民間社会の自治能力の強化にともない、民間社会の制度社会からの独立性も次第に増し、儒家の学説である民衆化の趨勢は、宋明の時期に次第に顕著な発展を見せるようになった。「天地の為に心を立て、生民の為に命を立ち、往聖の為に学を継絶し、万世の為に太平を開く」という公共幸福の概念は、すでに儒学の世界観、普遍的価値と究極の追求となった。このような普遍的価値は中国の知識人の世界観形成に影響を与えただけでなく、青年の社会正義と公共性の基礎を成し、調和社会の理論と実践に影響しているのである。

2 制度社会と民間社会

中国の公共的領域は、中国社会の二重性と結びついている。歴史上、中国社会はずっと政治的社会と民間社会の二つが互いに補完し合い、しかも相対的に独立して存在し続けてきた。この二つの世界をどのように解釈し、また運営していくかということが、春秋戦国時代以来、諸子百家が解決したかった課題であった。他の学説や宗教と比較してみても、儒学は政治制度と道徳倫理の上で二つの世界に対して比較的バランスを維持してきた。

この中国での民間社会は「江湖」と称されるが、「江湖」という名詞は完全に「政府」、「政権」、「朝廷」、「国家」と対等の呼称であり、范仲淹は『岳陽楼記』に「廟堂の高さに居れば則ち其君を憂い、江湖の遠に処れば則ち其民を憂える。」というように、「江湖」は完全に無秩序な存在ではなく、国家の法律と秩序とは別に、自らの行為の規範と道徳規範を有している。この中国の民間社会は、日本でいう「世間」に近いものと思われる。阿部謹也氏は「世間」は「古来わが国の国家体制の下部機構として組み込まれたことはなかった。『世間』を世の中として謳ってきたものは国家でも社会でもなく、人々が長い間育ててきた原社会とでもいうべきものであった。おそらくそのはじめは地域の神々を中心とする信仰の場であったと思われる[4]。」と語っている。

中国では、こうした二重世界が続く中で、民間社会の力がずっと国家の政治勢力を超越していたのである。古代社会もこのようであり、現代社会でも依然としてそうである。中国の歴代王朝の交代、即ち、漢、隋、唐、宋、明、清などの王朝の衰退は、すべて前の王朝の農民蜂起あるいは地方の武装蜂起と関連している。

古代中国の官吏の数はとても少なく、数十人の官吏が数十万人を管理したという地域はどこにでもあり、社会のコントロールは主にイデオロギー、風俗習慣、道徳的教養といった、いわばソフトパワーによってなされてきた。一七世紀に、フランスのある知識人が中国の権力構造について分析をしているが、ヨーロッパ社会での君主と民衆との関係が征服者と被征服者、または主人と奴隷という関係であったこととは異なり、中国の君主の自由度はとても小さく、しかも民衆に対して十分な自信と優越感がなく、かえって君主は常に自分の統治権の資格を反省し、自分の傲慢な行状を警戒していたと考えている[5]。

現代中国革命における農村が都市を包囲する戦略や、抗日戦争中の持久戦の戦略も、すべて二重性の世界の存在の結果である。その上、中国の民間社会は制度社会に近い天道と公理を有していたので、国家存亡の危機においては、民間社会では「天に替わって道を行う」ことが起こり、制度社会の機能に取って代わって故郷と国を守り、王朝が交代して、社会の改革と革命が実現したのである。

このように、どのように民衆を安定させ、民間社会の公共性を国家政権の意志に合わせるかが、儒学が解決すべき主要な課題であった。孟子は「人恒の言あり。みな曰く、天下国家と。天下の本は国にあり。国の本は家にあり。家の本は身にあり」(孟子・巻七離婁上)といったが、これもまた個人と家庭の地位を国家の上に置いている。春秋戦国時代には百花斉放、百家争鳴したが、漢の武帝以降は、儒家の学術のみを尊重する局面が現れ、特に一一世紀以降、宋明の二代、後の李氏朝鮮、徳川幕府がすべて、思孟一派思想である朱子学派を重視するという現象を受け継いだことには理由がなかったわけではない。普通、朱子学は王権を強化して確固たるものにするイデオロギーであり、人間性を抑圧する偽の道学であると考えられているが、実は、一方で、朱子学は終始、民間社会の地位を政治的社会、あるいは制度社会の上に置いていたのである。さらに一六～一七世紀の陽明学は、朱子学上の一種の発展である。本質からいえば、陽明学と朱子学とは同じ流れを汲むもので、どちらも孟子の「民貴にして君軽し」「徳をもって天下を治める」思想の系統を受け継いだものなのである。朱子学は中国の民間社会の自治化の発展に対して、とても重要な役割を果たし、さらに一定程度、国家機能の民間社会に対するコントロールを制限したということができる。

儒家は孔子以来、荀子の一派や韓非子の法家、漢代の董仲舒のように政治制度や国家体制の建設を比較的重視しており、そのため政治儒学と称される。しかし孟子の一派は、民間社会の組織と運営を重視しており、特に孟子は伝統的朱子学を受け継いで、陽明学は政治制度を主要な対象とした政治儒学の清算以後、主要な注意力を民間社会上に置き、比較的公共的性質をより有している。狭義の公共領域はこの二重性の中間、つまり国家政権と民間社会とが融合する場であり、広義の公共領域は国家政権と民間社会を包含するものであるべきであり、これは「天下」と称されるものである。よって、前者は媒介としての公共であり、後者は天下としての公共である。公共幸福とは、このように、媒介的公共という一面をもつ以外に、天下に近づく公共、あるいは分かりやすくいえば「天下公と為す」と称することもできるのである。

中国社会には現在でも二重性が存在しているが、儒学の孟子一派、つまり民衆社会の公共的性格を重視する学派は、「民を貴しと為し、社稷之（これ）に次ぎ、君を軽しと為す」（孟子・尽心下）と説き、つまり民間社会が全体の社会的安定と発展の最も重要な力であり、その次に国家政権があり、以上の二者と比較すれば、君主の政治勢力は最も軽いということを説明している。『左伝・巻一』にある「民和而神降之福」「今民各有心、而鬼神乏主。君雖獨豐、其何福之有。」という論述は、幸福の概念と民衆の平和そして団結を結び付け、もし人心が安定しないならば、たとえ君主が独り大量の財産を占有したとしても、いかなる幸福も実現できないと指摘している。このように幸福と民衆とを互いに結合させる観点が、中国古代における公共幸福概念の原形であろう。

中国では近代国家が問題に直面したときには、よく「一盤散砂」という形容詞をつかう。つまり、国家の組織形態では、中国の民間社会を支配することができず、たとえ近代の国家組織をもってしてもできないのである。もし『大学』に規定されている最終的な「平天下」という目標を達成することができないならば、たとえ国家を管理することができたとしても、民間社会を安定させることはできないのである。いわゆる「平天下」とは、全社会の公共領域と公権力とが十分に展開できるということなのである。

「天下」とは、制度社会としての国家と民間社会とを合わせて称される。こうした中国の民間社会には、ずっと自己独立という倫理道徳と価値がありつづけている。いわゆる「聖人は常に心無し。百姓の心を以て心と為す」(老子)ということである。明朝末期の李卓吾は「穿衣吃飯、即ち是れ人倫物理」(焚書・巻一)といった。明朝末期から清朝初期の王夫之も「人大公を欲すれば即ち天理至正なり」(四書訓義・巻三)といった。これらは民間社会の公共幸福に対する認識と見なすべきである。また儒家の政治哲学も変化しており、朱子学の「理」とは、「本来の秩序の観念」として「天理」の絶対的存在を強調する中で、ある程度、民間社会の重要性を説明している。すなわち、天理の内在化が、民間社会の規範意識となったのである。顧炎武には「天下の興亡は、匹夫に責有り」(日知録・巻一三)との名言が有るが、それこそ民間社会の自覚と自治との表現である。

中国の社会では、公共領域あるいは公共幸福は、政治社会や政治権力が代表し決定するものでもないし、また完全に民間社会や個人の私的領域というわけでもない。中国の政治文化と社会文明との伝統からいえば、公共領域とはすなわち「天下」であり、朱子はそれを「天下公共」(朱子語類・巻五三)と称した。そこから考えると、中国の伝統文化の中で、公共幸福という概念は一般に「天下為公」と称されるものであろう。康有為は、天下の公とは一種の平等な公共であるといった(礼運注)。溝口雄三氏(一九三二―二〇一〇)は、中国の儒教倫理が村落共同体の関係(「郷約」)を通じて歴史的発展したことに注目し、初期の儒学の「仁」の概念が「公」の領域に転向したと考え、人欲を取り去る天理から人欲の存在する天理へと、分理と公理へと移行し、さらに平等な公共理念にまで進んだとしている。このような変化は、儒学が社会的共同体の課題において次第に民衆化した過程での一つの重要な表われであるといえる。「郷約」[6]とは、村落、宗族、家族などの自治体を通して、道徳的倫理のネットワークで民間社会と村落の秩序を構築したのだが、このような「郷約民主」は西洋の選挙を通した代議制民主制度とは全く異なり、直接参加式の民主制度であった。こうした民間社会の思想と組織には天道と公理が基礎にあり、それは社会的正義感であり、正義に関する価値観であり、「江湖」の言葉を使えば、これは「義を聚める」ということである。よってこのような民間社会における自治と横方向の管理は、いわば、道徳と正義との集合体である。ゆえに、「郷約民主」は一八四二年の『ライン新聞』期のマルクスがいうところの「互いに教育する自由人の連合体」にある程度近いものであるといえよう。

3 青年共同体と民間社会との関係

中国の民間社会の伝統的思想、および民衆化した儒学思想は、依然として、現在でも青年の思想的意識の基礎をなしており、西洋の現代的な民主選挙の思想や個人の自由の価値観の影響はまだ表層にとどまっている。いい換えれば、社会正義と社会的公共性、及び公共幸福の追求、そして「すべての人の自由な発展」（共産党宣言）[7]こそが現代中国青年の最高の理想である。

前述したが、中国文明はつねに二つのシステムを運用してきた。それは、大きなシステムである民間社会が小さなシステムである政治的社会の運用を取り囲んでいるのである。政治的社会の力が弱まれば、民間社会は政治の核心を離れて、別に新たな政治勢力を形成する。いわゆる政治的儒学とは、国家や政治的社会や政治権力を課題とするもので、法家との共通点は多い。一方、心の儒学は、民衆や民間社会や民間組織を基本的な対象としており、朱子学、陽明学が政治的社会の功績に関心を持たないのではなく、彼らはより多くの関心を民衆の身に置いているわけである。なぜなら政治的エリート集団に比して、民衆は更に重要な政治的な力だからである。新儒家はある程度、中国社会の二重性を理解しており、国家政権の政治的儒学と法家とを対比しつつ、更に民間社会の自治組織と教育を重視し、家庭、家族、宗族、村落など地方の自治、自立を重視して、国家の政治的集権、あるいは皇帝の高度な集権を突出させないことを重視している。

一一世紀から、儒学は民衆化への進行が始まり、民衆の日常生活へ浸透していった。少数の君子、士大夫、郷紳（訳注：地域の名士）の文化的特徴と精神的特権は、一般の民衆、農民、商人、職人のものに転化していった。この過程は、民間の無政府主義の環境の下で、制度による分業と階層をもって力を集めたわけではなく、また教育の客観的な標準と一元化された系列をもって人々の意志と認知とを凝集させたのでもなかった。政治的社会とは異なり、民間社会の理性化は緩やかな自治に向かい、倫理道徳という比較的弱められたセルフコントロールを通して、家庭、一族、宗族、村落、小都市を通し社会的秩序を完成したのである。しかも、このような自治の秩序は政治制度と相互に調和し、補い合うことができた。

人の存在は動態的で、いかなる時空においても停止することはありえない。人の発展は、自己の潜在能力を開く過程である。古代の知識人である「士」、近代の知識人、近現代の「青年」の形成は、すべて人の発展の中でのそれぞれ重要な歴史的段階を示しており、つまり人の社会的正義と公共幸福に対する自覚の高まりと飛躍なのである[8]。「士」から青年の出現までは、歴史的に連続性があり、社会の公共性の拡大と進展でもある。青年現象は、少数のエリートの育成に対するものから、成人世界という範囲を越え始めており、次第に若者集団の育成へと転換していった。また、少数者の政治的意志や政治活動が、大多数の人間の政治的意志と政治活動に転換したことも意味している。

近代社会では青年集団が責任と引受者であることを理解するようになった。これは朱子学、陽明学が近代になって発展したことも影響しており、青年共同体の自治と自立は、社会に対して作為するまでになっている。どれだけの政治勢力がその中に影響を与え、組織が高度に厳密な程度に達したとしても、青年の自治と自立の根本を揺るがすことはできなかった。これは「性即理」、「理即性」が内在する公共的伝統が沈殿した儒家文化の影響であるのかもしれない。

青年共同体は民間社会の一部分に属するだけではなく、民間社会を構成して最も活力ある集団を構成し、さらに最も目立つ社会の政治的力量の中の一つとなった。しかし、実際には、青年の民間社会における存在は認識されていない。そのため、青年が構成する、一定の自己組織能力をもち、相対的に独立した価値観を備え、現実の生活の中に存在する政治社会と民間社会という二重の性質に対する理解は十分ではない。

政治社会が青年の集団を体制の内に組み入れた時から、巨大な軍事的力量、あるいは社会を改造する政治的力量となる。このことは一八世紀末のフランス革命から始まったことであるが、一九世紀、二〇世紀を経て、すでに近代と現代社会の政治的常識となっている。青年集団はどの立場にあるかに関わらず、特に青年運動を発生させれば、社会世論に対して公共行為として認識されるのである。青年、主に教育を受けた青年は、民間社会の理性と理想的性質を有する者の代表に比較的になりやすく、一種の社会の革新や変革を引き起こす政治的力量を形成する。

4 「志」の青年性、指向性と公共性

「青年」の特徴として重要なのは生理的な年齢の段階性ではなく、正義性と公共性、即ち、「志」である。日本の近代思想家・新渡戸稲造（一八六二―一九三三）は「青年」という概念の意味に対して分析を行い、青年の特徴とは未来に対する遠大な望みを持ち、積極的に向上する精神であると考えた。このような精神がありさえすれば、たとえ三〇歳や六〇歳であっても依然として「青年」と称することができる。逆に理想がなければ生理的に年齢がいかに若くても、たそがれの人としかみなすことができない[9]。このような理想と希望は正義的であり公共的でもある。「天下の正位に立ち、天下の大道を行く」（孟子・滕文公下）ことであり、正義性と公共性とが「立志」の前提なのである。

朱熹は「『志』の字を見ることが最も重要である」という。「『志学』とは、一つの骨である。のちにたくさんある節目はただこの上に工夫を進めるだけである」（朱子語類・巻二三）。「志」は健全な「個人」の出現を代表し、あるいは歴史を有する指向性の「個人」の出現をいう。「志」は人の主体化であり、「志」の実践によって、自然人から社会人への転換が加速された。孔子が「一五にして学に志す」（論語・為政）といったこと、さらに、孟子もまた「志を得るは、民と之を由とする」（孟子・滕文公下）といったことから、「立志」は青少年の主体化と人格の発展、および民衆化と緊密な関連を持っているのである。

中国社会の二重性は教育にも同様に現れており、一つは中央の国子監を中心とする全国の各府州県の完備された官制学校であり、一般の知識人は、書院を場所として活動を展開した。もう一つは民衆の子女を対象とした各種の義学、義塾、社塾、家塾などの郷学活動や郷約などの自主的な道徳教化活動がある[10]。特に一五世紀

以降の明清の時期、儒学の民衆化によって「志」の自覚が、知識人、官僚、士大夫の専属から一般民衆のものへと変わっていった。王陽明は「古者四民異業而同道」というが、これより、このような主体的観念（道）がすでに民衆階層に普及していたということがわかる。儒学の理念を通して、民衆は対象化された社会の客体から次第に政治、道徳的な引受者になり、社会の主体となって、「人」を主体とした新しい社会の共同体──「天民」を形成したのである[11]。二一世紀に入って、この新しい共同体は更に「人民」へと発展する。

青年とは中国近代と現代社会の中で最も作為的な社会共同体であり、青年の公共意識の形成、あるいは「志」の形成（志、意なり。『説文』）は将来世代の幸福に関係し、ゆえに、公共幸福とも関係するのである。『左伝／襄公二七年』には「志を以て言を発し、言を以て信を出し、信を以て志を立て、参を以て之を定む」とある。「志」と「立志」との関係に対して、内在する意識から出発して、言語を通してある種の信念が成立し、信念から内在する意識的行動を実現することに変わるのである。よって、中国の伝統文化の中の「志」は西洋文化の「自由意志」に相当するといえよう。この自由意志とは社会参与に対する一種の渇望であり、孟子がいうところの「古の人、志を得れば、恩沢は民に加わる、志得ざれば、身を修め世に現れる。窮まりて独り其身を善くすれば、達して則ち兼ねて天下を善くする。」（孟子／尽心下）である。「志」は社会参与の自由な意識であり、他者への配慮であり、作為であることがわかる。

青年マルクスがその著作で繰り返し強調していることは、ただ生存することのみを目的とする人は、疎外された人であり、人は全面的な発展こそが、人の存在の歴史的目的なのだということである。孔子もまた「鳥獣は与（とも）に群を同じくすべからず。吾れ斯の人の徒と与にするに非ずして誰と与にかせん。天下道あるときは、丘は与に易えざるなり」（論語・微子）と考える。孔子の時代にすでに動物性を抜け出し、人という称号を称する資格がある人となり、天下の発展に対して作為の有る人となるべきことを強調し始めているのである。そのため、人の自由意志、あるいは『志』は、主に社会の改造に対するものであり、異化からの脱却に有利なように、また人の全面的発展に有利なように社会を改造することである。そうして、『志』の範疇は政治的社会と民間社会とを含み、制度社会と自治社会という二つの異なる領域と、独り其身を善くすることと天下を救うこととの間で、人の成長と発展に対して積極的な効果を果たすのである。

「志」とは意義であり、自由意志であり、価値観に対する承認であり、社会に参与する決心であり、作為である。「志」と人の成長と発展は密接な関係を有していて、もちろん人の幸福、および公共幸福と密接に関連している。「志士」という概念は江湖に属する、草莽崛起の勢力である。日本の江戸幕府末期、当時の有名な知識人・吉田松陰などは「草莽崛起」を提唱し、民間の志士は明治維新の重要な勢力の一つとなった。これより分かることは、「志」は主に民間人の社会参与に対する意志であり、青年に立志を求めることは、まさに社会参与の意志を通して社会に参与する実践をすることであり、人の成長過程で最も重要な段階を完成させることである。よって、朱子は、「志は公然とすべき事を主張することであり、意は間発するところを私的に潜行することだ。」（朱子語類／性理二）としているが、これは志と意志の間の内在と外在との関係を述べたものである。

朱子は、「志」が意識の方向性、指向性であると考え、いわゆる「志は、心の之く所なり」（朱子語類／性理二）とは日光の行くところのように、時間を表明して確定した。劉宗周の説く「心所之曰志、如志道、志学、皆言必为聖賢的心、仍以主宰言也。」（明儒学案・巻六二）も人の本質の「心」が人の行為の支配者であるとして、人の自由意志の「志」は人の本質の価値指向を代表することであると述べている。儒家の成人の道とは、自我が家庭、社会、国家、世界から無限の宇宙まで到ることを通して、「天人合一」の境地に達することである。この過程において、立志とは明らかに最も肝心な一環であり、この接点において、人々は最高の人格形態の観念、つまり善の観念と美の観念を体得することができるのである。よって、儒家思想は人本主義を超越し、宇宙段階の哲学に到着するのである。生存環境と生産環境は大きく変化しても、人格の面からいえば、現代の人格と古代の人格とは本質的に変わりはないのである。

朱熹や王陽明が「立志」と「聖人になる」ことを結びつけたのを、現代語でいえば、全面的に発展する人、社会に役立つ人になるということであろう。朱熹の「学ぶ者は大きく志を立てることを要する。いわゆる志とは、このような激情を他人にかぶせることをいわず、ただ直截に堯と舜とを学ぶことのみ。『孟子の性善の道とは、言必ず堯舜を称する』これが真実の道理だと説く。」「学者は大きく志を立てるを要す、これがすなわち聖人になることである。」（朱子語類・巻第八）という言葉は、学者の行為指向と目的指向とが「聖人」であることを強調し、「立志」の主要な方向は聖人―全面的に発展した人であり、社会に役立つ人になることである。「堯舜」が歴史上存在するかどうか、言行が完璧かどうかは重要ではなくて、彼らは一種のシンボルであり、一種の理想的な姿なのである。「志」は全面的に発展した人になるという自由意志を選択することであり、人の主観性と実践性、自己の存在、自己の本質、および人の社会性の認識、人の異化する過程に対する抗争の表れである。そのため、「志」は人の正義を選択する自由意志だけではなく、人の社会的責任を引き受ける決心でもあり、しかもこのような公共性の指向が個人の幸福と緊密な関連を持っていることを確信することなのである。

5 認識論での「未発」と「已発」との二重性

一九六八年世界的規模の青年の文化運動が起こってから、ずっと青年研究の重要な課題は、〝世代間ギャップ〟(generation gap)であった。この概念はその時の産物である。成人と青年という二つの相対的に独立した世界の間には、文化的習慣、思想、行為規範、世界の観念、道徳的な準則などのそれぞれに異なる方面で、ギャップが存在している。その主な点として、成人の世界が秩序化、概念化、管理化された世界であるのに対して、青年の世界は感性化、具体化、無秩序化した世界であるということがいえよう。

歴史上、このような社会関係の二重化は、常に認識論での二元化をもたらしてきた。一つは概念化、合理化、言語化の学問的世界で、儒家でいうところの「已発」と称されるもの、もう一方は感情化、神秘化、非言語化の学問的世界で「未発」と称されるものである。いわゆる「喜怒哀楽の未だ発せざる、これを中と謂う。発して皆節に中（あた）る。これを和と謂う」（中庸）とは、人生にとって、いわば「人之初生、固纯一而未發。」（大学或問）ということである。「未発」は哲学上の概念であるだけではなく、更に重要なのは人間性の普遍的な性質と民衆と聖人を区別することのない、平等な地位を指摘しているということである「喜怒愛楽未発之中、未是論聖人、只是泛論衆人亦有此、与聖人都一般。」（朱子語類・巻六二）。その上、このような学問の二重性は、「未発」を通して個人を規範的な承認下の拘束のもとに置く言葉による覇権を制約し、知識の異化から人間性を解放して、その自由な公共領域で効力を発揮させるのである。

概念化された世界では制度社会と政治社会とが結びついているが、非概念化の世界は民間社会としっかり関わっている。一九六八年の欧米での青年の学生運動は、知識を権力と統治のツールにするやり方を批判したのであり、制度社会が知識を広めるという名のもとに、種々の隠された構造、例えば、新聞、テレビ、大学などのメディアと教育機関を通して、言語化されたルートを通して、民間社会と個人の世界の中に浸透してきたことを批判したのである。制度社会としての知識と言葉が決して公共性を備えていないということや、人類の主体的意図とは独立して運営されているものであるということ、そして、また我々が存在している世界が異化された言葉の世界だけではないということを知ったのである。

文字化された世界は比較的理解されやすく、比較的学習や教育されやすいので、ある種の社会意識と普遍的な価値観を形成しやすい。これこそが成人の認識世界なのであるが、しかし、非文字化の世界、例えば感情の世界、感覚の世界では、すべてが人為的でない自然世界の認識であり、規範的教育と学習モデルをそこに形成することはたやすくなく、人によって異なること、事柄によってよしとする、それが青年が認識する世界なのである。そのため、公共領域は文字世界と非文字世界とを含むべきであり、単にこれらの二重世界の交わる所、または媒介をするだけではないのである。

時間にしろ空間にしろ、非文字世界は文字世界に比べて、はるかに広大で深遠である。この世界に接触する方法として、仏教は座禅を用い、儒家は静坐を用いる。郭沫若（一八九二―一九七八）は「静坐というこの時間を、宋明の諸儒はとても重視した。静坐は論者の多くが禅から来たと思っているが、私は源を顔回に帰すると思っている。『荘子』に顔回「坐忘」の説が有るが、これが恐らく我が国の静坐の起源だ」と述べている[12]。朱熹の門人郭徳元への教え「半日静坐、半日読書」[13]（朱子語類・巻一一六）は文字世界と非文字世界との一種のバランスであろう。

儒家は「心」を既知の世界、即ち文字世界と、未知の世界または感知する世界との公共の領域とし、「志」の核心もまた「心」であり、「心」を通してこそ人の本質に対して真実の認識ができるとしている。劉宗周（一五七八―一六四五）は「善読書者、第求之吾心而已矣。舍吾心而求聖賢之心、即千言万語、無有是処」であり、「『吾が心を求むる』には必ず静定の中でなければならず、そこで初めて得られるのである。」（劉子全書「読書説」）と説かれている通りである。劉は「静坐説」にて「学問の宗旨とは、ただ主静である。ここでの時間が最も行いにくく、しばらくは学者が便法を用いて、かつこれに静坐を教える」とさらに進んで強調している。静坐とは一種の方式にしかすぎないが、その目的は身体を用いて人類文明が誕生する前の世界、人類文明がまだ解釈できていない世界を体得することであり、これを「体認」という。いわゆる「喜怒哀楽未だ発せずの中に観る」や「黙して坐し、天理を体認する」などのことである。「未発」の世界の認識を重視することは、宋明儒学の認識論上の一つの重要な特徴である。彼らは「未発」の世界に入ってこそ、文字世界の中の概念を真に理解することができ、儒家の経典中の理念を真に使いこなすことができると考えていた。このような「未発」「已発」の認識過程は、「復性之道」と称され、それでこそ人の本性を回復し、人の存在の本質を体現することができるのである。

新儒学の経典の一つ『中庸』に「誠は天の道なり、これを誠にするは人の道なり」という基本的な命題がある。「誠」は「心」の外在する顕れであり、すなわち先天的でありながら、後天的でもあり、「誠」は天道と人道とを互いに結合して、自然と人とを関連させ、人の存在の基礎になるのである。「誠」は真実無妄な状態を代表しているから、人心の本質は信頼することができるのである。儒家の理論としては、「心」の外在化した「誠」を通して、自己と他者とが「心性」段階での交流を体験して、民間社会に近づき始めることで、制度社会の見落とした民衆の世界を認識し、「満街皆聖人」（王陽明の言葉）の可能性を認識し始めるということである。「誠」が天道と人道の共通する部分であるため、「福」もまた必ず天道と人道との共通の産物でなければならず、そうなれば、「誠」もまた公共幸福の理念的特徴を有していることが明白になるのである。

青年文化の特徴は、体験を重視し、自己の体への関心について意気揚々とした生活様式を求めて、感性と感情の中から物事を理解する。これらは儒学の発展ととても緊密な関連を持っている。政体制度を重視する政治儒学とは異なり、心の儒学は更に個人と生命とを重視し、内在する自然と外在する自然とを重視し、更に人為的礼（制度）の外にある自然的生命の世界を重視する。程明道（一〇三二―一〇八五）は『詩経』にある「鳶は伸びて天に戻り、魚は躍りて淵に於ける」が生気に富む、万物一体の描写であるとしている。程は「吾学虽有所受、天理二字却是自家体貼出来。」という重要な一節を述べている（二程外書・巻一二）。これより、儒学理論の中で最も重要な概念である「天理」とは、客観的存在である制度化、教条化、理論化された物事ではなく、個人の体貼（訳注：思いやり）と関わるものであることがわかる。古代の中国語では、「体」は身にあり、常に動詞として用いられており、「体」につながる語はたくさんある。たとえば、個人の「体貼」と結びついている以外にも、「体認」、「体会（訳注：体得）」、「体察（訳注：子細に観察すること）」、「体験」などがある。宋明の儒学でいえば、認識方法とルートとは二つに分けられており、一つは外在する概念と知識であり、学校教育を通して科挙の試験で達成することができるものであり、もう一つは「道」「天理」に対する認識であり、必ず自身の内在化の過程を経なければこうしたことは理解することができず、そのためには、感性と理性を内在する経験が必要であり、これがすなわち程明道のいう「体貼」ということである。

「体貼天理」の真理を認識する思想活動は、新儒家の主体性重視を体現するもので、このような主体的精神の活動は、客観的な天理と結びついたときに初めて生まれるものである。新儒家の一つの重要な特徴は同時性であり、すべての歴史的時間を現在に転化させるのである。精神活動と客体天理とを同様に構成しなければならないので、儒家は天理に対して体験的な経歴を有することを要し、経験的な「体貼」と言語文字を形成する概念とは互換することができるのである。

文字の世界、制度的世界、政治的世界の中から次第に抜け出してきた新儒学は、自然、人情、感覚などの非文書化と概念化の世界に近づき、宋明の「心性儒学」を開いた。溝口雄三氏は、「心」の概念は単に「内在性」の要素を含むだけでない、即ち、「内在性」が「心」の主要な特徴というわけではないと述べている。「心」は「環宇宙性」、「虚霊性」、「本体性」などの特徴をもち、中でも道徳と自然を貫く宇宙の心を主体としていると考えている[14]。重要なのは、公共領域としての「心」とは、唯物論、唯心論の範疇の精神現象なのではなくて、既知の世界と未知の世界とを包含する象徴なのである。

新儒家は、天理に対する認識は、言語と文字に着眼するのではなく、宇宙精神の「心」を起点にすべきであり、過去に着眼するのではなく、現在の日常生活に着眼することだと考えた。天理とは、当事者が主体となって自ら体験するものであり、それは、客体と同時に発生するものであり、そうした天理の体験性は、理論の普遍性と確定性を備えることができる。なぜなら、当事者の主体的精神から発生した認識は懐疑主義や虚無主義ではありえず、必ずや理論の確定性、指向性及び実用性を有するのである。言い換えれば、新儒家の天理は当事者の現実的な生活から出発するので、自分の精神世界の中で客観的な理論と歴史とを自ら経験、体験しており、能動的な精神活動と客観的な理論とが同様に構築され、確実な認知を得るのである。程明道はこれを「体貼天理」と称し、王陽明はそれを「良知を致す」と称し、「良知卽是未發之中、卽是廓然大公、寂然不動之本體、人人之所同具者也。」（明儒学案・巻十姚江学案）とした。『未発』理論の重点は依然としてそれぞれの人であり、人民大衆が皆そなえている良知とは、道徳的な本体でもあり、道徳の前で人は皆平等であるという中国社会の基本的原理を強調したのである。そして知識の異化、私有化および認知領域を拡大する公共化をいかに克服するか、これがすなわち「士」、知識人、「青年」が長い歴史の中で実践してきた使命なのである。

終わりに──天下を自分の任とする

儒学の民衆化の発展と過程を理解することは、青年現象を理解するうえでとても重要な一環である。阿部謹也氏は「わが国の文化が抱いている問題の根元にこの『世間』の問題がある。」[15]と考えた。

中国における青年共同体は、社会的正義と公共幸福を求めるのに儒学の基本理論を受け継いできた。そして新しい形式と風格をもって、この精神を実践し、推進してきたのである。中国の歴史はすべて青年が新文明の文化的基礎を創造してきたのであり、過去の伝統を離れては、青年の現在と未来を知ることはできない。中国の伝統的社会の一つの重要な特徴は、文化と家庭、一族、地域社会、さらに「天下」の基本的な倫理の伝導と継承を重視することで、いわゆる「道」とは中国文明の持続性を構成し、このことが、中国文明が他の古代文明に比して強い生命力をもってきた根本的な要因でもある。中国の伝統文化は、歴史発展の規則に対する研究を重視しつつ、個人の生命周期と世代間問題の認識を重視し、「士」、知識人と青年の変革期における「道」の踏襲も重視してきた。しかしながら、中国の伝統文化の「道」はとても複雑で、多重に解釈できる概念から成り立ってきた。民間社会や民衆の中では、「道」の概念は、主に社会的正義を代表したもので、いわゆる「替天行道」のスローガンは一つの例である。中国古代の知識人が持っていた「道」は、真理の問題を解決することよりは、政治社会の中の正義性の問題、公共性の問題を解決することがより重要であった。そして、いまやインターネットの時代となり、知識と情報が十分に普及したことで、知識人は階層としてはすでに次第になくなりつつあるが、それに代わって起こってきたのが青年の集団である。青年集団は民間社会に属し、制度社会の外に遊離しているが、彼らの社会や政治に対する関心の程度は、社会的正義と公共幸福の追求に対しては、その振る舞いが最も強烈であり、しかも行動に訴えるのである。広義の思想史の観点から見れば、社会正義と公共幸福の理念がいったん青年の手に移るや、単純化、行動化され、新しいスローガンが形成されるようになる。

儒学の民衆化の過程も同じで、明代の陽明学では黄宗義（一六一〇―一六九五）が「陽明先生の学、泰州、龍渓に有りて天下に風行するも、また泰州、龍渓に因りて漸くその伝を失す」と言い、また「泰州の後、其人多く能く赤手もて、以て龍蛇を博たんとす、伝わりて顔山農に至り、何ぞ心に一派を隠し、遂に後名これを教うるに羇絡能うる所非ざるや。」（明儒学案・巻三二）では、明代末期の儒学の民衆化の活力および儒学の伝統的規範の超越、および単純化、行動化といった主要な特徴の出現を指摘している。

儒学の民衆化で重要なところは、個人あるいは家族の道徳倫理である正義を、社会的正義に転化し、個人あるいは家族の幸福を、公共的な幸福へと転化したことである。これは孟子の「人皆以て堯舜と為る可し」（孟子・告子下）から、周敦頤の「聖人学びて至るべし」（通書）、王陽明の「満街皆聖人」（伝習録下）の伝承に体現されており、人が生まれながらにして平等であるだけでなく、すべての人は学習を通し全面的に発展した人になりうるということである[16]。人は生まれながらにして限りない内在資源を有しており、学習とは模倣ではなく創造の過程であり、人の発展とは言語、道徳、認知などを通して創造し、これら内在する資源を十分に活躍させることなのである。

カタモール（一九〇〇—二〇〇二）の解釈学の思想をみると、一人の思想家が自国の文化伝統に対してどの程度自覚しているかによって、その人の伝統文化に対する理解、そして伝統文化を超越する潜在力の程度が決まるという。そのため、理解者と理解される伝統文化との間には共同性があり、その上で、共同性は絶え間ない理解と説明の中で発展していくのである。儒学の民衆化および公共幸福希求の過程は、古代、近世、そして近代の青年集団の理解の中で始終存在し、そして発展してきた。公共幸福とは共同体の幸福であり、全社会の幸福で、天下の幸福である。「士は当に天下の憂いに先んじて憂い、天下の楽の後に楽しむべし」（范仲淹／岳陽楼記）とは、公共幸福に対する社会的責任感と自己期待の表れである。

中国の制度社会と民間社会の二重の世界は、公共幸福という社会的正義思想の土壌を育んできた。カタモールがいうように、歴史を大局的に眺めてみれば、歴史的事件の連続性に気づかされ、歴史と現代の関連性が見えてくることで、歴史に新しい生命力がもたらされる。儒学の民衆化、および「士」、知識人、青年などの共同体を、歴史的発展の主体とすることで、公共幸福こそが全ての人類の歴史的事件の根本的な意味であることがわかる。

現代化は、知識人が敵対するものであるだけでなく、「青年」に敵対するものでもある。すなわち、現代化の進展につれて、民間の領域は次第に減退し、民間社会と政治的社会との融合点である「青年」も次第に淡泊化し、その公共性は次第に消えていき、社会に役割化、規範化され、生理的な年齢境界としてのみ区切られた「若者」という歴史的地位に戻っているのである。公共性の定義から見ると、生理上の若者と「青年」とはイコールではない。ある日、「青年」はその大先輩である「士」や知識人と同様、次第に社会的正義と公共的幸福の第一線から退いて、伝統文化になる時が来るかもしれないが、その位置に取って代わる、天下を自分の任にして、公共幸福の追求に対する最前列に立つ新しい共同体が必ず出現することであろう。

注

[1] 阿部謹也《教養とは何か》講談社現代新書二〇〇二年三五頁
[2] 阿部謹也《学問と「世間」》岩波新書二〇〇一年五四頁
[3]『史記・巻一〇二張釈之馮唐列伝第四二』「之の頃、上行出して渭橋に中る、一人有り橋下従り走り出で、輿に乗りて馬驚く。ここに於いて

騎をして捕え、之を廷尉に属す。釈之治めて問う。曰く、県人来りて、蹕を聞き、橋下に匿れる。之を久しくして、以て行巳に過ぐと為し、即ち出て、輿車騎に乗り見て、即ち走るのみ。廷尉当を奏して、一人蹕を犯し、まさに金をもて罰するべし。文帝怒りて曰く、此の人親しく吾が馬を驚かす、吾が馬は頼柔和にして、他馬を令するは、固より我を敗傷せんとするや。而して廷尉乃ち之に罰金を当てる。釈之に曰く。法とは、天子天下と公に共にする所なり。今法此の如く更に之を重くするは、是れ法民を信ぜずなり。且およその時、上使之を誅し則ち已む。今既に廷尉を下し、廷尉は天下の平らなり、一たび傾けば而ち天下法を用うるに皆軽重を為す、民安んぞ其の手足を措かんぞ。唯陛下之を察す。やや久しくして、上曰く、廷尉まさに是なるべしなり。」

[4] 阿部謹也《教養とは何か》講談社現代新書二〇〇二年一七八頁

[5] 後藤末雄『中国思想のフランス西漸』二、第三編三、平凡社

[6] 郷約とは、村落の隣人同士が相互に励まし、教育しあい、共同で決まりを守ることによって、相互の協力救済を図ることを目的とした制度である。郷民受約を通して、自己誓約や相互誓約により郷土社会の構成員の共同生活と進歩とを保障する。中国最初の成文村落自治制度は、北宋の学者である呂大鈞・呂大臨兄弟が北宋神宗熙寧九年（一〇七六年）に制定した『呂氏郷約』（元の名は『藍田公約』）である。この公約の主旨は「業徳相観、過失相規、礼俗相交、患難相恤」ということ。朱熹はこの公約を基礎に『増損呂氏公約』を編した。明代になると、朝廷の大きな力が郷約を提唱推進した。そのうち王陽明が一五一八年に制定した『南贛郷約』の影響が最も大きい。『南贛郷約』は民衆自治の村落組織であり、郷約・保甲・社学・社倉を全体性とする村落自治体系である。

[7] 『マルクス・エンゲルス全集』第一巻　人民出版社一九九五年二一七頁

[8] 余英時『士と中国文化』上海人民出版社一九九六年四八七頁

[9] 新渡戸稲造『修養』たちばな出版二〇一二年四〇頁

[10] たとえば『明儒学案・巻三二』陶匠韓貞「化俗を任となし、機に随い農工商賈を指点私、之に従い游する者千余。秋成り農隙となりて、則ち聚りて徒に学を談ズル、一村畢われば、又これ一村。」

[11] 『伊尹曰く、……天の生これ民なり、先知をして後知を覚え、先覚をして後覚を覚ゆ。予、天民の先覚者なり、予将に此道を以て此民を覚ゆ。天下の民を思うは、匹夫匹婦に堯舜の沢与羅ざる者有り、若し已推し而して内の溝中にあれば、其の任自り天下の重を以てすなり」『孟子・万喜下』

[12] 郭沫若『文芸論集・王陽明礼賛』人民文学出版社一九七九年四四頁

[13] 「人若し日間に於いて言語を閑すれば省いて一両句を得、人客を閑すれば省いて一両人を見る、それでも事は済む。若し渾身すべてが閙場に在れば、如何にして書を読み得ることができようか。人若し逐日事無く、食する飯有れば、半日を用いて静坐し、半日書を読む、此の如く一二年、何の患いが入ろうや」（朱子語類・巻一一六）

[14] 溝口雄三『中国思想のエッセンスⅠ』岩波書店二〇一一年一九三頁

[15] 阿部謹也《教養とは何か》講談社現代新書二〇〇二年二〇頁

[16] 「古自り士農工商業同じからずと雖も、然り人々皆共に学ぶ可し。孔子の弟子三千人、而して身に六芸通じる者才に七二、其余則ち皆鄙夫を知る無きのみ。秦に至りて学滅び、漢に興り、惟古人の遺経を誦する者は、起ちて経師と為し、更に相授受す、ここにおいて此の学独り経生文士の業と為り、而して千古の聖人人びとと共に明るく共に成るの学、遂に泯没して伝わらず也。…愚かなるは夫れ俗子なり、一字識らずの人、皆自性自霊を知り、自から完り自ら足り、暇なく聞見し、煩いなく口耳し、而して二千年伝わらずの消息、一朝にして復明す。『明儒学案・巻三二・泰州学案一』

日中間の相互認識とパブリックディプロマシー（公共外交）

――日中国交正常化四〇周年を迎える総合的討論を中心に――

王　敏
（法政大学国際日本学研究所専任所員・教授、
研究アプローチ③「〈日本意識〉の現在―東アジアから」アプローチ・リーダー）

左から：周秉徳氏、趙啓正主任、小倉和夫氏、黄星原副会長、王敏教授、原野城治

二〇一二年三月一五日、日中国交正常化四〇周年を記念し、北京の中国人民外交学会（楊文昌会長）で日中間共同のパブリックディプロマシー（公共外交）に関するワークショップが開催された。テーマは「中日公共外交・文化外交の互恵関係深化の総合的討論」であった。

同会議は、法政大学国際日本学研究所アジア・中国研究チーム（アプローチ③）、中国人民外交学会及び一般財団法人ニッポンドットコムの三者共催で開催された。日本側からは小倉和夫前国際交流基金理事長、王敏法政大学教授、ニッポンドットコムの宮一穂副編集長（京都精華大学教授）、原野城治代表理事らが参加した。中国側からは、中国人民政治協商会議外事委員会主任委員の趙啓正主任、中国人民外交学会の黄星原副会長、周恩来総理の姪で前中国人民政治協商会議委員の周秉徳氏らが出席した。
相互の認識と理解が連動している現在、日中双方ともさらなる理解と互恵関係を深めていく必要があると認識している。本ワークショップではこのような認識を大前提として、建設的な分析と提言が行われた。なお、日中双方の報告の要旨は以下の通りであった。

日本側代表の小倉氏は基調講演で、日本の公共外交、文化外交、国際交流の進展が内外の状況変化に応じて大きく四つのプロセスを経たと指摘した。

・一九五〇~六〇年代は平和的、民主的な国家だというイメージを世界に広めることが目的であったため、生け花、お茶など「平和な日本」のイメージを世界に強調した。
・一九七〇年代の経済成長によって日本を世界に訴えることが中心になっていく一方、急速な経済進出が摩擦問題に発展した。その結果、経済的利益の追求ではなく、日本理解と同時に、相手国における日本の紹介を日本自身も認識し、それへの対応を重視した。例えば、国際交流基金の設立や北京に大平学校の開設などが、この時期を象徴する動きであった。
・一九八〇年代になると、文化交流を超えて日本が国際社会で責任ある貢献を行うことの重要性を意識し、文化交流に文化協力という概念が新しく加わった。
・一九九〇年代以降、世界に共通の価値観が求められ、国際社会に貢献するイメージを定着させた日本のビジョンが重視されるようになった。ポップカルチャーなどに込められている価値観が地域を越えて世界と共有のものになる時代に突入している。

また、政治面における日中相互理解への提言として、今後の日中関係を考えるにあたり、政治面では日中関係を過去から解放するには、中国人の考え方、苦しみ、損失に対して深い理解が必須であることが指摘された。この点に関して、周恩来総理や毛沢東主席が、「日本国民も中国人民も共に戦争の被害者である」との観点に基づき、当時の国民感情というものを処理してきた。

左から：王敏教授、小倉和夫氏、趙啓正主任

「公共」文化の時代における課題として、今後の課題は文化的な日中共同制作、共同公演、共同研究を進めることの必要性や、日中友好団体が民間外交や文化外交の中で、その役割を再定義すべきことが示された。

そして、周恩来総理がフランスに留学した際、民族主義、個人主義の国際化、国際主義を身につけたことを学ぶべきである。地域の文化を世界に広めることで、その文化は同時に世界の共通の財産にもなっているはずである。このような認識を踏まえた上での文化交流であり、文化外交でもあるため、この点を間違うと文化政策は根本から誤ってしまう。

中国側代表の趙主任は、公共外交（パブリックディプロマシー）の定意について米国と中国、日本の間には相違があるとしながらも、「中国国民の国際意識の向上を図らなければならない」として、日中関係の改善のために特に公共外交、民間外交

国家行政院と共催したワークショップ。中央は中国経済学の重鎮である中国社会科学院の汪海波教授

の重要性を強調した。東日本大震災後に起きた福島第一原発の事故について、中国の国民が「対岸の火事ではなかった」と考えて事故の教訓を共有し、中日の新しい協力体制を構築しなければならないと述べた。

具体的には、「公共外交」（文化外交）について、「公共外交」は、第一次世界大戦時の米国において、「政府の出資により、相手国に好感を持たせ、影響力を持たせるもの」とされた。米国はさらに、非現役の官僚やマスコミ関係者中心の民間外交である「セカンド・トラック外交」の概念を打ち出した。一方、中国では、建国当初から周恩来総理が「人民外交」の理念を打ち出し、日中国交正常化の実現を実践した。「人民外交」は、英語訳の「公共外交」、「文化外交」、「国民外交」と共通しているところがあると思われる。

中日間における公共外交の重要性の主な理由は以下の通りである。

1．中日政府はいずれも世論の影響を受けやすい

例えば、中国は高速鉄道を三つの国から導入した。その結果、部品が異なるためスペアを大量に準備する必要があり、トラブル対応のエンジニアもそれぞれの部品生産国に合わせて養成しなければならない。だが、もし日本製の高速鉄道のみを導入すれば、世論の反発を受けてしまう。

2．中日関係の複雑性は米国の存在によるところが大きい

文化面では中日間の距離が近いが、政治関係、軍事関係では米日間の距離が近い。日本は第二次大戦時に空母を保有したものの、中国の空母の大半は中国製ではなくウクライナ製である。政府に対する不満が少なくない中国国民も軍事投資だけには反発を示さない。

3．中日双方の国民が相手国に対する好感度が低い

近年に行われた日本と合同の世論調査では、日本人の対中好感度は二〇％であり、中国人の対日好感度は三〇％であった。中国国民の国際意識を高め、公共外交の担い手であるという意識を持つことが大切であろう。また、福島原発事故の教訓から中日関係の新たな可能性を探る必要性も提起された。すなわち、恐らく当初の設計段階では、予備用の発電機が水没する事態が想定されておらず、そこから得られた教訓と成果は、世界中で分かち合えるものになっている。中国の全ての原発は、そういった視点から改めて点検を行った。中国は日本の復興を期待し、支援している。

本ワークショップは、三月一四日に北京にある国家行政学院との共催により行われていた。このワークショップにおいて、中国経済学の重鎮である汪海波教授は、「中日経済文化関係発展の見通しは明るい」として、その背景と理由について解説した。

❖―――（1）所得から見る世界の構図

高所得国家には三つのケースがあると見ている。

①米、英両国のように大戦前から高所得で、その地位をさらに固めた国々。

②ドイツや日本のようにもとは高所得だったが、大戦後一時下落し、その後順調に回復した国々。

③シンガポール、韓国、香港、台湾のように、植民地だった国や地域で、その後高所得になった国々。

中所得国家では、ブラジル、メキシコ、アルゼンチン、ベネズエラなどのように、経済が長期停滞する「中所得の罠（わな）」に陥った国々があり、旧ソ連や東欧、アジアのＡＳＥＡＮなどでも同様の状況が見られる。また、アフリカ諸国に代表される長期的に貧困の状態にある低所得の国々にも、「貧困の罠」といわれるパターンが存在する。

❖―――（2）日本に学ぶ

日本は一九七四年から今日まで高所得国家である。中国は二〇一〇年に日本を抜きＧＤＰ世界二位となったが、中国国民の一人当たりはわずか四二八三ドル（世界九二位）で、中所得国家の仲間入りをようやく実現した程度である。両国間の大きな格差があることに両国発展のポテンシャルと見ることができよう。

特に中国は日本の「所得倍増計画」や海外技術導入とその着実な消化吸収過程に学ぶべきである。その他にも重要なテーマがある。

❖―――（3）中日の経済協力に新たなチャンスがやってきた

現在、世界経済には大きな二つの流れがある。一つは、日本を含めた先進国の経済成長がますます厳しくなること。もう一つは、ＢＲＩＣＳなどの新興工業国の経済成長がより強まることである。だが、その中で、中国、インド、ロシアはすべてアジアに位置している。日本は地理的にも良い場所に位置している。新興国の近隣だからである。従って、日本には新たな機会が潜んでおり、中日両国間が経済協力を強化し、互恵関係を深めることが必要であろう

中国人民外交学会での「公共外交」に関するワークショップでは、小倉和夫氏と趙啓正氏を中心に日中双方に内在する相互認識の二重性の問題などについて活発な議論が行われた。

小倉氏は中国の「国連安保理常任理事国と開発途上国」という立場の二重性を指摘する一方で、日本は歴史という垂直的な思考が苦手で、「過去を簡単に否定できない」という問題を抱えていると強調した。また、戦後のドイツと日本の過去に対する捉え方についても言及し、曖昧さがどうしても残ることを指摘し、それを含めた相互対話の重要性を唱えた。

趙氏は、経済大国と途上国という二つの側面を持つ中国の立場を認めた上で、「中国国民から政府に対する批判、不満がある」ことも考慮し、中国政府は国際的な要求と世論の動向を踏まえ慎重に対処していると述べた。また、趙氏は日中関係について、「盆栽のようなもので水をかけなくてはだめだが、かけすぎてもだめだ」と述べ、日中双方にまだ十分な相互理解がないがゆえに、ゆっくりと慎重に関係を構築していく必要性を強調した。

今回の総合討論における基調講演は無論、総合討論の内容も豊富かつ深遠なだけに、これまでの日中対話の範囲を超えるほど展開されてきた。中国、東アジア研究チーム（アプローチ③）にとっても重要な成果が数多

左から：原野城治氏、宮一穂氏、王敏教授、小倉和夫氏、趙啓正主任、周秉徳氏

く得られた。その中でも、とりわけ以下二点は意義深いものであった。

・国家間相互認識の対象が国民多数に設定される場合、基準または認識を共有できる範囲が広いほど望ましい。そのために公共教養、公共意識、公共教育の共有が可能な限り求められている。「共有」を目指して行動する過程において公共外交の効果がすでに無意識のうちに発揮されていると考えられる。よって、公共外交の意識と役割について今後一層の自覚と実践が期待されよう。

・文化外交はもはやある地域を中心とする文化の発信と交流を交差させる役割を越え、グローバル的な多国間の相互浸透、相互中心、相互学習、相互発展、相互互恵を目標とする方向へ転換しつつある。

日中国交四〇周年記念を迎えた節目の時期に、次の「記念の節目」に進むための道しるべを示した会合である。

中国の「公共外交」について

兼業の時代に突入

映画『男はつらいよ』に触発された小学生が「子どもはつらいよ」という作文を書いたそうだ。毎日たくさんの宿題に呻吟した挙句のことではあるらしいが、パロディで茶化してしまう心のゆとりにホッとさせられた。楽しいことが多いようにみえても窮屈ないまの時代に欲しいゆとりであろう。

掌に収まるほどに小さなケータイは非常に便利だが、通話以外にも覚えきれないほどの機能があり、昔で言うところの電話の交換手、秘書、タイピストなど、一人で様々な職種をこなしているともいえるのだ。

イノベーションが切れ目なく続いている。人はついていかなければならない。学ばなければならないことが次から次とやってくる。過去には必要とされなかった能力が、現代社会では必然的に求められているのだ。「人はつらいよ」という厳しい時代に突入している。一人がいくつもの役割をこなしていくことが当たり前になっている。「人はつらいよ」と笑ってすましてはいられないところがつらい。

いくつもの役割を担う「兼業」の能力は時代の要請といえる。

外交という華やかな世界でも、「兼業」を見いだすことができるだろう。現在、重視されている「パブリック・ディプロマシー」というジャンルは、専門職である外交官だけでなく、一般の市民にも求められている。私自身の体験を紹介しよう。数年前初めて台湾を訪問した時のこと。空港で利用したタクシーの運転手は礼儀正しく、その紳士的な振る舞いに感心した。丁寧にアイロンがけされたとわかる、折り目もあざやかなシャツを着て、ネクタイもセンスがよかったので、制服ですか？　とたずねたところ、想定外の返事が返ってきた。曰く、自分は毎日身だしなみを整え、その日の日差しや風向きで衣類を選び、ネクタイ選びも楽しんでいる。それは、タクシーを利用してくれる乗客に観光を楽しんでもらいたいし、台湾にまた来たいという印象をもって帰ってほしい、そして世界の人と楽しく会話をしたいという気持ちからの行動だという。これは旅先で遭遇した経験だが、運転手はまさに「パブリック・ディプロマシー」の考え方を体現しているという印象を受けた。彼はまちがいなく、民間の観光大使としての役割を「兼業」していたのである。

現代社会で活動するすべての人は、様々な「兼業」をしているといえるだろう。人々の「無意識の参与」による効果はきわめて大きいのだ。普段は意識していないことでも、自覚して意識的に行動することができれば、人々の前向きな取り組みが社会への貢献となり、ひいては世界平和への貢献にもつながると考える。個人の行動が変わることによって異文化理解を促進することができれば、「文明の衝突」も可能なかぎり回避できるのではないだろうか。

趙啓正さんの論著『中国の公共外交』（三和書籍、二〇一一年）を通して

人の「原初的宿命」は、言わば「平和学」の実践者であり、教師であり、また生徒でもある。「パブリック・ディプロマシー」についても同様だ。中国では、「パブリック・ディプロマシー」を「公共外交」と翻訳している。この漢字表記を見ると、まことに適切かつ巧妙な翻訳だと感じ入る。以前、一般の人々にはこのような単語、定義、概念、そして意識や自覚もなかったが、現代社会に生きる私たちには、まさにこのような概念と自覚が必要だ。そして、「公共外交」の理念を体系的に論じ、定義の骨組みを明確に提示したのが本書である。中国ではまだ新しい学問分野であるこの「公共外交」の理念を整理分析し、豊富な内容を紹介しつつ体

系的に論じて理論化したことは、趙啓正氏の論著『中国の公共外交』(三和書籍、二〇一一年)の大きな貢献である。

学問の領域から考えると、「公共外交」をはじめ様々に新たな専攻分野が新陳代謝の循環をしながら自然発生的に生まれ、議論されていくだろう。科学技術の発展によって社会が複雑化し、整理され理念化されるほどに、現代社会に生きる私たち一人ひとりに与えられる認知と実践の使命も、より大きく、重層的なものとなり、「兼業」分野も増えていくのである。まさに、「人はつらいよ」というフレーズのとおりだ。しかし、この「つらい」宿命を否定的にとらえるのか、それとも自覚的にとらえるかの違いによって、歩む道はまったく違ったものになるだろう。それぞれの「兼業」を無意識に引き受ける中で、「公共外交」「異文化理解」「異文化コミュニケーション」などの分野に関わる方には、ぜひ自己認識の一環としても本書を手にとって頂きたいと願っている。そして何よりも、趙啓正氏の論著『公共外交』を通した豊富で具体的なエピソードを、楽しく読み進めてもらいたい。

趙啓正氏とは、お互いの年齢さえも忘れて楽しく語り合うことができる「忘年交」である。激務をかかえる要人でありながら、お会いする時にはいつもユーモアたっぷりに様々な話題を披露され、その知識の豊富さに驚くと同時に、私は笑いころげてしまうことばかりだ。いつのことだったか、趙氏が中東のある国を訪問したときのエピソードは忘れられない。歓待してくださった相手側が訪問記念のプレゼントとして差し出したのは、現地で非常に貴重な羊一頭だったという。最大限の心遣いに感謝した趙氏は、当然ながらその羊を中国に連れ帰ったのだが、さりとて自分で飼うわけにもいかず、まして食べてしまうことも憚られ、結局は幼稚園の子どもたちの情操教育用にプレゼントしたそうだ。文化交流の地域性を重視し、相手の立場を尊重し、敬意をもって人と交流することを示すいかにも趙氏らしいエピソードだ。それぞれの特徴を尊重する交流とは、身近な異文化交流だけでなく、外交の舞台にも共通するありかたである。「要人」としてでなく先に「ひと」としてであるべきだという姿勢を通す大事さを趙氏は実践したように思う。

趙啓正氏の論著『公共外交』の中国語版（『公共外交与跨文化交流』中国人民大学出版社、二〇一一年）が、中国の高等教育機関においてテキストとして採用されていると聞いている。中国で新たな学問分野として認知され始めた「公共外交」の代表的なテキストということができるだろう。この本は手近な異文化理解と異文化コミュニケーション教育の参考書であると、認識している。また、同書の日本語版を通じて日本と中国の相互理解がさらに深まることを期待したい。

四川大地震で世界の反響を呼んだ小さな命から発するパワー

外交の専門家より一般の市民が優れた外交実績をあげることがよくある。市民レベルだと純粋な友情だけをベースにした交流が可能だからであろう。職業的な政治家同士だと国益第一の言動をとりがちである。無垢な幼児が大いに中国のイメージアップを果たしたことが忘れられない。幼児の行動ほど素直に受けとめられるものはない。

二〇〇八年五月一二日午後、四川省北部を震源地にした大地震が起きた。死者、行方不明者約九万人を出す災害になったが、夜が明けた早朝、震源地の真上近くで倒壊した幼稚園舎のがれきの下から三歳の朗錚（ろうそう）君が見つかった。腕などの骨が折れて体の節々は猛烈に痛いはずなのに、救出隊員たちに最初に口にした言葉は精いっぱいの声で「ありがとう」。散乱した板材で間に合わせた担架で運ばれていたときも幾度も「ありがとう」、さらに右腕を頭にあててしっかりと敬礼した。その敬礼する朗錚君の写真が海外にも発信され、反響を呼んだのである。三歳児による敬礼が凛々しく映り、世界中の多くの人々の胸を打った。

米中外交関係の修復に卓球チームが果たした役割が評価されてピンポン外交と称されたりしたが、中国には外交という表面に輝きをもたらすスポーツや文化などの交流を重視してきた歴史がある。英語でいう「パブリック・ディプロマシー（Public Diplomacy）」の走りだったかもしれない。中国語で「人民外交」「民間外交」または「公共外交」と読ませる。民間の役割を重視した外交理念である。

日中が互いに学びあう「パブリック・ディプロマシー」

三・一一の未曾有の東日本大震災以来、日本人の秩序だって助け合う姿が世界に配信され続けている。災害避難中には略奪が多発する国々が多い中で日本人の「絆（きずな）文化（「助け合い精神」）の成熟は驚きに値する。途上国を含め各国から復興への支援の手が差し伸べられて、きっちりお礼し続けているのもその一例であろう。米ハリウッド映画にも主演して国際的に知られた俳優・渡辺謙さんは今年一月、世界の政治・経済のリーダーが集まる「ダボス会議」に多忙な身にもかかわらず出席し、英語で大震災後の支援への感謝を表明した。立派な公共外交の一端だったと思う。

中国は経済力（GDP総額）で二〇一〇年、日本を上回って世界第二位になったことを誇らしく思っている人々も多いらしいが、果たして公共外交の面でも成熟をともなっているだろうか。国民一人ひとりが豊かになって初めてゆとりある生活が生まれ、社会への思いやり、気遣い精神が潤う。日中は古来、「衣食足りて礼節を知る」ということわざを共有してきたことをあらためてかみしめたい。

日本最大のパートナー・中国経済をどうみる

西園寺　一晃
（工学院大学孔子学院院長）

はじめに

いきなり余談で申し訳ないが、私は今日の不幸な日中関係を見るにつけ、二つの事を思い出す。一つは一九五〇年代末、私が両親とともに北京に移住して間もなく周恩来総理の自宅に招かれた時のこと、その時周総理がいわれたことを思い出す。「歴史的に見て、中国と日本が相争えば、アジアは乱れる。両国が協調し学び合えば、アジアは安寧、平和になる」。もう一つは一九六〇年代のある日、郭沫若先生の自宅に招かれた時、郭先生がいわれたことだ。「最も良い中国と日本の関係とは、中国人は、あの戦争はすでに過去のことで、私たちは水に流す、それより共に将来のことを考えましょうという。日本人は、再びあのような過ちを犯さないためにも、私たちは決してあの戦争を忘れず、若い世代に語り継いでゆくという。そんな関係です」。

この両国は、対立すればするほどお互いに傷つく。そうならないように、両国の先人たちは懸命に努力してきた。

日中両国は相互依存関係が進む

さて、日中間には様々な問題があるが、今日は日本に絶大なる影響を及ぼす中国経済について私見を述べてみたいと思う。

現代の世界はグローバル化が進み、どんな国でも一国では生きてゆけない。特に日本と中国は世界第三位と第二位の経済大国だ。相互依存関係は世界経済の中でしっかりと確立している。世界には二〇〇以上の国があるが、二国間の貿易総額が一〇〇〇億ドルを超えると、その二国は切っても切れない関係になるといわれる。日中貿易総額が一〇〇〇億ドルを超えたのは二〇〇二年で、その時、貿易総額が一〇〇〇億ドルを超えていた二国は四組あった。米国と日本、米国とカナダ、米国とメキシコ、ドイツとフランスだ。日本と中国は五組目となったわけだ。因みに二〇一一年末時点で、中国が貿易総額で一〇〇〇億ドルを超えている国・地域は八つある。EU（五六七二億ドル）、米国（四四六六億ドル）、アセアン（三六二九億ドル）、日本（三四五〇億ドル）、香港（二八三五億ドル）、韓国（二四五六億ドル）、ドイツ（一六九二億ドル）、オーストラリア（一一六六億ドル）の八つ、国としては五か国だ。

日中貿易は二〇一一年で三四五〇億ドル、日本の貿易総額に占める中国の割合は二一％（米国は一三％）、一方中国の貿易総額に占める日本の割合は九・四％である。数字的には日本の依存度の方が大きいが、九・四％という数字も決して小さくない。日本の貿易相手国として中国は一位で、輸出は二〇〇九年から、輸入は二〇〇二年から一位をキープしている。日中貿易は一九七二年の国交正常化の時点で総額は一一億ドルに過ぎなかった。その後急速に伸び、現在では三〇〇〇億ドルの半ばまでになった。日中貿易の正常な関係が崩れたら、双方に与えるダメージは大きいし、アジア経済、世界経済に与えるマイナスも計り知れない。

実際、尖閣（中国名「釣魚島」）問題が起きてから、さまざまな分野で深刻な影響が出ている。例えば、日本の旅行大手七社の二〇一二年一〇月の中国向けパッケージツアーの予約は、前年同期比七二％も減少した。中国旅行専門旅行社は倒産の危機さえある。これは日本の観光客を迎える中国にとっても同じように打撃だ。日系自動車（新車）の中国における販売も大きく落ち込んでいる。二〇一二年九月の状況を見ると、トヨタが四八・九％、ホンダは四〇・五％、日産は三五・三％それぞれ減少した。中国の自動車産業は、GDPの一〇％強を占める基幹産業だ。この間の事態は中国の自動車産業にも悪影響を及ぼしている。自動車販売台数第二位の「東風汽車集団」（湖北省）、同六位の「広州汽車集団」（広東省）の株価は九月中旬以降一六％も下落した。東風汽車は日産、ホンダと、広州汽車はトヨタ、ホンダと合弁で日本車を現地生産している。いまや中国の自動車生産、販売台数はダントツの世界一だが、日本からの高級素材、部品の供給が止まったら、高級車の生産はできなくなる。自動車だけでなく、例えば中国家電大手のTCL集団（広東省）は、「八・五世代」と呼ばれる最新鋭の液晶パネル工場を作り、一〇月一三日フル生産体制に入った。しかし、日本の旭硝子のガラス基板を調達できなくなれば、この工場の生産は止まることになる。

日中経済は相互依存関係を強めている。中国が日本製品のボイコットをすれば、中国の生産、消費、輸出、投資などの経済活動がダメージを受けることになる。この九月の日本から中国への輸出は、前年同期比一四・一％減となった。一〇月は一一・六％減だった。日本企業の在中国登録数は二〇一一年末時点で約二万五〇〇〇社、関連企業の従業員を加えると中国人雇用数は一〇〇〇万人に達する。毎年の大卒者数が六〇〇万人―七〇〇万人だから、この数字は極めて大きい。

さらに対中国直接投資を見ると、海外からの投資総額全体は二〇一二年一月―九月で、対前年同期比マイナス三・八%だったが、日本からの投資はプラス一七・〇%と好調だった。九月単月では同プラス二五%（実行ベース）だった。ところが一〇月単月は一気に同マイナス三二・四%に落ち込んだ。もちろん尖閣（釣魚島）問題の影響である。二〇一一年の、日本の対中国投資は順調で対前年比五〇%増しだった。二〇一二年の上半期も増勢を維持していたが、急落である。

日中間にはすでに生産と販売、投資の相互依存関係が形成されていて、「経済戦争」をすれば双方とも痛手を負うのである。特に輸出入とも中国が第一の貿易相手国である日本のダメージは大きい。

ＥＵ、米国、日本の中国市場への依存度を見ると、次のようになる（%）。

二〇〇二年			二〇一一年		
EU	米国	日本	EU	米国	日本
三・九	三・二	九・六	八・七	七・〇	一九・七

このように、日本の中国市場に対する依存度は先進国の中でも非常に大きい。

改革開放の軌跡

余談が長くなったが本題に入る。結論からいえば、中国経済の成長はスローダウンしているが、これは世界経済、特にＥＵ経済の危機的状況、米日経済の回復の遅れだけが原因ではない。中国のこれまでの成長に構造的欠陥があり、それを克服しないと今後の持続的成長は難しい。そこで、中国経済の今後のキーワードは「転型」(構造の転換)である。

鄧小平は毛沢東時代から中国を大きく転換(革命から建設へ、政治闘争から経済建設へ、イデオロギーから生活向上へ)させ、改革・開放政策を定着させた。そして中国を「社会主義市場経済」という新制度に変えた。経済学の常識では、資本主義は市場経済、社会主義は計画経済であるが、鄧小平はいわば政治は社会主義、経済は資本主義という新制度に変えたのである。その象徴は広州、深圳を中心とした「珠江デルタ経済圏」の形成だ。江沢民は、改革・開放路線を継承、定着させ、高度成長を実現させた。その象徴は上海を中心とした「長江デルタ経済圏」の形成だ。胡錦濤は改革・開放を堅持しながら、もう一つの経済圏形成を目指した。それは「二市三省」(北京市、天津市、河北省、山東省、遼寧省)からなる「環渤海経済圏」である。そしてその中で、格差の緩和を意識し、成長第一主義から「調和のとれた安定成長」へと舵を切った。そしていま提起されているのは、中国経済の全面的構造改革、つまり「転型」だ。習近平指導部はこの難しい課題に取り組むことになる。

❖────(1) 当面の中国経済を考える場合の背景

①今年は五年に一度の共産党代表大会開催の年である。一一月初めに開かれる予定だが、人事が大幅に変わる。この準備の過程で「重慶事件」が起き、最高指導部入りが有力視されていた薄熙来・重慶市共産党委員会書記が失脚した。この事件そのものは直接党大会と関係ないが、この事件で人事構想が大きく変わる可能性がある。その人事構成が経済運営にどのような影響を与えるか、興味深い。

②中国経済のスローダウンの状況は止まらない。これまでのような一〇%を超える成長が続くことは考え難い。しかしこれはあくまで全国平均であり、あとで触れるが、内陸部では二桁成長が見込まれる。全体的に

見ると、経済成長がスローダウンする中で、深刻なのは輸出であり、消費もなお不十分である。具体的には（1）中国の主要貿易相手国・地域―EU、米国、日本の長期低迷。（2）外需型成長の限界。

❖――（2）顕在化した中国経済のアキレス腱

この三〇数年間、中国経済は驚異的発展を遂げ、国民の生活は大きく向上した。一方で、高度成長の裏側で中国経済のアキレス腱が顕在化した。主として五つである。

①市場経済化にともなう自由競争の激化と格差の拡大である。個人格差、企業格差、地域格差などで、それは集中的に都市住民の可処分所得と農村住民の純収入の差に表れている。改革・開放が始まったばかりの一九八〇年の格差は二・五倍だったが、現在は三倍を超えている。教育、文化、福祉などの要素を勘案すれば、実際の格差はもっと大きい。後に詳しく触れる。

②エネルギー問題も深刻である。中国のエネルギー問題には三つの面がある。まずは一次エネルギーの構成の後進性である。中国は全エネルギーの七〇％を依然として石炭に頼っている。石油は二三％程度である。石炭はCO_2を排出し、大気汚染の大きな原因となっている。二つ目はエネルギー不足の問題だ。中国の石炭埋蔵量は、米ロに次ぎ第三位だが、二〇〇九年から、石油は世界六番目の産油国であるが、一九九三年から純輸入国になり、現在石炭は約二億トン弱、石油は約三億トン弱輸入していて、輸入量は毎年増え続けている。持続的成長を実現するには、膨大な量の石炭と石油が海外から安定供給されなければならない。三つ目の問題は、エネルギー効率で、日本などに比べるとはるかに低く、効率を上げることが緊急な課題となっている。

③環境問題も深刻化している。大気、水、土壌などの汚染は深刻で、中国は「環境問題のデパート」といわれている。

④少子高齢化問題。少子化は「一人っ子」政策の結果であり、そろそろ見直す時期に来ている。高齢化のスピードは速く、中国はすでに「高齢化社会」に突入した。六五歳以上の人口が全人口の七％を超えたら高齢化社会といわれる。日本は二三％、中国はすでに九％を超えた。今後労働力不足や福祉財源の不足という問題が深刻となる。

⑤社会主義市場経済の下で、政治（権力）と経済（金）の癒着による腐敗の蔓延が起きている。新しく党総書記になった習近平は、就任あいさつでこの問題に触れたが、共産党の存亡にかかわる重大問題だ。もう一つ、潜在的問題がある。それは食糧問題である。現在は食糧不足の問題は存在しないが、内陸部農村地帯の都市化、工業化が進み、耕地面積が縮小すれば、食糧問題が浮上するだろう。中国政府は都市と農村の格差問題の解決策として、農村地帯の都市化を目指している。都市化による農村住民の所得向上と耕地面積維持は矛盾する問題である。中国政府は「九五％の自給体制維持」を掲げているが、今後政府がよほどコントロールしないと、耕地面積縮小による食糧問題が浮上する可能性がある。

中国経済の現状

以下は幾つかの経済指標から中国経済の現状を見てみる。

①中国のＧＤＰ：最近のＧＤＰの推移をみると、確かに下降線を辿っている。問題はこれを「失速」と見るか、「安定成長に入った」と見るかだ。二〇一一年の４四半期から二〇一二年の第３四半期までの推移は、以下の通りである。九・七％↓九・五％↓九・一％↓八・九％↓八・二％↓七・六％↓七・四％。このように確かに中国経済は緩やかではあるが下降線を辿ってきた。二〇一二年の第４四半期の数字は出ていないが、第

3四半期の七・四%が底で、第4四半期は少し持ち直すだろう。しかし通年で8%に乗せることは難しいだろう。二〇一二年の全人代で掲げた七・五%は確実にクリアできる状況だ。

ただこの数字は全国平均であり、地域によって状況は違う。成長の減速が著しいのは、これまで華々しい発展を遂げてきた東部沿海ベルト地帯の大都市である（例外は天津市と福建省）。ところがこれまで高度成長から取り残されてきた中西部地域は逆に「高度成長」的現象が起きている。つまりこれまでは「東高西低」、現在は逆に「西高東低」になっている。後に詳しく触れる。

さて、GDPの落ち込みの原因だが、複合的要因による。主な原因は二つ。①これまで成長をけん引してきた輸出の落ち込み。②内需の掘り起しがなお不十分であること。ちなみに、中国経済の成長過程を見ると、これまでの三〇数年間には明らかに二つの段階がある。七〇年代末から九〇年代末頃までは前期、それ以降は後期である。前期の成長をけん引した要素は四つだ。急増した購買力、積極的な固定資産投資、輸出振興の成功、対外開放による外資導入。その中でも内需が先導した。それまで抑圧されてきた欲望が解き放たれ、内需となって爆発した。しかし二〇〇〇年以降、中国の成長構造は変容した。内需が落ち込み、その他の三要素だけで成長をけん引した。後期の成長が健全性に欠けるのは、GDPに占める内需の割合が低すぎることだ。米国は約七割、日本は約六割に対し、中国は約四割である。ところが、後期はリーマンショックが起きるまで、中国経済の成長はさらにスピードアップした。それをけん引したのが絶好調な輸出だった。その結果、貿易黒字は膨らみ続け、中国の外貨準備はあっという間に日本を抜き、世界一となった。改革・開放が始まった一九七九年の外貨準備はわずか八億ドルだった。それが九六年には一〇〇〇億ドルを超え、〇四年には五〇〇〇億ドルを超え、〇六年には一兆ドルを超えた。現在（一二年六月末時点）は三兆二四〇〇億ドルにまで膨らんでいる。世界の外貨準備総額は、二〇一一年末で約一〇兆二〇〇〇億ドルだから、中国は全体の三分の一を有しているわけである。ちなみに、世界の外貨準備総額一〇兆二〇〇〇億ドルの内、先進国は三兆四〇〇〇億ドル、発展途上国は六兆八〇〇〇億ドルである。中国は先進国全体が有している外貨準備とほぼ同額の外貨を持っているわけだ。この「チャイナ・マネー」の威力はすさまじく、世界の金融に対する影響力は誰も無視できない。現在ハイスピードで進んでいる人民元の国際化は、この膨大な外貨準備額を背景としている。中国の外貨準備の約八割はドルだ。中国は米国の国債も大量に買っている。中国にとって、ドルの弱体化は良し悪しである。米国の一国支配の打破は、中国の目指すところである。米国の力の源泉は強大な軍事力とドルの威力である。ところが米国の軍事力、ドルの威力とも、近年相対的に落ちてきた。この傾向は中国にとって望ましいところだが、一方でドルの弱体化は、中国の外貨準備の目減りにつながる。ドル安になるほど中国の資産は減ってゆくわけだ。

輸出の落ち込みについて、中国は「輸出の低成長期」に入ったといえる。世界経済と密接にリンクした中国経済は、世界経済の動向に左右される。特に輸出は、当然輸出先の景気、需要動向に大きく影響を受ける。中国の輸出先（国・地域）は、一位ＥＵ、二位米国、三位ＡＳＥＡＮ、四位日本となっている。ＡＳＥＡＮは好調だが、ＥＵ経済は深刻で、米国経済もモタモタしている。日本経済はまだデフレから脱却できない。中国の、ＥＵ、米国、日本への輸出は、輸出全体の四二％（二〇一一年度）を占めるので、中国の輸出が落ち込むのは当然である。

二〇一二年一―四月の対外貿易	
ＥＵ	一七〇五億万ドル
米国	一四六一億ドル

ASEAN	一一七七億ドル
日　本	一〇七二億ドル

ただ二〇一二年度の上半期（一―六月）の輸出を見ると、米国向け輸出は一定の改善が見られる。対ＥＵマイナス〇・八％、対日本プラス八・一％に比べ、対米国はプラス一三・六％となった。対米国輸出を含め、この数字はリーマンショック以前では考えられない低さである。

このような貿易の低成長（落ち込み）の原因は三つある。①外需の減少。②中国のコスト増による、外資導入減と加工貿易減。外資導入が急速に鈍ってきた。二〇一二年上半期の外資企業設立は、対前年マイナス一三％、加工貿易輸出入総額はプラス四・三％にとどまった。中国の対外輸出の五二・四％は外資系企業によるものだ。国内需要の低迷による企業の投資意欲減もある。③輸入構造にも問題がある。中国は貿易構造を労働集約型から高付加価値型に転換したい。特に中国の労働賃金の高騰により、労働集約型工場の誘致のハードルはだんだん高くなってきた。外資はより安価な労働力を求めてアセアンなどにシフトをしだしている。一方、中国は貿易構造を変えるべく、ハイテクや高度技術の移転を伴う外資導入を目指している。この面での需要は大きい。しかしこの分野に関しては、ＥＵ、米国、日本は「軍事転用」の危険性を理由に輸出制限を行っている。今年上半期、中国のハイテク製品の輸入はプラス二・三％に過ぎなかった。本来先進国にとっては大きなビジネスチャンスだ。この「軍事転用」を口実にした「輸出制限」がどこまで続くのか、我慢比べかもしれない。先進国にとって悩ましいのは、ＥＵ、米国、日本が、この分野で永遠に抜きんでているとは限らないことだ。韓国、台湾、シンガポールなどが追い上げ、並べば、ＥＵ、米国、日本の優位性は薄れる。中国が独自で開発する分野も現れるだろう。また、ＥＵは背に腹は代えられないという事で、対中輸出緩和、輸出制限撤廃に踏み切る可能性がある。米国とて同じで、そうすると律儀に輸出制限を守っている日本は遅れを取るわけで、そのへんの見極めが難しい。

中国の輸出全体は落ち込んでいるが、その中でも新たな動向が見られる。それは前述したように、これまで輸出は沿海ベルト地帯の独壇場で、内陸部は取り残されてきた。ところがここにきて内陸部の輸出が急増するという現象が起きている。例えば沿海ベルト地帯は、

北京市	プラス七・二％
上海市	プラス七・二％
浙江省	プラス七・四％
広東省	プラス七・四％

と低調で主要地域で全国平均の七・八％を下回った。しかし内陸部では、

陝西省	プラス一三・〇％
貴州省	プラス一四・〇％
甘粛省	プラス一三・六％
重慶市	プラス一四・〇％

など軒並み二桁の伸びを実現した。

もう一つの新たな動向は、対ＥＵ、米国、日本の輸出は低調だったが、新興国への輸出は大幅に増えた。

対ロシア	プラス二二・七%
対ブラジル	プラス二一・八%
対南ア	プラス三六・五%

などである。

貿易構造の「転型」は必要だが、そう簡単ではない。地域格差もあり一律には進まない。そこで中期的には、これまで外資導入を図り、「世界の工場」となった沿海ベルト地帯は、労働集約的輸出産業からハイテク・サービス産業へと転換するという道を目指すことになる。労働集約型外資は他の国に移転しても致し方ないと、中国は考え方を変えた。もし中国に残るなら、内陸部へ移転するしかない。内陸部はまだ労働賃金が安く、労働集約型工場誘致に積極的な地方政府も多いからだ。

このように中国の貿易構造は変わろうとしている。貿易相手国も、これまでの「限定集中型」（ＥＵ、米国、日本）から多元化へと「転型」することを目指している。

また投資については、これまで外資導入に力を入れてきた。今後も高度技術の移転を伴う外資を中心に、導入に力を入れるだろうが、その一方で中国資本の海外投資に国がバックアップすることになる。「力のある企業は積極的に外に打って出ろ！」政策だ。ここ三年ほど中国の対外投資は右肩上がりになっているが、今後はさらに拍車がかかるだろう。投資範囲は先進国から発展途上国まで広い。

金融政策の難しさ：リーマンショックまで中国経済は二桁成長を続けてきた。高度成長は常に「経済の過熱」、「インフレ」がつきまとう。最も典型的なのは一九八〇年代の超高度成長期で、実質インフレ率が一五%

を超えるまでになった。所得も毎年一〇％超の伸びを実現したが、人々はインフレに苦しんだ。特に生活必需品、その中でも食料品の高騰は台所を直撃し、庶民の不満が高まった。その結果、人々のこうした不満が学生の民主化要求デモへの同調となって表れたのである。一九八九年の天安門事件（六・四事件）の背景の一つである。中国政府はこのことを大きな教訓とし、それ以降インフレ防止に大きな努力を払ってきた。リーマンショックで、中国政府はそれまでの、インフレ防止策としての金融引き締めから、経済の下支えのための金融緩和に転換した。政府の行動は迅速だった。四兆元という大規模な財政出動を行い、銀行にも大幅な貸出枠の拡大を求めた。

政府の直接財政出動は四兆元だったが、実際にはその一〇倍の資金が市中に流れ込んだ。地方政府の財政出動七兆元、金融機関の融資一七兆元、富裕層の投機資金一一兆元、土地使用権の譲渡収入二兆元、地下金融二兆元、海外からの投機資金二兆元などである。これらが二年間（〇八年九月―一〇年一〇月）に市中にどっと流れ込み、結果として不動産バブルを引き起こした。経済は再度過熱化し、不動産は異常に高騰、一一年七月にはＣＰＩ（消費者物価指数）が前年同月比六・五％も上昇した。深刻だったのは前年同月比で食料品が一四％、その中でも庶民の生活に欠かせない豚肉は五七％も上昇したことだ。経済がまだ本格的に回復していない状況の中で、特に輸出を担う中小企業が喘いでいる状況の中で、不動産など一部にバブル現象が起き、それがインフレ傾向を招いたのである。政府はジレンマに見舞われた。引き続き金融緩和を続けるか、それとも金融引き締めに舵を切るかである。政府内でも論争が起きた。治安維持優先派と経済成長重視派の論争であった。政府は不動産に厳しい規制を設けながら、慎重に金融引き締めに舵を切っていった。その結果物価は徐々に落ち着き、一一年一二月には四・一％、一二年に入り三％台になり、六月には二・二％、七月には一・八％まで落ちた。一％台は落ち過ぎで、さらに落ち込めば今度はデフレの心配が出てくる。その一方で、中小企業が悲鳴を上げだした。倒産も増えていった。政府は激しい議論の末、緩やかな金融緩和の道を選択した。すると今度は押さえつけられていた不動産市場が敏感に反応し、不動産バブル再燃の気配が出てきた。政府は一方で金融緩和のアクセルを踏み、その一方で不動産取引等の規制を強化するブレーキを踏む必要に迫られたのである。

新たに発足する習近平指導部は、世界経済の落ち込み、中国の輸出の低成長、内需掘り起し、物価の安定、不動産市場の複雑性などを勘案しながら、金融政策を選択しなければならない。これはつまり「経済成長重視派」と「社会の安定重視派」両者の間で、難しい舵取りをするということである。

それでは現在の中国にとって、適正なGDP成長率とはどのくらいなのだろうか。この議論はなかなか難しい。それは地域格差が存在するからである。東部の沿海ベルト地帯は、改革開放初期の「沿海ベルト地帯先行発展計画」もあり、相当発展した。いくつかの都市はすでに中進国のレベルに達している。一方で中西部内陸地域はそれなりに発展をしたが、東部沿海ベルト地帯に比べると、大きく立ち遅れてしまった。この地域はこれから高度成長を実現して、東部沿海ベルト地帯との差を縮小する必要がある。ところが実態はそう簡単ではない。中国はこれまでの経験、教訓から環境保護基準を厳しくしている。なりふり構わぬ開発は許されなくなっている。沿海ベルト地帯はすでにエコ型の安定成長戦略に転換しつつあるが、中西部内陸地域はそう悠長なことはいっていられない。この地域は焦りもあり、高度成長志向が強い。薄熙来は重慶で「イケイケどんどん」の成長戦略で、経済の底上げを行い、市民の支持を得て、それを武器に中央指導部にのし上がろうとした。沿海ベルト地帯と中西部内陸地帯は経済発展状況も、人々の意識も違う。これらを全て勘案しながら、環境基準を守り、内陸部の発展を加速させ、経済全体のバランスを調整しながら安定成長を達成させるのは至難の業だ。しかし習近平体制はそのことを着実に実現させなければならない。鄧小平体制、江沢民体制、胡錦濤体制、そして新しく発足する習近平体制と、経済運営のハードル、難易度はだんだん高くなっている。

リーマンショックの嵐が中国を襲った時は「保八」（八％成長死守）が至上命令だった。中国はこの目標を簡単にクリアしたが、二〇一二年の全人代で出された目標値は七・五％だった。これはいかにも低いと思われた。これまでの中国経済の実力、潜在力からすると八％は充分可能な数値だからである。しかしこの数字は中国指導部の決意を表している。つまり中国は今後数値を追い求めるのではなく、内容とバランスを重んじるというメッセージである。無理すれば八％以上の成長は可能かもしれない。しかしそうすると数値上は成果を挙げられるだろうが、バランスが崩れ、それがどこかにしわ寄せとなって現れ、さまざまな格差がさらに広がる。もう一つは中国指導部の世界経済に対する、楽観していない評価であろう。「外需型」成長の度合いを強めてきた中国経済は、世界経済の不況をもろに受ける欠陥があることを充分に認識している。

習近平指導部の当面する問題は、これらを考慮し、総合的に判断した上で、適正な成長率目標を設定することだ。成長目標が高すぎると経済の過熱が生まれ、インフレ懸念が起きる。低すぎると経済が失速し、失業などの問題が起き、デフレ懸念が起きる。どちらも国民の不満を生み、それが治安の悪化につながりかねない。処理を間違えると、政治体制の根幹を揺るがしかねない。

二〇一二年の中国経済は、七・五％成長はクリアできるだろうが、八％には届かない可能性が出てきた。第1四半期は八・二％、第2四半期は七・六％、第3四半期は七・四％まで落ち込んだが、この第3四半期が底だろう。第4四半期は少し上昇し、全体としては八％に近い七％台に落ち着くだろう。しかし世界的に見ると、大変高い成長で、中国指導部は満足するだろう。

中国経済の今後

広大な領土を有し、多民族国家である中国は、地域格差、開発と環境保護など、さまざまな問題を抱えながら驚異的発展を遂げてきた。しかし中国がいま転機に立っていることは紛れもない事実だ。

さて、都市部の更なる成長も考え、内陸部農村の発展に力を入れ、格差是正に取り組む、さらに安定的、持続的発展を図る。この難しい任務が習近平指導部に課せられたわけだ。この両立は可能なのか。可能だとすれば、方法は一つしかない。それは工業化と都市化の同時進行だ。これまで中国は九割の力を工業化に注ぎ込んできた。その結果、沿海ベルト地帯は目覚ましい成果を挙げたが、内陸部農村は置き去りにされた。結果として都市と農村の格差は拡大した。

以下は都市住民の可処分所得（前者）と農村住民の純収入（後者）比較である。単位は人民元。

二〇〇二年	七七〇三	二四七六	三・一倍
二〇〇五年	一〇四九三	三二五五	三・二倍
二〇〇八年	一五七八一	四七六〇	三・三倍
二〇一〇年	一九一〇九	五九一九	三・二倍
二〇一一年	二一八〇九	六九七七	三・一倍

農民はついに農業だけでは食べてゆけず、大量の農民が「農民工」として都市に流れ込んだ。実はこの農民

工が高度成長を根底から支えた。二〇〇二年以降、農民の非農業収入は純農業収入を上回っている。外資導入、世界の工場化も、輸出振興も約二億人といわれるこの安価な農民工なくして成り立たなかった。その意味では、超高度成長の最大の功労者は農村を離れた農民工かもしれない。この最大の功労者が十分な恩恵を受けず、成果のほとんどを都市住民が占有しているという富の分配の不公平さが問題なのだ。

中国はリーマンショックを契機に、公共投資、財政出動の重点を沿海ベルト地帯から内陸部へ、都市から農村へとシフトした。目的は二つだ。①農村を活性化させ、新たな内需を生み出す。②農民の所得を向上させ、格差の緩和を図る。効力は徐々に現れ、農村部で雇用が創出され、農民の所得が上向きつつある。地域によっては、農民の出稼ぎが減少しだした。当然需給関係で農民工の賃金が上昇する。それは製品のコストに跳ね返る。これまで中国には安価な労働力が無限にあると思われてきた。しかし、すでに中国の労働賃金はアジアの中では安価でなくなってきているのが現状だ。次の資料はアジアにおいて日系企業で働く工場労働者の平均賃金（月給・ドル・二〇一一年）だ。

シンガポール	二二八五	インドネシア	二〇五
マレーシア	三四四	ベトナム	一二三
中国	三〇六	カンボジア	八二
タイ	二八六	バングラディシュ	七八
インド	二八〇	ミャンマー	六八
フィリピン	二四八		

これは二つのことを意味する。①中国においては、外資にとってすでにこれまでのような「労働集約型」生

産のメリットが少なくなってきた。中国は「世界の製造業の工場」から脱皮することが不可避になった。労働集約型工場で安い玩具、衣類、アクセサリー、皮革製品、雑貨などを大量に生産し、世界に向けて輸出して外貨を稼ぐやり方は、早晩通用しなくなる。製造業の外資は徐々に中国を離れ、さらに安価な労働力が存在する国・地域に移動するのは必然だ。ただ中期的に見れば、賃金が高騰しているのは沿海ベルト地帯の大都市であり、内陸部農村地帯ではまだ余剰人口が多く、賃金はそう高くなっていない。従って、沿海ベルト地帯にあった労働集約型外資工場は内陸部へと移転するのが一つの方法で、内陸部もそれを望んでいる。②内陸部農村地帯で雇用を創出し、農民の所得を上げることは必要だが、これまでのように都市と農村という区別の下では、なかなか格差は解消しない。内陸部を豊かにし、格差を縮小させる唯一の方法は、内陸部農村地帯の都市化だ。これまでの内陸部農村地帯に多くの中小都市をつくり、工業やサービス業を創出し、農村の過剰人口を吸収する。実は、この作業は農民の所得を上げるだけの問題にとどまらない。農民、農業、農村、つまり「三農」問題に関わる大問題なのである。農村の都市化は、実際にはかなり進んでいる。二〇一一年末の時点で、すでに都市人口は五一％となり、農村人口を逆転した。因みに、改革開放が始まった一九七九年時点では、農村人口は七割以上だったから、都市化（工業化）は確実に進んでいる。

ただ、農村の都市化には危険がともなう。それは前にも述べたが都市化にともなう耕地面積の縮小問題だ。中国のような人口大国は、食糧の多くを輸入に頼ることは危険だし、実際問題不可能だ。中国は基本的に自給体制を確保しなければならない。現在は食糧面で問題はないが、政府のコントロールが利かなくなれば、耕地面積縮小＝食糧不足を招きかねない危険性が存在する。

現在の中国経済を論じる場合、避けて通れないのは「世代交代」と「少子高齢化」問題であろう。

世代交代で消費構造が変化する。これまで中国社会には消費のピークが三回あった。第一のピークは一九八〇年代で、改革開放政策の下、消費の欲望が爆発し衣食革命が起きた。第二のピークは一九九〇年代で、高度成長を通じかなり豊かになった。特に都市の住民は先を争うかのように家電を買い求め、家電革命が起きた。第三のピークは二〇〇〇年代で、中国はモータリゼーションの時代に入り、通信機器も人々の関心の元となり、車、住宅、通信危機、高級家電、教育、レジャー・観光などが新たな消費分野として登場した。第四の消費のピークは二〇一五年以降といわれる。より多くの人がブランド品を求め、海外旅行は富裕層の特権でなくなる。新しい分野としては高齢者ビジネスが大きな産業として登場する。消費の主体は一人っ子世代となる。一九七〇年代末に決定された「一人っ子政策」は、八〇年代に入り法制化された。それからすでに三〇年以上が過ぎた。現在一人っ子政策の見直し作業が行われていて、実際には一人っ子政策は消えつつある。すでに一人っ子同士が結婚すれば、子供は二人まで生めるようになっている。一人っ子第一世代は一九八一年以前に生まれた者で、現在約九〇〇〇万人いる。この世代はすでに三〇歳を超え、社会に出て活躍している。第二世代は一九八二年―八八年に生まれた者で、約三億二〇〇〇万人いる。一九八〇年以降に生まれた者は「八〇後」(バーリンホウ)と呼ばれ、この世代の出産ラッシュが起きている。中国では二〇〇五年から第四次ベビーブームが起き、一〇年続くと見られている。この一〇年間で毎年一六〇〇万―一八〇〇万人の新生児が生まれる。一九八〇年以降生まれた一人っ子は、教育レベルが高く、消費意欲が旺盛だ。ファッション感覚も洗練されていて、ブランド志向が強い。この世代はそれ以前の世代と違い、貯蓄を嫌い、消費を通じ利便性や快適性を希求する。この世代を中心に、あと数年で第四次消費ブームのピークを迎える。これは内需拡大を求める政府にとっては朗報である。

内需拡大を実現するには、新しい消費分野の開拓が必要だ。車や通信機器は引き続き需要が伸びるし、本格的な海外旅行ブームはこれからだ。その中でいま最も注目されている分野は「高齢者ビジネス」である。

一九四九年の中華人民共和国建国以来、人口は飛躍的に伸びた。人口制限の是非をめぐり激しい論争があったが、改革開放の開始とともに中国は法制のともなう人口制限に踏み切った。その結果、それ以降の人口の爆発には歯止めがかかったが、なにせ分母が大きいので、人口の増加はスピードが鈍ったに過ぎない。以下は人口の増加の状況である。

一九四九年	五・四億人	一九五四年	六・〇億人
一九六四年	七・〇億人	一九六九年	八・〇億人
一九七四年	九・一億人	一九八一年	一〇・〇億人
一九八八年	一一・一億人	一九九五年	一二・一億人
二〇〇五年	一三・一億人	二〇一一年	一三・五億人

人口増加の過程は、単に人口が増え続けるという事ではない。人口増加と並行して高齢化が進む過程でもある。以下は総人口に占める六五歳以上の人口の割合である。

一九八二年	一％強	一九八七年	一％超える
一九九五年	三％超える	一九九六年	四％超える
一九九八年	五％超える	二〇〇二年	六％超える
二〇〇六年	七％超える	二〇〇九年	八％超える

二〇一一年	九・一％

今後の予測は以下の通り。

二〇一五年	一四％
二〇二五年	二五％
二〇四〇年	二七％

二〇一五年には七・一人が、二五年には四・〇人が、二〇四〇年には三・七人が一人の高齢者を支えることになる。高齢者大国の日本では、六五歳以上の人口が全人口の二三％になり、福祉の財源や勤労人口などさまざまな問題が起きている。中国もこのまま進めば、二〇二五年——二〇三〇年に人口が一六億になり、その後は減少に転じるが、高齢者の人口比率は上がる一方だ。当然労働者不足、福祉財源などの問題に直面する。何よりも国から活力が失われるのが大問題である。

　このような状況下で、中国では高齢者問題が社会問題となりつつある。年金など高齢者福祉の未熟さ、高齢者施設の不足、高齢者の生きがいの問題、高齢者が生活しやすい環境つくり、高齢者の食品安全……。問題は多い。急を要するのは、介護制度の整備と介護要員の育成だ。これまで富裕層は「保母」（お手伝いさん）を雇い、親の面倒を二四時間見させた。ところが、これまでのお手伝いさんは主に農村から出てきた女性で、貧しく、教育程度も低い。良く働くが、栄養学や基本的医学の知識に乏しい。もちろん介護の教育も受けててはいない。中国にはまだ統一した介護制度がなく、介護士としての統一試験もない。つまりプロの介護士がいないという事だ。現在政府は介護制度を作っているが、プロの介護士が誕生するには一定の期間を要する。このような問題を産業化すれば大きな需要が生まれる。政府は政府だけの力では到底この問題を解決できないので、産業化、ビジネス化を推進し、民間資本の積極的参入を奨励することになるだろう。この面で高齢者大国である日本は、中国に高齢者関連設備・グッツや技術・ノウハウを輸出することが可能で、中国もそれを必要としている。

持続的・安定的成長の可能性

これまで論じてきた通り、中国経済は転換点に立っている。全体として高度成長期は過ぎ去ったが、内陸部では一定の高度成長が必要で、その潜在力は充分ある。しかし一方で、これまでの高度成長の教訓を生かさねばならない。環境や各方面のバランスを重視しながらの成長を考えなければならない。沿海ベルト地帯と内陸部の関係は、先進国と発展途上国の関係に似ている。先進国は地球環境の悪化を見て、発展途上国に開発とむやみな発展を控えるように忠告する。しかし発展途上国は環境を破壊したのは先進国で、先進国は豊かさと利便性を手に入れた後に、発展途上国に対し発展を控えろというのかと反論する。これはある意味でどちらも正しいので厄介だ。中国内陸部の本格的な発展はこれからで、開発は必要だ。その一方で、これ以上の環境破壊は許されない。中国が近年、開発と発展の中に「エコ」という概念を入れている。格差の是正と環境保護をいかに両立させるか、これも習近平体制の大きな課題だ。

総じていえば、中国が安定的、持続的発展を続けるには幾つかの条件が必要だ。当面の問題としては、EU、米国、日本という、中国経済と深く、大きくかかわっている国と地域の経済が活性を取戻し、正常な状態に戻ること。そして中国との正常な、安定した経済関係が維持されること。国内問題としては、環境を守りながら内陸部の開発と都市化が進み、内需が掘り起こされること。さらに中国全体の経済体制の改革、産業構造の転換が進むことだ。そして、経済に多大な影響を及ぼす政治体制の改革が着実に進むこと。

どうも日本のメディア、評論家の中国経済に対する見方は世界の中でも非常に厳しいようだ。経済紙を含む雑誌を見ても、「失速」、「終焉」、「崩壊」などの文字が躍っている。しかし、世界の見方、特に国際機関の見方は必ずしもそうではない。二〇一二年一一月OECDレポートを見ると、二〇六〇年の世界のGDPに占める各国の割合は、一位中国二八%、二位インド一八%、三位米国一六%となっている。HSBCのレポート「二一世紀半ばの世界経済」を見ても同じような傾向だ。参考のため二〇五〇年のGDPベスト五予測を以下に挙げてみる（HSBCが二〇一二年一月に発表）。

1	中国	二五兆三三〇〇億ドル
2	米国	二三兆二七〇〇億ドル
3	インド	八兆一六〇〇億ドル
4	日本	六兆四二〇〇億ドル
5	ドイツ	三兆七一〇〇億ドル

つまり、中国経済は様々な課題を抱えながらも引き続き成長すると見ている。そこまで遠い将来ではなく、今年、来年の中国経済に対しても、IMF（国際通貨基金）、WB（世界銀行）、OECD（経済協力開発機構）などは、今年の中国の成長率は八%を割っても、二〇一三年は八%台を回復すると見ている。

もちろん不安定要素もある。一つは政治と経済の関係だ。「一万ドルの法則」というのがある。国民一人当たりのGDPが一万ドルに達するまでは、経済成長と人々の幸福度は正比例する。しかし一万ドル到達以降は必ずしもそうでなく、人々の最大の関心事と欲求は自由、人権、民主主義など精神上の解放感となる、というものだ。アジアの歴史を見ても、韓国、台湾が「アジアの奇跡」といわれるように急成長を遂げたのは、韓国が軍事独裁、台湾が国民党一党独裁下（戒厳令下）であった。経済にとって、強い政治指導力が必要だったのだ。その結果経済は発展し、人々は豊かになった。その延長線上にあったのは民主化であった。中国が韓国、台湾と同じ道を進むとは限らないが、いまのような共産党の絶対指導が永遠に続くとは考え難い。ソフトランディングするとすれば、経済の発展と社会の変化、人々の意識の変化とともに、共産党自身が変わってゆくことだろう。ではどう変わるのか。それは中国自身が決めることである。

もう一つは「中進国のワナ」という問題だ。発展途上国が先進国になるためには、一定の発展過程が必要だ。発展途上から中進国へ、そして中進国から先進国へと段階を踏んで進まなければならない。ところが、中進国になると、ある種の「落とし穴」が待っているといわれる。それは、発展途上国の時は「安価な労働力」の存在が強みだった。先進的な技術が無くとも、この安い労働力で外資を引き付け、技術やノウハウを蓄積していった。先進国にも強みがある。それは生産の先進的ノウハウ、企業管理と高度な技術だ。このように発展途上国、先進国ともそれぞれ強みがあるが、中進国になるとどちらの強みもなくなる可能性が出てくるのだ。中進国になると相応に労働賃金も上昇し、「安価な労働力」という武器では発展途上国に対抗できない。また技術や生産ノウハウレベルでは当然先進国に劣る。つまり中途半端な状態になり、強みが薄れるというわけだ。

すでに述べたように、中国は改革開放の前段階においては、労働力の安価さと土地の安さ（使用権）を武器に外資を引き付けてきた。しかし改革開放の後期に入ると、豊かさと共に賃金が上昇し、アジアにおいては労働賃金が高いグループ入りをした。技術レベルは向上したとはいえ、先進国との差はまだ大きい。中国がこの「中進国のワナ」に落ち込むか、それともうまく避けて通るかはわからない。ただ、中国の魅力は労働力の安さから、巨大なマーケットに移った。このことは先進国をはじめ、世界が認識している。労働賃金が上昇することは、外資導入にとっては不利であるが、所得が増えるという事は購買力が高まることでもある。巨大マーケットとしての中国が、ますますその存在感を増すことになる。従って、比較的小国では「中進国のワナ」が大きな問題になるであろうが、中国のような成長を続ける大国では、回避する可能性が高い。

終わりに

先にも述べた日中経済関係だが、好き嫌いは関係なく相互依存関係はすでに形成されていて、今後この関係は深まるだろう。日本にとって中国は輸出入とも第一の貿易相手国だ。大手上場企業の約六割が何らかの形で中国に出ている。中国にとって日本はＥＵ、米国、アセアンに次ぐ第四の貿易相手国だ。貿易額は第四だが、中国にとって不可欠な高級素材、部品を日本が供給している。もし日中貿易が完全に断絶したら、日本経済は壊滅的打撃を受け、中国経済も車をはじめ、多くの高付加価値製品が生産できなくなり、現代化は頓挫するだろう。そうなれば世界経済に大混乱をもたらし、大恐慌を引き起こす危険すらある。

中国はいくつもの難問を抱えながらも成長を続けるだろう。中国の発展は世界経済にとっても必要かつ歓迎すべきことなのである。

第四部　日中韓文化関係の原点

東アジアの宗教と社会

橋爪　大三郎
（東京工業大学教授）

お手元のレジュメに従って一時間ほどお話しします。

全体の流れですが、一番目は「グローバル化時代と宗教」で、世界についての見取りをお話しします。二番目は「宗教と社会」で、東アジア以外の話をします。三番目は、「東アジアの宗教」、この地域の宗教がどうなっているか、を考えます。四番目は、宗教をベースにして「東アジアの近代化」がどうなっていたか、最後は、「中国の改革開放は、東アジアをどう変えるか」で、最近の東アジアの情勢について考えてみる。そんな流れで進みたいと思います。

1　グローバル化の時代と宗教

最近、私はあちこちでこんな絵を描いています（板書1）。

これが世界です。三角のところはアフリカです。ここから出てきた人類は、広い場所のほうへ移り、いろいろあって、結果的にいまどうなっているかというと、四つのグループを形成しました。

第一のグループはキリスト教文明圏で、二五億人ほどの人間がいます。このグループの人びととは、キリスト教にもとづいた思考と行動をする人びとです。ヨーロッパだけでなく、新大陸にも大勢います。

次のグループは、中近東のあたりに中心があるのですが、イスラム文明圏の人びとです。北アフリカ、中央アジア、インドの両側、インドネシアなどに広がっています。一五億人ぐらいいます。

三番目のグループは、インドという場所にいるわけですが、ヒンドゥー（インド）文明圏。これはまた別の考え方をする人びとで、一〇億人ぐらいいます。

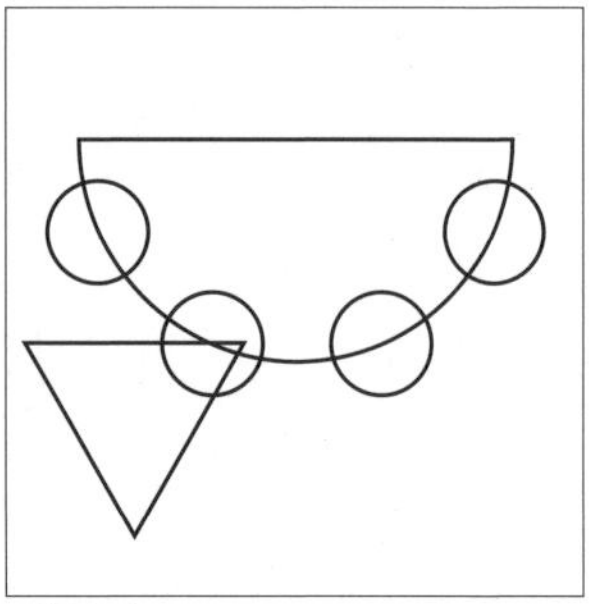
（板書1）

四番目のグループは、中国という場所にいる人びとです。去年の国勢調査で中国の人口は一三億六〇〇〇万人。そのうちイスラム教徒が三〇〇〇万人、ほかに少数民族も多くいます。でも、海外にoverseas Chineseという人びとがいるのでそれを加えると、一三億人ぐらいが儒教文明圏の人びとです。
以上、合計すると六〇億人を上回ります。人類は七〇億人ですから、大多数の人びとはこの四つのどれかです。日本は一億人いますが、どこに入るか、考えてください。
グループをつくったのは、グループをつくることに意味があるからです。グループの中の共通性は高く、どのグループに属しているかわかるとある程度、相手の考え方や行動が予測できます。グループの中の共通性は高いのにひきかえ、グループとグループとのあいだの差異は比較的大きい。ゆえに、グループに注目することに意味があるわけです。
こうしたグループは長いあいだの歴史によってできたものなので、そう簡単に変われません。たとえばインド人がここ一〇〇年のうちにインド人でなくなることはちょっと考えられないし、中国人はあと数百年経ってもやっぱり中国人だろうと思います。そういう意味で、わりあい固定したグループなのです。

このグループは本拠地を持っていますから、そう簡単に混じり合いません。お互いに関係が深まるのがグローバル化の時代なのですが、それでも本拠地というものがある。この四つのグループがどういうふうな世界秩序をつくるかが、グローバル化で、二一世紀の課題です。それは、象徴的には九・一一のワールド・トレードセンター攻撃によって幕を開けたわけです。

一九世紀、二〇世紀は、世界がこのように四つのグループでできていることが覆い隠されていました。なぜ、覆い隠されていたか。西欧キリスト教文明の力があまりに強かったから。彼らは、世界中はやがて近代化し、ヨーロッパ・キリスト教文明をスタンダードに、のこりはこれに同化していくと主張しました。同化しないイスラム、インド、中国は、遅れている。彼らの責任だ。遅れているけれども、いずれ同化するのだから、こうした多元性はそれほど重視しなくていい、と。

近代化論や社会進化論は、だいたいこういうふうにできていた。ヨーロッパ・キリスト教文明に反対するマルクス主義が出てきましたが、マルクス主義も広い意味ではキリスト教文明です。マルクス主義のいっていることも、世界中を共産主義に一元化していくというわけですから、やっぱり一元論。多元論ではないです。

一九世紀、二〇世紀は一元論の時代。日本が近代化したときにもそのように習った。ゆえに、多元性は無視されていた。でも宗教は、そういうものではなくて、近代化したからといってヨーロッパと同じになるわけではない。ということが、ヨーロッパ以外の地域が近代化すると、見えてくる。最初に近代化したのは日本なのですが、日本はこの四つのどれでもなかった。あたかも「ヨーロッパです」みたいな顔をしていて、実はそうではなかったわけです。

だから、多元的なのかどうか、世界はまだ判断に困っている。でも、中国とインドが近代化してくれば、だいぶ違った近代社会になるのですから、世界が多元的なのはもはや明らかです。

ということで、この四つのグループがどのように新しい秩序をつくっていくのかが、二一世紀のいちばん大事な問題の一つですけれども、これを予測するのに必要な補助線は、宗教です。宗教を理解すると、それぞれのグループの人びとの考え方や行動様式が予測でき、したがって、世界の秩序が記述できます。その意味で宗教は大きな補助線になります。

2 宗教と社会：東アジア以外の場合

東アジアのことを議論するのに、東アジアでないところのことを軽く話します。これらとの違いにおいて東アジアが問題になるのだから、東アジアのことを考えるときも、東アジアでないところのことを考えておかないと東アジアを考えたことになりません。ゆえに、順番に行きます。

❖（1）キリスト教文明圏

まず、キリスト教文明圏です。

これはわれわれに非常になじみ深いですが、いくつか特徴があります。本来、キリスト教の特徴なのですが、ひとつは政教分離です。キリスト教文明圏のヨーロッパ人などにいわせると、あまりに当たり前のことなので、これに説明の必要があるとはあまり思わないのですが、説明すべき大事な点です。

どうしてキリスト教で宗教と政治が分離しているかというと、キリスト教はマイナーで小さな宗教だったからです。だいたい言いだしっぺの当人が二〜三年活動したらすぐに死刑になってしまい、弟子は逃げてしまって、復活したとかいう噂話があったわけですが、いずれにしろ、あまり社会的地位のない人びとが集まって地下運動をしていたわけです。たぶん日曜日に集まってこっそりお祈りをしていたわけで、ふだんは何食わぬ顔をしてビジネスに従事し、ローマの法律を守っていたはずです。政治的国家はローマ帝国であり、キリスト教と無関係です。そのなかでキリスト教会として地下活動をしていたのですから、教会と政府が無関係で、むしろ対立している。出発点からそうだったわけです。

二〇〇〜三〇〇年すると、ローマ帝国のほうにも都合が出てきてキリスト教に譲歩し、一定の地位を与えるといったことが起こってきた。キリスト教を国教化したり、政府と宗教とが結びついてくるのですが、これは後から起こったことです。もともと分離していたので、そういう意識は残っている。だから、教会と国家とが完全に一致したことはありません。

その後、ローマ帝国がなくなり、代わっていろいろな政府が起こってくるのですが、教会は、どの政府が利用できるか、どの政府をキリスト教に改宗させようか、そんなことをずっと考えていて、政府と教会は付かず離れずで、まあ離れている。これが政教分離です。

近代になって、政教分離の原則や信仰の自由が基本になるのですが、キリスト教だと、やすやすとそういうことになる。これはもともとの出発点、二〇〇〇年前にさかのぼる話なわけです。

キリスト教圏での考え方は、だれに人間を支配する権利があるか。神である。神は人間を支配する。人間が人間を支配してはいけない。と考えるのですが、実際問題、政府をつくらないといけません。政府は人間がつくるのですから、人間が人間を支配してしまう。これを教会的に考えて、どうやって正当化できるかが大きな問題になります。

結論から言うと、神が王様や主権者を暫定的に、人を支配する役割の人として任命した。任命された人が政治をやっている。こういうロジックをつくらないといけなかった。これが戴冠とか、王権神授説とか、ローマ人への手紙一三章とか、いろいろなところに書いてある事柄なわけです。だから、仮の君主なのです。神様は近代になると、どこかへ行ってしまいましたが、その代わりに本当の主権者である国民が、選挙によって政府に授権し、政治家が政治を行なう。これは王権神授説の変形なのですが、このようなロジックになり、それを記したものが憲法となっています。

次に、政教分離。経済と政治が分離しています。キリスト教は本当は、経済活動に無関心です。天国に富を蓄えなさい、地上に富を蓄えてはならない、と言っているのですから、経済活動に無関心。でも、経済活動をしないと生きていけません。すると、教会と経済活動はいちおう別々の活動になる。市場に介入しない。介入しなければ、経済は自立的に運動して一つの秩序を持ちます。経済活動が自立的な秩序を持っている、こう考えるから経済学というものができます。経済の自立的な秩序を研究する科学が経済学です。

アダム・スミスが invisible hand（神の見えざる手）と言いました。自由競争のなかで価格が決まるのは、あたかも神が決めたように正しいという考え方です。神が決めているのなら、政府は介入してはいけない。これは経済が自立的であるという主張です。アダム・スミスはあまりに当たり前のことを言っている、だから経済学の教科書になっている、とつい思ってしまいますが、よく考えてみると、これは特別な主張です。無条件で成り立つわけではありません。

以上が二つが、キリスト教文明圏の特徴です。ほかにもありますが、省略します。

❖——（2）イスラム文明圏

イスラム文明はキリスト教と違い、政教分離、政経分離がキリスト教ほどはっきりしていません。

イスラム教は宗教が成立した途端に大成功を収めてしまった。創始者のムハンマドが、軍司令官であり、政治家であり、法学者であり、宗教的リーダーでもある。すべての権限を一身に集めた存在として、イスラム教徒を指導しました。これだと、政教一致になります。そして、イスラム教には教会というものがないので、世俗社会がそのまま宗教的空間になる。

ムハンマドが死んだあと、政治を担当するカリフと、法律を解釈する法学者とが分離します。だから、法律と政治は分離します。その後、カリフの系統が途絶えて、いなくなった。仕方がないので、カリフの代理人のスルタンや、スルタンの代理人の代理人のアミール、（日本の感じでは将軍や管領などが出てくるのとだいたい同じ論理ですが）代理人や代理人やがでてきて、あちこちに政府ができます。しかしイスラム教徒は、本当は自分たちは一つの政治的団体をつくっていると考えているので、それはかりそめの姿だと思っています。

イスラム国家では、相互に交通の自由や何かが保障されており、商業が展開するのにたいへん具合がいい。巡礼などもやっているし、ムスリムの通行の自由がある。商業が発展するということは、富を蓄積することができるということで、非常によろしいわけですが、産業が発展するきっかけがない。利子を禁止しているから、銀行ができない。そこで、キリスト教に遅れをとる。利子が禁止されていないので、初めは取らなかったが、やがて利子を取るようになったキリスト教徒のほうがちゃっかり産業社会に乗り換えて行ったあたりから、イスラム教はキリスト教と差をつけられていくわけです。

インドではいろいろ考えなければいけないことがありますが、なんといってもヴァルナ（カースト制）が大事です。インド文明だけがカースト制というものを考え、他の文明圏はカースト制を考えなかった。こういう、大きな対照があります。

❖——（3）ヒンドゥー文明圏

カースト制が生まれたのは、古代です。カースト制を採用しなかった他の文明では、どういう制度を採用したか。奴隷制です。奴隷制が古代の標準的なあり方で、インド以外の場所ではこれを採用した。奴隷制はいうまでもなく、人間を所有してしまい、その人間の労働力を奴隷の所有者が自由に使用していいというシステムです。たいへん非人間的で不合理な面がありますが、どこでもそのようにやった。大規模灌漑農業をやるのにこれは便利です。

これは持続可能なやり方かどうか。奴隷をつぎつぎに調達しないといけないのですが、奴隷の調達がうまくいかなくなると、このやり方は壊れてしまいます。一〇〇〇年ぐらいやっていましたが、だんだんうまく行かなくなりました。奴隷制はもう、いまはないでしょう。奴隷制はそれなりに考えられたシステムだけれども、持続可能ではなかった。

ひるがえって、インドのシステムを考えてみると、カースト制はいまもまだある。奴隷制よりうまくできているわけです、持続可能なのだから。

では、奴隷制と比較した場合、カースト制はどこがうまくできていて持続可能なのか。カースト制をつくったのもアーリア民族の征服によるので、本来なら奴隷制になったはずです。でも、アーリア民族は人数が少なすぎた。先住民は人数が多すぎた。アーリア民族は戦争が強かったけれども、インドにもとからいた人があまりにも多かったので、別なやり方を採ることとし、まず、自分たちをバラモンとクシャトリアという二つの階層に決めます。バラモンはトップの階層ですが、宗教専従です。アーリア人のあいだでは、宗教がいちばん重視されていたので、トップカーストとし、つぎに、政治と戦争を行なう戦士階級・クシャトリアをつくった。そして、先住民をその他大勢ということにしたのですが、それを細かく分けた。農民、商人、職人、アウトカーストなど、細かい職業をたくさんつくりました。

カースト制のいちばん大事な点は、カーストの中でしか結婚できないということです。同じカーストの人が結婚し、生まれた人は自動的にその同じカーストに所属する、これがカーストのルールその一です。その二は、職業と結びついていて、たとえば洗濯屋さんなら洗濯屋さんのカースト、八百屋さんは八百屋さんのカーストなどと全部あるわけです。どうなるかというと、よそのカーストの仕事を勝手にすることはできませんから、あるカーストに生まれたら、文句があったとしてもそれをファミリービジネスとしてずっと行なっていくことができる。絶対に失業しません。生存権は保障されている。生存権が保障されていて、支配者も手が出せないという点で、奴隷制より格段に優れています。

奴隷制では、主人が命令したら、洗濯もやらなければいけない、トマトも植えなければいけない、何でもかんでもやらなければいけなくて、特定の労働に縛られていない。よいみたいですが、使い捨てにされるわけです。結婚のルールとも関係ありません。カースト制はそこがうまくできていて、持続可能なのです。征服民族と被征服民族、強いものと弱いもの、すべての人が職業に固定されることによって、自動的に社会的ネットワークの中に組み込まれ、自分の居場所が見つかる。うまくできた強力なシステムです。奴隷制を回避するためのシステムです。

インド人は非常に頭がいい。だから、こうした社会構造ができた。これがインドの基本的アイデアだとするならば、政治をやるのも、あるカーストの特性になります。宗教もあるカーストの特性になります。上位の枠組みとしてカーストがあり、その下に、経済活動や宗教活動や政治活動がはめ込まれている、というのがインドのやり方ですから、他の文明圏とはたいへん違うのです。

3 東アジアの宗教

❖―――(1) 儒教とは何か

さて、イスラムとヒンドゥー教についてのべたのは、儒教を理解する下敷きでした。

儒教の特徴をどう理解したらいいか。

まず、政治と宗教の関係を考えてみます。

中国では宗教の地位が低い。あるいは、神の地位が低い。インドでは神の地位が高い。どうしてか。バラモンの地位が高いからです。神を信じているのは、バラモンというよりも一般民衆ですが、神の地位が高ければ、カーストを管理運営するのに便利です。

中国は、神を政治にほとんど使っていません。儒教には「天」がありますが、天と神は違います。天は人格がありません。抽象的原理です。それに対して人格を持っている神はもっとランクが低く、そのへんにいて、まあ、大したことない。そういうものにこだわるのは道教であり、一般民衆である。道教では天も天帝として人間化されていますが、儒教だと、そうは考えない。天と神を分けるのが、儒教の基本です。

天は政治の原理を与えますが、神は政治の原理を与えません。神は民衆をたぶらかすものであり、民衆が宗教にはまると、政府のいうことを聞かなくなり、国が乱れて政府が倒される。こういうことをいつも繰り返しているのですが、新しい政府ができると、いままでの宗教は何だったのだろうというようにあっという間になくなってしまう。中国はこれの繰り返しです。だから政府は、宗教を本能的に警戒し、宗教と距離を取ろうとします。

伝統的に言って、宗教を大々的に導入したのは隋や唐の時代で、仏教を取り入れるという実験をした。なぜ隋と唐の時代だけ仏教を取り入れて、あとやめてしまったのかは、面白いテーマですが、細かい話なのでやめておきます。

なぜ宗教より政治のほうが力が強いか。中国では最大のプライオリティは政治に置かれている。政治がいちばん価値があるのです。政治とは、人が人を支配する現象です。人と人との関係の一種ですが、人と人との関係にも、経済などの交換関係とかいろいろあります。政治の場合には、権力が大事で、ある人がある人に意思を押しつけて命令するというような支配関係が、政治です。中国ではこれに非常に価値を置き、これを経済や宗教、文化に優先させてきました。

なぜそうなのか。中国文明が他の文明にない特徴を持っているとすれば、それはどこか。安全保障に非常に重点を置いているということだと思います。そしてそれは、地政学的な理由によると思います。西欧キリスト教文明、イスラム文明、ヒンドゥー文明、中国儒教文明。どれもコムギをつくっています。インドは山に囲まれていて、遊牧民がいても山の向こう側ですから、めったに入ってきません。安全なのです。遊牧民はたまには来ますが、中国ほどではありません。中国はずっと危ない。世界最大の農業地域が何の障害物もなく、多くの遊牧民に取り囲まれています。これが最大の頭痛の種なのです。

農耕民にとって遊牧民は凶悪な強盗のようなもので、何を作ってもみんな持っていかれるから、何とかしなくてはいけない。ふつうの文明は、だいたい都市国家をつくります。農民たちは都市の周りにいるけれども、その都市は要塞ですから、城壁でぐるっと囲んであって、いざというときにはみんなで戦争する。これは世界共通です。ヨーロッパもそうです。城壁がないのは日本だけです。それは本当に日本の特殊事情で、他の文明は必ず城壁があります。

中国の特徴は、城壁では足りないということです。では、どうするか。遊牧民が住んでいるところと農耕地帯との間にわざわざもうひとつ、でっかい城壁、月からのぞいても観察できるぐらい巨大な人工物をこしらえた。これは二五〇〇年ほど前からあり、壊れてはつくり、壊れてはつくりしてきて、いまもある。こんなもの、ものすごい公共事業で大変です。日本はたまに津波が来て、高さ一〇メートル、長さ四キロメートルの防潮堤をつくるのもお金がかかるとかいって、ちょっと低くしたら壊れてしまったとか、いろいろしているじゃないですか。重機が使える国でちょっとした防潮堤をつくるのもあの騒ぎ。大昔の農業国で三〇〇〇〜四〇〇〇キロメートルもの城壁をつくるのは大変な騒ぎでしょう。

それをつくったのは農民です。皇帝が指示したとしても、皇帝一人ではできない。軍隊でもできない。農民が駆り出され、家を離れて飯場で暮らし、苦労してつくりあげる。農民が我慢して工事に従事するのは、これさえできればみんなの安全が保障されると思ったからでしょう。農民が支持して強い政府ができ上がった。セキュリティの優先順位が高いから、中国では本能的に、政治を重視するのだと私は思います。

この思いが儒教に反映しています。儒教は、政治が大事だと主張するイデオロギーです。で、強いリーダーが必要だ、と。しかし、伝統社会ですから選挙などはないので、リーダーは、最初は勝ち抜き戦で、英雄が都に入って王になったり皇帝になったりする。そのあとは、毎回勝ち抜き戦をやるわけにもいかないので、トップリーダーの子どもがトップリーダーになるというふうに、世襲されていきます。

世襲の問題点は、子どもは有能でないかもしれないということです。というか、たいてい有能ではない。世襲のよい点は、次のリーダーがだれか予測可能で、政府が安定するということです。中国はたいへん現実的だから、トップリーダーを世襲させるという作戦を採ったのですが、有能さのほうはどう担保するかという問題がのこる。そこで、トップリーダーは世襲でいいが、ブレーン（官僚）は必ず抜擢人事で、有能な人を周りに配置する、こういう組み合わせを考えました。

有能な人材を抜擢するシステム——教育によって有能さを構築し、選抜システムによって政府を構成する、そこは妥協なく優秀な政治家を集める。この仕組みを中国はずっと考えてきました。それにいちばん適合的だったのが、儒教だと思います。儒教には科挙というものがあり、厳しい試験なのですが、中国の人を納得させるにはこういうやり方がいちばんいい。さもないと、ケンカになってしまいます。

中国社会の基本構造ですが、私の仮説はこうです。

中国社会の基本原則、①自己主張する。おれがえらい、おれが大事。②ところが、相手も自己主張している。みんな自分がえらいと思っていて、みんな有能なのです。③誰がえらいか決めるメカニズム。自分が自己主張し、相手が自己主張しているのをほうっておくと、ホッブスの自然状態のように実力闘争になって、負けたら大変だし、勝ったほうも傷ついて、あまり賢明なやり方ではない。そこで、どちらがえらいかを決めるメカニズムをこしらえる。このメカニズムがひとつは科挙ですが、それ以外にいろいろ、だれがえらいかを決めるメカニズムで、中国の文化はでき上がっています。

いちばんボトムに大家族があって、そこで中国人の親戚の呼び方を見てみると、日本よりもはるかに複雑で、とくに上下の順番をはっきりさせるようになっています。一番のお姉さん、二番のお姉さんなどとなっていて、聞いているだけでどちらが上かがすぐに分かる。これが基本です。どちらが年長で尊敬されるべき人かがだれにでも客観的にすぐ分かることが、紛争を防いで、秩序を自動的に再生産するのです。日本は話し合いをしなければいけないので「兄さん」「弟」というのはありますが、順番はあまり関係なくて、分からないようになっている。やり方が違うのです。

官僚でもランクがはっきりしていて、副所長などといっても一、二、三、四、五、…と序列がついています。朝鮮労働党やソ連共産党もだいたいそうなっているのですが、ソ連や北朝鮮は独裁国家だからそうなっている。中国は独裁でなくても、至るところで番号がついています。これは伝統的なものなのです。

中国社会は二元的になっています（板書2）。官僚機構があって、トップに「君主」あるいは「皇帝」がいる。その下に「臣」がいる。臣は家来です。君主に忠誠を尽くすことがモラルであり、これを「義」あるいは「忠」という。ボトムのほうでは血縁集団のリーダーがいて、その下の人がいる。そして、年長者に忠誠を尽くさないといけない。これは「孝」です。このように、社会の領域によって道徳が違って二元的にできているのですが、要はどちらも、だれが偉いかが決まる仕組み。だから、無用な紛争は起こらない。ボトムは血縁関係、トップは見ず知らずの他人が統一国家をつくるために官僚機構をつくっている。このふたつの領域を、適切に秩序づけ関連づけることが儒教の目的である。儒教を中国じゅうが採用すると、こういう社会が繰り返し再生産されていく。秦の始皇帝の時代から（中華人民共和国も入れていいのかどうかよく分かりませんが）つい最近までずっと、このシステムが壊れてはでき、壊れてはできというふうに二〇〇～三〇〇年ごとにやってきた。日本は歴史の変遷とともに、政府のあり方とかいろいろなことがだんだん変わっていくのですが、中国の場合、はじめから完成されてしまっているから、一度壊れてもだいたい同じものができてくる。ここが、日本と中国との歴史の違いです。

（板書2）

では中国は、キリスト教文明とはどこが違うかというと、まず、

「政治が経済に優位する」とする点。政府は経済に介入する権利がある。伝統的に、経済はほうっておいたらいけないという考え方です。だいたい商人の地位が低い。商人は金儲けのことしか考えておらず、政治のことは考えていない。道徳的によくない連中で、とんでもないから監督しなくては、と発想する。これは、江戸時代の町人が誇りを持って、武士から自立していたというあり方とちょっと違います。

「政治が宗教に優位する」のは、先ほどいいました。

また、「政治が法律に優位する」。キリスト教の伝統では、イスラム教もですが、法律は政府と独立です。政府と法律が独立で、政府を縛るために法律を使います。マグナ＝カルタとかみんなそうです。政府を縛るために法律が使えるのなら、人民にとって法律は自分を守るための手段になりうる。だから民衆は、法律を信頼します。その法律に従事する法曹家はプロフェッショナルで、政府に雇われてはいない。アメリカでもこういう感じです。

中国の場合、法曹家が社会的身分として独立に存在しません。伝統中国では法律の制定権は政府にあるので、政府の人民に対する命令が法律。明律だろうと清律だろうと、律令というものの基本的性格です。立法権が政府にあれば、政府に都合のいい法律ができますから、人民にとっては都合が悪いかもしれない。だから、できれば政府の命令や法律には従いたくない、ということになります。

日本も、中国法を経由していますからほぼ同じ感覚を持っている。日本人は法律と聞くとビクッとして、できれば法律の厄介になりたくないなどと思っています。これは東アジアの特徴です。

キリスト教は個人主義です。東アジアは個人主義になっていません。どうしてそうなるか。

キリスト教が個人主義である理由は、最後の審判があって、個々人が一人ひとり別々に裁かれるからです。親も兄弟も関係ない。権力者も金持ちも関係ない。最後は自分一人が神の前に立って裁かれる。こういう結末が待っているとすると、自分の人生をいつもその場面で考えてしまうから、個人的になる。キリスト教、イスラム教はそうである。けれども、それ以外の文明はだいたいそんなふうに考えませんから、個人主義的になりにくいわけです。

❖——（2）日本社会の特徴

日本は中国と違うという点を、以下確認していきます。

まず日本には、明確な血縁集団がない。ないことを、日本人があまりよく知らない。よその社会に立派な血縁集団があることを、あまりよく知らない。アングロ－サクソンは核家族で、日本と似ていて先進国だから、みんなそうなのだと思っているけれども、大きな間違いです。ラテン系では大家族だし、アラブでもインドでも中国でもだいたい大家族で、大きな親族集団があります。日本だけそういうものがありません。

もうひとつ、日本の特徴。明確なエスニックグループがない。これは資料に書いてあるとおりなので、省略。

それから、中国文明を不完全なかたちで導入した。中国のやり方そのままを完全にワンセットで導入したものがない。たとえば、漢字は中国のものですが、そして、仮名をつくりましたが、仮名は補助的な言語であって、漢字と合わせて使わないと意味がない。だから非常に奇妙なことになります。細かいことは省略します。仏教はインドオリジナルなものを輸入したのではなく、中国人が解釈し、翻訳したものを輸入して、それを仏教だと考えた。だからへんてこなことになる。

また、天皇というのは変なもので、中国の皇帝ではない。中国の皇帝と日本の天皇と、どこが違うか。律令制のトップですから一見似ています。いちばん違う点。中国の皇帝は遡っていくと乱世の英雄か何かになり、もとは農民の出身だったりして、別にやんごとなき血統ではありません。最初の皇帝が皇帝になったあとは、やんごとなく世襲されているのですが、初代皇帝のところで分からなくなってしまう。なぜ初代皇帝が初代皇帝になったかというと、天が皇帝を任命したからという論理です。天と皇帝との間には血縁関係がない。だから、その命令が現皇帝と別な人物に下ることがある。だから革命があり、王朝は交代する。日本にはこの論理がありません。日本の天皇はずっと遡っていくと、乱世の英雄はいないわけで、神武天皇になってしまう。神武天皇の二代前はニニギノミコトで天から降ってきて、その二代前は天照大神で、神様になってしまいます。高天原という天みたいなところにいる神と、天皇は血縁関係にあって、政治的支配者が神話の中で神になってしまうわけです。宗教と政治は融合しているのです。中国と違うでしょう。皇帝と天皇は違うものなのです。

「儒教の日本的変容」をもう少しみていきましょう。日本人が儒教でどうしても理解できないのは、忠と孝が別のものということです。どうして理解できないかというと、日本の政府は家なのです。家は血縁集団です。武士がいると、自分の家があって、大名の家があって、浅野内匠頭の浅野家などがある。それで、浅野家再興のためになどといって武士が集まって行動する。その大名は、徳川家の家来であって、徳川家のために行動しなければいけない。徳川はどうかというと、天皇家の家来の一人です。正何位とか何とかの頭（かみ）とかに叙せられてみんな喜んでいるわけでしょう。天皇の家来なのです。ということでいうと、上と下に分かれていなくて、家が全部ぐしゃぐしゃと固まっている。日本の家の特徴は、血縁ではない人でも入ることができること。だから、いくらでもぺたぺたくっつけて大きな家ができます。国全体が家なのです。国全体が家なら、忠と孝は一緒になるに決まっています。そこで「忠孝一如」となった。日本人が儒教の本を読んで読みまくって、日本の現実に当てはめて出てきた結論は、忠と孝は区別する必要がないということです。これが江戸中期以来の、日本の儒学の基本的な判断です。

このように日本と中国では、社会が違う。

忠と孝が同じだとどうなるかというと、政治的リーダーは親みたいなものになります。すると、中国人が持っている忠誠心以上の忠誠心を、天皇に対して抱くことができます。これに駆動されて、明治維新ができるというわけです。

中国で、明治維新に匹敵する改革がなかなかできなかったのは、皇帝に対する忠誠心が限定的で、しかも、皇帝に対して忠誠を果たさなければいけない人びとが中国人全体のごく一部だったからです。では、皇帝に代わる政治的リーダーをどうやって選べばいいか。手続きがすごく大変です。それ時間がかかった。やがて毛沢東などが出てきてうまく行くようになりますが、それまで百年以上かかっています。

4 東アジアの近代化

❖——（1）なぜ中国は、近代化のスタートが遅れたか

なぜ中国は、近代化が遅れたか。

その理由の第一。儒教国家だから。儒教によれば、中国は世界の中心で、良いものはすべて中国にあり、まわりは野蛮人。とすれば、外国に良いものがあるわけはないから、外国の真似をする必要がない。真似をしてはいけない。

ひるがえって日本は、中国の端っこと思っていましたから、外国に良いものがあるという考え方に慣れている。外国に良いものがあるのなら、それを持ってくればいい。桃太郎という伽話があって、鬼ヶ島に鬼を征伐に行って、そうしたら宝物が手に入った。鬼ヶ島に宝物があるわけです。この民話は、日本人の基本的なメンタリティを表しています。良いものが外にある、鬼（外国人）が持っていたら取ってこよう、こういう考え方

です。

中国で政府の安定を脅かすものは、遊牧民のほかにもうひとつ、農民それ自身があります。農民のために政府があるのですが、政府はどうしても税金を取りますから、農民を抑圧してしまいます。やり過ぎると、農民は反政府になってしまう。農民は反政府の意思を表現するのに宗教というかたちしかないから、宗教反乱になって政府がつぶれるということになります。よくそういうパターンになるので、政府はどうしても農民に警戒的で、農民に政治的自由を与えないという本能的な傾向を持っています。農民の主体性がなければ近代化はできません。明治維新のとき、農民の主体性は大いに発揮されました。それまで移動の自由がなかったのに、移動ができるようにもなった。田畑が売り買いできなかったのに売り買いできるようになった。農民の潜在力が発揮できるようになった。また、貿易の結果、蚕などを飼って生糸を輸出してもいいというわけだから、一〇年を経ずしてにわか成金が山のように出てきます。

三番目に、社会が自立的なセクターに分かれていなかった。西欧近代化をするためには、政治と経済、宗教、法律、軍事、文化芸術というものが相互に影響なく、それぞれを担う人びとがいて、独自に活動していないといけない。日本は士農工商という身分制度があった結果、商業に専心する人、農業をやる人、工業をやる人、お寺の人、行政にタッチする武士などと分かれていた。伝統社会だけれども、近代社会とよく似た分かれ方をしていました。中国にこれがなかった。中国に身分制度がないことが、かえって不利に働いたのです。

❖――――(2)なぜ日本は、近代化のスタートが早かったか

裏返すと、日本が近代化のスタートが早かったのは、儒教イデオロギーが信じられていなかったからだということになります。儒教を信じていたような振りをして、実は違うことを考えていた。町人や農民も、政治的

な主体性の意識がかなり強かった。たとえば下級武士が明治維新を起こしたといいますが、新撰組などを見てみると、かなりの人びとが農民出身です。

農民も幕末になってくると、なんとか一旗揚げてやろうと剣道場に行って、いまでいえばピストルの練習みたいなものだけれども、やたら剣術が強くなる人がいるわけです。それで政府の機動隊みたいなところに入ると、治安維持のために武士並みに待遇してもらえる。うまく行くと武士に取り立てられるかもしれないので、みんな新撰組になっているわけでしょう。

新撰組は農民をかき集めてたが、維新の側も奇兵隊とかいって、農民や商人の出身でも参加する人がいくらでも見つかった。それは、幕末の時代、身分にかかわらずみんな勉強していたからです。みんな勉強する、これが近代化に重要なことです。

あと、日本「国民」の意識を構築できた点がとても大事です。これは、プレ近代のさまざまなパーツ（儒教、国学、蘭学、天皇シンボル）の合作でできています。まず、儒教、加えて、国学。国学は儒教と論争しながら、古事記、日本書紀などを分析していくのですが、結論は、中国から儒教などを教えてもらう以前に、日本にはちゃんと政府があって、それは天皇の政府だった。天皇が日本人全体を統治していたのだから、天皇が本当の支配者である。天皇に忠誠を尽くすならば、日本という団体が結成されます。この日本という団体が、外国人と敵対していけばいい。こういう国防意識を触発することになります。

つまり日本国民は、天皇シンボルを使うと簡単に構成できたのですが、中国は、そうはいかなかった。清朝は満洲人の政府ですから、漢民族のシンボルにならないわけです。そういうめぐり合わせもあって、日本のようなやり方が中国では使えなかったということもある。国民意識をつくるのが非常に難しかった。

❖——（3）なぜ毛沢東の中国革命は成功したか

毛沢東の革命は近代化という側面と、（それと非常に見分けがつきにくい）伝統中国という側面と、両方の要素があります。たとえば中国共産党の、農村を根拠地にして都市を包囲するとか、長征とかの戦略戦術。毛沢東は「水滸伝」などが大好きで、伝統中国の英雄になぞらえて運動を進めたふしもある。これは農民にとても分かりやすい、中国のふつうの人にアピールするストーリーです。そういうイメージをふりまきながら中国共産党の運動をやっていった。だから、近代化なのか伝統のリピートなのか、分かりにくいところがあると思います。

しかし少なくとも、毛沢東の運動は、中国の農民を主役にするという大きな役割がありました。農民はいつも優遇されたわけではないけれども、伝統中国よりもずっと農民のための、いろいろなことをやった。農民はそれを感じることができるから、毛沢東を支持しようという人びとが大勢現れたのだと思います。

もうひとつは、中国人の誇りを取り戻したという点が大きいと思います。中国は歴史のほとんどの時代を通じて世界最大の国で、最も豊かで先進的な国であったのですが、過去五〇〇年ぐらい、ヨーロッパ文明がのし上がってきてからだんだん調子が悪くなり、最後は植民地にされそうになるぐらいだった。こんなはずではない。プライドを傷づけられ、自信をなくした時期が長かった。そこに毛沢東が出てきて、自分たちもやればできるという強いメッセージを、中国全体に送った。日本は資本主義になって成功した。中国は資本主義を超えた社会主義になるのだから、むしろ日本を飛び越して世界のトップになるのだ。大躍進などもそうですが、こういうイメージです。政策として間違っていたかどうかはちょっと措いておいて、このメッセージのインパクトは非常に強いものがあったと思います。だから中国じゅうの人が、大躍進のときであれ文化大革命のときであれ、自分が立ち上がらなければと思った。そういうふうにみんなが思うのは、毛沢東の時代までなかなかなかったことだと思います。

5 中国の改革開放は、東アジアをどう変えるか

❖――（1）鄧小平の改革開放

鄧小平の改革開放はそれまでと何が違うのか。

計画経済・商品経済の段階であれば、政治が経済をコントロールするという枠組みだから、ある意味、伝統中国的です。でも、鄧小平は、経済は経済で自立的に、政府と独立にやってみたらいいではないかと提案した。これは伝統中国のやり方とはちょっと違った、近代的なやり方です。

中国革命によって近代化の条件が整いつつあるときに、政治と経済の関係が、鄧小平の指導によって分離した。「政府の指導によって政治と経済の関係が分離」というところが微妙ですが、とにかく分離した。これで火がついて今日に至るまでの経済成長を続けているのだから、これは大成功です。鄧小平は素晴らしい指導者だと思います。

「社会主義市場経済」が一九九二年にスローガンとして出てきたのですが、それまでだれも考えたことがないアイデアですから、みなびっくりした。日本人は、社会主義市場経済は当たり前みたいに思いますが、でも、伝統的なマルクス主義の用語によれば、市場経済といえば資本主義と同義です。一九九二年になるまで「市場経済」と大きな声ではいえませんでした。それと社会主義が組みになるなら、言いなおしてみると、社会主義資本主義といっているのと同じです。こんな組合せがあることは、世界中だれも考えていなかった。でも、そ

れができる、やってみようということになった。政治は社会主義、経済は市場経済といういまのやり方を、鄧小平は始めたのです。

これが三〇年続いています。これが百年続くのか千年続くのか、だれにも分かりません。私はなんとなく、そのうちもう一回調整があるような気がするけれども、少なくともいまのところはうまくいっています。

❖――（２）中国は覇権国になるか

中国は世界の覇権国になるのか。

覇権国になる潜在的能力はあると思います。どうしてかというと、人口が多く、すでに世界最大の経済大国になったと言ってもいい。この調子で行くならば、アメリカの二倍ぐらいの経済規模の国になりそうである。けれども、一九世紀のイギリス、二〇世紀のアメリカのようなかたちで、二一世紀は中国、とはならないと思う。むしろ、一九世紀の列強のようなかたちで、多くの国々が集団で指導するのではないか。冒頭に述べたインドや中国、イスラム、ＥＵとアメリカ、そういう国々がバランスを取って世界を指導していくというような世界になっていくはずです。つまり、覇権国にならない。覇権になる用意もない。仮りに覇権国家になろうとしても、国際社会は、アメリカの行動は予測できるが、中国の行動は予測できないと考えて不安に思うから、必ず足を引っ張る国が出てきて、ごちゃごちゃすると思います。

大事なことは、中国は国際的地位を回復したことによって、世界の中で重要なプレーヤーになっていくことです。中国はそのことをしだいに自覚し、国際社会の中で責任を果たし、他国の信頼に応えていくという賢明な方向に判断をあらためていく、行動を調整していく、と思います。

ただし、楽観はできない。二一世紀の主なプレーヤーは中国、インド、イスラム、ＥＵ、アメリカ、それに日本もちょっと入れてもらうとして、これらの国々に共通の基盤がない。一九世紀のパワーズ（西欧列強）は、全部キリスト教文明圏にありましたから、戦うにしろ協調するにしろ全部フォーマットがあって、ルールによってやっていました。でも二一世紀は、相手のルールが読めないのに人勢のプレーヤーがいるという状態ですから、一九世紀よりも調整が難しい。

そういう点が違うのであって、相手の行動を互いに読まなければいけないのですが、読むためにいちばん大事な補助線は、宗教だと思います。

❖――――（3）中国を中心とした東アジアはどう動くか

中国、韓国は、違うけれども、比較的似ている国です。日本だけがちょっと違う。

ここでどういうことが起こるかというと、ほうっておけば中国と韓国が儒教的な行動をし、発想をし、日本はちょっと違った行動をする。というので、中国と韓国・対・日本、ということになって、日本としては、人数の点からも国力の点からも、パワーはずっと小さいという状態になっていくと思います。日本は、できればアメリカを味方につけ、全体のバランスのなかで、自分の生きる道を探していくというやり方にならざるをえない。

ここで私が思うのは、儒教の国だけれども韓国で、キリスト教徒が非常に増えて、三〇～五〇％になっているということです。中国でも最近、キリスト教が増えていて、統計がないから分からないのですが、三％、五％、一説によると一〇％近くまでクリスチャンが増えているのではないかという推測があります。日本ではこんなにキリスト教徒は増えていません。だから、キリスト教文化圏と乗り入れる可能性は、日本よりも、韓国・中国のほうが潜在的にあるのかもしれない。これがひとつ補助線になります。

そして、米中関係の重要性が増していくことが二一世紀にとってとても大事です。どちらも大きな国で、しかも、補い合う関係にありますから、この関係が主軸になることは明らかです。しかし、価値観がかなり違います。だって、歴史があまりに違いますから。ということで、両国の課題は大きい。

そこで、日本はどうなるか。日中関係や日米関係を、日本の努力で独自に左右できるということはない。米中関係の従属変数として、日本と中国、日本とアメリカの関係が規定されると考えなければいけない。

その一例ですが、尖閣が問題になっていて、日本はこうすればいい、中国はああしてほしい、みたいなことを日本でいろいろ言っています。しかし、忘れていけないのはアメリカです。アメリカは日米安保条約の対象に尖閣列島が含まれると言ってくれているし、ときどき大事なタイミングで確認もしている。そう言った途端に、尖閣列島に対する中国の軍事行動の可能性はゼロになるから、日本は何もしなくていい。だから日本はごちゃごちゃ言う前に、アメリカにそういう態度をそのままキープしてくれと言いさえすれば、現状は維持できます。

現状が維持できるということは、日本にとって良いのみならず、中国にとってもすごく良いことです。中国に軍事オプションがあるという考え方が中国の国民の中に広がると、政府に対する圧力が強まり、政府はやりたくもないことをやらされて、結局、中国にとってもマイナスになる行動をしなければならなくなる。そして、中国の改革開放の三〇年の成果が水の泡となることもあり得る。そういう最悪のシナリオを防ぐためには、「アメリカのせいで行動できないのだ」と中国政府が国民を説得できるような状況が必要です。だから、いちばんのキーパーソンはアメリカなのです。このように考えていかないと、日本の外交はできません。

尖閣はごくごく簡単な例です。ほかにたくさんいろいろなアジェンダがあるとして、多角関係のなかで考えていくことは外交のイロハのイだと思うけれども、日本人がやってこなかったことです。

中国の課題は、共産党の一党支配の将来をどのように考え、どう安定的に次のシステムに軟着陸させるかということです。これは中国の課題であって、外国がとやかく言うことではありませんが、このシナリオが見えてくれれば、世界は中国をいまよりももっと信頼すると思います。

では、日本の課題とは何か。日本は、中国や韓国、アジア諸国に対して、こういうふうに行動しようという原理原則を持ったためしがない。そのことを真剣に考えていなくて、むしろヨーロッパやアメリカのほうにばかり目が向いていました。アジアの一員であることをよく考えて、同胞や隣人のために何ができるかというふうにものを考えていく。このような日本の価値観と行動原理を、自分で考え、よく説明していくことが大事ではないかと思います。

私の話はここまでにします。〔拍手〕

質疑応答

ヤマダ　ＮＨＫのヤマダと申します。

基本的な質問かもしれないのですが、儒教というものはそもそも宗教なのかどうかがよく分かりません。宗教ではないのではないかという疑問もあります。

私の認識では、宗教とは「死んだあとどうなりますか」という問いに答えてくれるもの、天国に行くのか地獄に行くのか分かりませんが、死んだあとのことについてある種の解答を提示してくれるのが宗教というイメージです。儒教にはそういう要素はあまり感じないのですが、その辺について少しご説明いただければと思います。

橋爪　日本の宗教は死んだあとのことを考えてくれるのですが、宗教はそういうものではないですね。なかにはそういう宗教もある、という話です。たとえばユダヤ教の場合、人間は死んだら土くれになると考えていて、死後の世界はない。霊魂もない、というのがユダヤ教です。仏教だってそうです。仏教は、死んだら輪廻してしまうわけですから、死後の世界は存在しないと主張しているわけです。マルクス主義は唯物論ですから、死後の国や霊魂などがあったらおかしいでしょう。

マルクス主義を例に取ると、マルクス主義は宗教はアヘンだといって宗教に反対しています。だから自分は宗教ではないと言っているのですが、宗教とケンカして相容れないものは、宗教としての働きを持つわけです。マルクス主義のいい方だと、それをイデオロギーという。イデオロギーも宗教も、ひとつの信念体系であって、それに身を捧げて生きていくことができるのだから、機能としてほとんど同じです。そう考えると、死後の世界かどうかは関係なく、行動と思考をコントロールするひとつのまとまった価値観の全体が、宗教ということではないか。

というふうに考えると、儒教は立派な宗教です。儒教は、神など大したことない、天が大事だ、政治が大事だ。そして、経済も宗教もみんな政治に従属し、立派で強くて安定した中国をつくりましょう、という中国人の意思一致みたいなものですね。これは宗教としての側面がある。

あえて宗教としての側面を言えば、まず第一に、皇帝が天を祀っていて、天を祀っているから自分は天子だと主張している。天など目に見えないじゃないですか。それがある、といって儀式を行なっているのだから、これは宗教です。第二に、祖先崇拝をしている。祖先崇拝を主宰する人が、その集団の中でいちばん偉い人です。祖先はもういなくなっているけれども、板切れか何かに名前が書いてある。そういう目に見えないものを拝んでいるから宗教ですね。

というふうにふつうには言う。でも、そんなことを言わなくても、お葬式も位牌も何もやらないマルクス主義だって、宗教みたいなものなのです。

○○　東京大学のトキトウと申します。

世俗化の問題についてお尋ねしたい。二五億人はキリスト教文明だというのですが、宗教を持っている人はすごく少なくなり、近代化によって世俗化が進んでいます。だから先ほどのことと関係があると思うのですが、世俗化と近代、脱宗教と近代というのはどうでしょうか。

橋爪　宗教は、国によっては全然人気がありません。アメリカはそれでも宗教が盛んな国で、アメリカ人に「毎週教会に行きますか」と聞くと、五〇％以上の人が「はい、行きます」と答える。でも、これは「投票しましたか」と聞くのと一緒で、「はい、投票しました」と答えていても、投票していない場合が多い。まあ、五割か三割ですね。でも、アメリカはまだ世界中でいちばんキリスト教が盛んな国です。ヨーロッパに行くと教会はがらがらで、フランスは五％か一〇％。ポーランドはそれなりにキリスト教が盛ん。こういうふうに、国によってばらばらです。

宗教改革の時代からあと、宗教の人を引きつける力はどんどん低下していき、「宗教は関係ない」という若い人が多くなっている。けれども、毎週熱心に教会に行く信仰深いヨーロッパやアメリカの人びとと、宗教など関係ないよと言っている人びとは、私から見ると、ほとんど同じです。ほとんど同じように考え、行動する。どうしてか。いろいろ考えてみると、まず言葉の問題。ヨーロッパの近代言語（ドイツ語、フランス語、英語…）は、聖書を翻訳し、言葉を選んで、基本的な概念ができ上がっている。聖書や神学から直接でき上がらないまでも、啓蒙思想や近代思想の概念や考え方の筋道は、圧倒的にキリスト教の影響下でできています。啓蒙思想になると、もう世俗的な思想なのですが、でもそうなのです。そういったことを考えると、宗教としてのキリスト教は小さくなってしまったかもしれないけれども、キリスト教文明圏は厳然としてある。これは最初に言ったことです。

イスラムは、キリスト教に比べて世俗化の度合いが低い。まだ生もので、信仰している人の割合は大きい。それでも、世俗化も進んでいます。お酒を飲んだり豚カツを「おいしい」と食べたり、いろいろな人がいるわけだけれども、さっきと同じで、あまり熱心でないムスリムのひとも、考え方や行動様式は、熱心なムスリムのひととよく似ている。どちらも、キリスト教文明の人たちとはだいぶ違う、ということが言えると思います。

中国でも、いまはみんなまともに儒教など信じていないわけで、共産党のひともいるし、世俗化して宗教に無関係なひともいて、「儒教とは関係ないですよ」ですが、親子関係や新年の迎え方、冠婚葬祭は、やっぱり中国ふうなのであって、それは儒教文明の伝統のなかにある。

○○　法政大学修士課程の○○と申します。

いまの中国人は信仰がないとよく言われています。たとえば自分の親の世代だったら、先ほど先生がおっしゃったとおり、共産党でもある程度は宗教の側面が見られますが、自分の世代になると、共産主義を信じる人は少なくなっていると考えています。経済の発展とともに、お金しか信じないという考えを持っている中国人はたくさんいると思いますが、これからの中国の宗教のあり方は、どういうふうに展開していくとお考えでしょうか。

橋爪　難しい質問ですね。

たとえば韓国は、どうして三〇%から五〇%までクリスチャンが広まったのかは、説明を要する問題で、ひとつは、儒教がベースになっているという可能性があります。私の仮説ですが、儒教は「偉いお父さん」の話。

さて、キリスト教は「偉いお父さん」の話なのか？　韓国の人びとは親族組織が壊れて儒教がどこかへ行ってしまい、偉いお父さんがいなくなると、心に大きな穴が開いてしまって困る。偉いお父さんを探すと、キリスト教になる。北のほうは、ちゃんと偉いお父さんが次々に現れていますから、大丈夫なのです。

中国は、もし儒教を韓国と同じように信じているのなら、同じ理屈が当てはまる。偉いお父さんに惹かれる、ということになるはずですが、でも、私の観察では、韓国と違って中国の人びとのほうがキリスト教徒になる割合が少し少ない気がする。なぜだか分からない。中国はお父さんがあんまり偉くないのかな（笑）。よく分からない。

内藤　東工大の内藤といいます。質問なのですが、二つあります。

一つは、中国は社会主義市場経済というお話でしたが、ビジネスの世界では、地球上、だいたい資本主義化される傾向にあると思います。将来のことを考えると、ビジネスのルールが皆さんの生活の中にどんどん浸透してくると思います。それが一つ。

もう一つは技術です。インターネットをはじめとして情報または人の移動が昔に比べてかなりグローバルに行なわれるようになっているというのは、日常感じることです。それがさらに進んでいった場合、おっしゃるように宗教が四つあるのですが、その壁が少しずつ低くなるように感じます。どうでしょうか。

橋爪　なかなか大事なポイントです。

グローバル社会は均一化に向かっていく。熱平衡みたいな感じで、エントロピーの増大で、どこでもみんな同じようになって静止する。と、昔は考えられていたのですが、そう簡単かどうか。

いま、情報の話が出ました。情報は移動のコストが安く、スピードが速いので、すべての人びとにシェアされやすい。お金も移動がわりあい簡単になってきました。物財も船に乗せて運べば、数カ月もあれば地球の裏側まで届くわけで、かなり速やかに行ったり来たりする。それに比べて相対的に移動しにくいものを考えてみると、人間がある。人間は飛行機に乗って行ったり来たりしていますが、拠点があってそこに居ついているわけです。どうしてかというと、家族があり、ビジネスがあり、農業があり、地域社会があり、みんなでどこかへ引っ越していくには、大変なコストがかかります。だから、たいてい元いた場所にいて、これが混じり合っていくのは、情報に比べて非常にゆっくりです。言葉の壁もある。それから、思考・習慣の壁があります。

最初に丸を四つ書きました。丸四つが昔はほとんど無関係だったから、そのまま千年みたいな感じだったのですが、いまは相互に接触があります。だから、だんだん溶けていくのですが、でも、一〇〇年、二〇〇年ですぐ一様に混合してしまうというスピードではなくて、もうちょっとゆっくりです。もうちょっとゆっくりな場合には、異質なものが相互に連携を持ってしまっていることを我慢していかなければならない何百年になる。そこでは中国は中国のまま、インドはインドのままで、でも、関係があるということが国際社会だ。こういうことなんですね。

経済はおっしゃるように均一化が進みやすいのですが、経済的な成功を収めるには、差異が残っていたほうがチャンスがあるということもある。たとえば低賃金労働とか、親に仕送りするために若い人が朝から晩まで働くとか、そういうやり方は伝統社会がちょっと残っていたほうがいいわけで、それがグローバルな競争のなかで強みになったりします。完全に均一化が行き渡ってしまうと、そんなことはばかばかしくてやっていられないということになり、その産業が成立しなくなる。こういう論理も働きます。だからいちがいに言えないけれども、言いたいことは、すぐに均等になるものと、ゆっくり均等になるものがあって、その差を見てくださいということですね。

タナカ　いまフリー？……やっているタナカといいます。

六年前、業界紙の記者をやっていたときに農水省の方に取材し、日本の食料自給率が四割をきったと言われてぞっとしたことがあります。それはいまも変わらないと思います。今後、われわれが生きていくうえで、アメリカ以外に、たとえばオーストラリアやニュージーランドとの関わりを深めていくことは重要ではないかと思います。おっしゃった周辺諸国との関わりということで、宗教とは関係ないかもしれませんが、その点はどうなのでしょう。

橋爪　食料安保みたいな話ですか。

タナカ　そうです、安全保障体制と言っていますけれども。

橋爪　中国のように何でもとれるところだったら、安全保障は、遊牧民などを警戒していれば、あとは国の中に何でもあるのでいいのですが、日本の場合は何もないから安全保障を考えるのは大変です。日本の農業はコストが高すぎるでしょう。だから、もし食料安保みたいにして食料を自給しようと考えたら、食料が高くなり、生活費が高くなり、日本の産業競争力は下がってしまう。

この事情は、昔のイギリスの穀物法と同じです。保守党は穀物法に賛成で、外国の安い食料を輸入するのは反対。自由党はブルジョアジーの政党だから、労働者の賃金が高くなっては大変なので世界中から安い穀物をどんどん入れて、自由貿易によってイギリスの工業力を伸ばしましょう、と。これは昔からある政策選択肢なのです。

イギリスの場合、そのころは世界でいちばん強かったから自由党のやり方でよく、しかも、穀物の輸入先はロシアもあればアメリカもあり、世界中に分散しているから大丈夫だった。日本の場合、同じかどうかというと、ちょっと心配しなければいけない。ただ、戦争になって貿易が途絶したときに穀物がなくなるからという発想で考えているという点で、かなり時代遅れの気がします。ＴＰＰに反対して、農村を守れとかいろいろ言っていますが、これも時代錯誤のような気がする。そういう危機感がいけないとは言わないけれども、そういう危機が現実にならないためにどういう手を打てばいいかをほとんど考えていないという点で、ちょっと困った議論だなと思います。

春名　中京大学の非常勤講師をしている春名と申します。

文化や言語あるいは親子関係などで、宗教観の違いはこれからも残るのではないかとおっしゃいました。それは分かる気がするのですが、ただ、中国に特化しますと、いままで儒教の基本的理念として政治優位ということがあったが、経済が自立性を認められることになったということでした。経済が自立的な動きをし始めたときに、政治の優位を貫くことができるのか。というのは、景気の波があり、たとえばリーマン・ショック後、東ヨーロッパの国々で経済が落ち込み、ＩＭＦから支援を受けた。すると、政治に対する支持が落ちてしまって政変が起きる。かなり多くの国で政府が代わるということがありました。

経済が自立的に動くことになると、政府がコントロールできないところで国民生活が大きく変動してしまうので、経済のほうが政治を動かしてしまうということが起きやすくなるのではないか。すると、政治の優位性が貫けなくなるのではないか。そのような感じを持つのですが、そういう展望は先生から見たらいかがなものでしょうか。

橋爪　商品経済から市場経済へ移るときに中国でいろいろな議論があったけれども、そのなかにマクロコントロールという議論があって、ケインズ経済学を一生懸命に研究した。いままでは計画経済だから、国営企業などに具体的に何を何トンつくりなさいみたいな指令をしていた。それをやめる。やめて無秩序になっては困るので、市場経済の自立性を認めたうえで、政府がそれを安定化させる主体として需要を調節したり、金利を調節したり、税金を調節したりして、マクロ的にコントロールして経済活動のレベルをある理想的な範囲に収めるように、ずいぶん研究したのです。それで、国家発展改革委員会（国家計画委員会が一九九八年に国家発展計画委員会に改称し、それがさらに二〇〇三年に改称した）とかが頑張ってやっているのですが、日本も、マクロコントロールはなかなかうまく行かないじゃないですか。いま、中国があんまり大きくなりすぎて、中国が何かしただけで世界経済に大きな影響が及ぶような段階になっていて、マクロコントロールのその次の段階にならんとしているのかなと思うんです。

中国の政治システムは、経済から影響が及んで逆に経済に左右されるという、やわなものではないと思います。もっと強力だと思います。

春名　それはやっぱり儒教的な背景があるのでしょうか。

橋爪　儒教的な素地があるから、中国の人びとは中国共産党も受け入れているけれども、中国共産党の政治システムは、伝統的な政治システムよりもう少し洗練されていて、ずっと強力なものです。簡単にそれがほかのものに取り換えられないようないろいろなメカニズムがあって、機能している。それを支えているいろいろな制度があるんですね。

菱田　法政大学の菱田です。

きょうのお話の「4　東アジアの近代化」のところで、まず、中国の近代化のスタートが遅れた理由をお話しになり、（3）で、毛沢東の中国革命が成功したのはなぜかというお話がありました。それを聞きますと、私としては当然、（4）として改革開放がなぜ成功したかということをお尋ねしたくなる。それがおそらく5の（1）に提起されている内容を使うのではないか。

そういうふうに理解すると、毛沢東の中国革命が長続きしなかったのはなぜか、つまり、改革開放に向かわざるを得なかったのはなぜかという点を4の（1）に戻すと、「改革開放の成功」は4の（1）で提起されたポイントが全部裏返されると考えられる。つまり、儒教イデオロギーがもはや捨て去られていて、あるいは政治の安定のための農民の主体性がより発揮されていて、社会が自立的なセクターに分化していたというふうに考えてよろしいのではないか。

二つ目は、改革絡みでアメリカとの関係を強調されました。最後のあたりでは、アジアの一員としての位置ということで、この二つをどう結びつけて考えたらいいのか。矛盾はしないでしょうか。

橋爪　最初の点ですが、文化大革命と改革開放をどう評価するかは、まだ議論がたくさんある問題で、簡単に言えないのですけれども、ふつうは、文化大革命は失敗が多かった、改革開放はなかなかうまく行った、というふうにまとめます。しかし、もうちょっと慎重になる必要がある。たしかに、文化大革命はマイナスの点がたくさんあったけれども、これがなければ改革開放はできなかったかもしれないという点で、プラスの面もあります。

どういう点が文化大革命のプラスの点かと言うと、文化大革命は世界でありえない出来事で、マルクス主義の原則からいえば、党がいちばん正しく、党が間違うことはあってはならない。だけど毛沢東は、その党を攻撃するように労働者大衆に命じた。党は間違いうる、労働者大衆がその党を救い革命を救うための主体ですよ、と。毛沢東が命令し、毛沢東が指示して、いまやあなたは主人ですと言っている。中国の人びとがみなそれに応えて立ち上がったということは、歴史上なかったことだから、本当に「文化」大革命だった。

そのためにいろいろな行き過ぎがあった。食料がなくなったり、多くの血が流れたり、本来、革命に参加して熱心にやっていたはずの人びとがいわれなくひどい目に遭ったという、そういうマイナスの側面はあるけれども、それだけで文化大革命を見ることはできないと、まず一つ思います。

でも、政治にこれだけエネルギーを集中して文化大革命をやっているうちに、文化大革命の主役が次々に悪役になって退場していくわけだから、毛沢東は正しいにせよ、だれが革命を担っているかだんだん混乱してきて、みんな深刻に悩んでいく。その結果、確実に言えることは何か、経済がしっかりしないとだめだというふうに思い、中国の直面する問題を経済によって正面から乗り越えていこうと。鄧小平はそういうことをよく考えることができる人だから、そのように課題を移し替えて、それが中国の人びとの現実感覚に非常にマッチしたということではないか。

だから、二つはひと続きのプロセスと考えたらいいかもしれない。ある意味、似ているのは、日本の軍国主義の戦争時代と、その後の経済成長の時代。同じ日本人がえらく違うことをやっているように見えるけれども、それはひと続きのことである、というのと似ていると思います。

もうひとつはアメリカとの関わりですね。ここで言っていることは、日本は明治のときに中国を選ぶかヨーロッパを選ぶかというチョイスがあって、自分の運命を自分で決められると考えた。福沢諭吉のような考え方ですね。でも、それは中国が日本に影響しない、おとなしくしているという前提、それから、世界は日本をほうっておくという前提あってのことで、いまやそうではない。だから、日本がこうしたりああしたりして、日本の運命が開けるわけではない、ということをいま言っているわけです。

すると、どうなるか。まず考える主軸としては、いちばん大きな変数であるアメリカと、大きな変数である中国を考え、中国とアメリカがどういうふうになるかと考えていくと、日本の役割はよく分かってくる。

私の考え方は、こうです。アメリカは中国をパートナーだと考えると同時に、ライバルだと考える。だから仲良くしようとするけれども、コントロールしようとする。コントロールしようとして近所を見渡してみると、韓国があり日本があり、台湾があり、まあ、いろいろな国がある。その中でいちばん便利なのはやっぱり日本だ。中国が何か始めたら、日本を味方につけ、日本を使って中国をコントロールしよう。日本カードですね。中国から考えると、日本とアメリカの間にくさびを打ち込んで、日本とアメリカが一枚岩でないようにして、アメリカを左右しようとする。あるいは日本を左右しようとする。

だから日本は、中国から見るとアメリカに向かって切るカード、アメリカから見ると中国に向かって切るカード、になる。トップの切り札ではないけれども、三番目か四番目の切り札になるわけですね。そういう力学のなかでどう行動すればいいかを考える立場になる。アジアの一員ではあるけれども、西側社会の一員でもある、そういうことではないでしょうか。

春名　文革が改革開放をある意味生んだ。その面で、たとえばミニ文革としての大躍進があり、いわば改革開放のプロトタイプとしての六〇年代以降の調整時期があったと考えると、やはり文革がなぜ起きたのかというところに問題が帰着するかもしれない。この辺はいかがでしょうか。

橋爪　毛沢東がいなければそんなことは絶対に起こらなかったわけだから、何とも言えないわけですが、スターリン主義と比べてみます。スターリン主義の場合は、党は絶対である。粛清はあるけれども、党が否定されたことはない。その粛清には、必ず秘密警察を使っている。秘密警察を使って逮捕したり裁判抜きで収容所に送ったりというのが、その政治的手段で、大衆を動員していません。大衆はむしろ監視の対象だった。

ところが中国の場合、文化大革命のプロセス全体を通じて、秘密警察の役割は非常に小さい。査問みたいなものがあるのですが、たとえばある党委員会があってA、B、C、D、Eがいたとして、EとDが怪しいとなると、査問委員会をつくってA、B、CがDとEを呼びつけて検査する。党の中では、必ず党組織を通して党自身がチェックをしていくというプロセスがあり、反省文を書いたり労働改造所に行ったりして、検査を通ればば復権することもあった。秘密警察ではないんです。その査問は、党の毛沢東からの指示にもとづくもので、世界に例を見ない全く新しいパターンです。その点、スターリン主義よりはずっとましなものです。ある意味、民衆の革命的主体性を最後まで信じているからです。スターリン主義は完全なニヒリズムです。だって、ほとんどすべての人が秘密警察の捜査の対象になるのですから。秘密警察自身が秘密警察の捜査の対象になる、こんなところに革命の未来はないと思うのですが、中国はそうではなかった。けれども、そのことをきちんと検証した業績をまだ見たことがない。

○○　さっき質問したのですが、もう一回よろしいでしょうか。

日本は、中国や周辺諸国への関わりの基軸をどう築いていけるかというところで、先ほどの方の質問と関わるのですが、日本はいまアメリカとは同盟国という関係です。しかし、アジアの中で同盟国は一つもありません。それで、最初に示された四つの丸のなかで、たとえばこれから発展する可能性のあるインドと、中国を飛び越して仲良くするというのはいかがなものでしょうか。

橋爪　仲良くするのは、どこの国とも仲良くしなければいけないわけで、外交はそういうものなのですが、安全保障はまたちょっと違ってきます。日米安保はまだ生きていると思いますが、昔、日米安保に対抗してソ連が必ず唱えていたのは、アジア集団安保でした。アジア集団安保とは、アメリカを抜きにするという考え方です。こんなに危険な話はない。

日本の経験では、ヨーロッパ列強がせめぎあっていたときに、日英同盟があった。イギリスと同盟できて、日英同盟をしていた間は日本は問題がなかった。日英同盟がなくなってしまい、その後、アメリカとの関係がこじれてどんどんおかしくなっていった。これを反省して、戦後は、アメリカとの関係を重視して安全保障で手を結び、経済的繁栄をサポートしてもらうという選択になった。これ以外に選択肢はなかったわけで、そういうことをはっきり自覚的に進めてきた自民党政権は歴史的な役割があった。

けれども、冷戦が終わってソ連がなくなってくると、何のために安全保障をやっているのだろう、みたいなことがあって、安保再定義が起こります。いまは何の安全保障条約かよくわからないのですが、北朝鮮のことも考えて極東安定のためとか言っています。しかしアメリカの本音は、中国を牽制する手段として日米安保条約があるというふうに、どう考えたってなっているわけです。それは日本のためにもなっているように見えるけれども、実はアメリカのためです。アメリカのためとは、覇権国としてのアメリカの利害や戦略を実現するためのツールだということだと思います。

私がさっき尖閣の例でいったのは、何にせよ、安定することはすべての国の利益になるわけで、実はそういう安定は中国の利益にもなっているし、周辺国すべての利益になっている。そのことは、日本は自信をもっていいのではないか。けれどもオプションとして、たとえばインドと仲良くするというのが、もし、アメリカと縁を切る、中国と仲良くしないという意味であれば、全然よくない。いまのところ、インドとは補完性があんまりないですね。

○○　補完性とは？

橋爪　手を結ぶことによって双方に利益が及ぶということです。

国際社会については暗黙の了解があって、日本の領分はたとえば東南アジアまでとか、だいたい決まっています。だれか仕切り屋がいて、国際社会でそれを仕切っているんですよ。それを無視してどんどん出ていくことはなかなかできない。

○○（女性）　すみません、二回目の質問です。

日本の課題についてお聞きしたいのですが、過去の記憶と忘却、アジア諸国との関係で問題になるわけです。それについて日本はどうすべきなのか。

橋爪　簡単に言いますと、中国の人びとは歴史的な問題で日本に対していろいろ意見があり、わだかまりがあり、批判がある。結局、日本のどこがいけないのかをいろいろ考えてみると、もちろん日本がいろいろ悪いことをしたのではあるけれども、いちばん許せないのはそれを忘れること。必ずしも謝らなくてもいいけれども、それ以前に、どういう事実があったかを日本人が知っていてほしい。知っていれば、同じことを二回繰り返さない保証になるのですが、忘れたらどうなるかわからない。それはいくらなんでも怒るでしょう。そこが問題だと思います。

日本では、何回謝ったとか、謝り方が足りないというのは相手が悪いとか、そういう話になっているけれども、そうではない。そこは歴史学者に頑張ってもらわないといけない。歴史学者が頑張るためには、日本人の歴史学者が頑張って調べたことを喜んで読む、日本人や外国人がたくさんいないといけないわけだから、そういう素地を培うことが大事だと思います。

王　ありがとうございました。本日は素晴らしい報告をいただき、皆さんとともにたいへんいい勉強になったと思います。

ヤマダさんのご質問の中に出てきました儒教が宗教なのかどうかに関して補足させていただきますと、国連ユネスコでは、儒教を宗教の一つとして取り上げています。それを受け、香港、台湾、また東南アジア諸国では、儒教を宗教の一つとして教会の中に取り入れています。中国の宗教関係の専門家に、儒教は宗教として考えられるかどうか尋ねたことがあります。答えは、宗教としての側面を持っているので、あえていえば宗教として考えられてもそんなに難しくないだろうというようなことでした。

そんなことで補足させていただきますが、きょうはあまりにもたくさんの勉強をいたしまして消化するのに時間がかかります。年越しそばとともに消化させていただき、また来年、皆さんと再会したいと思います。

どこかの神社、お寺、教会で、皆さんと出会うかもしれません。橋爪先生もご一緒かもしれません。どうぞ良いお年を。

ありがとうございました。〔拍手〕

"Religions And Societies In East Asia" by Daisaburo Hashizume　Dec 2012

一九世紀東アジア各国の対外意識の比較

王　暁秋／翻訳：玉腰　辰己
（北京大学歴史系教授）

はじめに

一九世紀に東アジア各国は、周囲の国際関係と地域内部の利害の衝突に影響されながら、その後の方向性を選択した。そして、それぞれの国が異なる方向を選択するのに、世界情勢や国際関係に対するその国自身の認識や反応が重要であったことは疑いない。したがって、一九世紀の東アジア各国の対外意識を詳細に比較分析することは、当時の各国の選択過程を理解するだけでなく、わたしたちが二一世紀の東アジアの国際関係を構築するうえでもよいヒントを与えてくれるであろう。

いわゆる対外意識とは、主要なものでいえば、世界情勢や、国際関係、海外事情に対する考えや認識、判断や批評などを指す。それらは政府の外交方針や民衆の外国に対する態度や行為に影響を及ぼしただけではなく、その国の内政政策や改革の方向性の道筋にも影響を与えた。また、東アジア各国の対外意識は世界情勢と国際関係の全体像の認識だけではなく、西洋列強と東アジア隣国それぞれに対する認識でもあった。

さらにわたしたちが注意しなければならないのは、一国の対外意識はかならずしも皇帝、貴族、官僚といった支配階級の見方だけではなく、市民、下層民衆、ひいては世論の反応までをも引き起こすということである。しかも対外意識は、一国家の上層と下層、あるいはさまざまな異なる集団や派閥の間でも、おたがいに相容れずよく対立した。

以下、縦断的比較と横断的比較を交差させながら、一九世紀東アジア各国の対外意識を四つの段階に分けて考察し比較分析する。

1 一九世紀初頭の華夷意識と鎖国について

華夷意識は東アジア文化圏に属する各国で、とりわけ中国において伝統的な対外意識であった。それは儒教思想の仁義や礼儀に従って、世界を華と夷の二極に分けるものであり、「内華外夷」「貴華賤夷」「華夷之弁」「以華変夷」などと呼んだ価値観であった。一九世紀の初頭において東アジア各国の対外意識の主導的地位を占め主流であったが、ただ各国の意識の表れにはさまざまな程度の差があった。

中国は東アジア文化圏で中核となる国であり、また華夷意識の発信地でもあった。秦の時代から少しづつ形成されてきた華夷概念は、華夏地域を中心とした地理概念と華夏文化の優越感を含んでいた。それは、中国が世界の中心であり、中国文化が世界で最も優秀な文明だとする認識である。そして、四方の従属的隣国の外側におくれた野蛮な海外列国である「四夷」（東夷、南蛮、西戎、北狄）や「四裔」（裔は辺境の意）が存在するとされ、それらはみな、中国の皇帝に謹んで謁見し貢ぎ物を送らなければならないとされた。

明の末期から清の初期にかけて西洋の宣教師たちが世界地図や地球儀を持ちこみ、中国人に世界の成り立ちを指し示したが、多くの中国の知識人たちはそれを信じようとはせず、「人を惑わす邪説」であるとか「海外の奇談」として非難し排除した。一八世紀末の乾隆帝の時代に監修された『皇朝文献通考』に至ってもなお、世界の描写は「中国の土地は大地の中心であって、四方は大海に囲まれその辺境に住むものは化外の民であり、海外諸国もまた化外の民なのだ」と叙述している[1]。一九世紀初頭の嘉慶帝の時代に監修された『大清会典』でやっと、西洋諸国として英国、オランダ、イタリア、ポルトガルを「朝貢国」だと位置づけている。また、一般の人々はしばしば中国にやって来た西洋人を人喰いの奇怪な毛唐だと蔑視していた。

一方で、日本、朝鮮、ベトナムなどの国は東アジア文化圏の周辺に位置し、中国文化の特別な儒教思想の影響のもと、その国独自の華夷意識を編み出していった。

日本は、古代の飛鳥時代、奈良時代、平安時代の頃から積極的に中華文化を吸収し、中国の書物や制度を取り入れ、「中華に親しみ、異国を蔑む」「夷を脱し、中華に入る」というような思想を生み出していた。ところが徳川幕府が統治する江戸時代になると、一部の国学者のなかに中華至上概念を批判する者もあり、日本を中心とする「華夷意識」が形成された。

たとえば、本居宣長は「世界万国で最も優秀な国家は、天皇が統治する我が日本国だ」と称えていた[2]。またそのほかの蘭学者のなかにも、オランダからもたらされた書物から新しい地理学知識を得て中国中心論を批判するものもいた。司馬江漢は「地理的な位置からすれば、赤道直下の国が『中央』であろう。しかし、日本社会の大多数の者は中華文化を崇拝し華夷意識を堅持している。宣教師が持ち込んだ地球儀の上下もわからず、それが分別のない者の『戯れ言』だと笑う者もいる」と指摘している。

李氏朝鮮の統治者は朝鮮を「小中華」だと自認し、中国並みの高水準の文化を持つ国だと自負していた。そして、甚だしいことに、清を統治する満州族さえも正統な中華ではないと蔑視し、討伐すべき夷狄だと認識していたくらいである。日本もそのような思想を有していたことがあり、それは「華夷変態」と呼ばれる。

阮朝ベトナムの統治者は、自らを「南中華帝国」「大南国大皇帝」と称し、ラーンサーン王朝、ビエンチャン（いまのラオス）などの隣国を朝貢国にして、東南アジアの華夷体制を構築していた。

華夷意識が支配した一九世紀の初頭の東アジアで、各国は基本的には鎖国的な対外政策をとっていて閉鎖的であったが、そのありかたやウェイトの置き方はそれぞれ違っていた。中国は当時の四つの開港場のうち三つは閉ざしていたが、広州を対外貿易港として残しており、各国との行き交いを拒絶したわけではなかった。ただ、他国が中国を宗主国と認めることを強く求め、名義上の藩属朝貢関係を維持しつづけようとした。それでこまごまとした儀礼などにこだわった。日本は鎖国してからは長崎を窓口として残し、情報をやり取りをするのは朝鮮と琉球に限り、貿易は中国とオランダだけにとどめ、その他一切を拒絶した。朝鮮も、鎖国したのちには中国と日本の使節とのみ情報をやり取りした。

2　一八四〇年代から五〇年代の危機意識と世界への関心

一八四〇年代から五〇年代にかけて、西洋による武力侵攻がはじまり、東アジア各国で広く対外的な危機意識が生まれ出した。生存を脅かす外的脅威が一種の危機感を生み出し、世界に目が向けられるようになり、少しづつ新しい世界認識が築かれていった。しかしながら、各国の危機意識や関心の程度は同じではなかった。

中国は西洋のアジア侵攻の主たる標的となり、まず英国に武力で開国を迫られた。華夷意識のせいで中国の統治者は長きにわたり世界を理解することができなかったため、一八四〇年に英国艦隊が開国を迫って進軍して来たときになって、道光帝はやっと大慌てで「英国はいったいどこにあるのか、どれほど大きいのか、中国と陸路でつながっているのか、ロシアと接しているのか」などと聞く始末であった[3]。

アヘン戦争に敗れて国権を失うという屈辱は、中国が世界情勢に対して無知蒙昧であったために起きた悲劇である。アヘン戦争の衝撃を受け、中国の知識人のなかの一部の愛国開明の士たちは、列強に対する烈しい危機意識をもつようになった。彼らは世界情勢に目を向け、国際情勢を理解し、世界史や地理を研究し、敗北の教訓を理解し、国を救う手だてや外圧に対する抵抗方法を考えだすようになった。

たとえば、林則徐の『四洲志』、魏源の『海国図志』、徐継畬の『瀛環志略』などである。これらの著作は当時の東アジアの世界認識を示す最高水準といえる。彼らは中国が世界の単なる一員に過ぎず、外敵の侵入に備えなければならないことを認め始めていた。そしてそのためにはまず外国を理解し、世界情勢を知り、「外夷を制しようという者は、必ずまず夷の実情について知らねばならない」と考えた。さらに、外国の先進的な軍事科学技術を学び、「夷の得意な技を師とし、以て夷を制す」と考えるようになった。

しかし、このような対外意識は一部の精鋭の先進的な認識であり、最高統治者である清の皇帝や特権階級の貴族たちはこの危機をまともにとらえきれず、和議を盲信し、その場しのぎで安穏とし、平和な状態に慣れてしまっており、安逸をむさぼり無感覚になっていた。「夷の得意な技を師とする」ために兵器や造船の必要性を説いても、「無駄遣い」だとされ、外国の書物を翻訳して研究しようとしても、それも「余計なこと」とされた。守旧派官僚の中には「国を閉ざして自衛すること」こそが最善の策だと宣揚する者もいた。

日本は資源の乏しい島国で、危機意識は中国よりもはるかに強かった。一九世紀初めには多くの者が西洋列強の来航とロシアの覇権勢力の南下を憂慮しており、「海防論」や「北方危機論」が展開された。中国で起こったアヘン戦争は日本にとって警鐘となり、幕臣、諸国大名、武士、学者らは、口々にこれを教訓とし同じ轍を踏まないよう訴えた。

たとえば、幕府で執政を取っていた老中の水野忠邦はアヘン戦争を「外国の出来事とはいえ日本の戒めにしなければいけない」と理解していた[4]。彼らは早急に世界情勢や海外事情を理解するよう迫られていた。このため、中国の『海国図志』や『瀛環志略』を輸入して「あまねく武士の必読書」だとして世間に広めた。『海国図志』は一八五四年から一八五六年の間に何度も翻訳され、読み下しによる漢訳は二一種類にもおよんだ。そして、『海国図志』などが中国では統治者に顧みられなかったことを、日本人の塩谷宕陰のほうがむしろ「ああ、忠義の士、憂国の書、其の君が用す所が為ならず彼の邦は落ちる。吾、黙深（つまり魏源）独り悲哀するだけでなく、清の帝も悲しからずや」と嘆いている[5]。

朝鮮では、一八四〇年から五〇年代に英国、フランス、ロシア、米国などの軍艦が侵略するという、一連の「洋擾」事件が起こった。朝鮮の家臣たちも直ちに危機意識を持ち、有識者たちに「このような有事の際に外国のことを知らずしてどうする」と訴えた。一八四四年に使節を中国に派遣し『海国図志』を持ち帰らせ、学者たちはこれを競うように読んだ。そして「外国の脅威を防ぐために、この書は欠かせない」と気づいた[6]。ところが、いったん「洋擾」の撃退に成功してしまうと、統治者はまたしても警戒心をなくし、進取の気性を失ってしまった。

ベトナムでは、アヘン戦争のときにすでに危機意識をもち、阮朝の明命帝は海外情報の収集を命じ、海洋防衛に力を入れていた。しかし同時に彼らもまた西洋列強を軽視しており、「西洋人はただ商人の知恵を使うだけであって、軍隊を使うことに至るけれど、やはりおかしなものだ」と考えていた[7]。

3　一八六〇～八〇年代の洋務意識と西洋文明の導入

一八六〇年代から八〇年代にかけて、東アジア各国は西洋の武力的圧力のもとで、まず開国をして西洋文化を吸収することになった。そのころの対外意識は、西洋人を蔑視し教化すべき野蛮な存在と見る「華夷意識」から、進んだものを取り入れ交渉すべき相手とみる「洋務意識」に変化した。ただし、ここでもまた国によって「洋務」に対する理解や西洋から学ぶ思想において差異があった。

中国では、一八四二年にアヘン戦争に敗北し開国を迫られた。そののち一八六〇年には第二次アヘン戦争で英国とフランスの連合軍が北京に侵攻し、円明園を焼き討ちした。このときになってやっと清朝政府はそれまで抱いていた甘い妄想を徹底的に打ち砕かれ、「数千年来の強敵」「未曾有の変局」に直面したことを認めることになった。そして、世界に対する認識を改める必要に迫られた。

アヘン戦争後、清の家臣たちは西洋人を「夷人」と称し、「夷務」として外交を処理していた。しかし、第二次アヘン戦争後には西洋列強の強い抗議により、「夷人」を「洋人」とし、「夷務」を「洋務」と呼称を変更せざるをえなくなった。それは名称上の変更であるのみならず、対外意識の大転換を意味した。中国と外国の関係は朝廷と夷狄の関係ではなく、中国と西洋列強の関係になった。「北京条約」により、外国の公使が北京に駐在することが許されるようになり、そこから西洋列強が中国の内政や外交に干渉しコントロールするようになった。

清国政府は外国に関する一切を取り仕切る役所として「洋務衙門」を設立した。中国の洋務派官僚たちは「自強」「求富」の大号令のもと、船や大砲を購入し、軍事工業を興し、民間産業を発展させ、海軍を組織し、鉄道を敷き、学校を建設し、留学生を派遣した。

洋務意識とはまさに西洋から自発的に学び取ろうとする意識であった。洋務運動は中国の近代化の端緒であり、歴史の流れにも符合していた。

だがそれは二つの要素によって大きく阻まれることとなった。一つは封建的な勢力による強い抵抗である。彼らは外国から取り入れた先進技術を「怪しい魔術」とし、造船を「手品奇術」とし、道路建設を「自然への冒涜」、学校を「人心を惑わすもの」、海外留学を「思想の野蛮化」だと非難した。そして、鉄道敷設は中断され、学校は学生を集められず、海外公使の郭嵩燾は地位と名誉を失い、子息子女の留学を断念せざるをえなかった。

もう一方で、中国の洋務意識の指導的思想は、「中国の学問を体とし、西洋の学問を用いる（中学為体、西学為用）」という一種の価値体系であった。古い封建主義的な思想体系をもつ専制君主の『中体』は変えないという前提のもとで、軍事、工業、科学技術、文教といった「西学」を学び、その「西学」を用いて「中体」を維持強化しようとしたのである。このように西洋から学び政治を深め思想を発展させるのを制約してしまったことが、中国の改革の道筋を大きく変えることになった。洋務思想家のなかには、西洋から学ぶことに対する抵抗を減らそうとして、「西学中源論」などといって、西側の学問などはすべて古代中国の聖人の経典名著に由来するといいふらす者もいた。たとえば、政治学は『周礼』、物理学は『墨子』、化学は『呂氏春秋』、法律は『管子』に由来するというのである。つまり、西洋の学問に学ぶのは「上層社会から礼が失われたときには、在野に求めればよい」という中国古来の教えを一時的に実践するに過ぎない、という捉え方である。これは華夷意識がまだ残る自尊自大な心理を満足させようとする自己欺瞞的な語り口である。

日本では、一八五四年に米国のペリーの艦隊により鎖国の門戸を開かせられたのち、幕府と各藩はこぞって西洋の砲艦を製造し、新式の軍隊を訓練し、西洋の学問に通じた人材の育成といった洋務改革の施策をとった（いわゆる「幕藩改革」）。

一八五八年、幕府の老中・堀田正睦は「中国は古きに拘泥したが、日本は失敗する前に西洋のやり方を学ばねばならない」と指摘した[8]。一八六八年に明治維新があり、天皇名義で発布された「五箇条の御誓文」でも「智識を世界に求め」ることが求められた。

一八七一年には政府高官などからなる岩倉使節団が組織され、一年一〇カ月におよぶ欧米への視察歴訪に派遣された。西洋文明を目標にした発展という方向性が明確に示され、西洋の資本主義、政治、経済、文化、教育制度を全面的に取り入れ学ぶこと、そして、殖産興業、文明開化、富国強兵の三大政策が制定された。

一八八九年に「大日本帝国憲法」が発布され、一八九〇年には帝国議会の招集にこぎつけ、資本主義をもとにした近代国家への転換が基本的に成し遂げられた。日本が西洋の学問から学ぶときもやはり「東洋の道徳、西洋の芸術」あるいは「和魂洋才」といったスローガンが掲げられた。中国の洋務運動で唱えられた「中体西用」と同じく、東方の伝統文化の基盤のもとに西洋文化を取り込もうとした。しかし、「中体西用」が保守的で排他的で結局は中国の近代化を滞らせてしまったのに対して、「和魂洋才」は柔軟で変容性に富み、日本の近代化を促す原動力となった。

朝鮮では、一八七六年に日本に強制的に「江華島条約」を締結、門戸開放を宣告させられたのちに洋務意識が生まれた。その代表が開化派である。その開化派にも二派あり、金玉均の主導する急進開化派は日本の明治維新を見習って、国家体制を素早く転換することを主張した。そして、一八八一年には六二名という大型の「朝士考察団」を組織して日本に派遣し、政治機関や製造業の視察をおこなった。

しかし、彼らは状況を読み間違え、日本の援助に頼って改革を推進しようとし、一八八四年に甲申政変を起こした。国王を拉致して大臣を殺害したが、結果は失敗に終わった。もう一派は金弘集を代表とする穏健開化派であった。彼らは中国の洋務運動に倣うことを主張し、「東道西器（東洋の精神で西洋の技術を取り入れる）」や「学器守道（技術を学び精神を守る）」を主旨とし、緩やかな改革をし、また中国との伝統的な関係を維持しようとした。

一八八〇年、金弘集が修信使だったとき黄遵憲の『朝鮮策略』と鄭観応『易言』を日本から持ち帰り、王に進呈したことがある。黄遵憲の『朝鮮策略』には朝鮮が「中国と親しみ、日本と結び、米国と聯合して」、ロシアの勢力を防ぎ自強を図るべきであると建議されており、高宗はすぐ重臣を招集し検討させた[9]。朝鮮の対外意識と外交政策に大きな影響があったことがわかる。また、『易言』は「知識人の旧習を打ち破り、浅はかな知識を改める」ために、政府が主導してさかんに複製、翻訳出版された。

一八八一年、朝鮮政府は金允植が率いる三八人を中国に派遣し視察させた。とくに重要とされたのは、天津の機械局で武器製造方法を学び、中国人技術者を招聘し、漢城の三清洞に機械工場を建設することであった。そうした開化派の洋務意識と改革活動は保守的な儒教家階層の反対に遭った。保守派は「衛正斥邪論」や「倭洋一体論」を出して、西洋や日本に習うことに反対し、嶺南地区の儒教家らは「万人疎」を著した。

4　一八九〇年代の競争意識と三つの進路

一八九〇年代になり東アジアの情勢は激変し、分裂して行く中で、中国、日本、朝鮮の三カ国もどのような道筋で何を目指した国づくりをするかを迫られ、熾烈な競争意識が生じた。さまざまな内外の要因に左右され東アジア三国は最終的にはまったく異なる道を進み始めた。

一八九四年から九五年の甲午戦争（日清戦争）はいわば日中両国の洋務意識の成果の結果でもあった。清国は「東夷小国（東の辺境にある小国）」の日本に敗れ、領土割譲と賠償の「馬関条約」（下関条約）を締結させられた。これは中国人にこの上ない屈辱を味わわせるものであり、中華民族の覚醒を刺激した。まさに梁啓超がいうように「我が国四千年の大きな夢からの覚醒は、この甲午戦争の台湾の割譲と二百兆の賠償金によって始まった」[10]。同時にそこから、列強諸国が中国を分割し合う狂乱が始まった。

中国の愛国心の強い進歩的な知識人たちは中国と世界の関係を競争意識をもって見始めた。康有為は当時の列強国の大競争の中で、「自己を守る方法は、制度の改革しかない」と指摘した[11]。厳復はハクスレーを翻訳して『天演論』を出版し、「優勝劣敗」や「適者生存」の概念を広め、生物進化論の摂理は人類社会にもあてはまり、中華民族も制度を改革して自らを高め（変法自強）なければ世界で淘汰されるといい広めた。

康有為は「強学会」を起こし、「万国が優勝劣敗であることに鑑み、中国も自強を学ぶことが必要」と唱えた[12]。つまり、対外的な競争意識は、変法自強と西洋に学ぶ制度改革の思想を強く引き起こした。康有為は日本、ロシア、フランス、ドイツ、ポーランド、トルコ等の政治制度の歴史を教訓とし、ついには日本の明治維新とロシアのピョートル大帝の改革から学ぶ道を選び、「ピョートル大帝から改革精神を学び、日本の明治政府から政治改革を学ぶ」ことを唱えた[13]。

またこのとき彼は、「我が国の制度改革は日本のそれを採用するだけで事足りる」と断言している[14]。中国と日本の状況や改革の条件が同じでないことがわからず、一八九八年の明治維新をならった「戊戌の政変」は守旧勢力がまだ多かったことや諸々の原因のために失敗し、中国が一九世紀に自主的な改革によって独立国家として発展する最後の機会はついに失われてしまった。そして一八九九年には、民衆の帝国主義国家の中国侵略に対する怒りは頂点に達し、義和団運動を引き起こした。義和団は反帝・愛国という正義を有していたものの、盲目的な外国排斥運動の面があり、ついに八カ国の連合軍により無惨に鎮圧されてしまった。一九〇一年に調印された辛丑条約（北京議定書）は、中国をとことんまで半植民地の深みに陥れることになった。一方、日本では明治維新によって種々の資本主義改革を成功させると同時に、一歩一歩、軍国主義の道を進んでいった。日本は列強国とのライバル意識から脱亜入欧を選択し、西洋列強と東アジアの覇権を争奪し合う道を選んだ。

すでに江戸時代の末期の日本には「海外雄飛論」があった。吉田松陰は「朝鮮、満州を割譲し中国を併呑し、ロシア、アメリカに奪われたものを朝鮮や満州の地で取り返すべきだ」と鼓吹している[15]。一八六八年に明治天皇が即位して発布された詔書では、「開拓は万里波涛を超え、国威を四方に布す」と宣言している。台湾、琉球、朝鮮への侵略行動で日本の軍国主義はますます膨張していった。

とくに福沢諭吉は一八八五年に『脱亜論』を著し、「西洋の文明国と進退を共にし」、一緒に中国、朝鮮を侵略分割し、「隣国なるが故とて特別の会釈に及ばず」と鼓吹していた[16]。また、一八九〇年に山県有朋首相は国家主権保護のためには領土保全だけでなく利益線の拡大が必要だとする侵略理論を帝国議会に提出した。

日本の利益線を押し出していく対外拡張主義は次第にエスカレートし、朝鮮の併呑、満州・モンゴルの侵略占領、中国の征服という、アジアに覇権を唱える「大陸政策」になっていった。一八九五年の甲午戦争（日清戦争）では二億テールの賠償金と台湾、澎湖諸島を獲得し、一気に成り上がりに成功した。一九〇〇年には8カ国の北京侵攻にも参加し、一九〇五年には日露戦争で東アジアの覇権を握った。一九一〇年には朝鮮を併合し、ついにアジアで唯一の帝国主義強国となった。

一九世紀末の朝鮮半島では、列強の勢力拡大は熾烈な争奪戦となり、朝鮮の各階層、各派のあらゆる人々が対外意識や行動は違えながらもそれぞれ救国の方策を模索した。

まず、東学党は農民階層による反侵略、反封建の要求を反映し、外国勢力排斥を掲げ、日本と西洋勢力の打破を主張した。一八九四年には全琫準を主導者とする甲午農民戦争（東学党の乱）がおこり、「倭夷を駆逐し、権貴をことごとく滅ぼせ」といった内容を含む政治綱領が制定された。のちには政治改革案まで提出されたが、ついには朝鮮政府や日本軍によって制圧された。一部の残党は封建的な儒教者に合流し義兵闘争を起こし、「尊王攘夷」のスローガンを掲げ、「倭群守」と呼ばれていた親日的な地方政権を襲撃した。

甲午戦争の間、開化派は日本の支持を得て、一八九四年に「甲午更張」、一八九五年には「乙未改革」を引き起こした。彼らは日本に操られて「乙未事変」を引き起こし、国王を監禁し、閔妃を暗殺し、その結果、人心を失うことになった。国王はロシア大使館に逃げ込み、親ロ政権を樹立した。一部の儒教家と「独立協会」の提案を受け、一八九七年に国号を大韓帝国に改め、国王は皇帝と称し、朝鮮の国際的地位と独立国家としての立場を固めようとした。資産階級の知識人による「独立協会」は国権の保護、利権の回収、民権の伸張を要求し、議会運動に発展していった。しかし結果的に、守旧派勢力によって鎮圧された。

一八九九年に発布された「大韓国国制」は、専制君主制をさらに一歩押し進めた。しかし、独立主権を維持することはできず、むしろ逆に日本の植民地におちぶれていった。一九〇四年、日本は「日韓議定書」と「日韓協約」を韓国政府に認めさせ「保護国化」を開始した。一九〇五年には「乙巳保護条約」（第二次日韓協約）が結ばれ、韓国の外交権が剥奪された。一九〇六年には漢城に日本統監府が設立され、一九一〇年に「日韓合併条約」（日韓併合条約）が締結され、韓国は完全に日本の植民地におちぶれた。

つまり、二〇世紀初頭までに、東アジア三カ国はそれぞれ全く違った道を歩むこととなった。日本は帝国主義国家となり、中国は半植民地化が進む苦しみを味わい、朝鮮は日本の植民地におちぶれた。

5 歴史が私たちに示すもの

以上のように一九世紀の東アジアの対外意識の歴史を分析してきた結果、わたしたちは以下のようないくつかの点について理解することができた。

(1) 世界情勢を理解せず自己保身のために閉じこもる国家は近代化に向かうことができない。まず世界の大勢と歴史の潮流をはっきりと理解することこそが、その後の方向性を誤らない出発点である。

(2) 自己を過大に評価したり過小に評価したりするのを克服しなければならない。対外的な平等の樹立、独立、競争的意識、絶えざる革新進歩、自強のための発奮。そうしたことがあってはじめて発展の方向性が見いだせ、多くの民族からなる世界の中で自立することができるのである。

(3) 盲目的な排外主義も、盲目的な西洋崇拝も、外国の発展モデルに頼り切ることも、いずれもいけない。あくまで自国の国情をもとにしながら、外国の経験を借り、自国の優秀な伝統をさらに発揚し、外国の先進的成果を学び取ってこそ、正しい発展の方向を見いだすことができる。

(4) 外国勢力に頼り切った改革はほんとうに正しい独立や進歩を生まない。また、他国を侵略して圧迫するような国家もやはりほんとうに正しい自由や富強は得られない。平和共存、平等互恵、交流協力、共同発展を目指すことこそ、二一世紀の東アジアの国際関係の唯一の正しい方向である。

注

[1]『皇朝文献通考』巻三九三、『四裔考一』。
[2] 朱謙之『日本哲学史』三聯書店、一九六四年、一〇九頁。
[3]『籌辦夷務始末』巻四七、『道光朝』。
[4] 信夫清三郎『日本政治史　第一巻』上海訳文出版社、一九八二年、一六六頁（信夫清三郎『日本政治史　一』南窓社、一九七六年、一七九―一九三頁）
[5] 塩谷宕陰『翻栞海国図志序』、『宕陰存稿』巻四
[6] 許伝「海国図志跋」『性斉集』巻一六。
[7]『大南実録』第二紀、巻二一七。
[8] 藤間生大『近代東アジア世界の形成』春秋社、一九七七年、六九頁。
[9] 黄遵憲「朝鮮策略」陳錚編『黄遵憲全集　上冊』中華書局、二〇〇五年、二五一頁。
[10] 梁啓超「戊戌政変記」『飲冰室合集　専集之一』中華書局、一九八九年、一頁。
[11] 湯志鈞編『康有為政論集　上冊』中華書局、一九八一年、二〇八頁。
[12] 同右、一七三頁。
[13] 同右、二〇八頁。
[14] 康有為『日本政変考』（北京故宮博物院藏本）。
[15]『日本思想大系　五四　吉田松陰』岩波書店、一九七八年、一九三頁。
[16] 福沢諭吉「脱亜論」『福沢諭吉全集』第一〇巻、岩波書店、一九六〇年、二三八―二四〇頁。

朝鮮半島の言語と中国語からの借用語の関係

——語彙を手がかりとした通時的分析——

オリビエ・バイルブル／翻訳：鈴村　裕輔
（ソウル大学校教育学科准教授）

1　中国語という言語の帝国——紀元前一九四年頃から一九世紀まで

❖——（1）二つの言語の接触——中国の漢字の登場

朝鮮民族の発展の歴史の過程で、朝鮮が満州、モンゴル、中国といった他の民族や言語と接触した時期があった。これらの民族や言語は、思考の方法だけでなく当然ながら言語にも影響を与えるとともに、従来とは異なる視点を朝鮮半島にもたらすという、大きな働きをした。このような外的な影響と、右にあげた様々な言語の中で最も長く続き、確立された言語を理解することで、ある推論が可能である。そして、この推論は、中国語や中国語の表記に関する知識が［本格的に］もたらされるようになったのが、会話も書記も原始的な段階にあった朝鮮半島北西部に中国の燕から衛満がやって来た紀元前一九四年以降のことであるとしても、可能なものである。中国との交易の増加にもかかわらず中国に対抗し、そして遊牧民であり中国にとっての残忍な敵であるはずの匈奴が中国と同盟を結んだことに反対したことで、衛満朝鮮は漢の武帝から攻撃されることになった。中国は、朝鮮を統治するために紀元前一〇八年から紀元三一四年まで四つの郡を設け、各郡に駐屯部隊を配備した。各郡の都市は太守、役人、中国の商人たちによって管理された。こうした出来事が、朝鮮の文化が発展し始める環境と、朝鮮が中国的な統治機構を導入する契機となった。

まさにこの時期に、朝鮮の人々は漢字を使うことに親しみ始めたのである。高句麗（紀元前三七〜紀元六六八年）[1]は徐々に駐屯部隊を制圧するようになり、最終的に［中国の支配地域を］自らの版図に組み込んだ。高句麗の二代目の王である瑠璃王が、妻の一人に見放され絶望したとき、漢字を用いて「黄色い鳥の歌」[2]を詠んだ逸話は、朝鮮の知識人たちが中国の言語に慣れ親しんでいることを示している。この時代の朝鮮には文字がなく、日常的に漢字が利用されていたことは、文字として書かれた中国語が広く用いられていたことを物語っている。三韓時代[3]を通して、中国の表意文字を使用したことは、話し言葉なしには人々が意志の疎通を図れないという時代の終わりを意味している。五世紀には、漢字は書き言葉として正式に用いられている。「大学」と呼ばれる王立学校が朝鮮の貴族によって創立され、儒教の経典が講義された。

北朝鮮の学者の中には、朝鮮の人々は、漢字を使い始める前に独自の文字を有していたと信じている者もいる。『龍飛御天歌』と題された頌歌の中で、神誌は文字を作り出したことを讃えられている。いい伝えによれば、ある日神誌は狩りに行き、鹿の足跡を見つけ、文字を作る要諦を感得した。北朝鮮の聖人伝では、一般的に神誌は「力強い」人物、「支配者」あるいは「偉大な王」の象徴である。韓国では、「北朝鮮の人々にとっては、一六文字からなる神誌文字こそが、（朝鮮の文字である）ハングルの先祖である」ということがいわれている。それにもかかわらず、実際の伝説では、右に述べたような方法で漢字から分離独立し、朝鮮流の書記法を形作った一六の文字（神誌文字）のことが言及されているのである。しかしながら、時が経つにつれ、神誌文字の正確な使用法や構成要素、すなわち仕組み、文字の配列、各文字の音価、用法などを理解することが難しくなった。韓国の文学作品の中では、この伝説ではなく、伝説以外の要素が用いられた。ソウルの人々にとって問題は繊細ではあるものの、表意文字に先立って存在した文字についての理論は、信仰と論争の対象であり続けている。

この問いは、誰もが、ハングルは世宗が創り出したものだと習う韓国においては、繊細な問題である。七世紀から八世紀にかけて、漢字は朝鮮で徐々に用いられるようになった。そして、朝鮮における漢字の使用の歴史は、三つの時期に分けられる。

(一) 第一段階——五世紀頃

郷札——「田舎の文字」

郷札は古代朝鮮の書記体系であり、朝鮮の言葉を漢字で書き直すために用いられた。郷札法では、文字に関係付けられた音節に基づき、漢字に朝鮮語の読み方が与えられた。「土地の文字」あるいは「田舎の文字」と呼ばれたこの古代の書記法は、文字の意味を借りただけであって、発音を借用したわけではなかった。これらの「田舎の文字」は、詩や伝統的な朝鮮の歌を表現することをより重要な目的としていた。六世紀以降、漢字が朝鮮語の中に足がかりを築いただけでなく、中国語の語彙からの借用語が現れ始めた時代であったということができる。統一新羅時代[4]（六六八—九三五年）に、新しい書記体系が現れた。

(二) 第二段階——七世紀頃

吏読――「官吏のための講師」

吏読は漢字を用いて朝鮮語を表記する古代の書記体系である。吏読の文字は朝鮮語と中国語とでは異なる朝鮮語の活用語尾や文法的な特徴を示すために、特殊な記号とともに用いられた。広義の吏読は、漢字からの全ての借用を含む用語であり、そして、朝鮮語の文法に漢字を適合させるという用法であった。まさにこの時期に、朝鮮の人々が中国語と朝鮮語とを結び付け始めたのである。様々な言葉が漢字で表され、接尾辞や助詞が朝鮮語（あるいは中国語の発音）で示された。この方式は現在の朝鮮の文字であるハングルが用いられるより前に、八世紀以上にわたって利用されてきたという利点があった。一般に、薛聡という僧が、この書記体系の発案者であるとされている。郷札と吏読という二つの体系に加え、八世紀末には、もう一つの書記法が登場した。

(三) 第三段階――八世紀末

口訣法――「文章の分離」

口訣は実質的に法不変化詞であり、漢字で書かれた文章に意味のない（口語の）朝鮮語の単語を挿入することで、漢字をよりよく理解させるものである。吏読法や郷札法と異なり、口訣は、朝鮮語の形態学的指標を表すために、漢字の小集団とともに、特殊な指標として用いられた。また、吏読法や郷札法は、朝鮮語を漢字に翻訳することを第一義として用いられてきた。一方、口訣は、最低限の変更を加えることによって中国語の文章を朝鮮語に翻訳することを目指した。そのため、口訣では、基となる古典の文言は修正されず、付加的な指標が、文章と文章の間に挿入されるだけであった。口訣が初めて用いられるようになったのは、高麗王朝の初期であった。この時代、いくつかの漢字が、各漢字の意味を介して、（特殊な符号により）朝鮮語の音を表すために用いられた。

❖――（2）中国語からの（音と意味の）完全な借用語――四世紀から一五世紀

「三国時代」の四世紀半ばから朝鮮語の中に中国語からの借用語を用いた文章が現れるようになったという点について、韓国と中国の言語学者は等しく同意している。当時、朝鮮語はいまだ完全な姿を現してはいなかった。このころ存在したのは、人々がしっかりと話す借用語というよりは、むしろ、ほとんどが外国の言葉であった。五〇三年、新羅王の智証は、「麻立干」という朝鮮王を示す固有語を廃し、初めて中国語で「王」を名乗り、朝鮮の政治機構を完全に中国化することを決めた。しかし、中国の古典が朝鮮にもたらされると、朝鮮の固有の言葉が漢字の読み方を説明するために用いられた（吏読法、이두）。実際、朝鮮語を文字に「書き写す」ために三つの書記法が現れたにもかかわらず、当時の朝鮮語の語彙が貧弱であったため、古典中国語の表現の大部分は、朝鮮語では表現しがたかった。従って、朝鮮人はしばしば当時の中国語の漢字の発音を用いた。この時代に中国語から借用された語の大部分が中国語の発音をとどめている理由は、ここにある。六七七年に新羅が朝鮮半島を統一すると、唐王朝の軍事的な支援によって統一が実現したこともあって、朝鮮における漢字の使用はより一般的なものとなった。

中国の文物に関する大量の文書が中国からもたらされた。景徳王の一六年、すなわち七五七年、名前が漢字二文字で表されるようになり、一八年には全ての官職が漢字語に改められた。（特に元王朝の滅亡後の）中国文化の影響の増大とともに、前掲の三つの書記法は、韓国語の専門家である中国人研究者崔春をして、「中国的な要素は朝鮮語に広く浸透し、これによって、漢字語の語彙を徐々に形成した」といわしめることになった（崔、一九八九）。

❖――（3） 中国語からの借用語の二つの類型――一五世紀から一七世紀

一四世紀から一六世紀にかけて、中国語からの借用語は文化と朝鮮の社会のいずれにも影響を与えた。大多数の人々は文盲であったにもかかわらず、支配階級の子弟は五歳から漢字を学んだ。一四四六年に世宗がハングルを創り、普及した後でさえ、当時の朝鮮の支配階級は、中国の古典を学ぶことに大きな愛情を捧げたのである。当時、朝鮮語における中国語からの借用語には、いくつかの重要な変更が加えられた。この時期（すなわち一五世紀ないし一六世紀）まで、朝鮮語は中国語からの借用語の意味と発音を借用するだけであった。これは、一般に「中国語からの借用語の標準形」（차용어、借用語）と呼ばれている。例えば、次の言葉は、次に見るように、借用の過程において中国語の本来の発音を維持している。

kongsa 공사（公事）
saeng gye 생계（生計）
bunbyŏl 분별（分別）

しかし、一五世紀になると、もう一つの類型が現れた。実際、中国語からの借用語の中には、言葉の意味のみを用い、当時の朝鮮語の本来の発音を留めようとするものがいくつかあった。言語学者は、こうした朝鮮語

表１　中期末の朝鮮語における中国語からの借用語の二つの類型

中国語からの借用語	修正された中国語からの借用語
Ch'ayongǒ 차용어	Hanchaǒ 한자어
Ŭmch'a hanchaǒ 음차한자어	Ŭmdok hanchaǒ 음독한자어

における中国語からの借用語を한자어、すなわち漢字語と呼ぶ。もう一方の用語、すなわち借用語（차용어）は、同様に中国語の音を保持している。延辺大学[5]の言語学者である李得春は、『漢字の言語学的関係の歴史』[6]という題名の興味深い書籍の中で、中国語と朝鮮語の複雑な関係を明瞭に示している。李（一九九一、三〇一頁）に従えば、中国語からの借用語には二つの形式があることになる。すなわち、朝鮮語の音を用いる中国語からの借用語である音読漢字語（음독한자어）と、中国語の音を用いる音借漢字語（음차한자어）の二種類である。実際、一五世紀になると、中国語からの借用語は徐々に朝鮮語の構造、特に朝鮮語の音韻体系に「服従」（복종）させられた（表1）。

朝鮮語における中国語からの借用語の歴史は、長期間にわたって展開している。そのため、本来の音を保っているにもかかわらず、中国語からの借用語の標準化を難しくしているのである。ハングルが生み出される前にもたらされたために、書き留められ、あるいは記録されている言葉がいくつかある。さらに、漢字語の言葉の体系は一〇世紀以前には確立されていなかったことを考え合わせれば、中国語からの借用語の法則に従わなければならなかった既存の借用語の全てに、ある大きな機会があったといえるだろう。従って、ある時代の特定の時期に、漢字語の言葉の大部分が、中国語の音を保持した中国語からの借用語であるということは可能なのである。しかし、そのような言葉のほとんどが漢字語に基づいているとしても、われわれは、いくつかの言葉には、当時の朝鮮語の音が残されていると考えることができる。そして、それゆえに、中国語を借用して朝鮮語の音を表現するということも考えられえる。これに加えて、われわれは、同様の現象を日本語にも見い

表２　中国語からの借用語の例（第一類型）

借用された中国語と発音	16 世紀の発音	17 世紀の発音
黄貨（huanghuo）	황호 hwangho	황하 hwangha
沙糖（shaotang）	사탕 sat'ang	사탕 sat'ang
白菜（baicai）	뵈취 baech'ui	배추 baech'u

表３　中国語からの借用語の例（第二類型）

借用された中国語と発音	16 世紀の発音	17 世紀の発音
胸背（xiongbei）	흉븨 hyongbŭi	흉배 hyongbae
湯水（tangshui）	탕쇠 tangsoe	탕수 you angsu
焼餅（chaobing）	쇼빙 syobing	소병 sobyŏng

だすのである。漢字は、しばしば、中国語式と日本語式という二つの読み方を持つ。借用された言葉が、中国語の音と朝鮮語の音のどちらに由来するのかを区別する際に、もう一つの歴史的な問題が生じる。こうした問題が生じるのは、借用語が、書記ないし口頭によって登場したためといえる。このことは、とりわけ中国語の音が確立された後の中期朝鮮語（一〇世紀から一六世紀）に当てはまる。それでも、当時の朝鮮語の音と一五世紀に用いられていた中国語の音との間の一致には程度があった。実際、われわれは、一五世紀からの、より具体的には朝鮮式の書記法が発明された後の朝鮮語の音韻の進化をよく知っているのである。だが、先行する時期については、特に無視されたのであった。これは、一面においては、漢字だけで表される音を復元することの難しさによる（さらには、漢字の使用は様々な変動がある）のであり、他面において、当時の文献の不足にもよるのである。ハイ＝ランネ・ハンメが一九八〇年に執筆した博士論文は、この話題に関してフランス語で書かれた数少ない文献の一つである（表2、表3）。

表4　中期後半の朝鮮語の言葉に置き換えられた中国語からの借用語

中国語からの借用語	固有語
歳 → swi 쇠	nah 나ㅎ
胸子 → hyongchŭ 흉즈	kasom 가솜

(4) 固有語による中国語からの借用語の置き換え

この時期、朝鮮語に類似の言葉がある中国語からの借用語が多数排除された。皮の鞭を表すために一六六七年の『朴通事諺解』(박통사언해)と一六九〇年の『譯語類解』(역어류해)で例示されたのは、中国語からの借用語である「鞘皮」であった。しかし、一七四八年に刊行された『同文類解』(동문류해)では、「후 거리」という固有語で書かれている。さらに、その直後に、中国語からの借用語である「鞘皮」が再び現れるのである。右に述べたように、これは、「후 거리」と同じ時代であった。そして、最終的には、同じ時期の異なる書物の中に、固有の言葉と中国語からの借用語が並存することが分かる。さらに、この二つの表現が並存するようになると、漢字語は、最終的に純粋な朝鮮語である「후 거리」に置き換えられるのである。同じことは、chong と発音された、中国語からの借用語である「鐘」(종)についても当てはまる。初めて朝鮮語に導入された際、純粋主義者は、文字通り「鉄製の叩くもの」を意味する土着語の「쇠북」に変えた。こうした漢語の排除は、一六世紀初頭の(中国で出版された、中国語会話の手引書である)朝鮮語版の『老乞大』(노걸대)の初版である『飜譯老乞大』と、一七世紀に崔世珍が朝鮮語に翻訳した『老乞大諺解』の中に現れた。朝鮮語風の漢語を広めようという傾向は、中国の影響下、すなわち、「事大主義」(사대주의)の概念によって約言される臣下の立場から逃れようとする考えによって、強められた。代表的な事例は表4の通りである。

これは、三世紀後の一九六〇年代に金日成が推進した、「言語標準化運動」と呼ばれる政策を予告するものであった。すなわち、中国語からの借用語を漸進的に廃止することが土着の言葉の利益になる、という考えだったのである。しかし、これ以上両者を比較することは、本論では差し控える。北朝鮮の場合と同様、中国語に由来する数多くの言葉を排除するという言語政策は、効果のないものであった。民族意識が生まれ始めたにもかかわらず、当時、朝鮮の人々は、依然として政治的、文化的、軍事的に中国に強く依存していたのである。明朝は、日本の侵略から、李氏朝鮮を繰り返し救ったのである。

❖———（5） 丁茶山の発言

朝鮮語における漢字の発音は長い年月をかけて形成されてきたものであり、独自の音を手にするに至った。従って、朝鮮語の音韻体系とは著しい相違がある。それゆえ、借用語の使用の末期になると、中国語の発音はもはや正しくなされず、一般的なものでもなかった。中国語の発音を用いた言葉を耳にすると、人々は漢字の由来との関係を考慮に入れ、その後、朝鮮で用いられている漢字の発音と比較するのであった。この方法によって、人々は、中国語の音を朝鮮語の音で模倣し、変形させるようになった。もし、朝鮮語の音を用いた借用語である音読漢字語の場合を考えるなら、音読漢字語の大部分は文字によって導入された。例えば、学者と同様、政府の役人たちも四書五経[7]といった儒教の古典を日々読んでいた。学者と学者の集団の大部分は、漢字の朝鮮語式の発音を知っているだけであって、本来の発音は知らなかった。そのため、音読漢字語が増加し、音読漢字語の導入後に朝鮮語の音に基づいた新しい語彙が脈動的にもたらされることになった。これにより、朝鮮語の発音による借用語の多くが現代の韓国語でも多数用いられ、中国語の音に由来する言葉の多くが朝鮮語の音に「変化させられた」のである。李氏朝鮮の著名な学者である丁若鏞[8]は、初めてこの現象を批判した人物の一人である。『雅言覚非』[9]を執筆し終えた後、丁若鏞は次のように述べた。

表5　16世紀から現代までの中国語からの借用語

16世紀における中国語からの借用語の分類	当時の朝鮮語
（1）中国語の発音による中国語からの借用語	baechui 뵈최（白菜）→ 배추 baech'u
（2）朝鮮語の発音による中国語からの借用語	kyaki 갸기（驕気）→ Kyoki 교기
（3）漢語に置き換えられた中国語からの借用語	kammo 감모（感冒）kamki 감기感気
（4）置き換えられなかった中国語からの借用語	chyubyŏ 쥬벼 酒鱉
（5）固有語に置き換えられた中国語からの借用語	hyongchŭ 흉즈 kasom 가솜

この方法で膨大な数の言葉が作られている。これらの言葉が話される際、発音は中国語の発音に一致するので問題はない。しかし、朝鮮語の方法で作られると、事情は異なる。文語的な言葉は知識人たちによって作られたのに対し、一般的に、事物の名前は奴隷たちによって作り出されたのである。これは、程度の高い学者からすれば、疑うべくもない間違いなのである。

❖——（6）現代の韓国語における中国語からの借用語

本論では、中期末の朝鮮語における中国語からの借用語が直面した様々な変化を確認してきた。ある言葉は、故意に廃止され、別の言葉は朝鮮語の音韻体系により適合する発音による音読漢字語により、体系的に置き換えられた。五世紀の後、われわれは、現代の韓国語における中国語からの借用語を、分野ごとに分けることができる（表5）。

すでに述べた、一五九二年に起きた朝鮮と日本の戦いは、朝鮮に住む人々の日常生活のあらゆる面に、壊滅的な結果を与えた。社会の対立、経済の混乱、文化の崩壊は、日本による朝鮮の歴史的な文書や書籍、あるいはその他の資料の無差別的な焼却や略奪の横行によっても証明されている。社会と文化の分裂はより意欲的な朝鮮語の発展をもたらしたものの、実際には、秩序を維持し、あるいは人々の需要に応じるという点からは、［言葉に関する問題が］高い優先順位を占

表６　漢字語に変えられた固有語

固有語	中国語からの借用語
me 메	san 산（山）
o rai 오래	mun 문（門）

めることはほとんど不可能であった。もちろん、可能な限り、残された補足的な資料が復興のために用いられ始めた。しかし、これらは二次的、三次的な資料であり、場合によっては、一次資料よりも豊かでも正確でもない、学術上の印象や解釈ということもあった。それにもかかわらず、一六世紀後半の動乱期に、朝鮮では中国からの借用語の使用が続いており、固有語への置き換えが進んでいた。中国語の語彙の影響から距離を起きたいという朝鮮の意図に反して、先ほど確認した以外の分野でも、中国の強い影響が見られるのである。例えば、表６の通りである。

約言すれば、この分野での中国語からの借用語を二つの類型に分けることができる。借用の第一の類型は、発音がほとんど変化しておらず、第二の類型は読み方が相当に変化している。あるいは、借用の方向性は著しく変化することはなかったものの、韓国語の表音が中国語の表音に取って代わったのである。一六世紀における中国語からの借用語については判断を留保する必要があるとはいえ、それでも、大部分の言葉は、今日もなお、現代の韓国語の中に根強く借用され続けているということができる。そのような借用語は朝鮮語の中に組み込まれ、排除することが難しい。さらに、そうした言葉は、数百年にわたって融合しているため、今日では借用語とは全くみなされていない。一七世紀以来、朝鮮語には新しい現象が起きたと証明することができる。すなわち、アジアにおけるヨーロッパ文化の大きな影響である。外国に住んでいた中国からの使節たちが、西洋の文化の中から新しい用語を導入した。そうした言葉は、韓国人たちが利用するのに先立ち、漢字によって中国語に翻訳された。この相対的に新しい現象は、中国語から言葉を借りる過程に新しい時代が訪れたことを告げるものであった。中国語からの借用語と同じだとみなされたままであったものの、これらの用語は、現に存在する外国語からの翻訳であった。すでに中国語、あるいは中国の文化から直接の借用がなされていた。中国語からの新しい借用の例は次の通りである。

sŏnggyŏng 성경（中国語：聖經［日本語の「聖書」］）
ch'ŏnju' 천주（中国語：天主［日本語の「神」］）
chuil 주일（中国語：主日［日本語の「日曜日」］）
pokŭm 복음（中国語：福音［日本語の「福音」］）
sŏngt'an 성탄（中国語：聖誕［日本語の「降誕祭」］）
sŏngmo 성모（中国語：聖母［日本語の「聖母」］）

中国語からの借用は一九世紀後半まで続いたが、ここから傾向が変わった。西洋に由来する用語は常に漢字を用いて翻訳され、朝鮮に導入されていたものの、この頃から、アジアにおける新しい「言葉の貯蔵庫」となった日本から言葉が導入されるようになったのである。

2　日本という言語の帝国――一九世紀から一九四五年まで

❖――(1)　明治時代における漢語

一九世紀末に傾向が変化した。従来、西洋からもたらされた言葉は中国語に翻訳された後に朝鮮に導入されたが、いまや、日本がアジアにおける新しい「語彙の創造者」となったのである。多くの漢語が中国語から借用されたものの、大多数の言葉は、漢語の形式を取りながら、日本人自身の手によって新しい言葉が作り出されたのである（崔　一九八九）。これらの言葉は、和製漢語として知られている。最もよく知られているのは、明治時代に、西洋からもたらされた近代的な概念を中国の古典の様式に従って翻訳した、という事例である。そうした言葉の中には「科学」、「社会」、「自動車」、「電話」や、その他の基本的な言葉も含まれている。日本語の言葉を作るために中国語的な要素を用いることは、例えば、英語の telephone が *tele*（遠い）と *phone*（音）というギリシア語の形態素から合成されているというような、英語や他のヨーロッパの諸言語がギリシア語やラテン語の要素を用いて言葉を作る方法に近しいものがある。日本語の「電話」は、「電気」と「話す」を意味する。こうした語彙の多くは、二〇世紀になると中国語に導入されることになり、いまや本来の中国語の語彙と見分けがつかないほど用いられている。これらの言葉のうち、多くの言葉が朝鮮語とヴェトナム語に借用され、漢字語や漢語系語彙の一部を形成した。日本語に由来する漢語の多くは、他に類を見ないほどに日本的な概念に注意を払っている。例えば、日本の伝統的な女性の遊芸者を表す「芸者」や日本の近代的な武術である「柔道」などである。政治や経済、あるいは哲学の書籍を西洋の言語から中国語へと翻訳するためには、少なくとも五、六年を要し、場合によっては一〇年を費やした。一九〇五年には八千人の中国人が日本に住んでおり、一九〇六年には一万三千人に増加した。こうした状況の下、日本語から中国語への翻訳は、西洋の言語から中国語への翻訳をはるかにしのいだ。実際、一九〇二年から一九〇四年にかけて中国語に翻訳された五三三冊の書籍のうち、三二一冊が、日本語で書かれた書籍であった[10]。法政大学の王敏教授によれば、日本人は一九世紀以降一四〇〇近い言葉を作り出した。それらのほとんどは、朝鮮語と中国語に借用されたのである。例えば、表7の通りである。

表7　朝鮮語と中国語における漢字語

原語	日本語	朝鮮語	中国語
democracy	minshu shugi 民主主義	minjujuui 민주주의	mínzhǔ zhǔyì 民主主義

これらの言葉の大半は二〇世紀初頭に借用され、いまもなお使用されている。言葉の輸出とともに、日本は領土拡張主義政策を行い始めた。日本による朝鮮の支配は、日露戦争後の一九〇五年に李氏朝鮮の外交を管轄する「保護国」が強制的に適用されたことに始まり、その後、日本の朝鮮に対する支配は警察、軍、通貨、銀行、通信、そしてあらゆる民生部門へと及んだ。朝鮮は一九一〇年に日本に併合された。中国の古典は、朝鮮の文学的な伝統の一部ではあったものの、日本語はすぐに支配的な言語となった。言語政策の基礎は、「国語」、すなわち日本語を教えることであった。

一九三八年、日本語の使用が義務付けられ、朝鮮語は「禁止言語」となった。この時代は、「韓国語抹殺政策」（한국어 문화말살정책）の時代と呼ばれている。

学校の教育課程は、朝鮮語と朝鮮の歴史の教授を行わないよう、根本的に改められた。朝鮮語は禁制となり、朝鮮人は日本の名前に改めるよう強制され、朝鮮語で新聞を発行することも禁止された。朝鮮の文化的工芸品の多くが壊されるか日本に持ち去られた。韓国政府の調査によれば、七万五三一一点の文化遺産が朝鮮から運び去られた。朝鮮語のみならず朝鮮の姓をも禁止するといった同化の努力は、一九四五年の日本の敗戦で幕を下ろしたのであった。

❖——（2）「中国からもたらされた中国語からの借用語対日本からもたらされた中国語からの借用語」

占領時代、中国語からの借用語を日本語からの借用語に置き換えるため、日本軍は朝鮮人に対し、中国からもたらされた借用語の使用を放棄させようとした。このあまり知られていない出来事は、『日本語の文化的植民地主義の夾雑物』と題された、論客キム・チャンキュの著作（キム　二〇〇三）の中に詳細に描かれている。キムは韓国語における中国語からの借用語の恒久的な使用のためには、より多くの中国起源の漢字語が、漢字語の語彙の中で用いられなければならないという考えを示した。和製漢語が明治時代に導入されたことは、疑うべくもないことである。しかし、多くの和製漢語は、日本の植民地時代に強制的に導入されたのである[11]。

次に挙げるのは、中国語からの借用語に取って代わった和製漢語の例である。（一九一〇年に）日本に占領される以前の朝鮮で用いられていた中国語からの借用語は次の通りだ。

pilep 필업（中国語：畢業）
anmin 안민（中国語：安民）
docwung 도중（都中）

日本語から借用し、日本の占領時代と（一九四五年の）撤退後に朝鮮で用いられた言葉は次の通りである。

col-ep 졸업（日本語：卒業）
kyengchal 경찰（日本語：警察）
cohap 조합（日本語：組合）

朝鮮語には、中国からも日本からも借用していない、もう一つの種類の漢字語がある。朝鮮の人々は、漢字を基にして、自らの漢字語を作り出したのである[12]。この種の言葉は、一般に、朝鮮起源の漢字語と呼ばれている。

朝鮮人が作った朝鮮語における漢語の数は少なく、作られた時期を推定することも難しい。たぶん、これらの言葉は、一九世紀終わり頃に現れたのであろう。朝鮮の言語学者の中には、明治時代に始まった「日本の」復古運動を熟知している者もいたため、日本の方式に従って言葉を作ろうとしたのである。しかし、キム・ムリムによれば（キム　二〇〇六、二六ページ）、漢字語は早ければ五世紀に登場したのである。当時、この問題に関して、詳細な記述はなかった。それでも、朝鮮語の歴史に関する論文や書籍の脚注は、このような空白期間を埋めている。朝鮮起源の漢字語は、その限られた語彙から、「固有語」に区分けされている。漢字と結びついたという点が、朝鮮語の注目すべき点なのである。

次に挙げるのは、現在も使われている、朝鮮で作られた漢字語の例である。

pyenci 편지（便紙［日本語の「手紙」］）
yangmal 양말（洋襪［日本語の「靴下」］）

さらに、朝鮮人たちは自ら漢字を作り出した。これらの文字は数が限られており、主に（姓や地名といった）名前に用いられている。韓国の言語学者が確認した、朝鮮人が考え出した漢字の数は、わずかに一八九個であった。しかし、もう少し多くの漢字があると思われる。次に挙げるのは、中国から借用したのではなく、朝鮮人が作り出した漢字である。

kal 갈（乫［地名］）
the 터（垈［地名］）
kek 걱（巪［人名］）
pot 폿（乶［地名］）

第二次世界大戦後、朝鮮半島における二つ帝国の言語が終わりを告げた。日本という言語の帝国は、（一九世紀末から一九四五年までという）短期間しか続かなかったものの、ヴェトナムや朝鮮、中国といったアジア諸国に多大な影響を及ぼした。だが、わずか二〇〇年前から借用が始まったため、日本の言葉を同定することは実に容易なことである。また、朝鮮が南北に分断されたため、中国という言語の帝国も終わりを迎えた。北朝鮮の指導者たちは、外国の影響を排除した新しい言葉を作り出そうとした。韓国では、伝道師と、第二次世界大戦と朝鮮戦争での米国の勝利によって、英語に対して大きな尊敬が払われ、英語は、朝鮮半島における新たな言語の帝国となったのである。

3　英語という言語の帝国——一九四五年から二〇一三年まで

❖——（1）韓国における英語帝国

朝鮮戦争（一九五〇—一九五三）の終結後、韓国の言葉に大きな変化が生じた。中国と日本という隣国から借用した言葉を受容するだけでなく、多くの英語の言葉を用いるようになったのである。韓国における米国の文化の強い影響は、とりわけ一九八〇年代以降、英語の言葉からの借用という現象を加速させた。これ以降、韓国語は「混交言語」の段階を迎えたのである。現在用いられている言葉のうち、いくつかの例を挙げてみよう。

thukpyel meymyu 특별메뉴（特別메뉴）

特別（특별）は漢字の「特別」を借用しており、메뉴は英語の menu の借用である。

keym ilon 게임이론（게임理論）

게임は英語の game の借用であり、理論は漢字の「理論」の借用である。

二〇〇九年、韓国のテレビ番組の番組名の六三パーセントが外国語に由来していた。情報の分野では、外国語からの借用語は一二・二パーセントであった。韓国語と混交した外国語の割合は三四・八パーセントであり、外国語から借用語全体の四七パーセントを占めていた。ホテルの七七・四パーセントが西洋語に由来する名称を用いており、美容室の九六・七パーセントが、外国語の名称を利用していた[13]。

ソウル国立大学校の言語学者である宋喆儀教授は、この現象は、今後も長期にわたって韓国語に影響を与えるであろうと考えている。報道機関が用いるテレビのニュース番組名や店舗の名称は一時的なものではなく、韓国人に甚大で持続的な影響を与えるであろう。また、宋教授は、次のように述べている（宋　二〇〇九）。

借用語の使用は不可避であるとともに有益なものである。しかし、外国語の誤用は様々な問題をもたらす。中国語からの借用語は、他の外国語からの借用語とは全く異なり、韓国語に体系的に影響を与えているのである。

もし、英語の言葉と同じ意味の言葉がすでに韓国語に存在していたら、借用する語は外国語とみなされるだろう。例えば、次の通りである。

kusmoning ikhonomi 굿 모닝 이코노미（英語：good morning economy）

waipe 와이퍼（英語：wife）

kipuni naisu hata 기분이 나이수하다

기분이は韓国語で mood（雰囲気、気持ち）を表し、나이수は nice（よい）を意味しており、happy（満足）の意味である기분이나이수に to do を意味する韓国語の하다が加えられている。

外国語を使用する例は多数あるものの、（宋喆儀やイ・ソンケイといった）韓国の言語学者の多くは、テレビ番組の題名や新聞記事を含めてこの種の外国語は不要と考えており、以下のような事例を収集している。

テレビのニュース番組名

KBS *nyusu neythwekhu* 뉴스 네트워크（英語：KBS News Network）

KBS *nyusu lain* 뉴스 라인（英語：KBS News Line）
KBS *nyusu panolama* 뉴스 파노라마（英語：KBS News Panorama）

このような事例からいえることは、韓国語は、あらゆる外国語を用いうるということである。しかし、韓国では、一部の知識人たちが英語の使用という考えを支援しているのも事実である。例えば、作家のボク・コイルは、英語を無制限に使用することを提唱している[14]。

韓国語に関する限り、中国語からの借用語と、近年英語から借用された言葉の使用とが、固有の韓国語を知らず知らずのうちに廃れさせているのである。日本では、漢字は中国語と日本語の発音と固有語の発音を伴っており、固有の日本語が生き残ることを可能にしている。純粋な韓国語は大半が完全に忘却され、漢字語に置き換えられており、過去の地位を保てているとはいい難い。次に挙げるのは、かつて李氏朝鮮の時代に用いられていたものの、現代の韓国語では使用されなくなった言葉である。

すでに韓国語では使用されない言葉
ay 애（腸）は cang 장（中国語の「腸」）に置き換えられている
coca 조자（市場）は sicang 시장（中国語の「市場」）に置き換えられている

もし新しい概念が純粋な韓国語で表現されるなら、そのような概念は持続されなければならない。韓国語は、韓国語を母語とする話者によって特徴づけられる音声言語である。しかし、韓国で発行されている複数の現代語の辞書を比べてみると、固有語が著しく失われていることが分かる。一部の韓国の学者の説に従うなら、これが、韓国人の母語に対する「脅威」なのである。それにもかかわらず、漢字は、韓国語の借用語の中で、顕著で積極的な役割を果たし続けるだろうと思われるのである。

❖――――(2) 韓国における中国語からの借用語――二一世紀においても現実なのか?

これまで検討してきたように、今日、韓国では英語の言葉がより一層用いられている。韓国語は、外国語を大量に借用するだけでなく、韓国人がハングルを誇りに思っているにもかかわらず、ハングルとローマ字も混交している。

もちろん、借用語検討委員会や中国語及び外国語検討委員会といった、韓国語の変化を管理する機関が存在する。

ソウル大学校韓国語学部と他の韓国の大学校の教員によれば、こうした機関は報道機関や学界で用いられる言葉を管理するために、より大きな権限を持つことが必要とされている。この問題を説明するために、「最後のもの」あるいは「最後の」という言葉を意味する韓国語を例に挙げることができる。この言葉は本来の韓国語にも漢字語にも存在する。『韓仏辞典』の最新版(二〇〇七年)では、英語の last に相当する라스트という語が挙げられている。

本来の韓国語では마지막、中国語の「最後」からの借用語は최후であり、英語からの借用語が라스트である。実際、同じ意味を持つ、すでにごく一般的な二つの言葉があるにもかかわらず、同じ事柄を表現するために新しい言葉を英語から借用しなければいけないのはなぜか、という点が考えられなければならない。一般に「不適切」と考えられている借用語を排除するために二〇〇四年七月から始まった国語純化運動では、外来語が標的とされた。最終的に韓国政府は、英語からの借用された韓国語に関する政策の変更を決定した。国

立国語院は、韓国の国民が借用語を適切な韓国語に置き換える際の手助けとなるよう、毎週、ウェブサイト（http://www.malteo.net）に置き換え語を掲示した。置き換え語の一覧表は、国民が参照できるよう、ウェブサイト上で毎月公表されている。例えば、二〇〇八年に改定されたのは、次のような言葉である。

・二〇〇八年八月二六日、리메이크（英語の remake の借用語）は원작재구성（原作再構成）に変更された。
・二〇〇八年四月二四日、에코맘（ecomum）は환경친화주부（環境親和主婦）、すなわち「環境問題に関心のある主婦」に変更された。

右に見るように、英語の言葉は漢字に置き換えられている。その一方で、韓国人は新しい言葉や概念を作るために、依然として漢字を用いている。そして、その種の言葉は、中国では用いられていないのである。例えば、次のような言葉である。

・교육 이기주의（教育利己主義）「自分の子どもをしつけようとしない両親たちの考え」
・휴근 명령제（休勤命令制）「兵士に休暇や週末の延長を与える仕組み」
・기억 사（記憶史）「ある人の記憶に従って書かれた物語」

これらの漢字は、化学、通信、情報技術、地理学、医学、政治など、ほとんどあらゆる分野で見受けられる。すでに見たように、韓国語における中国語からの借用語は、いまもって実在するのである。そして、少なくとも当面は、韓国語の中で英語が過剰なまでに目立つという状況も沈静化するであろう。しかし、国立国語院の努力にもかかわらず、韓国語の中で英語の言葉が利用される、あるいは流暢な英語を話すということは、社会的に認められるための象徴なのである。こうした状況の下で、［朝鮮半島の］再統一という視点から、われわれは韓国語の未来を考えなければならないのである。

❖――（3）北朝鮮における「文化語」

一九四五年の解放は、朝鮮の人々の分断をも意味した。朝鮮半島北部の朝鮮民主主義人民共和国（北朝鮮）と南部の大韓民国（韓国）は、三八度線に沿って分断された。これ以降、政治的、経済的、社会的に複雑化した状況によって朝鮮語がどのように展開して行ったかを検討することは、著述家や学者にとって困難になった。それにもかかわらず、戦争終結以来、南北朝鮮において、朝鮮語の研究を促進するために、大学内に多数の学部が作られた。日本の敗戦によって、ついに朝鮮語が公式の言語となったのである。

南北朝鮮において、言語の発達は国家的な問題とされ、朝鮮戦争（一九五〇―一九五三年）以降、議論されている。一九六四年、北朝鮮において、漢字の追放と「言語の浄化」を通した本来の朝鮮語の前進という二つの大きな目標を持つ、「言語標準化運動」と呼ばれる運動が始まった。一九六六年五月一四日に金日成が行った「朝鮮語の民族的特徴に関する適切な理解」と題する演説の中で、この政策が提案された（ナム　一九九〇）。

われわれの言語を前進させるために、われわれは発展のための十分な余地を用意せねばならない。ピョンヤンはわれわれの首都であり、われわれの革命の揺り籠であり、基地である。われわれは自らの言葉の民族的な特徴を請合い、確かなものとしなければならず、特にピョンヤンがそのような特徴の基準とならねばならないのである。この点で、書き言葉は放棄されねばならない。なぜなら、ソウルで話されている言葉が標準であると人々を誤解させてしまうからである。われわれがピョンヤンで使用している言語の名前は変更されねばならない。われわれはこの言語を「文化語」と呼ぼうと思うし、実際に、この呼び方は以前の名称よりも大いに優れているのである。

金日成は、韓国における多数の借用語についても検討を加えた。

ソウルで話されている言葉はまた、英語と、日本語と中国語から借用された言葉の混交である。このような言葉は、朝鮮南部の語彙を占有し、朝鮮語を言語的に雑駁なものにしているのである。

「偉大なる指導者」は、北朝鮮のみが真に愛国的で、自らの言語を愛していると強調した。「南朝鮮の人々は中国から言葉を借用するという態度を改めねばならない！」と述べ、演説の中で韓国における言語の使用への批判を開始したことを告げたのであった。

北朝鮮政府に関する限り、漢字語の使用は北朝鮮の根本的な価値と一致しなければならなかった[15]。北朝鮮の言語学者は、類似する語彙を見つけるために方言を学び、さらには数十年、あるいは数世紀の間姿を消していた言葉を復元さえして、多くの漢字語の消滅に注意を払っているのである。

それゆえ、北朝鮮政府は、新しい言葉を作るために、国家企画準備協会という政府機関を作った。一九六八年から一九七六年にかけて、五〇〇〇の新しい言葉が作られ、北朝鮮政府によって承認された。これらの言葉は北朝鮮の学校の教員や報道機関が用いるのみであったが、この運動で変更された言葉の多くは、いまなお、北朝鮮で使用されているのである。

皮肉なことに、北朝鮮は、毛沢東時代に用いられていた中国語を借用し続けた。そのような言葉は、最初に日本人によって作られた後、中国人によって借用され、さらに、自らの言語を豊かにし、宣伝活動を促進させるために北朝鮮の人々によって収集されたのであった。「言語標準化運動」の時代に中国語から北朝鮮に借用された言葉には、次のようなものがある。

中国語：*wúchǎn jiējí* 無産階級　朝鮮語：*musan kyeykup* 무산계급
中国語：*qiānlǐmǎ* 千里馬　朝鮮語：*chollima* 촐리마[16]
中国語：*zhǔtǐ sīxiǎng* 主體思想　朝鮮語：*cucheysasang* 주체사상[17]
中国語：*wénhuà yǔ* 文化語　朝鮮語：*mwunhwa.e* 문화어

韓国では、事情は大いに異なっている。韓国の人々は中国語からの言葉の借用を依然として続けながらも、英語、中国語、そして韓国語の混交を始めているのである。

❖——（4）最初の統一辞書の刊行

すでに見たように、外国語の誤用に関する議論はいまだに続いている。もう一つの避けがたい問題が、南北朝鮮の間で生じた。すなわち、朝鮮半島で話されている言葉の統一という問題が生じたのである。「統一後の」朝鮮半島では、南北朝鮮のどちらの言葉が利用されるのであろうか。ピョンヤンで用いられている「文化語」

は（中国語と英語からの）借用語をどのように扱うのだろうか。

例えば、韓国に住む北朝鮮からの亡命者は、意志の疎通に若干の問題がある。真の問題は、新しい住民の間の言語による意志の伝達にあるのだ。多数の英語、新しい言葉、中国語からの借用語を使用することは、日常生活の大問題となりうる。二〇〇六年に行われた調査に応じた亡命者の五三・六パーセントが、韓国の人々と意志の疎通をすることがとても難しいことを認めている[18]。北朝鮮の人々は、仕事を見つけ、社会活動に参画し、日常の生活を送る中で、困難に直面していることも認めている。南北朝鮮の教育水準も、やはり著しく異なっている。北朝鮮の人々の多くは韓国で求められる歴史観や、関連する技術の訓練を欠いているため、「そのような北朝鮮の人々にとって」過度なまでに情報化された韓国社会で日常生活を送ることは過酷なものである。勉強に多大な労力を払うことは亡命者の常識であるものの、［日常生活での意思の疎通の困難さに］落胆し、日常的な意志の疎通を諦めることで、亡命者が韓国社会に溶け込むことを難しくしている。

かつて国立国語院は、共通の言語政策を積極的に推進することを目指して、北朝鮮と韓国の間で言語に関する会議を開催しようと試みた。しかし、近年のピョンヤンとソウルの間の緊張の高まりにより、この目標を実現することは徐々に難しくなっている。金大中と盧武鉉は南北朝鮮の言語学者が交流することを奨励し、南北朝鮮は共通の辞書を発行することを決めた。統一の辞書の刊行は、朝鮮半島が南北に分断されてから初めてのことである。二〇〇五年二月二一日、北朝鮮の観光地である金剛山で記念式典が開かれた。南北朝鮮の学者は辞書を百科事典の形式にまとめ、朝鮮半島の伝説も含めることで合意した。委員会は二一人の言語学者からなり、そのうち一〇名が北朝鮮、一一名を韓国が占めた。式典の参加者の全員が、この事業が持つ重要な意義を理解していることを強調した。二国間の編集委員会の副議長であるイ・チュンボクは次のように述べた。

われわれの国は分断に大いに苦しめられている。南北朝鮮の書き言葉と話し言葉には、様々な相違がある。これは、われわれには受け入れがたいことである！[19]

韓国の詩人高銀は韓国を代表して、辞書の編纂が国家の問題であるとともに、二つの国の統一に向けて朝鮮半島で踏み出された最初の一歩であると述べた。最初の統一朝鮮語辞典が企画され、二〇一〇年一〇月に台北で開かれた世界韓国学会議の席上、一部の南北朝鮮の学者が『統一辞典』は二〇一一年ないし二〇一二年に刊行されるであろうと述べたのであった。

おわりに

最後にわれわれは、中国語からの借用語という現象は、朝鮮語の中で長い過程を経てきていることに注意せねばならない。すなわち、中国語からの借用はほぼ二千年前に始まったのである。その一方で、中国語からの借用語は現在の朝鮮の言葉にも実によく適合しており、名詞、形容詞、動詞、接尾辞が徐々に言語体系を形成し、混成された朝鮮の言葉に加えられているのである。そして、最も重要な点は、中国語からの借用語と漢字は、最近でも新しい言葉を生み出している、ということである。韓国の人々がそのような新しい言葉を用いるだけでなく、過剰に用いられている英語からの借用語が、中国語からの借用語に置き換えられているのである。

凡例

・（　）は著者による注記・補足を示す。

・［　］は訳者による補足を示す。

注

[1] 高句麗は古代朝鮮の王国であり、その版図は現在の中国東北部南部から朝鮮北中部であった。

[2] すなわち「黄鳥歌」である。

[3] 朝鮮の三国は、朝鮮半島と満州の一部にほぼ一世紀にわたって存在した高句麗、百済、新羅の古代朝鮮の王国を指す。三国時代は紀元五七年から新羅が高句麗を滅ぼした六六八年まで続いた。

[4] 統一新羅（六六八―九三五）は、三国のひとつであり、六六〇年に百済を、六六八年に高句麗を征服し、朝鮮半島南部を統一した新羅にしばしば用いられる名称である。名義上の統治者であった最後の新羅王［敬順王］は九三五年に新興の高麗に国を譲り、王国は終わりを迎えた。

[5] 연변대학교（延邊大學校）。

[6] 한자언어문자관계사（漢字言語文字關係史）。

[7] 四書五経とは紀元前三〇〇年に中国で儒教の経典と認められた書物の総称である。

[8] 茶山（다산）という号だけでも知られる（一七六二―一八三六）。

[9] 茶山が著したこの書は、朝鮮語の表現と語源を徹底して調査している。

[10] 金敬鎬『日本語系借用語に関する研究：音韻と表記を中心に』（J&C、二〇〇八年、四五ページ）。大半の外来語は、一九世紀以前に中国からもたらされた。二〇世紀初頭までに、無数の変化が起きた。西洋語の語彙が漢字によって翻訳されたが、日本の著述家や朝鮮南部ないし中国語に住む翻訳家によって導入された。一九世紀以前は、翻訳語が導入される経路は異なっていた。

[11] キム・チャンキュ『いわゆる日本の文化植民地主義の遺物』（国学資料院、二〇〇三年、四一―四二ページ）。キム・チャンキュによれば、韓国の研究者は韓国国民辞典が刊行された際に、より多くの注意を払うべきであった。キムは、韓国語の中で、日本語からの借用があまりにも多く使われていると考えている。

[12] Li Cu-Hi. *The phonology of loanwords and lexical stratification in Korean: with special reference to English loanwords in Korean.* University of Essex, 2003, p.174. 漢字語は中国語や日本語から朝鮮語に借用された言葉に限らず、朝鮮の人々が自ら作り出した多数の漢字語をも含む。

[13] Song Chel-Uy. *Suggestions on and Solutions to the Purification of Borrowed Words.* Seoul National University, p.8. Source: The National Institute of Korean Language, 2009.

[14] コリアン・タイムズ、二〇〇六年一月三一日。「韓国における民主制の確立以来、発展の現象を止める権利は誰も持たない。実際のところ、英語は韓国の民衆に最終的に影響を及ぼしている。しかし、誰も英語を排除することはできないでいる。私はそれに反対しようとしている人を見たら認めざるを得ないものの、私は行動の正しさを疑った。はたして、誰が民衆の選択に反する権利を持つのだろうか。私の答えは否定的である」。

[15] Nam Seng-U, Cong Che-Yeng. *Life of the North Korean Language.* 1990, pp.262-263. 金日成は朝鮮語の多くが中国語からの借用語と混交しており、その中には中国では利用されていない言葉も含まれていると信じていた。また、金日成は、もし韓国の人々が中国語からの借用語を取り除けば、後には何も残らないであろうということも付け加えた。

[16] 千里馬は、一日四〇〇キロメートルをかけることができるという天馬についての、北朝鮮の古い神話である。

[17] 「主体」とは個人崇拝を擁護する北朝鮮のイデオロギーである。

[18] 統一研究院「北朝鮮亡命者の社会への適応についての研究」、二〇〇六年。

[19] 「朝鮮の言語の再統一」、ハンギョレ、二〇〇五年二月二六日。

参考文献

一　欧文文献

・Bottero, Françoise (1996). *Sémantisme et classification dans l'écriture chinoise; les systèmes de classement des caractères par clé du Shuowen jiezi au Kangxi zidian.* Collège de France.
・Cheong, Seong-Chang (1997). *Idéologie et système politique en Corée du Nord.* L'Harmattan.
・Cumings, Bruce (1997). *Korea's place in the sun. A modern history.* Norton.
・Desgoutte, Jean-Paul, Doneux, Jean-Léonce, Lee, Don-Ju (2000). *L'écriture du coréen-génèse et avènement.* L'Harmattan.
・Kim, Han-Saem (2005), *The new words in Korean Language.* Seoul.
・Moravcsik, E. (1978). *Language Contact.* Stanford University Press.
・Norman Jerry. (1988). *Chinese.* Cambridge University Press.
・Pulleyblank E. (1991). *Lexicon of reconstructed Pronunciation in early middle Chinese late middle Chinese and early mandarin.* University of British Colombia Press.
・Ramsey, Robert S. (1987). *The languages of China.* Princeton University Press.
・Sohn, Ho-Min (1999). *The Korean Language.* Cambridge University Press.
・Sohn, Ho-Min (2004). *Language Purification Mouvment in North and South Korea.* Cambridge University Press.
・Song, Ki-Joong (1986). *Remarks on modern Sino-Korean Language Research.* Cambridge University Press.
・Thomason, Sarah Grey & Kaufman Terrence (1992). *Langage Contact, Creolization and Genetic Linguistics.* University of California Press.

二　韓国語／朝鮮語文献

・李得春（一九八七）『朝鮮語の語彙の歴史』、延吉
・李得春（一九九二）『朝鮮語と中国語の関係の歴史』、延吉
・イ・キムン（一九九八）『朝鮮史入門』、ソウル
・イ・キムン（二〇〇九）『朝鮮の言語の歴史』、ソウル

・キム・ムリム（二〇〇六）『朝鮮の言語の歴史』、ソウル
・キム・チャンキュ（二〇〇三）『いわゆる日本の文化植民地主義の遺物』ソウル、国学資料院
・ソン・チョルイ（二〇〇七）『借用語の純化に関する提案と計画』、ソウル
・タム・ピュンヒョン（一九八五）『朝鮮語における中国語からの借用語』、ソウル
・ナム・ソンウ、チョン・ジェヨン（一九九〇）『北朝鮮の言語』、ソウル
・ヒュン・サマン（二〇〇四）『文化言語についての研究』、ソウル
・崔奉春（一九八九）『中国と韓国の語彙の比較分析』、延吉
・『韓国漢字語辞典』第四巻（一九九二）ソウル

終論

日中韓の歴史的文化的共有性
——東アジア文化圏の接点——

王　敏
（法政大学国際日本学研究所専任所員・教授、研究アプローチ③「〈日本意識〉の現在—東アジアから」アプローチ・リーダー）

はじめに

東アジア諸国は何千年もの交流の歴史において、数多の人の移動、それにともなう文化の移動によって、相互的な関係性と歴史的文化的共有性を形成してきた。

本論では、東アジア的歴史の時空のもとで、日本、中国、韓国における様々な文化的共有性を検討することによって、これら東アジア三か国の差異への指摘のみが強調される傾向の中で、往々にして見過ごされがちな、三か国の歴史文化及び生活体系における共有性と接点へ目を向けようと思う。三か国が共有する歴史文化はあまりに多く、場合によっては各国内で「自然」と化しているために、注意を払わなければ、それが三か国に共通するものであると気がつかないこともある。また、ある事象の背後にある来歴や由来を探っていくと、一見、表面上はわかりにくいが、実は東アジアの交流の歴史的積み重ねの中で、三か国に共通する歴史文化となっていることに気づいたりすることもある。本論はそのような歴史文化的共有性の諸相からいくつか取り上げて、あらためて熟視することによって、東アジア文化圏として再認識することを目的とする。

なお、ここで検討する諸事例は、決して過去の異物、「死せる文化」なのではなく、今日においても現存し、当たり前になっているような「生ける文化」であって、東アジア諸国の歴史文化と生活に欠かせないものなのである。

1 禹王信仰[1]

禹王（名は、文命、大禹、夏禹、戎禹ともいう）は古代中国の伝説的な帝で、中国最古の王朝、夏王朝の創始者である。黄河の治水を行った業績から、「治水の神」としても知られており、中国の歴史上、中国社会を原始社会から封建制へと転換させた歴史の牽引者として位置づけられている。儒学の伝統においては、孔子は理想の王として、孟子は仁徳者として、禹王をいずれも讃えたことでよく知られている。中国の教科書では、禹王はもちろん取り上げられており、例えば、人民教育出版社から発行されている歴史教科書では、その治水の業績や中国史上における位置づけなどが紹介されているし、国語の教科書にも、禹王の治水を中心とした業績を紹介する文章や『史記』の禹王の部分が掲載されている（例えば、江蘇教育出版社版）。

そのため、禹王信仰は中国全土に根付いており、各地に禹王の功績を顕彰するための禹王廟や禹王像など史跡が多数みられる。それは中国のみならず、日本も同様であり、現在まで、日本各地で、約五〇か所にわたって禹王に由来する碑や史跡が発見されている。例えば、群馬県利根郡片品村の禹王の碑は、中国の原碑に酷似した大変珍しいものとして知られている。同地では、二〇一〇年に神奈川県開成町で行われた第一回「禹王サミット」に継いで、「第二回全国禹王まつり　禹王サミット in 尾瀬かたしな」が二〇一二年一〇月二〇〜二一日の二日間開催され、全国各地から五〇〇名以上にも及ぶ多数の参加者を集めた。他にも、広島県広島市の禹

歴史ナゾ解き!
第一回 全国禹王(文命)文化まつり
二〇一〇年十一月二十七日(土)・二十八日(日)
開成町福祉会館

2010年に神奈川県開成町で行われた第一回「禹王サミット」のポスター／資料提供：大脇良夫

王の碑には、その近くに狐岩が位置しており、これなどは、禹王の妻が、「九尾狐」の一族である塗山氏の娘とされている故事などから鑑みると、これらを設立した人物が中国の古典籍に精通していた人物ではないかと推測され、非常に興味深い。また、京都御所の「御常御殿」中段の間には、幕末から明治初期に活躍した狩野派の系譜に属する日本画家鶴沢探真(一八三四―一八九三)の筆による、禹王が国を乱すとして酒を禁止したという故事を題材にした「大禹戒酒防微図」という襖絵があり、このことからも当時の京都の朝廷史においても、禹王及びその事績が政治上の理想的な統治者のモデルとされていたことがわかる。

「言語」というより身近な視点から見ても、禹王にまつわる日本語は数多い。まずは、現在の元号である「平成」という言葉を挙げるべきであろう。「平成」という言葉は、出典が二つあるといわれており、いずれも中国の古典なのであるが、一つ目は『史記』の「五帝本紀」で、もう一つが『書経』の「大禹謨」なのである。後者における「平成」の語源であるといわれている「地平天成(地平かに天成る)」という言葉は、元々は禹王にゆかりのある言葉で、禹王の治水によって、地上は穏やかに、天下は安らかな時代が到来したことを意味する。

他にも、禹王の業績に基づく言葉として、「鯉の滝登り」や「鼎談」といった言葉がある。前者は、紀元前二一三二年に禹王が治水した黄河の上流に現在もある「龍門」に関する言葉で、『大辞林』によると「黄河の上流にある滝、竜門を登ることのできた鯉は竜になるという、立身出世のたとえ」[2]のことである。現在も端午の節句の五月五日に行われているこいのぼりはその故事に基づいて、江戸時代に武家の間で行われるようになった習慣で、その後、庶民層まで真似るようになったといわれている。後者は、紀元前二〇六七年に、禹王の命により、鋳造されたといわれている「九鼎」(鍋釜に相当する三本足の金属器具で祭器。王権の象徴)に由来する言葉で、「鼎の軽重を問う」という故事成語も、この「九鼎」に由来する。「鼎の軽重を問う」という故事成語は、周の時代に、楚の荘王が王位の象徴である九鼎の重さを問い、暗に、九鼎より大きな鼎を鋳造して、周王を蹴落して自分が王になることを示唆したが、周王の使者である王孫滿に諫められた故事(『春秋左氏伝』宣公三年)に由来するものである。これら日常的な日本語の事例からもわかるように、実は今日の日本の歴史文化の様々な局面に、禹王は存在し、浸透しているのである。

韓国では「禹」という姓が多いことは知られているが、禹山、禹津江、禹池里など「禹」の付く地名も多い。禹王に関連する史跡としては、禹王の碑が慶尚北道にある六香山にある。これは一六六二年、許穆という人物が風浪の沈静を祈願して建立した「大韓平水賛碑」と呼ばれているもので、日本と同じく韓国でも「治水の神」としての禹王への信仰があることが知られる。

また、韓国では『檀君古記』などの偽書(『檀君古記』は歴史学界では近年に創作されたものと言われている)による建国神話にまつわる諸説の中で、禹王と思われる人物が登場している。例えば、『檀君古記』の「檀君世紀」には、「甲戌六十七年帝遣太子扶婁與虞司空會塗山太子傳五行治水法勘定國界幽營二州屬我」(甲戌六十七年、帝、太子扶婁を遣わし、塗山に虞司空と会わせしむ。太子、五行治水の法を伝えて国界を勘定するに、幽営二州、我に属す)[3]とあり、禹王及び古代中国史を少しでも知っているものであれば、ここで太子扶婁と会った「塗山」の「司空」（司空とは六官の一つで、治水や土木及び囚人の管理を司る）とは、塗山氏の娘を妻にもち、帝舜に司空に任ぜられた禹王のことではないかと推測するであろうし、扶婁が伝えた五行治水の法とは「治水の神」である禹王によって教授されたものであると考えるであろう。なお、『檀君古記』では、この時、太子であった扶婁は「二世檀君」として、後に帝位につき、「賢而多福」（賢にして福多い）扶婁の治世によって、以後、「文化大進」（文化大いに進む）[4]ことになった、としている。

これに関連して、韓国では「業主嘉利」という祭祀が現在も行われているが、これは禹王に治水を教えられて国を栄えさせた扶婁の業績を称えるためのものである。おそらく、これらの物語の原型は一六七五年の偽史『揆圓史話』辺りではないかと思われるが、この物語が事実ではないとしても、建国神話に禹王を登場させる教養と想像力には興味深いものがある。朝鮮の王朝においては、李氏朝鮮第一九代国王粛宗が禹王に関する詩を読んだことも知られており、例えそれが神話に基づくものであったとしても、禹王への信仰が朝鮮王朝内に存在していたことは事実なのである。

このように治水の象徴としての禹王は東アジア三か国に共通する信仰の対象として、現在も様々な局面で生き続けているのである。

2 神農信仰

禹王と同じく、東アジアで信仰の対象となっている伝説的な人物として、農業神、本草医学の神・薬祖神として信仰されている神農がいる。

故白川静氏の優れた論文から引用すると、神農とは、「中国神話にみえる農業神。《孟子》滕文公上に〈神農の言を為すもの許行〉とあって、その学派の成立をうかがわせるが、神話的な伝承はほとんどなく、《易》昔辞伝下に、記犠氏（伏義）について興り，農耕や交易を教えたことがみえ、のち先農としてまつられた。これを炎帝とするのは漢以後のことである。《淮南子》脩務訓に〈百草の滋味を嘗め、一日にして七十毒に遇う〉とあり、本草医学の神となったことを記している。《漢書》芸文志に神農黄帝の書として，《神農》二〇編，《神農黄帝食禁》七巻などを著録するが仮託。三皇説が出るにおよんで、《荘子》盗跖に〈民その母を知るもその父を知らず。麋鹿とともに処（おり、耕して食い、織りて衣る〉と上古無為の理想の時代とするのは、《礼記》礼運の上古を大同の世とするのと同じ考えかたである。神話のうちでは最も作為的な神であるが、民衆の生活のなかでは永く信仰の対象とされた」[5]とのことである。

日本では湯島聖堂に付属して神農像が鎮座していることは知られているが、この神農像は「長らく大和東大寺の学僧奝然が寛和三年（九八七）に中国より持ち帰ったものと伝え」られていたが、近年の研究によると「徳川三代将軍家光の発願により雑司が谷の薬苑主山下宗琢が納めたとされる。直接の作者は明石清左衛門藤原真信であり、寛永十七年（一六四〇）にこれを薬苑に安置」[6]したものであるとのことである。湯島聖堂には、聖堂内に新設された神農廟の創設者である五代将軍徳川綱吉によって移されたといわれている。湯島聖堂では、勤労感謝の日である一一月二三日に、毎年「神農祭」が行われているのは有名で、一九五三年に開始されたという歴史をもつ。

「神農祭」は大阪で行われている。一八二二（文政五）年、大阪で、コレラが大流行した際、道修町で薬種問屋が丸薬をつくり、張子の虎を神前に供え、疫病祈願を行なったことが始まりで、祭の際には厄除けとして笹につけた張子の虎が配られことになっており、それを楽しみにしている大阪市民は多い。この大阪の「神農祭」は、二〇〇七年四月には、大阪市無形文化財（民俗行事）に指定されたことでも知られており、ここでは、神農は農業神としてではなく、薬祖神として「神農さん」と呼ばれて、大阪の庶民の間で、大変親しまれている。この「神農祭」の主催は大阪市中央区にある少彦名命神社で、ここでは酒や温泉の薬効を広めたとの伝承から日本の薬祖神とされている少彦名命とともに、神農を祀っているが、大阪にはその他にも堺市に薬祖神社という菅原神社の摂社があり、ここでも少彦名命神社と同じく、少彦名命とともに神農を薬祖神として祀っている（なお、この神社も「神農さん」と呼ばれている）。大阪における神農信仰が根強さがわかるともに、日本と中国の神を同時に祀るという日本の神道に伝統的なシンクレティズムの生きた事例としても興味深いものであろう。

韓国でも日本と中国同様に、神農が農業神、薬祖神として信仰されている。また、前節で韓国の「禹」という姓について言及したが、韓国でも非常に多い「姜」という姓は神農に由来する可能性がある。島村修治氏の『世界の姓名』によると、元々、「姜姓は中国で最も古く、代表的で有力な姓の一つである。その祖先は中国古代の神話によれば有益な薬草を試し調べ、また農耕を庶民に教えた神農、あるいは漢民族共通の祖といわれる黄帝と争って敗れた、非漢民 族の代表者である炎帝ということになっている。その発祥については中国のはるか西北方の天山北路、チベット系の羌（キョウ）族であったといわれる」[7]と書かれている。

3 蚕信仰

前節までは禹王及び神農という特定の人物、聖人に基づく事例を検証したが、本節では、「蚕信仰」というより民俗学的レベルに近い事象について検証する。

養蚕の起源は古代中国であり、そのため、現在の中国でも、絹生産と販売の拠点であった江蘇省の呉江県に、一八四〇年にシルク商人が建立した蚕神を祀る廟が現存するなど、民間を中心に信仰を集めている。

養蚕の起源については、宋朝（九六〇―一二七九）の時代の『路史・后記五』では「黄帝妃西陵氏曰嫘祖、以其始蚕、故又祀先蚕」（黄帝の妃西陵氏は嫘祖と言う、彼女から養蚕を始めた、だから「先蚕」として祀る）とあり、劉恕（一〇三二―一〇七八）の『通鑒外記』には「西陵氏之女嫘祖、為黄帝元妃、始教民育蚕、治糸繭以供衣服、後世祀為先蚕」（西陵氏の娘嫘祖は、黄帝の妃（元妃）となり、民に養蚕の技術を教え、蚕糸から服を作り始めた。従って後世の人は彼女を「先蚕」として祀る）[8]と、また、元の王禎（一二七一―一三六八）が書いた『農書』（一三一三年）には「淮南王蚕経にいう　黄帝元妃西陵氏始めて蚕す」[9]と記されており、これらの記述から、黄帝（紀元前三〇〇〇年）の妃である西陵氏の娘である嫘祖が養蚕の発明者であるといわれている。樋口敦・陶雪迎の両氏によれば、引用文中にある「先蚕」とは「最初に養蚕の技術を民に教えた神の事」であり、「嫘祖は中国民間信仰の中でも最も古い蚕神」であると解釈できるとのことである[10]。

「先蚕」である嫘祖への信仰は韓国にも広まっており、高麗から朝鮮の歴代王朝においては、高麗時代は「先蚕祭」、その後は「親蚕礼」（チンジャムネ）と呼ばれる儀式が行われていたが、これは嫘祖による養蚕の開始を称えるための儀式であり、女性が唯一主管として執り行う儀式であった。先ごろ日本でもＮＨＫが放映し、人気を集めた韓国の王朝ドラマ「イサン」六八話で「親蚕礼」が取り上げられていたことも、記憶に新しい。「親蚕礼」は、一九〇八年以降は中断していたが、一九九三年から復元されている。その他、ソウルには、今日も「先蚕壇址」という史跡が残っており、この碑文には「黄帝の王妃である蚕神、西陵氏の神位を配享」と書かれている。

日本における養蚕は、一～三世紀頃に、中国の渡来人によって始められており、約二〇〇〇年近い歴史[11]があるが、注目すべき点としては、日本と中国では蚕に関する非常に類似する伝説があることである。それは日本の「おしら様」伝説と中国の「馬頭娘」伝説である[12]。

日本の「おしら様」伝説とは、柳田国男の『遠野物語』でも紹介されている東北地方に伝わる民話で、それによれば、昔、あるところに一人の娘が住んでおり、飼い馬と仲が良かったため、ついには夫婦となったが、娘の父親は怒りのあまり馬を殺して桑の木に吊り下げた。馬の死を知った娘は、すがりついて悲しんだ。父親はさらに激怒して馬の首をはねたところ、娘は馬の首に飛び乗って、そのまま空へ昇っていった。おしら様というのはこの時に生じた神で、馬を吊り下げた桑の枝でおしら様の像が作られたという。なお、民話の収集に努めた佐々木喜善氏が書き残した『聴耳草紙』(筑摩書房から刊行されている)には、この後日譚があり、天に飛んだ娘は両親の夢枕に立って、臼の中の蚕虫を桑の葉で飼うことを伝えて絹糸を産ませ、それが養蚕の由来になったと記されている。

一方、中国の「馬頭娘」伝説は東晋時代(三一七—四二〇)に干宝(生没年不詳)という人物によって書かれた『捜神記』や『太古蠶馬記』、『神女伝』等に収録されているもので、「おしら様」伝説と話はほぼ同じなのであるが、娘が馬を慕っていたわけではないなどの差異がある(両者の差異については、今野円輔氏、樋口敦・陶雪迎の両氏や李燕氏による研究がある[13])。おそらく、「おしら様」伝説は中国の「馬頭娘」伝説を原型にしたヴァリエーションの一つではないかと思われるが、馬、娘、蚕という三つのモチーフによって構成された「おしら様伝説」と「馬頭娘」伝説は、日本と中国の民俗学的共通の歴史文化の典型例とみることができるであろう。

以上、東アジアにおける蚕信仰について論じてきたが、最後に指摘しておきたいのは、これらの事例からわかるように、蚕信仰はその起源からその後の展開においても、常に「女」と関わっていることである。この点に関しては、その社会的背景として、「男耕す、女機織り」という東アジアの農耕社会における伝統的生活パターンの存在を同定できるであろう。例えば、他にも七夕の物語にみられるように、古来からこのような男耕女織の生活パターンは、東アジアにおいて、性の違いや特性を生かした生活様式として定着してきたのである[14]。それに関連して興味深いのは、日本では、歴代の皇室の行事において、天皇が「お田植え」を行い、皇后が「ご養蚕」を行っているということである。これらの行事は、「お田植え」が、農業奨励のために昭和二（一九二七）年に、「ご養蚕」は養蚕に熱心であった貞明皇后（大正天皇の皇后）によって、大正三（一九一四）に、それぞれ開始されてものだといわれているが、既に明治期にも行なわれていたようである。また、古代史家の故井上薫氏によると、遡れば、この儀式は、藤原仲麻呂のイニシアティブによって、奈良時代にも一時期行なわれており、それは元々中国古代の周王朝の例に倣ったものだという[15]。儀礼を通じて、東アジアにおける男耕女織の生活パターンの伝統を再現し、表徴するものとして、極めて興味深いものである。

4 八咫烏信仰

蚕信仰に触れる中で、馬にまつわる伝説を紹介したが、動物に関する共有の歴史文化の例として、八咫烏（三足烏）も忘れてはならないだろう。

日本で八咫烏といえば、最近では現在の日本サッカー協会のシンボルマークとして使われていることがよく知られている。古くは『古事記』及び『日本書紀』に記述がある。記紀によれば、神武東征時に、天から遣わされた八咫烏の導きによって、熊野・吉野をに進軍したとされており、熊野では今日も神々の使いとしての八咫烏は、特別なシンボルであり、熊野本宮大社の鳥居の横には八咫烏が掲げられている。また、熊野周辺の土産物の中にも、八咫烏をモチーフにしたものが多数散見されることは、熊野のおける八咫烏信仰が健在であることの証左である。

このような八咫烏信仰は元々は、中国から伝わった三足烏信仰が原型ではないかと推測される。中国では、三足烏は特別な意味をもつ存在であり、『淮南子』の「精神訓」によると「日中有烏　而月中有日蟾蜍」（太陽には踆烏（三脚の烏）がいて、月には蟾蜍（ひきがえる）がいる）[16]とあり、太陽の象徴とされ、そのために王権の象徴でもある。また、三足烏は西王母に食事を運ぶ役割を負った動物であるともされ、漢代の画像石には西王母の傍らには、三足烏と九尾狐が瑞息と瑞獣として、しばしば描かれている[17]。他にも日車（日を乗せる車）の御者であるも伝えられており、後後の郭憲の『洞冥記』巻四には「北東の地日の草があり、南西に春生の草があり、……三足烏はしばしば下界に降りてきてこれらの草を食べるが、羲和は日車を御させようとして、手で三足烏の目をおおって下界に降ろさなかった。この草を食べた三足烏は老いることがないが、ほかの鳥や獣が食べると悶えて動けなくなる」[18]と書かれている。なお、三足であることが強調されるのは陰陽五行説に基づき、三が陽数であるゆえであろう。

韓国では建国神話に三足烏が登場する。高句麗時代の壁画には太陽の中に三足烏が書かれており左には竜・右には鳳凰が記されており[19]、韓国においても三足烏は、中国と同様の意味をもっていたことがわかる。

5　古典小説

これまで様々な個別的事例を検証してきたが、それらの背景として、長年にわたって東アジア諸国で積み重ねられた膨大な中国の古典籍の伝播があることは論をまたない。儒学、仏教から老荘思想まで、中国の古典籍が東アジアに与えた影響については、多くの研究があるが、ここでは筆者の専門である文学、主にいわゆる

「四代奇書」を中心として、検証してみる。

中国の古典小説として、元から明の時代にかけて書かれた『三国志演義』、『水滸伝』、『西遊記』の三つと、『金瓶梅』もしくは『紅楼夢』が、「四大奇書」(「奇書」とは非常に優れた書物の意味)として名高く、いずれも長篇の白話小説である[20]。

これらは日本では江戸時代に輸入され、翻訳が行われた。今日では、『三国志演義』、『水滸伝』、『西遊記』などはアニメやゲームの題材として、若い人々にも馴染み深いものとなっている。以下では個別に日本における受容を見ていこう。

『三国志演義』は、徳川家康に仕えた儒学者、林羅山の蔵書にあったことから、江戸初期の早いうちに知識人の間に膾炙していたことが推測される。最初の翻訳は一六九二年、京都の「湖南文山」(未詳)という人物による『通俗三国志』で、その後、続々と日本的にアレンジした『三国志演義』が刊行されるようになり、ダイジェスト版の絵入り本や歌舞伎、浄瑠璃などの題材として取り上げられ、江戸の庶民層にも広まるなど一大ブームとなった[21]。いうまでもなく、現在では、吉川英治の小説や横山光輝の漫画が著名である。

『水滸伝』は、徳川家康の側近であった「政僧」天海の蔵書にあったという。『三国志演義』と同じく、江戸初期に日本に輸入されている。一七二八年には儒者の岡島冠山(一六七四―一七二八)により抄訳され、普及した。それ以後翻訳もしくは翻案が多数刊行され、それらには浮世絵師の歌川国芳や葛飾北斎らが挿絵や錦絵を描いている。特に滝沢馬琴への影響などがよく知られている。代表作の長編『南総里見八犬伝』は『水滸伝』に非常に影響を受けて、書かれたものである。日本における『水滸伝』の歴史については、江戸時代から戦後までの「受容・翻訳・研究」の歴史を巡って、高島俊男氏が『水滸伝と日本人』[22]と題して四〇〇頁にも及ぶ単著を刊行しているほどで、『水滸伝』が日本で非常に愛読されてきたことがよくわかる。

『西遊記』は『三国志演義』と同じく林羅山の旧蔵書と推測される『御文庫目録』（一六三九年以前に入庫記録）にその名がある。その後、西田維則の『通俗西遊記』（一七七二年）などによって普及し、抄訳本や絵入り本によって広まり、川柳に読まれたこともあるという。また、『水滸伝』と同じく、馬琴に与えた影響も見逃すことができない[23]。現在の日本では、テレビドラマの題材として何度も取り上げられてきたので、孫悟空や猪八戒などの主役キャラクターの名前を知らない人はいないほどである。『西遊記』にまつわることといえば、埼玉県さいたま市岩槻にある天台宗の慈恩寺には、玄奘三蔵の遺骨を奉安した十三重の塔があることは有名である。玄奘三蔵の遺骨は宋の時代に長安（西安）から南京にわたった後、太平天国の乱で行方不明になったが、戦時中の一九四二年、当時、南京を占領していた日本軍が、偶然にも土木作業中に法師の頭骨を納めた石箱を発見。頭骨は、当時の南京政府に還付され、翌々年には南京玄武山に玄奘塔を建立し奉安されるとともに、日本へも分骨され、いくつかの変遷を経て、慈恩寺に奉安したものであるという[24]。慈恩寺は、元々、玄奘三蔵ゆかりの中国陝西省の古都、西安にある大慈恩寺にちなんで「慈恩寺」と名づけられた寺であるから、それを理由として、分骨されたのであろう。慈恩寺では、今日においても、毎年、玄奘三蔵の命日にあたる二月五日には玄奘忌を、端午の節句の五月五日には玄奘祭を行なっている。玄奘三蔵については、『西遊記』のキャラクターのモデルとしてだけでなく、それ以前からの東アジアの仏教史において、重要な位置を占めており、各国の仏教史における彼の影響をより精査し、東アジア全体における仏教伝播の歴史の中で位置づけなければならない。

なお、『西遊記』に関しては、これは中国のケースになるが、清末中国で書かれた『西遊記』のパロディ本『新封神伝』（作者は「大陸」という人物であるが、未詳。元は、一九〇六年頃の『月月小説』に掲載されたもの。タイトルはいうまでもなく、明代の神怪小説『封神演義』から取ったものであろう）では、主人公の猪八戒が当時、日清・日露戦争以後における中国での日本留学ブームの中で、清国留学生速成科があった法政大学に留学するというエピソード[25]があり、日本からの影響によって、逆に中国で新たな「西遊記」(もの)が形成されるという非常に興味深い事例もある。

『金瓶梅』の翻訳は明治前期(一八八二年の松村操訳)に行われたが、正徳(一七一一—一七一五)から宝暦(一七五一—一七六三)にかけて大阪に在住していた岡南閑喬という人物によって書かれた『金瓶梅訳文』という注釈書が刊行されている。この本は、これまた馬琴が所有していたらしく、後に馬琴は『新編金瓶梅』という翻案を書いている[26]。なお、川島優子氏は前三著に比べて、『金瓶梅』の翻訳が遅れたことに関して、『金瓶梅』が「淫書」であったからなのか、という問いを立て、それに対して、『肉蒲団』の訓訳本が刊行されていた事実からして、「淫書」だからではなく、単に内容が難しかったからではないかと推測している[27]。

『紅楼夢』は一七九三年に「南京船」によって長崎経由で輸入されたことが知られている[28]。『紅楼夢』の翻訳は明治時代に島崎藤村が一部分を訳出し、北村透谷に影響を与えており、透谷は日本を舞台とした『宿魂鏡』という作品を書いている[29]。大正時代に入ると、幸田露伴・平岡龍造の両名によって、全訳が行われた(一九二〇—一九二二。ただし、本文の翻訳に、幸田露伴はほとんど関わっていないようである)[30]。手前味噌になるが、二〇〇九年に、筆者は要約版『紅楼夢』を講談社から刊行したことも付記させていただく。

このように日本では江戸時代からこれらの「四大奇書」は輸入され、江戸から現代まで数多の翻訳や翻案が刊行され、多くの著名な文人・作家に多大な影響を与えたのみならず、一般にも非常に親しまれているのである。

韓国では『西遊記』に関する磯部彰氏の研究[31]があり、それによると、第一四代李氏朝鮮の王朝である宣祖朝(一五六七—一六〇八)の時代ごろに、特に両班を中心として、「四大奇書」はすでに知られた作品であったようである。両班は中国で言えば、士大夫と同質的な階級であり、中国の最新の書物の動向に精通していたものが多数いたことは想像に難くない。その後、朝鮮朝の後期にはハングル訳も出版されるように、これら「四大奇書」は、その読者層を広げていったと推測されている。なお、現代でもこれらの翻訳が行われており、筆者は『紅楼夢』の韓国の訳者と会ったことがある。

以上は中国の古典小説の事例であったが、最近では、日本の村上春樹の小説が中国と韓国で一大ブームとなっており[32]、日本から発信されたものによって、東アジアの新たな文学空間の形成が起きていることは注目すべきである。また、最近では中国や韓国の現代作家が日本で多数翻訳されるようになっており、これらの動向も見過ごすことはできない。

おわりに

本論では、様々な事例を検証することによって、東アジア三カ国の歴史文化的共有性の諸相を論じてきた。他にも、様々な分野において、同様の事例を見つけることができるだろう。例えば、芸能の分野、例えば、伎楽なども日本の伝統演劇として知られているが、ルーツは中国南部にあった仏教国の呉国（『日本書記』によると、推古朝の頃に、呉国で伎楽の舞を学んできたと称する百済人の味摩之を経由して伝えられたという）にあるといわれている。一方、韓国においても伎楽は伝わっており、今日の韓国でも伝承されている山台都監という仮面劇は伎楽を起源とするものだといわれている[33]。

さて、最後に、筆者が本論で採用した方法論について簡単にであるが、説明しておきたい。それは歴史文化や生活の視点から東アジアを見直す、ということである。東アジアに関しては、とかく政治や経済についての過激で対立的な議論のみが強調され、歴史や生活のレベルについての議論が置き去りにされている感がある。だが、歴史文化や生活のレベルで東アジアを見直すことによって、過去・現在・未来において、国境や民族の違いを超えた民衆の生活レベルの交流が浮き彫りになり、東アジアの歴史文化的ＤＮＡの絆を再認識することができるのではないだろうか。本論は些細な取り組みではあったが、今後、このような視点に基づく研究が活性化することによって、東アジアの共生の基盤が形成されることを願ってやまない。

注

[1] 日本と中国における禹王信仰に関する詳細は、拙稿「日中が共有する禹王」（『第二回全国禹王まつり　禹王サミットin　尾瀬かたしな』禹王サミット in 尾瀬かたしな実行委員会編、二〇一二年一〇月、一五頁　）ほか参照されたい。
[2] 『大辞林』（デジタル版）三省堂。
[3] 『檀君古記』（鹿島昇訳）新国民社、一九八二年、八四―八五頁。
[4] 同右、八六頁。
[5] 白川静「神農」『世界大百科事典』平凡社、一九八八年。
[6] 湯島聖堂のホームページ参照（URL:http://www.seido.or.jp/cl02/detail-10.html）。
[7] 島村修治『世界の姓名』講談社、一九七七年。
[8] 樋口淳・陶雪迎「馬娘婚姻譚の日中比較」『専修大学人文科学研究所月報』第一九六号（二〇〇一年一〇月）。
[9] 『日本大百科全書』小学館、一九九四年。
[10] 樋口・陶、前掲論文。
[11] 注[8]に同じ。なお、日本における養蚕にいては、伊藤智夫『絹Ⅰ、Ⅱ』法政大学出版局、一九九二年、が最も詳細である。
[12] 「おしら様」伝説と「馬頭娘」伝説に関しては、拙著『鏡の国としての日本』勉誠書房、二〇一一年、において既に論じている。その他の

研究としては、今野円輔『馬娘婚姻譚―いわゆる「オシラさま」信仰について』岩崎書店、一九六六年、樋口・陶、前掲書、李燕「蚕神説話に関する中日比較研究」『駿河台大学論叢』第三一号（二〇〇六年）等がある。なお、今野氏によると、林羅山は『神女伝』とそっくりの話を「馬頭娘」と題して、怪談全書の中で、紹介しており、江戸の初期には確実に日本のこれらの伝説が伝わっていたことがわかる（今野、前掲書、一四九―一五一頁）。

[13] 同右、参照。

[14] 拙著、前掲書、一五二―一五九頁も参照されたい。

[15] 「歴史万華鏡　お田植え、ご養蚕 ルーツは古代中国の帝王儀礼」『毎日新聞』一九九四年六月一七日付夕刊。

[16] 『淮南子・説苑（抄）』（戸川芳郎、木山英雄、沢谷昭次、飯倉照平訳）平凡社、一九七四年、八四頁。

[17] 『中国神話・伝説大事典』大修館書店、一九九九年。

[18] 同右。

[19] 拙著、前掲書、一三四頁。

[20] 「四代奇書」に関する適切な概説書としては、井波律子『中国の五大小説（上、下）』岩波書店、二〇〇八―二〇〇九年、等がある。

[21] 井上泰山「日本人と『三国志演義』：江戸時代を中心として」『関西大学中国文学会紀要』第二九号（二〇〇八年三月）、参照。

[22] 高島俊男『水滸伝と日本人』大修館書店、一九九一年（二〇〇六年に筑摩書房から再販）。

[23] 磯部彰『旅行く孫悟空 東アジアの西遊記』塙書房、二〇一一年。

[24] 慈恩寺のホームページ参照（URL:http://www.jionji.com/）。

[25] 武田雅哉『猪八戒の大冒険 もの言うブタの怪物誌』三省堂、一九九五年、二四二―二四三頁。

[26] 川島優子「江戸時代の金瓶梅」『アジア遊学』№一〇五（二〇〇七年一二月）、勉誠出版。

[27] 同右。

[28] 伊藤漱平「日本における『紅楼夢』の流行―幕末から現代までの書誌的素描―」古田敬一編『中国文学の比較文学的研究』汲古書院、一九八六年、所収。

[29] 船越達志「紅楼夢の成立 明治の文人の受容から」『アジア遊学』№一〇五（二〇〇七年一二月）、勉誠出版。

[30] 森中美樹「『紅楼夢』と幸田露伴」同上、所収。

[31] 磯部、前掲書。

[32] 藤井省三『村上春樹の中の中国』朝日新聞社、二〇〇七年、王海藍『村上春樹と中国』アーツアンドクラフツ、二〇一一年、等を参照。

[33] 「朝鮮音楽」『世界大百科事典』平凡社、一九八八年。

責任編集者略歴

王　敏（わん・みん）

法政大学教授。比較研究（社会と文化）と日本研究、宮沢賢治研究が専門。中国・河北省生まれ。大連外国語学院大学日本語学部卒業、四川外国語学院大学院修了。人文科学博士（お茶の水女子大学）。文化大革命後、大学教員から選出された国費留学生となり、宮城教育大学で学ぶ。二〇〇九年、文化長官表彰。著書に『日本と中国―相互誤解の構造』（中央公論新社、二〇〇八年）、『美しい日本の心』（三和書籍、二〇一〇年）『鏡の国としての日本――互いの〈参照枠〉となる日中関係』（勉誠出版、二〇一一年）『中国人の日本観』（三和書籍）『東アジアの日本観』（三和書籍）『宮沢賢治　中国に翔ける思い』（岩波書店）ほか多数。

筆者略歴（掲載順）

何　山文（か・さんぶん）：湯重南・王金林・宋成有の三人で使用するペンネーム。

湯　重南（とう・じゅうなん）

中国社会科学院世界史研究所に在籍し、中国日本史学会名誉会長や日中共同歴史研究院委員会の中国側の委員として活躍。一九六四年北京大学歴史学部卒業、専門は日本近代史。合同著作や主編著作は『日中近代化の比較』（日本語版）、『日本文化と現代化』・『近代日本の内外政策と東アジア』などがある。

王　金林（おう・きんりん）

天津社会科学院日本研究所に在籍し、元副所長。中国日本史学会の名誉会長を務めた。一九六二年南開大学歴史学部卒業、専門は日本古代史。著作には『すぐ分かる日本古代史』・『唐文化と古代日本』・『奈良文化と唐文化』（日本語版）・『邪馬台国と古代中国』（日本語版）などがある。

宋　成有（そう・せいゆう）
北京大学教授・北東アジア研究所所長・元歴史学部副主任・中国日本史学会名誉会長や中国朝鮮史学会副会長を歴任してきた。一九六九年北京大学歴史学部卒業、専門は日本近代史と北東アジア史。著作には『新編日本近代史』・『北東アジア史の研究ガイド』・『北東アジアの伝統的国際体系の変遷』などがある。

郭　勇（かく・ゆう）
大連民族学院外国語言文化学院日本語科講師、法政大学国際日本学研究所客員研究員。専門：日本経済、文化。主要業績：一．「CI戦略から見る日本企業文化の創造」、《東方文化論叢》、世界知識出版社、二〇〇九年六月。二．《日本経貿文書課程導入角色扮演的探索研究》、《民族高等院校教育創新与教育管理研究》、大連出版社、二〇一一年四月。三．「日本語での非対面型ビジネスコミュニケーションについて――異文化環境に適した人材育成のために」、『地域発展のための日本研究』、法政大学国際日本学研究所編、二〇一二年三月

及川　淳子（おいかわ・じゅんこ）
法政大学客員学術研究員、桜美林大学北東アジア総合研究所客員研究員、日本大学文理学部非常勤講師。日本大学大学院総合社会情報研究科博士後期課程修了、博士（総合社会文化）。外務省在外公館専門調査員（在中国日本大使館）を経て、専門は、現代中国の社会と文化。特に、知識人・言論空間・政治文化の研究。著書『現代中国の言論空間と政治文化――「李鋭ネットワーク」の形成と変容』（御茶の水書房、二〇一二年）。共訳著書、『天安門事件から「〇八憲章」へ』（藤原書店、二〇〇九年）、『中国ネット最前線――「情報統制」と「民主化」』（蒼蒼社、二〇一一年）など。

馬場　公彦（ばば・きみひこ）
株式会社岩波書店編集局副部長。法政大学国際日本学研究所客員所員、早稲田大学特別センター員、愛知大学国際問題研究所客員研究員。北海道大学文学部大学院東洋哲学研究科修了。早稲田大学大学院アジア太平洋研究科博士後期課程単位取得退学、学術博士。著書に『『ビルマの竪琴』をめぐる戦後史』二〇〇四年、法政大学出版局、『戦後日本

人の中国像――日本敗戦から文化大革命・日中復交まで』二〇一〇年、新曜社（第二八回大平正芳記念賞特別賞）がある。

李　潤沢（り・じゅんたく）
人民網日本株式会社東京支局記者、法政大学国際日本学研究所客員学術研究員。二〇〇〇年大学を卒業後、地方政府で外資誘致の業務に従事。二〇〇三年に日本留学。法政大学大学院、国際日本学インスティチュートにて政治学修士号（二〇〇六年）、博士号（二〇一〇年）を取得。主な研究テーマは満州事変期における日中関係及び「満洲国」における日本人移民と中国東北地域社会の変容。二〇一〇年より法政大学国際日本学研究員。同年、中国メディアの人民網に入社し現職。

姜　克實（じゃん・くうしー）
岡山大学大学院社会文化科学研究科教授。日本近現代史専攻。一九八二年南開大学卒業。復旦大学大学院入学・国費留学選抜試験合格。一九八三年復旦大学大学院中退、来日。一九八六年早稲田大学修士課程修了（文学修士）。一九九一年早稲田大学博士課程修了（文学博士）。一九九一年早稲田大学第一文学部助手。一九九三年岡山大学教養部助教授。一九九四年岡山大学文学部助教授。二〇〇四年岡山大学文学部教授。二〇〇六より現職。主要著作：『石橋湛山の思想史的研究』（早稲田大学出版部　一九九二年）、『近代日本の社会事業思想』（ミネルヴァ書房、二〇一一年）など。

川邉　雄大（かわべ・ゆうたい）
法政大学沖縄文化研究所国内研究員・二松学舎大学非常勤講師。二〇一〇年、二松学舎大学大学院文学研究科博士後期課程修了（博士（文学））。専門は、近代日中文化交流史・日本漢文学。主要業績、「明治期における東本願寺の清国布教について―松本白華・北方心泉を中心に―」（『次世代国際学術フォーラムシリーズ　第二輯文化交渉による変容の諸相』、関西大学文化交渉学教育研究拠点、二〇一〇年）、「北方心泉―中国体験と書の受容について」（小川原正道編『近代日本の仏教者―アジア体験と思想の変容』、慶應義塾大学出版会、二〇一〇年）など。

陳　毅立（ちぇん・いり）
同済大学外国語学院講師、法政大学国際日本学研究所客員所員。専門：日本文化、東アジア思想史。主要業績：『日本企業文化与就職研究』（世界図書出版公司、二〇一二）、「近世知識人の華夷観―黄宗義と横井小楠を中心に」（『国際日本学』九号、二〇一二）、「黄宗義の理気哲学論」（『インターカルチュラル』九号、二〇一一）

劉　迪（りゅう・てき）
杏林大学総合政策学部准教授。中国社会科学院大学院修士課程（修士）、早稲田大学博士課程後期課程修了（法学博士）。人民日報外報部記者・編集スタッフ、早稲田大学外国人研究員、慶応大学外国人講師、早稲田大学総合研究機構客員講師（専任）などを経て現職。中国社会科学院法学研究所特別研究員、中国人民大学新聞伝媒学院客員研究員、早稲田大学総合研究機構招聘研究員、「日本学術文庫」（北京）編集長など兼任。主要著書（単著）は『現代西方新聞法制概述』（中国法制出版社）、『近代中国における連邦主義思想』（成文堂）、『鳩山由紀夫―日本民主党政治的開幕』（東方出版社）、『三味日本』（知識産権出版社）など多数。

楊　偉（よう・い）
四川外語学院日本学研究所所長・教授、法政大学国際日本学研究所外国人研究員、中国日本文学研究会常務理事。主要著書『少女漫画、女作家日本人』寧夏人民出版社、二〇〇五年。『日本文化論』重慶出版社、二〇〇八年。主要論文「詩人黄瀛と草野心平の越境体験から見るその詩歌の特色」、「日本を方法とする日本学の新展開」、「北東アジアの歴史コンテクストにおける日本モダニズム詩と中国」ほか。

王　雪萍（おう　せつへい）
東京大学教養学部講師。二〇〇六年慶應義塾大学大学院政策・メディア研究科博士後期課程修了、博士（政策・メディア）。慶應義塾大学グローバルセキュリティ研究所助教、関西学院大学言語教育研究センター常勤講師を経て、二〇一〇年より現職。主要業績は『改革開放後中国留学政策研究―一九八〇―一九八四年赴日本国家公派留学生政策始末』（単著、中国・世界知識出版社、二〇〇九年七月）、『大潮涌動：改革開放与留学日本』（共編著、中国・社会科学文献出版社、二〇一〇年八月）、「時代とともに変化してきた抗日戦争像　一九四九～二〇〇五」中国の中学歴史教科の「教学大綱」と教科書を中心に」『軍事史学』（軍事史学会、四五巻四号、二〇一〇年三月、一〇—三二頁）など多数。

杉井　ギサブロー（すぎい・ぎさぶろー）
京都精華大学教授・アニメーション映画監督。東映動画にアニメーターとして入社し、後に虫プロ創立に参加。「鉄腕アトム」演出、「悟空の大冒険」にて初監督。「まんが日本昔ばなし」「キャプテン翼」ほか多数の作品を手がけ、主な監督作品に「銀河鉄道の夜」「タッチ」「あらしのよるに」などがある。二〇一二年夏公開の宮沢賢治原作「グスコーブドリの伝記」が第一六回メディア芸術祭アニメーション部門優秀賞を受賞。京都精華大学では、アニメーションの「動学」「映像言語」の研究をもとに、「原論」「演出論」の講義を行っている。

金　容煥（きむ・よんふぁん）
忠北大学校倫理教育科教授。一九七九年ソウル大学校卒業。一九八九年ソウル大学校大学院哲学博士。一九八七より現職。一九九二—一九九三年パリ・ソルボンヌ大学訪問教授。一九九八—一九九九年カナダ・ブリティッシュコロンビア大学共同研究教授。二〇一一—二〇一二年韓国倫理教育学会会長。二〇一三—二〇一四年アメリカ・ジョージメイソン大学共同研究派遣教授。著書：『世界の倫理教育』、『宗教倫理と鼎山思想』、『道徳的想像力と東学の公共哲学』、『韓国哲学辞典』（共著）。論文：「世界の倫理と瞑想の contextual pragmatics」、「市場経済の論理と公平社会の倫理」、「世界化時代の民族主義と新宗教」ほか。

雷　剛（らい・ごう）
重慶出版社に勤務、編集に携わっている。西南大学卒業。専攻は文芸理論と文化の研究。論文：「『宮沢賢治と中国』論——書籍方法論」『四川外国語学院紀要』第三期二〇一二年、「ジョルジュ・バタイユの中国滞在」『四川外国語学院紀要』第一期二〇一一年、「痛みだけの愛情の煉獄——『ソーン・バーズ』を読んで」『社会科学院論壇』第一〇期二〇一〇年、「ジョルジュ・バタイユのエロスと文学」西南大学学位論文二〇〇八年、「大衆メディアの低俗なパロディ現象に関する初歩的研究」『重慶郵便電信大学学報』第六期二〇〇七年ほか。

賈　蕙萱（か・けいけん）

一九六六年北京大学東方学部卒業。中国日本友好協会勤務、理事、友好交流部長などを歴任。一九八四―八五年慶応義塾大学訪問学者。一九八八年北京大学に戻り、同僚と共に北京大学日本研究センター創立。副主任兼秘書長、助教授、教授などを歴任。後に北京大学国際関係学院と合併。一九九四―九五年日本国際文化研究センター共同研究。一九九七―九八年日本国立民族学博物館共同研究。二〇〇四年三月北京大学国際関係学院定年退職。主要研究分野：中日文化比較、中日関係など。主な代表著作：『日本風土人情』『日中楽しい民俗学』（日本語版）など。

片岡　龍（かたおか・りゅう）

早稲田大学大学院文学研究科博士後期課程単位取得退学。韓国・淑明女子大学講師を経て、現在、東北大学大学院文学研究科准教授。専門は日本思想史、東アジア思想史。編著に苅部直・片岡龍編『日本思想史ハンドブック』（新書館、二〇〇八）、片岡龍・金泰昌編『公共する人間一　伊藤仁斎』（東京大学出版会、二〇一一）、片岡龍・金泰昌編『公共する人間二　石田梅岩』（東京大学出版会、二〇一一）など。

呉　端（ご・たん）

京都フォーラム研究員。上海社会科学院青少年研究所客員研究員。「高攀龍の格物論」（九州中国学会誌第四四巻二〇〇六）。『青少年研究の基礎理論』（共著：上海社会科学院出版社二〇〇九）。「青年と近代文明の形成」（雑誌「当代青年研究」二〇一一）。「譚嗣同と仁学」（韓国倫理教育学会二〇一一）。「李退渓『聖学十図』における道徳形成理論」（二〇一二安東学国際会議）。『東アジアから世界へ』（共著：樹福書院　二〇一二）近世中国の社会史、思想史。

西園寺　一晃（さいおんじ・かずてる）

工学院大学評議員、同大学孔子学院学院長、北京大学客員教授、中国伝媒大学客員教授。一九五八年両親と共に北京へ移住。一九六二年北京市第二五中学高級部卒業。一九六七年北京大学経済学部卒業。一九七一年朝日新聞社入社。

中国アジア調査会・調査研究室、総合研究センターの研究員、同主任研究院を歴任。二〇〇二年朝日新聞社を定年退職。

橋爪　大三郎（はしづめ・だいさぶろう）

東京工業大学大学院社会理工学研究科価値システム専攻・教授。一九七二年東京大学文学部社会学科卒業。一九七四年東京大学大学院社会学研究科修士課程卒業・社会学修士。一九七七年東京大学大学院社会学研究科博士課程単位取得退学。一九八九年東京工業大学工学部助教授（社会学）。一九九五年東京工業大学工学部教授（社会学）。専門分野：理論社会学、宗教社会学、現代アジア研究、現代社会論。

王　暁秋（おう・ぎょうしゅう）

北京大学歴史学部教授。一九六四年北京大学歴史学部を卒業。中外関係史研究所の所長、国家清史編纂委員会の委員。かつて、全国政協委員、中国中日関係史学会の副会長、日本国際日本文化研究センターの客席教授、中日歴史共同研究委員会の中国側の委員を務めた。日本関西大学名誉博士。主な著作は、『近代の中国と日本』、『近代の中国と世界』、『近代中日文化交流史』、『東アジア歴史比較研究』など。

オリビエ・バイルブル（Olivier Bailble）

ソウル大学校准教授。フランス国立東洋言語文化研究所、パリ・ディドロ（第七）大学などに学び、二〇一〇年にフランス社会科学高等研究院で言語学博士の学位を取得。北京大学中国語学科博士研究員。専門は比較言語学、比較語彙論。主著に Purification linguistique en Corée du Sud : Vers une nouvelle perspective sur les emprunts chinois en coréen (University of Harvard Press 2012) などがある。

訳者一覧（掲載順）

相澤　瑠璃子（あいざわ・るりこ）
二松学舎大学文学研究科中国学専攻博士前期課程に在籍。北京語言大学漢語学院卒業。専門は古代中国・日中関係の研究。

金　英美（きむ・よんみ）
法政大学大学院国際日本学研究所学術研究員、朝日新聞社国際本部韓国チーム翻訳担当。誠信女子大学校日語日文学科卒業。法政大学大学院国際日本学インスティチュート修士号取得、法政大学大学院国際日本学インスティチュート博士後期課程在籍中。

朱　江（しゅ・こう）
二〇〇〇年来日後、杏林大学大学院と二松学舎大学院を経て、二〇〇七年、株式会社日中社に勤務。通訳、翻訳に携わり、人文関係、技術関係等の翻訳を幅広く手掛けている。

玉腰　辰己（たまこし・たつみ）
笹川平和財団笹川日中友好基金研究員、法政大学国際日本学研究所客員研究員。二〇〇七年、早稲田大学大学院アジア太平洋研究科博士課程修了。専門は国際関係論、国際文化交流論。

鈴村　裕輔（すずむら・ゆうすけ）
法政大学国際日本学研究所客員学術研究員。博士（学術）。専門は比較思想、理論政治学、文化研究。近著に Organisational Leadership: Concepts, Cases and Research. (Nuttawuth Muenjohn [eds.], Cengage Learning Australia, 2012) などがある。

【編著者】

王　敏（ワン・ミン、おう・びん）

1954年中国・河北省承徳市生まれ。大連外国語大学日本語学部卒業、四川外国語学院大学院修了。宮沢賢治研究から日本研究へ、日中の比較文化研究から東アジアにおける文化関係の研究に進む。人文科学博士（お茶の水女子大学）。法政大学教授、上海同済大学客員教授。早稲田大学や関西大学などの客員教授を歴任。「文化外交を推進する総理懇談会」や「国際文化交流推進会議有識者会合」など委員も経験。現在、日本ペンクラブ国際委員、かめのり財団理事、朝日新聞アジアフェロー世話人など。

90年に中国優秀翻訳賞、92年に山崎賞、97年に岩手日報文学賞賢治賞を受賞。2009年に文化庁長官表彰。

主著：『日本と中国　相互誤解の構造』（中公新書）、『日中2000年の不理解――異なる文化「基層」を探る』（朝日新書）、『謝々！宮沢賢治』（朝日文庫）、『宮沢賢治、中国に翔る想い』（岩波書店）、『宮沢賢治と中国』（国際言語文化振興財団）、『日中比較・生活文化考』（原人舎）、『中国人の愛国心――日本人とは違う5つの思考回路』（PHP新書）、『ほんとうは日本に憧れる中国人――「反日感情」の深層分析』（PHP新書）、『花が語る中国の心』（中公新書）など。
共著：『＜意＞の文化と＜情＞の文化』（中公叢書）、『君子の交わり　小人の交わり』（中公新書）、『中国シンボル・イメージ図典』（東京堂出版）、『中国人の日本観』（三和書籍）、『日中文化の交差点』（三和書籍）など。
要訳：『西遊記』、『三国志』、『紅楼夢』など
中国語作品：『生活中的日本―解読中日文化之差異』、『宮沢賢治傑作選』、『宮沢賢治童話選』、『異文化理解』など多数。

〈国際日本学とは何か？〉

東アジアの中の日本文化

2013年9月25日　第1版第1刷発行

編著者　王　敏

発行者　高橋　考
発　行　三和書籍

〒112-0013　東京都文京区音羽2-2-2
電話 03-5395-4630　FAX 03-5395-4632
info@sanwa-co.com
http://www.sanwa-co.com/
印刷／製本　日本ハイコム株式会社

ISBN978-4-86251-155-3　C3036

三和書籍の好評図書

Sanwa co.,Ltd.

国際日本学とは何か？　内と外からのまなざし

星野勉　編

A5判／上製／316頁　本体3,500円+税

●本書は、国際シンポジウム「日本学とは何か―ヨーロッパから見た日本研究、日本から見た日本研究」の研究成果を取り纏めたものである。

国際日本学とは何か？　日中文化の交差点

法政大学教授 王敏　編

A5判／上製／337頁　本体3,500円+税

●日中の文化的相似や相違を分析・解説し、両国の文化的交流を促進。

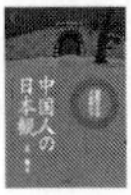

国際日本学とは何か？　中国人の日本観

――相互理解のための思索と実践

法政大学教授 王敏　編

A5判／上製／433頁　本体3,800円+税

●中国の研究者による「異文化」という観点から日本文化を再発見・再発掘し、日本文化研究に新局面を切り拓く。日本図書館協会選定図書。

国際日本学とは何か？　東アジアの日本観

――文学・信仰・神話などの文化比較を中心に

法政大学教授 王敏　編

A5判／上製／412頁　本体3,800円+税

●東アジアにおける異文化の鏡に映った像を手がかりに、日本文化の混成的な素性と性格を、それがアジアや世界へと越境していく有り様を浮き彫りにしていく。

日中新時代をひらく　転換期日中関係論の最前線

法政大学教授 王敏　編

A5判／上製／390頁　本体3,800円+税

●政治・経済・外交、文化関係における中国トップリーダーの視点から、新たな日中協力の可能性および問題点をさまざまな角度から分析する。

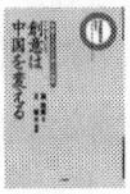

日中新時代をひらく　創意は中国を変える

厲無畏　著／法政大学教授 王敏　編・監訳

A5判／上製／374頁　本体3,800円+税

●「中国創造的産業の父」と高く評価される著者が、中国各地における創造的産業の発展がいかに中国の都市を変え、雇用や生活を変えていくか、などといった多角的視点による分析からクリエイティビティの重要性を述べ、中国国内で高い評価を得た書の日本語版。

美しい日本の心

法政大学教授 王敏　著

四六判／並製／263頁　本体1,900円+税

●日本人を日本人たらしめている原風景を明確に規定し、世界における日本文化の地域性を浮き彫りにしつつ、わが国の愛国心がいかに独自の背景を持っているかなどを鋭く分析してみせる。まさに新しい時代の日本人論である。